novum pocket

Gisela Müller

Mit Wagemut zum Traumziel

novum pocket

Bibliografische Information
der Deutschen Nationalbibliothek:

Die Deutsche Nationalbibliothek
verzeichnet diese Publikation in der
Deutschen Nationalbibliografie.
Detaillierte bibliografische Daten
sind im Internet über
http://www.d-nb.de abrufbar.

Alle Rechte der Verbreitung, auch
durch Film, Funk und Fernsehen, fotomechanische Wiedergabe, Tonträger, elektronische
Datenträger und auszugsweisen
Nachdruck, sind vorbehalten.

Gedruckt in der Europäischen Union
auf umweltfreundlichem, chlor- und
säurefrei gebleichtem Papier.

© 2022 novum Verlag

ISBN 978-3-903382-25-1
Umschlagfoto:
Rafafrancis | Dreamstime.com
Umschlaggestaltung, Layout & Satz:
novum Verlag

www.novumverlag.com

Gillitschka wurde an einem kalten Apriltag geboren. In einem kleinen Dorf in Pommern, das damals noch zu Deutschland gehörte und heute Teil Polens ist. Es muss eine schwierige Geburt gewesen sein, denn Großvater Otto, der Vater der werdenden Mutter, erzählte später oft lachend die Geschichte. Wie er wegen der großen Eile rasend schnell ins nächste Dorf fuhr mit seinem Pferdegespann, um die dort lebende Hebamme abzuholen. In Pommern konnte es damals im April noch frostig sein, und so war auch an jenem Tag der Boden gefroren. Otto raste über diese gefrorene Erde, und die arme Hebamme flog auf dem hölzernen Kutschbock hoch und hin und her. Sie ist wenige Tage nach dieser strapaziösen Fahrt plötzlich und unerwartet verstorben. Wohl deshalb, weil ihr bei der Tortur alle Eingeweide durcheinandergewirbelt worden sind, lachte Otto. Die Pferde seien auch fast vor Erschöpfung zusammengebrochen. Dass es den Pferden schlecht ging, war ohne Frage das größere Übel. Trotzdem war das unter den widrigen Umständen geborene Kind ein fröhliches Kind, wie man an alten Fotos erkennen kann.

Irgendwann im Jahre 1945 mussten einige Familien ihre Häuser und Höfe verlassen, so auch die junge Mutter Gertrud und ihre Kinder. Polen hatten die Höfe übernommen. Gertrud hatte dank guter Beziehungen zu einigen Polen einen Teil ihrer Felder noch bearbeiten dürfen, und ein besonders netter Pole hatte ihr dazu ein eigentlich ihr gehörendes Pferd ausgeliehen. Gertrud hatte es nicht geschafft, an einem Tag ihr Land zu bearbeiten und behielt das Pferd noch einen zweiten Tag. Als sie es schließlich dem Polen zurückbrachte, beschwerte dieser sich nicht darüber, dass sie es ungefragt einen Tag länger behalten hatte. Er war heilfroh, dass er das Pferd zurückbekommen hatte. Hätten seine Vorgesetzten das Fehlen des Tieres bemerkt, wäre der Ärger für ihn groß gewesen. Doch auch dieses Stück Land musste Gertrud bald aufgeben. Die Früchte ihrer Arbeit hat sie nicht ernten können.

Gertrud erzählte ihren Kindern später oft, dass sie im Herbst nach der Kartoffelernte über die Felder ging, um nach übriggebliebenen, zurückgelassenen Kartoffeln zu suchen. Es waren einmal ihre Felder gewesen. Oder sie suchte nach den kleinen Kartoffeln, die absichtlich wegen der Unbrauchbarkeit nicht aufgelesen worden waren. Von diesen Kartoffeln haben die Mutter und ihre Kinder überlebt. Die Mutter aß die Schalen, die Kinder die Kartoffeln. Von den Bauern, bei denen Gertrud um Milch oder anderes bettelte, wurde sie in der Regel fortgejagt. Es waren deutsche Bauern. Bauern, die sich mit Polen arrangiert hatten, zum Beispiel durch Heirat. Pommersche Männer müssen alle ziemlich harte Brocken gewesen sein.

Die Überlebenschancen im Sinne von Essen und Trinken hatten sich für Gertrud gebessert, als die Russen einmarschierten. Wer hätte das gedacht? Gertruds jüngstes Kind war ein lachendes Kind mit weißblonden Haaren, großem Kopf und blauen Augen, das offensichtlich die Herzen der russischen Soldaten erobert hatte. Gertrud bekam nun von den Russen Milch, Butter und Brot.

Eigentlich hieß das Kind Gisela, aber die Russen nannten es „Gillitschka", was wohl ein Zeichen besonderer Zuneigung gewesen sein muss. Vielleicht erinnerte dieses großköpfige Kind die russischen Soldaten ja auch an die eigenen Kinder, die im Babyalter ähnlich aussehen. Gertrud nannte dieses Kind auch hin und wieder Gillitschka, andere Personen jedoch nie. Wer spricht schon Russisch?

Dann musste Gertrud eines Tages mit ihren Kindern, wie auch die übrigen Deutschen, die nicht mit Polen oder Russen verbunden waren, innerhalb von 10 Minuten ihre Sachen packen und sich an einem bestimmten Ort zum Abtransport einfinden.

Was packt eine Mutter ein, wenn sie gerade einmal 10 Minuten Zeit hat? Sie kann nicht lange überlegen. Etwas Kleidung zum Wechseln für sich und die Kinder, Papiere. Was noch? Vielleicht haben ja die Menschen damals damit gerechnet, dass ein solcher Tag kommt, und hatten vorsorglich schon ihre Tasche gepackt. Ich erinnere mich, dass Gertrud auch später in der Lüneburger Heide bei Gewitter stets eine gepackte Tasche mit den wichtigsten Dingen neben ihrem Bett stehen hatte. Wäre es zu einem Blitzeinschlag gekommen, hätte sie alles Wichtige gleich zur Hand gehabt. Ich habe es immer in meinem Haus in Südamerika auch so gehalten. Bei Gewitter steht stets der gepackte Rucksack mit allen wichtigen Dingen neben meinem Bett.

Gertrud hatte neben etwas Kleidung Papiere und einige Fotos eingepackt, die sich in einer dunkelgrünen handgefertigten Tasche aus hartem Tuch befanden. Sie hatte auch einen Teller und ein Besteck eingepackt und einen kleinen Topf, der unzählige Male geflickt werden musste. Dass man Töpfe flicken konnte, kann sich heute wahrscheinlich kein Mensch mehr vorstellen. Und sicher wird es auch keinen Menschen in Deutschland mehr geben, der das tun kann.

Gertrud landete mit den Kindern in einem kleinen Dorf in der Ostzone. Im Jahre 1948 besuchte sie dort ihr Mann, der die Kriegsjahre als Offizierskoch in Norwegen verbracht hatte. Manfred war nach dem Kriegsende in einem winzigen Dorf in der Lüneburger Heide untergekommen. Von dort aus hatte er Gertrud und die Kinder besucht. Viele Geschenke hatte er mitgebracht für Frau und Kinder, aber dann wollte er sich wieder verabschieden und alleine zurückkehren in das kleine Heidedorf.

Nun hatte Gertrud zusammen mit ihrer jüngeren Schwester kurz vor dem Kriegsende ihren Bruder Kurt in Wien besucht, als der dort in einem Lazarett lag. Bei diesem Wien-Aufenthalt hatte eine Zigeunerin Gertrud die Karten gelegt und ihr gesagt, dass ihr Mann lebe, dass es ihm gut gehe, dass er sich in Sicherheit befinde und dass es in seiner Nähe eine schwarzhaarige Frau gäbe. Als nun Manfred die Heimreise antreten wollte, sagte Gertrud ihm, dass sie und die Kinder mit ihm gehen. Eine innere Stimme hatte ihr gesagt: „Geh jetzt mit oder du kommst hier nie raus".

Dass Gertrud und die Kinder mit ihm gehen wollten, passte Manfred überhaupt nicht. Diese Frau wollte ihm doch tatsächlich in seine Freiheit pfuschen. Noch dazu mit zwei Blagen, die er kaum kannte. Und er hatte sich doch schon sein neues Leben mit der Schwarzhaarigen so richtig schön ausgemalt. Aber es half nichts: die Ehefrau und die Kinder gingen mit.

Ich bin Gillitschka. Und ich kann mich noch daran erinnern, dass mein Vater mich auf den Schultern trug, von wo aus ich fröhlich in die Welt schaute. Das ältere Kind dagegen musste selber laufen, und es jammerte und klagte fürchterlich, weil ihm die Beine wehtaten und es Blasen an den Füßen hatte. Wahrscheinlich war das Schuhwerk nicht geeignet, um viele Kilometer über Wiesen und Felder und durch Wälder zu laufen. Denn die Familie schlich heimlich über die grüne Grenze. Und weil man nicht erwischt werden wollte, fügte sich auch Manfred in das Unvermeidliche. Hätte er gehadert und gezögert und wäre erwischt worden, wäre er in nicht besonders netten Unterkünften gelandet, und zwar in der sowjetisch besetzten Zone. Also musste er gute Miene zum ungeliebten Spiel machen.

Manfred hatte seine Familie durch die Bemühungen des Roten Kreuzes wiedergefunden. Auch Großvater Otto und Gertruds Schwester wurden ausfindig gemacht, und so konnte die Familie wiedervereint werden. Auch Ilse und ihr Sohn wurden gefunden. Sie lebte mit ihm im Bergischen Land.

Wir gelangten schließlich ins Lager Friedland, wo wir Unterschlupf fanden und Essen und Trinken. Von dort aus fuhren wir in die Lüneburger Heide und kamen schließlich in dem kleinen Dorf an, in dem Manfreds Schwarzhaarige wartete. Außer uns waren noch viele andere Menschen untergebracht, alles Flüchtlinge. Einige sogar aus dem Dorf der Eltern oder aus der näheren Umgebung in Pommern.

Durch die gute Arbeit des Roten Kreuzes wusste jeder in der Familie, wo sich die anderen Familienmitglieder befinden. Nur Onkel Franz konnte nicht ausfindig gemacht werden. Gertrud glaubte fest daran, dass ihr Bruder noch lebt. Dessen Frau jedoch war überzeugt zu wissen, wann ihr Mann starb. Eines Nachts während des Krieges wurde sie aus unerklärlichen Gründen wach und spürte, wie eine kalte Hand über ihr Gesicht strich. Im selben Augenblick wurde auch ihr Baby wach und fing an zu weinen.

Ilse sagte später oft, das sei die Todesstunde ihres Mannes gewesen, der in seinen letzten Sekunden an Frau und Kind gedacht hatte. Vielleicht war ja Franz eine der berühmten Ausnahmen, und er war kein harter pommerscher Brocken, sondern ein sanfter Mann. Seine Mutter, also unsere Oma, soll eine solche sanfte Frau gewesen sein.

Wir waren nun also in einem kleinen Dorf in der Lüneburger Heide angekommen, an der Bundesstraße zwischen Hamburg und Hannover gelegen. In diesem Dorf gab es zwei Hotels.

In einem der beiden waren wir, zusammen mit vielen anderen Flüchtlingen aus den Ostgebieten, untergebracht. Die Hotelbesitzerin, eine Witwe mit drei Kindern, hatte offensichtlich ein großes Herz; wieso sonst hatte sie viele Flüchtlinge aufgenommen und das andere Hotel überhaupt keine? Das Hotel verfügte über einen Tanzsaal; dort waren an der Decke Drähte gespannt, an denen Decken befestigt waren, die kleine, etwa 5 Quadratmeter große Bereiche bildeten. Rechts und links je eine Matratze, in der Mitte ein schmaler Gang. Das war unsere Unterkunft. Von diesen fünf Quadratmeter-Bereichen gab es etliche; in ihnen „wohnten" die Flüchtlinge. Es gab eine Toilette für alle, aber natürlich keine Dusche. Wo wir uns gewaschen haben, kann ich mich nicht erinnern. Vielleicht war der Toilettenraum groß genug, um sich darin auch zu waschen.

An diese Art der Unterbringung muss ich heute immer denken, wenn ich höre und lese, dass die in Deutschland landenden Asylanten aus zum Beispiel armen Ländern wie Afghanistan, Anatolien, Irak, Afrika etc. bei uns „menschenunwürdig" untergebracht seien. Und dies, obwohl diese Asylanten, die in ihren Heimatländern oft nicht einmal eine einfache Toilette hatten, sich sehr wohl duschen können, sich Essen zubereiten können etc. Uns jedenfalls hat es nicht geschadet, derart untergebracht gewesen zu sein, und wir waren dazu noch unsagbar dankbar, ein Dach über dem Kopf zu haben und in Sicherheit leben zu können. Auch die Nahrung, die wir bekamen, wird sicher nicht ein Fünf-Gänge-Menü der feinsten Küche gewesen sein. Aber wie gesagt: W I R waren dankbar.

In diesem Hotel war auch die schwarzhaarige Frau untergebracht, von der die Wahrsagerin in Wien Gertrud erzählte. Wir alle haben sie kennengelernt. Ich glaube, sie war auch eine Flüchtlingsfrau. Allerdings kann ich mich nicht erinnern, wie sie hieß und wie lange sie im Hotel lebte und was aus ihr geworden ist. Ich glaube, sie ist weggezogen, denn man hat nie mehr von ihr gehört.

Im Hof des Hotels gab es eine Schaukel, die in der Nähe eines großen dicken Baumes stand. An langen Eisenstangen, die am oberen Ende in Ösen eingehakt waren, war am unteren Ende ein kurzes Holzbrett befestigt, das als Sitzfläche diente. Eines Tages, als die „größeren" Kinder – zwischen acht und zehn Jahren – eine bessere Beschäftigung als Schaukeln gefunden hatten und diese frei wurde, setzte ich mich auf die Sitzfläche der Schaukel. Dann kam eines der „großen" Mädchen, eine der zwei Töchter des anderen Hoteliers, und stellte sich zu mir auf das Sitzbrett. Sie begann, ziemlich hoch zu schaukeln, mit mir auf dem Brett eingeklemmt. Sie schaukelte zu hoch, und plötzlich hakte eine Stange aus der Öse. Das Mädchen sprang ab, ich klammerte mich an den Eisenstangen fest, wurde gegen den Baum geschleudert, und die ausgeklinkte Eisenstange prallte gegen ein Bein. Ich muss ziemlich laut geschrien haben, denn mein Vater kam angerannt und versohlte mir erst einmal den Hintern, weil ich ein solches Spektakel machte. Dann aber hat wohl jemand gemerkt, dass eines meiner Beine gebrochen war. So was aber auch. Zu dumm zum Schaukeln und dann noch brüllen wie ein wilder Stier. Ja, das muss ein pommerscher Vater bestrafen.

Ich kam ins ungefähr 25 Kilometer entfernte Krankenhaus, wo ich mit einem hübschen Gipsbein verweilen durfte. Immerhin hatte ich dort ein eigenes Bett, nur für mich allein. Was für ein Luxus!

Es wurde Ostern, ich lag immer noch im Krankenhaus und erhielt das bis dahin schönste Geschenk meines Lebens. Ich bekam nämlich den eigentlich für die Hoteliertochter bestimmten Osterkorb geschenkt mit vielen wunderbaren süßen Sachen darin, die ich vorher noch nie gesehen hatte, geschweige denn gegessen. Und teilen musste ich diese Köstlichkeiten auch mit niemandem. Sie waren nur für mich bestimmt.

Ich schaukele noch heute gerne und komme kaum an einer Schaukel vorbei. So manche erwachsene Person in aller Welt hat sich amüsiert, mich so hingegeben auf einer Kinderschaukel zu sehen. Ein Psychologe wird sicher sagen, dass das daran liegt, dass meine Erinnerung an eine Schaukel immer mit der Erinnerung an süße Sachen zu tun hat.

Unser Vater hatte uns nicht verziehen, dass wir so unvorhergesehen und stur in sein Leben getreten waren. Verständlich, denn in dem Heidedorf hatte er sich ja in eine andere Frau verguckt, mit der er ein neues Leben beginnen wollte. Manfred kümmerte sich um nichts. Es war die Mutter, die ihm eine Arbeitsstelle besorgte und uns ein kleines Haus. Es war ein winziges Fachwerkhaus mitten im Wald, ca. 3 bis 4 Kilometer entfernt von dem Dorf mit dem Hotel, in dem wir einige Zeit gelebt hatten. Das Haus war ein Jagdhaus, in dem normalerweise der Revierförster übernachtete, wenn er längere Zeit im Wald blieb. Das Haus wurde in der ganzen Umgebung nur „das Hexenhaus" genannt, weil Einheimische und Patienten der in der Nähe gelegenen Häuser, in denen sich Lungenkranke nach der Besserung ihres Gesundheitszustandes in der guten frischen Luft vollends erholten, in den Wäldern rund um das Jagdhaus eine Hexe gesehen haben wollten. Ich war wieder einmal alleine im Wald, wohl Pilze suchen, als zwei Patienten mich aus der Ferne gesehen haben und allem Anschein nach für die berüchtigte Hexe hielten. Schreiend und mit den Armen fuchtelnd rannten sie in Richtung Lungenheilstätte davon. Ich muss mit meinen fünf Jahren eine fürchterlich aussehende Hexe gewesen sein …

Wir, die ganze Familie, haben die berüchtigte Hexe leider nie zu Gesicht bekommen. Ich persönlich fühlte mich durch sie immer irgendwie beschützt, und auch heute noch denke ich an sie, wenn ich mal wieder in den Wäldern der Kindheit herumlaufe.

Vor einiger Zeit besuchte ich eine Verwandte, die immer noch in der Nähe des Dorfes lebt. Wir radeln immer gerne in die Dörfer, in denen wir als Kinder gelebt haben, und manchmal besuchen wir dann auch das Hexenhaus, wo wir Rast machen und ein Picknick. Ich frage die Hexe dann immer, ob sie uns Glücks- Kinder noch erkennt.

In diesem Haus kam nach rund einem Jahr ein weiteres Familienmitglied zur Welt. Ich war damals fünf Jahre und zwei Tage alt. Die Familie hatte sich auch insofern vergrößert, als unser Opa zu uns gestoßen war. Das Häuschen bestand aus einem Wohnzimmer mit einer winzigen, eckigen Küche, einem Schlafzimmer, in das gerade einmal zwei Betten, hintereinander stehend, passten. Eines für Opa, eines für uns Kinder. Vor der Haus-Eingangstür gab es eine ebenfalls winzige Veranda.

An den Wänden des Schlafzimmers gab es bis zur Höhe von einem Meter Paneele, hinter denen sich Läuse ihre Wohnungen gebaut hatten. Es dauerte eine Weile, bis es Gertrud gelungen war, sie zu vertreiben. Gertrud hatte keine großartige Schulbildung, eben nur die wie alle Dorfkinder in den pommerschen Dörfern. Aber sie wusste viel von Überlebenskunst, Kochen und Backen, Heilkunst, Näh- und Strick- und Häkelkunst und konnte exzellent sticken. Auch mit Tierzucht und Feldarbeit oder Gemüseanbau kannte sie sich aus.

Noch heute kommt jedes Jahr wieder die von ihr bei Petroleumlicht gestickte Weihnachtsdecke mit den dicken braunen Tannenzapfen, den roten brennenden Kerzen und den kleinen Fliegenpilzen auf den kleinen Tisch, auf dem dann der Weihnachtsbaum steht. Ein künstlicher Weihnachtsbaum, versteht sich, denn in Südamerika gibt es keine Weihnachtsbäume wie in Deutschland, vielleicht in Bariloche, in Argentinien. Dort sieht es aus wie in Bayern. Warum ich den Weihnachtsbaum jedes Jahr in Südamerika schmücke? Weil ich über 15 Jahre lang dort überwintert habe.

Obwohl Manfred gelernter Koch und Bäcker war, kochte und buk Gertrud hundertmal besser. Sie kochte nicht nur gut, sie wusste auch alles über Gemüse und Obst und deren Verwertung bzw. Haltbarmachung. Es gab nicht viel zu essen in jener Zeit, aber doch viel mehr als in Pommern unter den Polen und Russen oder in der Ostzone. Gertrud sammelte mit uns Bucheckern, die sie dann – ich weiß nicht wie – zerstampfte und das sich dann bildende Öl in Flaschen füllte. Heute sammele ich manchmal Bucheckern im Wald auf und esse sie. Sie schmecken wie Nüsse. Was für ein köstliches Öl muss das gewesen sein, mit dem Gertrud kochte und Salate zubereitete.

Wir sammelten auch Blaubeeren, die zu Saft verarbeitet und in Flaschen gefüllt wurden. Mangels verschraubbarer Flaschen wickelte Gertrud Leinenstreifen um die Flaschenhälse und band sie mit dicken Fäden zu. Es sammelte sich mit der Zeit in den Flaschenhälsen natürlich eine dicke Schimmelschicht, die dann konservierend wirkte. Wollte man den Saft trinken, wurde die Schimmelschicht entfernt und Prost. Mit Holunderbeeren wurde es ebenso gehandhabt. Sie sind nicht jedermanns Geschmack, zum Glück, aber ich liebe ihn. Wir Kinder bekamen im Herbst und im Winter jeden Freitag zum Abendbrot Holunderbeerensaft, mit Zucker und mit heißem Wasser aufgefüllt, zu trinken. Durch die vielen Vitamine in dem Saft hatten wir kaum Erkältungen. Auch ich trinke den Saft noch heute so, wenn es im Hals anfängt zu kratzen, und am nächsten Tag ist alles wieder gut.

Wir sammelten an den Wegesrändern in den Wäldern rund um das Hexenhaus auch Preiselbeeren und Kronsbeeren. Wer kennt heute noch Kronsbeeren? Nie gehört. Ja, sie schmecken auch nicht besonders gut und haben eine ziemlich harte Schale. Aber wir haben sie gegessen, waren sie doch mal eine Abwechslung.

Da sich im kleinen Hexenhaus nun insgesamt sechs Personen befanden, die dort auf engstem Raum zusammenlebten, hatte Gertrud viel zu tun. Neben der Wäsche für die drei Erwachsenen und die beiden schulpflichtigen Kinder waren ja noch die Mullwindeln zu waschen, und das jeden Tag. Wer kann sich heute noch vorstellen, täglich Babywindeln zu waschen. Und zwar mit der Hand, nicht mit der Waschmaschine. Dazu kommt noch, dass es im Hexenhaus weder elektrischen Strom gab noch fließendes Wasser. Nein, aber es gab einen Brunnen. Davor stand eine hölzerne Bank und auf der eine eckige Zinkwanne. Das Wasser zum Waschen wurde mittels eines Eimers, der an einer beweglichen Stange befestigt war und in den Brunnen gelassen wurde, heraufbefördert. Das galt fürs Wäschewaschen ebenso wie fürs Kochen oder die Körperpflege. Ja, die. Mit der nahm man das damals nicht so genau. Hände waschen alle Minuten gab es nicht; es fehlte ja auch schon allein die Seife!

Für sechs Personen kochen, waschen, nähen, putzen. Die zu bügelnden Wäschestücke, wie Oberhemden, waren eine Tortur. Dazu wurde ein schweres eisernes Gerät, das zu öffnen war, mit glühender Glut gefüllt, die den Boden des Bügeleisens erwärmte, und dann glitt das Ding über die Wäschestücke. Natürlich musste die Glut des Öfteren erneuert werden.

Gertrud konnte sehr gut nähen, sticken, stricken und häkeln. Weil sie ihr Heim schön und gemütlich gestalten wollte, kaufte sie ein Stück Leinenstoff und Pergamentpapier mit Muster. Dieses Papier legte sie auf den Stoff und fuhr mit dem warmen Bügeleisen darüber. So wurde das Muster auf den Stoff übertragen, und sie konnte ihre Decken besticken. So entstand auch die wunderschöne Weihnachtsdecke, die ich noch heute bewundere. Außen herum wurde übrigens immer eine Spitze angenäht.

Aber nicht nur diese alltäglichen Dinge, die schwer genug waren zu bewältigen, mussten gemeistert werden. Opa Otto und Schwiegersohn Manfred mochten sich nicht besonders. Geredet haben sie kaum miteinander, und wenn, niemals über bedeutende Dinge. Dafür schielte jeder der beiden beim Essen auf den Teller des anderen, ob dessen Stück Brot oder Fleisch wohl größer sei als das eigene. Otto war auch so ein pommerscher Tyrann, der seine Frau – die ihn gar nicht heiraten wollte, dazu aber von der eigenen Mutter gezwungen worden war – hart arbeiten ließ, während er den Gutsherrn spielte. Er, der mit den Pferden unterwegs war, die Söhne befehligte, die ältere Tochter herumkommandierte und nur die jüngere Tochter gewähren ließ. Die wusste ihn offenbar zu nehmen und führte ein Prinzessinnendasein. Wie das oftmals so ist mit den jüngsten Töchtern. Ich mochte Opa Otto aber, der oft lustige Geschichten erzählte aus der Zeit, als er während des Ersten Weltkrieges mit einem Schiff unterwegs war. Zum Beispiel nach Madeira, wo sich einige Matrosen heimlich des Nachts vom Schiff schlichen, während einer oder zwei Kameraden die Wache ablenkten. Die Entwichenen eilten dann zu den Bodegas, um die guten Weine zu probieren. Gekauft haben sie nie welchen, mussten sie auch nicht. Es gab so viele Bodegas, in denen sie die Weine probierten, dass sie schon nicht mehr gerade gehen konnten, wenn sie sich auf ihr Schiff zurückschlichen. Die, die die Wache abgelenkt hatten, konnten dann am nächsten Tag, oder besser gesagt in der nächsten Nacht, ihr Glück bei Wein und auch mal bei einem Weib suchen und finden.

Opa Otto war auch der Einzige, der mal einen Sechser herausrückte. Und zwar immer dann, wenn er auf der Toilette saß mit heruntergelassener Manchesterhose. Man musste dann nur lange genug betteln. Natürlich bettelten wir nur, wenn in einem der Nachbardörfer gerade Schützenfest oder Erntefest war und es dort Karussells und bunte Sachen gab. Der jeweilige Schützenkönig verteilte immer Freikarten für das Karussell, um ihn herum stand immer eine große Schar Kinder, die die Hände in die Höhe hielten, um eine oder mehrere der begehrten Freikarten zu ergattern.

Ich musste meistens den großen Kindern weichen – wie damals bei der Schaukel –, aber einmal habe ich doch eine Karte erwischt. Wahrscheinlich war der Schützenkönig ein gutmütiger Mann, der das verzweifelte Kind sah und ihm deshalb eine Freikarte in die Hand drückte. Oh wie groß war meine Freude.

Viele Jahre später in Indien war ich es, die durch ein offenes Busfenster Dinge, die ich aus Deutschland mitgebracht hatte, verteilte. Viele Kinderhände streckten sich mir entgegen, um eines dieser Dinge, die ich verteilte, zu bekommen. Dabei wussten diese Kinder überhaupt nicht, was ich da verteilte. Und sogar ausgewachsene Männer stellten sich an und wollten auch etwas abhaben. Aber ich verteilte nur an Kinder. Was es war? Bunte Sticker von der Polizei, der Verkehrsbehörde etc.

Auf dem Schützenfest konnte man viele bunte Dinge kaufen, und ich liebte die chinesischen Lampions und winzigen Ziehharmonikas aus dem wunderschönen dünnen Papier. Immer habe ich heute im Haus die kleinen Schirmchen zu Dekorationszwecken, die mich stets an früher erinnern. Anscheinend haben sich meine Vorlieben für etwas nie oder kaum verändert.

Spielzeug hatten wir Kinder nicht. Wir spielten mit Tulpenblättern, schönen Steinen, Tannenzapfen und den wunderschönen samtigen Moosen, die es dort – wie auch heute noch – in den Wäldern gab und gibt. Herrliche Plüsch-Sessel und Sofas für Puppen aus Tannenzapfen ließen sich aus dem samtigen Moos formen.

Das Toilettenhäuschen mit Herz in der Tür stand etliche Meter entfernt vom Haus hinter jungen Tannen und Fichten. Es stand lange dort, ziemlich windschief. In den letzten Jahren ist es aber abgerissen worden. Manche Kinder haben in der Dunkelheit Angst, alleine nach draußen zu gehen, besonders im Wald. Deshalb wurde ich immer gebeten, mitzugehen. Wenn ich mal keine Lust hatte mitzugehen, wurde mir alles versprochen: der schöne Stein oder der besondere doppelte Tannenzapfen. Ich begleitete das ängstliche Geschwisterchen dann doch, ohne die angebotenen Dinge zu nehmen. Das tue ich heute noch nicht.

Ich war inzwischen eingeschult worden, und wir Kinder mussten jeden Tag zu Fuß durch den Wald in das Dorf mit den zwei Hotels und noch ein Stück weiter gehen, um zur Schule zu kommen. Im Winter war das sehr schwierig, denn damals gab es immer viel Schnee und im

Wald wurde kein Weg freigeschaufelt. Dazu kam, dass wir kein geeignetes Schuhwerk hatten. Wir trugen Holzpantinen. Das waren dicke Holzsohlen, an denen vorne Lederkappen befestigt waren. Hinten waren sie offen. So wie man sich holländische Holzschuhe vorstellt. An den Frostbeulen, die wir uns dabei im Winter holten, konnten wir uns noch viele Jahre lang erfreuen. Erst viel später, als eine Freundin bemerkte, dass meine Füße im Winter so heftig juckten und ich ihr von dem Frost in den Füßen erzählte, gab sie mir einen Rat: Tränke alte Lappen in Petroleum, wickele sie um die Füße, ziehe alte Strümpfe darüber, behalte alles eine Nacht lang an oder zwei, und der Frost wird aus dem Fuß gezogen. Stimmt. Ich litt nie mehr unter juckendem Frost in den Füßen.

Auf dem Weg von der Schule kamen wir bei einem Krämerladen vorbei, einem Lebensmittelgeschäft. Dort mussten wir mehrmals pro Woche frisches Brot kaufen und nach Hause tragen. Mir reichte ein solches großes Brot direkt bis unter die Nase. Ich konnte nie widerstehen und knabberte immer den Brotkanten an. Wenn wir zu Hause ankamen, stand dort bereits Manfred, der mir dann immer tüchtig den Hintern versohlte für das verbotene Brot anknabbern. Dabei hatte ich immer Hunger und das Brot, das es abends zu essen gab, wurde zugeteilt und mehr gab es nicht. Außerdem war es schon spät, wenn wir zu Hause ankamen, und man lässt ja eigentlich auch kein kleines Kind hungern, nicht? Verspäteten wir uns manchmal auf dem Nachhauseweg, weil wir noch Steinchen zum Spielen sammelten oder mit anderen Kindern herumalberten, stand Manfred auch immer am Zaun, den Lederriemen schwingend. Mein Geschwisterkind begann schon beim bloßen Anblick des Riemens an zu weinen. Dadurch bekam es immer wenig Prügel. Ich war stur und heulte nicht, und deshalb bekam ich die doppelte und dreifache Menge an Schlägen mit dem Riemen, bis ich schließlich doch richtig heulte.

Bei dem jüngsten Kind war das später anders. Es war das jüngste Kind, das der Vater auch aufwachsen sah, und dieses Kind wusste sich einzuschmeicheln beim Papa. Es war so ähnlich wie früher bei Otto und seiner jüngsten Tochter. Aber: geliebt hat das jüngste Kind den Vater auch nicht mehr; und wir älteren Kinder haben dem Vater mehr Respekt entgegengebracht als das jüngste, weil er nun mal unser Vater war und man diesen zu respektieren hat.

Ja und dann haben wir im Sommer Pilze gesucht. Zuerst wuchsen die Pfifferlinge, die es damals in großen Mengen gab. Die Frauen der Dörfer kannten alle die Wege und Eichenwälder, wo die Pfifferlinge besonders gut und zahlreich wuchsen. Ich erinnere mich an eine Frau aus dem Nachbardorf, die mit einer kurzen Harke in den Wäldern auftauchte, wo sie dann das Laub weg harkte, um die sich darunter verstecken den Pilze zu finden. Das mit der Harke war zwar verboten und es hat auch sonst niemand dies getan, aber diese Frau doch. Es waren viele Frauen und Kinder unterwegs, aber alle haben immer ihre Körbe voll bekommen. Es war, als wüsste die Natur, dass die Menschen nach dem schrecklichen Krieg Hunger und nicht viel zu essen hatten, und ließ deshalb die vielen Pilze wachsen. Denn: wo sind sie geblieben? Heute findet man kaum noch Pilze.

Wir hatten inzwischen das Hexenhaus verlassen und waren in eine Baracke im Nachbardorf gezogen, nur wenige Kilometer entfernt von unserem süßen kleinen Hexenhaus. Dort konnten die Frauen des Dorfes ihr Brot backen in einem großen halbrunden Brotbackofen. Während das Brot buk, unterhielten sich die Dorfdamen über den aktuellen Klatsch.

Als ich acht Jahre alt war, heiratete unsere Tante. Unsere Mutter, Opa und das jüngste Kind fuhren zur Hochzeit. Gertrud hatte sich zu diesem Anlass ein wunderschönes langes Kleid aus himmelblauem Taft gekauft. Der Stoff war so himmelblau wie ihre Augen. Niemals wieder habe ich je solch blaue Augen gesehen. Unser Vater und wir älteren Kinder blieben zu Hause. Morgens um 3.00 Uhr weckte der Vater uns und brachte uns, mit Stullen versehen, in den Wald, wo wir bis ca. 15.00 Uhr nachmittags Blaubeeren sammeln mussten. Ich habe immer viele Beeren gegessen statt in den Eimer zu werfen, und gegen Mittag fing mein Geschwisterchen an, für mich mit zu sammeln. Dadurch wurden mir viele Schläge erspart.

Wir sind noch einmal umgezogen. Nach dem Hexenhaus wohnten wir eine Weile in dem Nachbardorf, in dem wir immer unsere Milch gekauft hatten. Während mein Geschwisterchen mit dem Fahrrad fuhr, saß ich auf dem Gepäckträger und hielt die Milchkanne in der Hand. Manchmal überquerte kurz vor uns ein Wildschwein unseren Weg, aber nie ist uns etwas passiert. Wir Dorfmenschen lebten in schöner Eintracht mit den wilden Tieren des Waldes.

Eine Familie aus dem Dorf lieh uns für unsere Baracke einen Herd, damit wir heizen und kochen konnten. Unsere Mutter sparte jeden Pfennig und so konnten wir uns schon bald eine gute Pfaff-Nähmaschine kaufen, auf der unsere Mutter uns hübsche Kleidung nähte. Als die Nachbarsfamilie dies erfuhr, holte sie sogleich ihren Herd ab. So ging das nun ja nicht. Einen geliehenen Herd benutzen, aber sich eine Nähmaschine kaufen ... Auch ein deutscher Dorfbewohner kennt so etwas wie Neid ...

Wenige Jahre später sind wir in das nächste Dorf gezogen. Ca. 10 Kilometer vom Hexenhaus entfernt wurde für uns ein Haus gebaut. Ein schön gelegenes Fachwerkhaus mit Reetdach, um das meine Mutter einen wunderschönen Garten anlegte und ihren geliebten Flieder pflanzte sowie Pflaumenbäume. Erst im August 2000 habe ich zum ersten Mal dessen Früchte gegessen. Sie haben süß und wunderbar geschmeckt. Mit einer guten Freundin war ich in dem Ort meiner Kindheit und in dem Haus, das unseres gewesen war und in das die Seele meiner Mutter eingebrannt war. Jetzt wohnte der Revierförster in dem Haus, und als ich ihm erzählte, dass meine Mutter einst die Richtkrone für dieses Haus geflochten hatte und wir darin wohnten, durfte ich hineingehen und mir alles ansehen. Dort, wo sich früher eine fensterlose Dachkammer befunden hatte, gab es jetzt ein Badezimmer. Wow ...

Viele Dorfbewohner kamen damals, um das Haus zu bewundern, so schön war es. Auch Gäste aus Hamburg oder Bremen, die zu der Zeit schon ein Auto hatten und durch unser Dorf fuhren, kamen vorbei. In der Küche lag auf dem Küchenschrank ein weniger schönes Stück, nämlich der gefürchtete Siebenstriemen. Das ist ein ca. 50 Zentimeter langer Besenstiel, an dem sieben Lederriemen befestigt sind. Natürlich war ich es, die am häufigsten Bekanntschaft mit dem Ding machte. Ich erinnere mich, dass ich mich manchmal fragte, was wohl passieren würde, wenn ich das Ding versteckte? Wahrscheinlich hätte mich unser Vater erschlagen. Ein solches Züchtigungsgerät zu besitzen und es auch zu benutzen, und seinen Kindern wehzutun, kann auch nur einem pommerschen Brutali einfallen.

Zwischen den Eltern und dem Großvater muss es des Öfteren Streit gegeben haben, von dem wir Kinder nichts mitbekommen haben. Ich sah unsere Mutter aber oft weinend in den nahe gelegenen Wald gehen. Ich wagte nie, sie dann anzusprechen oder ihr zu folgen. Aber ich hatte immer wahnsinnige Angst, sie könnte nicht wiederkommen. Der Wald war ihr Freund, der sie tröstete, und sie kam immer wieder.

Auch ich mochte den Wald. Während wir Kinder unseren Heimweg durch den Wald und die Straße entlang machten, erzählte ich fantastische Geschichten. Dichte Stellen an jungen Tannen waren Höhlen oder Schlösser, und wer darin wohnte, wurde genau beschrieben.

Durch mein Geschichtenerzählen verging die Zeit immer sehr schnell, und man bemerkte nicht die müden Beine. Leider erfuhr unsere Mutter von meinen Fantastereien und sie erzählte sie anderen Personen. Alle haben sich gebogen vor Lachen. Für mich war das das Ende meiner Erzählungen. Von dem Tage an habe ich nur für mich meine Geschichten erdacht, nie mehr hat jemand auch nur eine Ahnung davon gehabt. Aber mir haben diese Luftschlösser oft geholfen, schlimme Zeiten zu überstehen. Vorübergehend waren jedoch meine Fähigkeiten, mir Geschichten auszudenken und mir dadurch mein hartes Leben zu verschönern, abhandengekommen. Lange Zeit waren sie nicht mehr da, aber nun sind sie zu mir zurückgekehrt.

Mit knapp 14 Jahren wurde ich konfirmiert und aus der Schule entlassen. Die Schule hatte einen einzigen großen Klassenraum, in dem der alte Lehrer Hermann alle Klassen gleichzeitig unterrichtete, von der ersten bis zur achten Klasse. Mehr gab es nicht. Später, als ich als Sekretärin arbeitete, war ich oft erstaunt darüber, wie weit ich es, die ich in einer kleinen Dorfschule unterrichtet worden war, gebracht hatte. Eine Kollegin in einem Vorstandsbüro sagte einmal zu mir, der glücklichste Tag in ihrem Leben sei gewesen, als sie das Abitur bestanden hatte. Ich glaubte ihr kein Wort, denn als eine Sekretärin mit Abitur hätte sie zum Beispiel mehr gewusst über Rechtschreibung und Interpunktion. Denn darin war sie alles andere als gut.

Als ich während der Scheidungszeit in Remscheid die Handelsschule besuchte, hatten wir eine sehr gute Lehrerin. Wir waren 28 Frauen, die von ihr unterrichtet wurden. Einmal machte sie ein reines Interpunktionsdiktat, und es hagelte nur so Fünfen und Sechsen. Ich war die einzige von uns allen, die eine 2 bekommen hatte. Ich hatte zwei Fehler gemacht. Auch dies ein Zeichen dafür, wie gut unser alter Lehrer Hermann uns das Deutsche in der kleinen Dorfschule beigebracht hatte. Damals sprach man noch nicht von Verben, sondern von Tätigkeitswörtern. Meine Mutter sagte manchmal, „Tu-Wörter" schreibt man klein. Tu-Wort statt Tätigkeitswort oder Verb, aber solche kleinen Hinweise wirken bis heute nach.

Unsere Lehrerin brachte uns neben den anderen Aufgaben nicht nur die normale Kurzschrift bei, sondern sie schrieb häufig auf die Tafel Kürzel aus der Redeschrift. Ich notierte diese Kürzel und schrieb sie in alphabetischer Seitenfolge in ein Heft. Außerdem hatte ich eine

Steno-Zeitung abonniert, die ein- oder zweimal im Monat erschien. Dort gab es immer eine Seite, in der in Debattenschrift die Rede eines Abgeordneten oder Ministers abgedruckt war, und auf der rechten Seite erschien die Übersetzung in Langschrift. Aus diesen Reden suchte ich mir die Kürzel heraus, die mir besonders gefielen oder die häufig vorkommen und die besonders schnell zu schreiben sind. So bedeuten zum Beispiel zwei Punkte nebeneinander und unterhalb der Grundlinie im Stenoblock „Rundfunk" und zwei Punkte nebeneinander und weit oberhalb der Grundlinie „Schifffahrt". Wenn man also viele solcher Kürzel beherrscht, kann man sehr schnell schreiben.

Ich schrieb alle diese Kürzel in das Heft, und jeden Tag schrieb ich alle Kürzel einmal ab. Auf diese Weise blieben immer einige von ihnen im Gedächtnis, und deshalb konnte ich bei der Prüfung vor der Industrie- und Handelskammer in Remscheid sauberer schreiben und anschließend gut wiedererkennen. Mein Vater, der zu der Zeit ebenfalls bei meiner Tante wohnte, schaute immer zu und schüttelte den Kopf bei meinen Übungen und fragte, was der Schiet soll. Als ich dann bei der Stenoprüfung als Einzige eine Eins erhielt, zeigte sich, wofür der Schiet gut gewesen war. Ich war sehr stolz.

Auch was das Rechnen angeht, hat unser alter Dorfschullehrer gute Arbeit geleistet. In meinem Dorf in Südamerika können manche Ladeninhaberinnen ganze zwei Artikel, die man kauft, nicht im Kopf zusammenrechnen. Manchmal nenne ich ihnen den Gesamtpreis, bevor sie die zwei oder drei Teile in ihren Rechner getippt haben. Dann müssen die beiden Damen, an die ich jetzt denke, mich anschauen und lächeln. Herr Hermann hat also doch ganz ordentliche Arbeit als Dorfschullehrer geleistet. Er hat uns nicht nur Lesen und Schreiben und Rechnen beigebracht, sondern hat mit uns Sport getrieben, uns auf seiner Geige vorgespielt und mit uns gesungen, er hat uns auch die Welt nähergebracht, indem er sie uns auf der großen Weltkarte zeigte und uns die verschiedenen Länder, deren Hauptstädte und größte Flüsse zeigen ließ. Und natürlich brachte er uns noch viel mehr bei, was uns in unseren späteren Leben weiterhalf.

Lehrer Hermann und seine Ehefrau waren bei uns eingeladen, als ich konfirmiert wurde. Kurz vor der Konfirmation hatten meine Eltern sich ein Fernsehgerät gekauft. Schwarz-weiß die Farben, zwei Programme, das 1. und das 2. und das Ganze in einem riesigen und schweren Kasten mit einem kleinen Bildschirm. Aber tolle Programme gab es. Peter Frankenfeld und Hans-Joachim Kulenkampf. Wenn diese Herren im Fernsehen zu sehen waren, gab es auf den Straßen keine Menschen. Besonders wenn die Krimis wie „Das Halstuch" oder „Die Posträuber" liefen. Dann saßen alle Familienmitglieder gemeinsam vor dem Bildschirm.

Meine Lieblingssendung war die Western-Serie „Am Fuß der blauen Berge", und Jesse, gespielt von Robert Fuller, war mein absoluter Held. Aber auch die Filme mit Marilyn Monroe „Niagara" oder der Film mit Gary Grand, der darin über die berühmten vier steinernen Präsidentenköpfe in Mount Rushmore klettert, mochte ich sehr. Wenn ich diese Filme sah, dachte ich immer, wie toll müsste es sein, diese Naturgewalten wie die Niagarafälle oder das Wunderwerk der gewaltigen Bildhauerkunst mit eigenen Augen sehen zu können. Oder den Taj

Mahal in Indien. Oh was würde ich dafür geben, wenn ich dieses Monument einer großen Liebe sehen könnte.

Hätte mir damals jemand gesagt, dass ich all diese Wunder einmal tatsächlich mit eigenen Augen sehen würde und noch viel mehr, dass ich auch alleine um die Welt reisen und Gottes Wunderwerke sehen dürfte, Freundschaften in Amerika, Indien oder Australien schließen würde, die über Jahrzehnte andauern, dann hätte ich denjenigen für verrückt erklärt. Wie sollte es möglich sein, dass ein armes kleines dummes Mädchen vom Land um die Welt würde reisen können? Unmöglich, unmöglich. Aber nein, alles ist möglich. Ich habe alle diese im Fernsehen bestaunten Wunderwerke gesehen. Diese und noch viel mehr. Und ich bin immer gesund und zufrieden nach Deutschland zurückgekehrt, mit vielen und wunderbaren Eindrücken, mit neuen Freunden, mit der Erinnerung an Erlebtes, das ich sofort abrufen kann, wenn ich es will. Dann spüre ich die Hitze oder die Kälte, rieche die angenehmen oder unangenehmen Gerüche, erinnere mich an den Staub und Dreck in manchen Ländern, denke an die – zum Glück wenigen – gefährlichen Minuten oder Stunden, in denen mein Schutzengel mir immer zur Seite stand, und freue mich, dass diese Erlebnisse für immer in mir sind. Wenn ich einmal nicht mehr verreisen kann oder selbst wenn ich arm wie eine Kirchenmaus irgendwo vegetieren müsste, hätte ich doch immer diesen großartigen Schatz bei mir.

Als ich zum Beispiel das erste Mal in Neuseeland unterwegs war, konnte ich die Schönheit dieser Insel – es war die Südinsel – nicht fassen. Und dort fiel mir das Lied ein, das unser Lehrer uns beigebracht hatte: „Wem Gott will rechte Gunst erweisen, den schickt er in die weite

Welt. Dem will er seine Wunder weisen, in Berg und Tal in Strom und Feld". Damit hatte ich wieder einmal den Beweis bekommen, dass Gott oder zumindest einer seiner Engel immer bei mir ist und mir außerdem wohlgesonnen ist. Das fällt mir immer wieder ein, wenn ich ein besonderes „Gottesgeschenk" erhalte, das etwas ist, das etwas Außergewöhnliches ist und das man nicht kaufen kann.

Auf dem Land war es damals bei Arbeiterfamilien oder Bauern üblich, dass Mädchen „in Stellung gingen". Ich hatte Probleme, eine Anstellung zu bekommen, weil ich so dünn und unterernährt wirkte. Dabei hatte ich jahrelang Eisentabletten nehmen müssen, die ich schlecht schlucken konnte und die ich manchmal an den unmöglichsten Stellen versteckte, wenn der Schokoladenüberzug der Tabletten geschmolzen und abgeleckt war. Lebertran habe ich wahrscheinlich literweise eingeflößt bekommen. Das machte mich stark und widerstandsfähig, wovon ich bis heute überzeugt bin.

Ich wäre gerne Postbeamtin geworden. Ich fand es toll, wie die Beamtin in der kleinen Post im Nachbarort die Briefe und andere Dinge stempelte. Das hätte mir gefallen. Aber Postbeamtin zu werden hätte bedeutet, dass ich noch einige Zeit zur Handelsschule hätte gehen müssen. Die befand sich aber nicht in der Nähe, sodass ich mit dem Zug hätte fahren müssen. Und mit dem Zug fahren hätte bedeutet, dass es Geld kostete. Und Geld wollten die Eltern nicht ausgeben. Und für ein Mädchen sowieso nicht. Das heiratet ja irgendwann, und da braucht es keinen Beruf zu erlernen. Geld soll es verdienen und sich seinen Lebensunterhalt selbst besorgen.

Ein österreichischer Freund, der in einem kleinen Dorf in Kärnten aufgewachsen war in einer auch sehr armen

Familie, erzählte mir einmal, dass es in seiner Familie und in seinem Dorf auch so gewesen sei. War die Schule nach 8 Jahren beendet, mussten die Kinder aus dem Haus. Er selbst hatte seinen ältesten Bruder erst kennengelernt, als die Mutter starb und die Kinder anlässlich der Beerdigung zusammentrafen. So war das zu der damaligen Zeit, auch in kleinen Dörfern in Deutschland.

Aber ich bin doch noch zu meinem Stempeln gekommen. Für meine Arbeit in einer Verwaltung benötigte ich ein Siegel, mit dem ich diverse Schreiben stempeln musste. Es müssen in den vielen Jahren Tausende von Stempeln gewesen sein, die ich auf Dokumente drückte.

Ich fand also eine Stelle in einer Bäckerei – mit sonstigen Krämerladenwaren – in einem ca. 20 Kilometer entfernten Ort. Morgens um 6.30 Uhr weckte mich der Bäckermeister, indem er seine Hand in mein Nachthemd steckte und sie dort verweilen ließ. Nur wenn seine Mutter zu Besuch war und mit mir im selben Zimmer schlief, wurde ich durch Rufen meines Namens geweckt. Ich arbeitete dort bis abends 20.00 Uhr im Haushalt und im Laden, und musste dann nach Ladenschluss das Abendbrot herrichten und anschließend das Geschirr spülen. Danach hatte ich dann Feierabend, der zusammen mit der Familie verbracht wurde. Und das eine Woche lang. 7 Tage die Woche und in der nächsten Woche 6 Tage lang und am Sonntag frei. Dann durfte ich mit dem Fahrrad nach Hause fahren. Zu meinen Aufgaben gehörte die Wohnung putzen, die Treppe bohnern, die Wäsche waschen, im Laden bedienen, Essen kochen und den Abwasch machen, draußen den Zementboden mit dem Waschwasser scheuern, in der Backstube mithelfen. Und das mit 14 bis 16 Jahren für wenig Geld.

2 ½ Jahre später gab ich diese Stellung auf. Aber den Geruch vom Waschwasser der Bäckerkleidung habe ich noch heute in der Nase.

Eine Verwandte hatte mir eine Stelle bei einem älteren Ehepaar in Hamburg beschafft. Dort blieb ich nicht lange. Grund war wohl wahrscheinlich der Sohn oder Neffe des Ehepaares, der gerne kam und ziemlich eng mit mir in der Wohnung tanzen wollte. Ich mochte das nicht, denn ich spürte ungern seine Männlichkeit.

Die nächste Stelle war eine im Haushalt einer angesehenen Hamburger Familie. Ich war inzwischen wohl gut 16 Jahre alt. Die Hausherrin war eine nette, liebevolle und verständnisvolle Frau, von der ich viel lernte, nicht nur das Kochen. Sie war es, die mir mein erstes Buch schenkte. Ich besitze es heute noch. Es ist ein dünnes Buch mit dem Titel „Ich spucke gegen den Wind". Darin erzählt die junge Tochter eines Handelsschiff-Kapitäns, wie sich ihr Leben als einziges weibliches Wesen unter lauter harten Seebären gestaltete. Die Hausherrin führte mich auch dahin, klassische Musik zu mögen. Sie spielte Klavier, und ich hörte ihr gerne zu, wenn sie musizierte. Besonders ein Stück von Bach mochte ich sehr, und natürlich Mozart. Ich habe damals auch ein Stück auf dem Klavier spielen können: Hänschen klein! Es ist wahrscheinlich das am einfachsten zu spielende Lied der Welt! Bei uns zu Hause mochte man keine klassische Musik hören. Wurde nach Friedel Hensch und den Zypries oder Fred Bertelmann oder Freddy Quinn klassische Musik gespielt, rief der Vater: Moog den Schiet ut". Was bedeutete: Mach den Scheiß aus! Ja, klassische, unsterbliche Musik war Schiet für ihn.

Mit 18 Jahren ging ich zurück in die Heide und arbeitete in einem Lebensmittelgeschäft. Verkäuferin sein gefiel mir. Ein Jahr später starb unsere Mutter mit gerade 43 Jahren. 3 Tage nach der silbernen Hochzeit unserer Eltern. Sie starb sehr qualvoll. Sie konnte nicht mehr alleine essen, und unser Vater schien seine Freude daran zu haben, ihr den mitgebrachten Pudding etc. derart schnell in den Mund zu schieben, dass ihr alles über das Kinn lief. Sie konnte sich nicht mehr wehren, und ich hasste ihn für sein Verhalten. Er selbst wohnte die letzten 25 Jahre bei einer Tante von uns. Rund 30 Jahre nach dem Tod seiner Frau ist er während des Schlafs gestorben, ohne Schmerzen, ohne körperliche Qualen. Das Bier und leckeres Essen haben ihm bis zuletzt geschmeckt. Und die Tante hat ihn bemuttert wie eine Muslima ihren Gatten.

Als ich 21 Jahre alt war, lernte ich mit einer Freundin zusammen in der Volkshochschule Englisch. Alles, was mir davon im Gedächtnis geblieben ist für viele Jahre, war das Wort „rashhour". Mit dieser Freundin wollte ich nach Berlin gehen. In Berlin waren westdeutsche Arbeitskräfte damals heiß begehrt und umworben. Eine Woche vor der Abreise sagte die Freundin ab, weil sie sich verliebt hatte. Ich ging alleine nach Berlin.

Die Schwester meines neuen Chefs hatte mir in ihrer Altberliner Wohnung eines von zwei Zimmern vermietet. Ein großes Zimmer mit einem relativ kleinen Fenster in einer Ecke, sodass es in dem Zimmer meist sehr dunkel war. Geheizt wurde im Winter mittels Holz und Kohle.

Der neue Chef war ein jähzorniger Mann, und als er nach kurzer Zeit eines Tages, aus welchem Grund weiß ich nicht, mit einem großen Holzbrett auf mich zukam und mich erschlagen wollte, bin ich geflüchtet und nie wieder in das Geschäft zurückgegangen.

Ich hatte Sorge, dass mich seine Schwester aus dem Zimmer werfen würde, aber sie tat es nicht. Wir entwickelten im Laufe der Jahre eine gute Freundschaft, die erst endete, als meine Ehe mit dem ehrenwerten Herrn Meyer-Lüdenscheidt zerbrach. Er hatte sie wohl davon überzeugt, dass er der bessere Mensch sei und sie sich von mir fernhalten müsse. Vor seinem Rauswurf aus dem Berliner Polizeidienst, wo er zuletzt bei der Kriminalpolizei gearbeitet hatte, war es ihm gelungen, einen Staatsanwalt von seiner Unschuld und der Schuld zweier unschuldiger „einfacher" Polizeibeamter zu überzeugen. Nur vor Gericht hatte er kein Glück, denn das glaubte den unschuldig Beschuldigten und den geladenen Zeugen. Wie also hätte die alte Dame seinen Lügen widerstehen können? Er konnte so überzeugend sein, wenn er einen „Herzanfall" vortäuschte und ich prompt auf ihn hereinfiel.

Ich hatte den ehrenwerten Herrn Meyer-Lüdenscheidt (ein Kollege machte später Meyer-Ehrenwert daraus) durch eine Kollegin kennengelernt auf meiner nächsten Arbeitsstelle. Er interessierte mich nicht, aber er ließ nicht locker, überhäufte mich mit Aufmerksamkeiten, bis ich mich schließlich in ihn verliebte. Etwa vier oder 5 Monate später gestand er mir, dass er verheiratet sei. Ich glaubte ihm nicht und dachte, er wolle sich von mir trennen und traute sich nicht, mir die Wahrheit zu sagen. Aber die Wahrheit ist, dass er mich gefragt hatte, ob ich ihn heiraten wolle – obwohl er noch verheiratet war. Ein wirklich ehrenwerter Herr, der Herr Meyer-Ehrenwert.

Mehrere Male hatte ich mich von ihm getrennt, aber er ließ mich nie in Ruhe und gab nie auf. Er verfolgte sein Ziel, so wie nach meiner Erfahrung jeder moslemische Flüchtling in Deutschland – oder ganz Europa – sein Ziel verfolgt, bis er es erreicht hat. Und sie erreichen es fast immer, selbst hochkriminelle arabische Großfamilienmitglieder, die Frauen zur Prostitution zwingen, SEK-Beamte erschießen, Spielcasinos ausrauben, das KaDeWe ausrauben etc. etc. So gesehen hätte Meyer-Ehrenwert gut ein echter gläubiger Moslem sein können. Schließlich hat auch er seine Ehefrauen brutal geschlagen, ganz so, wie es im Koran steht, dass ein guter Moslem es tun darf, wenn er der Meinung ist, die Ehefrau verdiene Schläge.

Nachdem ich mich nach einigen Jahren Beziehungskrise endgültig von ihm trennen wollte, zog er in das Zimmer bei der alten Dame, in dem ich gewohnt hatte, bevor ich meine erste eigene kleine Wohnung bekommen hatte. Damals gab es eine große Wohnungsnot, und ich bekam sie, weil ich zugleich die Hauswartsstelle übernommen hatte, sonst hätte ich die Wohnung nie bekommen.

Meyer-Ehrenwert ließ sich tatsächlich scheiden, blieb aber bei der ehemaligen Ehefrau wohnen, ohne dass ich das wusste. Er hatte ihr eine erneute Eheschließung versprochen, wie ich einem Brief entnehmen konnte, den sie ihm auf unserer Hochzeitsreise ins Hotel geschickt hatte. Ich erfuhr durch diesen Brief auch, dass Meyer-Ehrenwert noch am Tag vor unserer Hochzeit mit ihr intim verkehrt hatte. Ein wirklich ehrenwerter Mann. Aber was kann man erwarten von einem Mann, der sich auch mit der kleinen Verwandten seiner Freundin, die er bald zu ehelichen gedenkt und um die er jahrelang

„gekämpft" hatte, im Bett der noch jüngeren Fast-Verwandten vergnügt. Wahrscheinlich sind solche Kerle einfach nur krank. Und wenn sie dann die Ehefrau mit der eigenen Dienstwaffe bedrohen, müssen sie wahrscheinlich Psychopathen sein. Meyer-Ehrenwert war jedenfalls wütend darüber, dass die vorherige Ehefrau ihm den Schlüssel zum Keller geschickt hatte, damit er sich seine dahin verbrachten Sachen abholen könne. So was tut man nicht mit einem ehrenwerten Herrn! Ich bekam die Hochzeitsreiseprügel ab, und er fuhr davon und ließ mich fast ohne Geld zurück. Die Inhaber der Herberge, in der wir gewohnt hatten und die zwangsläufig das Ende unserer Hochzeitsreise mitbekommen hatten, waren die ersten Menschen, die mir sagten, dass Meyer-Ehrenwert nicht normal sei, also krank. Ja, ein Psychopath, aber das wusste ich damals noch nicht.

Ich fuhr zu meinem Vater und meiner Tante und wenige Tage später erschien der Psychopath dort ebenfalls. Damals, nach weniger als drei Wochen Ehe, nahm er mir zum ersten Mal meinen Pass, mein Geld, meinen Schmuck ab, damit ich absolut nichts hatte. Alles, außer vielleicht einen Teil des Geldes, gab er mir wieder zurück, wenn wir uns versöhnt hatten. Später lernte ich, Geld und Schmuck und Pass außerhalb der Wohnung zu deponieren, um im Falle eines Falles aus Berlin „fliehen" zu können.

Ein wenig Geld, 10,- oder 20,- DM-Scheine, versteckte ich so, dass er sie nicht finden konnte. Als Polizist kannte er ja die „normalen" Verstecke, also musste ich mir andere ausdenken. So steckte ich z. B. 10,- DM in die Lorbeerblatttüte, 10,- DM in die Zuckerdose, 20,- DM in den Mantelsaum etc. Unter dem Teppich hatte Geld nichts zu suchen: da schauen Polizisten zuerst nach. Wie Diebe auch! Ich musste an die armen Juden während der Nazizeit denken. Die mussten sich auch besondere Verstecke einfallen lassen. Auch an ihrer Kleidung. Und dennoch waren diese Verstecke gefunden worden.

Rund zwei Monate nach der Hochzeit – ich war natürlich mit ihm zurück nach Berlin gefahren. Ich erinnere mich noch daran, wie ich dachte: Ich kann doch nicht zurück und meinen Kollegen sagen: Meine Ehe ist schon auf der Hochzeitsreise gescheitert – bekamen wir eine schöne Wohnung, in einem Mehrfamilien-Haus im 2. Stock. Von dem zinslosen Kredit in Höhe von 5.000,- DM, den ich bei der Anmietung meiner ersten Wohnung bekommen hatte und der noch vollständig vorhanden war, und von dem Geld – ich habe keine Ahnung, wie viel das war, denn man hatte es mir nie gesagt –, das mein Vater uns zur Hochzeit schenkte, kauften wir die fehlenden Möbel. Damals bekam jeder, der in Berlin arbeitete und zum ersten Mal eine Wohnung bezog, diesen Kredit. Bedingung war, dass der Empfänger bis zum Ende der Abzahlung des Kredites in Berlin arbeitete.

Ich habe noch Jahre nach der Scheidung diesen Kredit abbezahlen müssen, obwohl Meyer-Ehrenwert den Großteil der von dem Geld angeschafften Möbel etc. behalten hatte. Meyer-Ehrenwert hatte mir also von Anbeginn an gezeigt, w e r in unserer Ehe das Sagen hatte. Ein paar Monate nach der Eheschließung wurde ich schwanger. Das hinderte den ehrenwerten Polizeibeamten aber nicht daran, mich z. B. eines Nachts aus dem Bett zu werfen, mich an den Haaren durch die Wohnung zu zerren, mich im Flur, auf dem Boden liegend, zu treten und meinen Kopf mehrmals auf den Boden zu stoßen. Ich habe damals viele Sterne gesehen, so wie man sie auf Zeichnungen von Betrunkenen sieht, wenn sie nach Hause kommen und die Ehefrau sie mit der Holzrolle traktiert.

Irgendwann lief mir Blut über das Gesicht, und Meyer-Ehrenwert „wachte auf". Er zog seine Schuhe wieder an und beschuldigte sich selbst, ein Schwein zu sein, bevor er die Wohnung verließ. Am nächsten Tag hätte er Dienst gehabt, erschien dort aber nicht und hatte sich auch nicht telefonisch gemeldet. Wir hatten auch noch kein Telefon, deshalb klingelte ein Polizist an der Wohnungstür, wohl um nach dem Kollegen zu schauen. Ich sagte dem Beamten, dass Herr Meyer-Ehrenwert nicht zu Hause sei. Der Polizist muss meinen Anblick als schockierend empfunden haben, denn etwa eine Stunde später erschien er wieder, dieses Mal in Begleitung eines höheren Beamten. Beide durchsuchten die Wohnung nach der Dienstwaffe, die aber nicht im Hause war. Offensichtlich hatte die Polizeiführung Sorge, Meyer-Ehrenwert könne sich oder anderen etwas antun. Ne, Menschen wie Meyer-Ehrenwert tun sich selbst nichts an, nur anderen.

Er kehrte am Abend zurück. Und ein Polizeipsychologe kam eine Woche lang jeden Tag in unsere Wohnung, um nach meinem Zustand zu sehen – nehme ich an – und sich mit Meyer-Ehrenwert zu unterhalten, oder besser gesagt, ihn psychologisch zu bearbeiten. Meyer-Ehrenwert zeigte auch großes Verständnis; ich sehe noch heute sein zustimmendes Nicken, wenn der Psychologe etwas ausführte. Der Ehrenwerte begleitete den Psychologen am letzten Tag seines Besuches bei uns zum Hauseingang, um ihn zu verabschieden. Zurück in der Wohnung, rund fünf Minuten später, ging es rund. Ich wurde windelweich geprügelt. So etwas tut man ja auch nicht: Einen edlen Mann so zu demütigen. Das muss man ja bestrafen. Leider hatte ich nicht die Telefonnummer des Polizeipsychologen, deshalb konnte ich ihm auch nicht berichten, w i e fruchtbar seine psychologischen Fähigkeiten bei Herrn Meyer-Ehrenwert gefruchtet hatten.

Wenig später kam meine Freundin Hannelore mit ihrem kürzlich angetrauten Ehemann zu Besuch, ganz überraschend. Der ehrenwerte Herr hatte Nachtdienst und konnte daher nicht bleiben. Nachdem er die Wohnung verlassen hatte, fragten Hannelore und Frank, was los sei. Sie hatten natürlich die schlechte Atmosphäre gespürt. Ich berichtete ihnen. Und sie sagte mir, ich solle zusehen, dass ich immer genügend Geld im Hause habe, um einen Flug nach Köln bezahlen zu können. „Komm zu uns, von da aus sehen wir weiter", hatten sie mir geraten. Sie hatten keine Ahnung, w i e bald ich ihr Angebot annehmen würde.

Inzwischen hatte ich mein Kind bekommen, das ich manchmal mit auf meine Arbeitsstelle nehmen musste, wenn der Ehrenwerte es mir mal wieder zeigen wollte und deshalb nicht nach Hause kam, um auf den Nachwuchs aufzupassen, während ich arbeiten musste. Dennoch, nach dem schon bald eintretenden nächsten Krach (Psychopathen können einfach nicht mehr als wenige Tage Ruhe vertragen) blieb ich total ruhig, denn ich wusste ja, wohin ich gehen und Unterschlupf finden konnte. Meyer-Ehrenwert spürte, dass etwas nicht stimmte, dass etwas in der Luft lag. Aber er wusste nicht, was. So kannte er mich noch nicht. Kein Jammern, keine Vorwürfe, nicht mal Angst! Aus mir war auch nichts herauszuholen, nicht einmal mit dem vorsichtigsten Bemühen. Er ließ mich drei Tage und drei Nächte nicht aus den Augen. Ich aber legte inzwischen, während er „Urmel auf dem Eis" im Fernsehen schaute oder Sport sah, alle Dinge im Schrank bereit, um sie vor der Flucht rasch in den Koffer werfen zu können.

Am 4. Tag morgens musste er zum Dienst. Ich warf die bereit gelegten Dinge in den Koffer, nahm den Kinderwagen mit Baby und Babysachen, und verließ die Wohnung. Meine Arbeitsstelle hatte ich nach dem letzten Krach gekündigt. Mein Chef hatte vollstes Verständnis für die fristlose Kündigung und ließ mich natürlich gehen. Der Ehrenwerte, der erfahrene, hatte bei einem Streit immer all mein Geld an sich genommen, um mich am Wegrennen zu hindern. Aber ich hatte ihn überlistet. Er hatte mein Geld in den Vorratsdosen Mehl, Zucker, Kaffee etc. nicht entdeckt. Ha!

Vor meiner „Abreise" und nach den Besuchen des Polizeipsychologen hatten zwar die Schläge etwas nachgelassen, aber dafür hatte der Herr aller Herren sich andere Schikanen ausgedacht. Er stellte sich z. B. in die Badezimmertür, sodass ich nicht hineinkonnte. Ich putzte die Zähne also in der Küche oder auf der Arbeitsstelle. Oder er zog an einem Tag drei oder vier Hemden an, um sie zusammenzuknüllen und in die Waschmaschine zu werfen. Und dann entfernte er das Zubehör zum Wassereinlaufen etc. Natürlich verlangte er täglich frische Hemden. Wie ich diese waschen konnte oder die Windeln für das Baby – damals gab es noch keine Pampers! –, das war ihm egal. Nein, stimmt nicht. Er tat alles ja mit dem Ziel, mir das Leben schwer zu machen. Zum Beispiel das Teil, das ich anbringen musste an den Wasserzulaufschlauch, musste ich mittels einer Zange befestigen, damit es sicher angebracht war. Nun nahm mir mein liebender Ehemann die Zange fort, damit ich die Waschmaschine nicht benutzen konnte. Ich fand aber heraus, dass ich auch mit einem einfachen Nussknacker die fehlende Zange ersetzen konnte. Ha.

Nach der nächsten Versöhnung fragte er scheinheilig, wie ich denn die Waschmaschine in Gang gesetzt habe. Ich sagte ihm, dass ich mir bei den Nachbarn eine Zange geborgt hätte. Das half! Die Zange war wieder da und dort blieb sie auch. Diese hilfsbereiten Nachbarn waren zwei von wenigen Personen, die Herrn Meyer-Ehrenwert nicht mochten. Das spürte er natürlich und deshalb fragte er bei ihnen nicht nach.

Dennoch gab es weiterhin Körperverletzungen. Einmal, im Winter, war ich nur im Kleid und ohne Mantel aus der Wohnung geflohen. Ich rannte zur Polizei, die in der Nähe ihr Revier hatte. Meyer-Ehrenwert folgte mir und wollte das verhindern. Aber: ich kam an einem Haus vorbei, vor dem sechs oder mehr junge Männer saßen. Ich sagte ihnen, dass mich der Typ da verfolge. Da standen die Jungens auf und stellten sich dem ehrenwerten Herrn bedrohlich in den Weg. Ich konnte unbehelligt zur Polizei gehen, während der mutige, große, starke, selbstbewusste, durch das regelmäßige Polizeitraining gestählte Herr Meyer-Ehrenwert sicherheitshalber die Kurve kratzte, weil er als geübter Polizist Schiss vor ein paar Jungs hatte.

Nach der selbstverständlich folgenden Versöhnung forderte er mich auf, die Anzeige – wieder einmal – zurückzunehmen und den die Anzeige aufnehmenden Polizeibeamten diverser Dinge zu beschuldigen. Ich war damals in seiner Gegenwart nicht immer sehr mutig, aber zu dieser Forderung sagte ich NEIN. Der Polizeibeamte hat das nicht getan, und deshalb werde ich ihm das auch nicht vorwerfen.

Jahre später gelangten mir Unterlagen in die Hände, aus denen ich aber auch wirklich alles erfuhr, was der Herr Ehrenwert an Schandtaten begangen hatte: Er hatte andere Polizeibeamte diverser Dinge beschuldigt, um sein eigenes Fehlverhalten zu vertuschen. Auch seine damalige Lebenspartnerin – eine Kriminaloberkommissarin! – hatte sich von ihm verleiten lassen, vor der Polizei und vor Gericht zu lügen. Sie verlor ebenso wie Meyer-Ehrenwert ihren „Rock", heißt: Sie wurde wie er aus dem Polizeidienst entfernt!

Noch lange vor der Geburt des Kindes hatte ich aufgrund eines besonders schlimmen Vorfalls erwirkt, dass der Ehrenwerte die Wohnung nicht wieder betreten durfte. Er lauerte mir eines Tages nach der Arbeit auf, flehte mich an, zu ihm ins Auto zu kommen und mit ihm in Ruhe zu reden. Ich ließ mich überreden – wie unzählige Frauen nach mir, die dann zum Dank von ihrem reuigen Ehemann erstochen oder erschossen oder erwürgt wurden – und stieg zu ihm ins Auto. Natürlich wurde ich sogleich beschimpft etc. Auf der Schlossbrücke in Charlottenburg wollte ich das Auto verlassen, aber er hielt mich am Mantel fest. Zum Glück hatte ich meine Wohnungsschlüssel und die Bus-Monatskarte in der Manteltasche, denn er packte meine Handtasche sowie den Ärmel des Mantels, aber als er auf der Brücke halten musste, gelang es mir, aus dem Wagen zu flüchten.

Mehrere Personen hatten den Vorgang auf der Brücke beobachtet und sagten mir, ich solle die Polizei rufen. Sie alle wollten sich als Zeugen zur Verfügung stellen. Aber ich war nicht in der Lage dazu. Ich wollte nur nach Hause. Mein Mantel war zerrissen worden, mein Geld war weg. In der Tasche, die der gute Polizeibeamte Meyer-Ehrenwert mir entrissen hatte.

Ich konnte mich aber auch in der Wohnung nicht total sicher fühlen. Eines Tages standen Meyer-Ehrenwert und zwei finstere Gesellen vor der Tür und versuchten, in die Wohnung zu gelangen. Wir hatten noch kein Telefon, ich konnte keine Hilfe rufen. Da ging ich ins Schlafzimmer und warf Gegenstände – Haarspraydose und ähnliches – solange auf den unter unserem Stockwerk befindlichen Balkon, bis dessen Bewohner nachschauten und ich sie um Hilfe bitten konnte. Sie stürmten in den zweiten Stock, woraufhin der Ehrenwerte und seine Komplizen das Weite suchten.

Der Polizeipsychologe, der eine Woche lang zu uns in die Wohnung kam, und dem ich von der Sache erzählte, fragte Meyer-Ehrenwert, wer die Männer gewesen seien. Leugnen konnte er nicht, weil es ja Zeugen gab. Also sagte er, es seien Kollegen gewesen. „Wer waren die Kollegen, wie heißen sie", wollte der Psychologe wissen. Da musste Meyer-Ehrenwert zugeben, dass es eben k e i n e Kollegen gewesen sind. Er musste zugeben, dass es „Bekannte" vom Stuttgarter Platz waren, die er dort kennengelernt hatte und deren Namen er nicht kenne. Mein Nachbar und seine Frau, die beide den Ehrenwerten mit Skepsis betrachteten und ihn nicht mochten, meinten, so wie die Typen aussahen, hätten die mich nicht nur zusammengeschlagen, sondern mir was ganz anderes angetan ...

Diese beiden Personen waren auch die Nachbarn, bei denen ich läutete, als mein lieber Ehemann mich eines Nachts, als er mal wieder mit „schlechter Laune" nach Hause kam, aus dem Bett gezerrt und mich aus der Wohnung geworfen hatte. Ich war nur mit einem – damals modernen – durchsichtigen kurzen Shorty bekleidet. Da stand ich nun auf dem Flur. Was tun? Ich läutete bei den Nachbarn. Meyer-Ehrenwert beobachtete mich durch den Türspion. Und als er sah, dass es mal wieder Zeugen gegen ihn geben würde, kam er aus der Wohnung geschlichen und führte mich fürsorglich zurück in die Wohnung. Es blieb sogar ruhig in jener Nacht.

Nach dem Vorfall auf der Schlossbrücke wollte ich zurück in die Wohnung. Mein Ehemann durfte ja nicht hinein. Er hatte 10 Jahre lang keinerlei Kontakt zu Vater und Stiefmutter gehabt. Aber nun, in der schweren Krise seines Lebens, suchte er sie auf und schickte sie vor meine Tür, wo ich sie rufen hörte: „Frau Gisela, Frau Gisela. Wir sind's, die Eltern. Bitte öffnen Sie doch." Ich öffnete nicht. Aber natürlich hielt ich nicht lange durch. Irgendwann gab ich wieder nach und lernte die lieben Eltern kennen. Sie sagten, sie seien jetzt auch m e i n e Eltern, würden nicht nur für Sohnemann Partei ergreifen.

Als ich dann einige Monate nach der Geburt des Kindes einmal anrief und um Beistand bat, lehnte Meyer-Ehrenwert Senior kühl ab. „Wir mischen uns da nicht ein". Kurze Zeit später las ich auf einer soeben eingegangenen Postkarte von Meyer-Ehrenwert Senior, geschrieben an den lieben Sohn, wie schön es an dem Urlaubsort sei und wie schön es doch wäre, wenn der liebe Sohn doch auch da wäre. Oma und Opa Meyer-Ehrenwert habe ich nie wieder gesehen. Nur einmal, nach der Scheidung und als ich wieder in Berlin wohnte, bekam ich einen Anruf. Der Anrufer sagte seinen Namen nicht, aber ich erkannte seine Stimme. Es war der liebe Opi, der mich beschimpfte. Leider benahm ich mich wieder total daneben und wurde auch ein bisschen kess, um nicht zu sagen frech, was dem akkuraten Herrn Meyer-Ehrenwert Senior überhaupt nicht gefiel.

Kurze Zeit nach dem Besuch von Hannelore und Frank war es dann soweit. Neuer Streit, neues Verhalten. Ich wollte weg. Und ich ging weg. Ich hatte innerhalb von Minuten den Koffer gepackt, mich noch einmal in der schönen Wohnung umgesehen, Kind und Kinderwagen gegriffen und ab und fort. Geld und Pass waren bei meiner Verwandten. Bei der, mit der mein lieber Mann einst in die Kiste gestiegen war. Aber was soll's, ist längst vergeben und vergessen.

Hin zur Verwandte, Geld und Pass und Schmuck abholen und zum Flughafen. Ich reise nach Köln, bezahlte den Flug mit dem perfekt versteckten Geld. Hannelore und Frank waren gerade erst von ihrer Urlaubstour durch Deutschland nach Köln zurückgekommen. Sie waren nicht davon ausgegangen, dass ich ihrer „Einladung" so schnell Folge leisten würde. Dennoch nahmen sie uns liebevoll auf. Nachdem das Baby versorgt war und schlief, musste ich erzählen.

Einige Tage später erschien Meyer-Ehrenwert vor der Tür. Mein Vater, bei dem mein lieber Ehegatte aufgetaucht war, nachdem er ein Telegramm geschickt hatte mit den verwirrten Zeilen, er habe (innerhalb weniger Tage!) rund 30 Kilo abgenommen vor Kummer über den Verlust von Frau und Kind, hatte ihm verraten, wo ich war. Der Ehrenwerte hatte es mal wieder geschafft, anderen etwas vorzuspielen. Obwohl mein Vater und die Tante hätten sehen müssen, dass der liebe Schwiegersohn zumindest was das Gewicht anging übermäßig gelogen hatte.

Nun, er stand unerwarteterweise vor der Freunde Tür, die ihn auch hereinbaten. Ich wurde in „mein" Zimmer verbannt. Nachdem Meyer-Ehrenwert wieder gegangen war, erzählten mir Hannelore und Frank, dass sie es erreicht hatten, dass Meyer-Ehrenwert zugegeben hatte, mich geschlagen zu haben und dass ich, wenn mein bisschen Geld verbraucht war für Lebensmittel etc. ich manchmal tagelang betteln musste, damit er mir Geld gab, um Nahrung für das Baby zu kaufen. Einmal bettelte ich drei Tage lang und bekam dann 10,– D-Mark. Von Köln aus reichte ich die Scheidung ein – ein weiteres Mal – und zog es dieses Mal durch. Ich hatte Anfang Juni Berlin verlassen, und Anfang Dezember wurde die Ehe geschieden. Auf Unterhalt hatte ich verzichtet, obwohl ich ein Baby hatte. Gott sei Dank hatte ich verzichtet, denn sonst hätte ich ihn später unterstützen müssen. Damals, als man ihn aus dem Polizeidienst entfernt hatte und er nicht einmal als Straßenkehrer in den öffentlichen Dienst hätte zurückkehren können, was er so gerne wollte: Im öffentlichen Dienst beschäftigt zu sein. Aber was er getan hatte, war nicht vereinbar mit einer wie auch immer gearteten Beschäftigung im öffentlichen Dienst. Er konnte nie mehr damit angeben, ein geachteter Bürger zu sein, der im öffentlichen Dienst den Bürgern dient.

Während meiner Zeit vor und nach der Scheidung besuchte ich eine Handelsschule und lernte dort Stenografie, Schreibmaschineschreiben, Buchführung, kaufmännisches Rechnen etc. Mein Kind beaufsichtigte derweil die Tante, und auch sonst hatte ich nicht viele Aufgaben im Haus der Tante zu erfüllen, wohin ich mit Beginn der Schulung gezogen war. Ich konnte lernen, musste nur wenige Hausarbeiten erledigen, und bekam, wenn ich von der Schule kam, das Essen vorgesetzt. Natürlich bezahlte ich die Tante dafür, von dem Geld, das ich vom Arbeitsamt erhielt.

Ich machte nach nur sechs Monaten einen guten/ sehr guten Abschluss vor der Industrie- und Handelskammer in Remscheid und bekam über das Arbeitsamt ein Stellenangebot bei einer Behörde in Berlin. Als ich zum Vorstellungsgespräch nach Berlin geflogen war und das Haus betrat und die breite Treppe zum Personalbüro hinaufstieg, dachte ich: Ja, hier möchte ich arbeiten.

Ich arbeitete dort sieben Jahre. Als Verwaltungsangestellte, in der Registratur. Eine Kollegin hatte mir einen Zeitungsartikel gegeben und befragt, ob das wohl mein Ex-Ehemann gewesen sein könnte, über den darin berichtet wurde. Ich hatte inzwischen auch Personen aus dem Polizeidienst beruflich kennengelernt, und so fragte ich einen von ihnen, ob es sich bei dem in dem Artikel genannten Polizisten um meinen Ex-Mann handeln könne. Es stimmte, es handelte sich um den Ehrenwerten.

Als ich einmal mehr Unterhalt für mein Kind verlangte und mein Anwalt ihn bat, einen Gehaltsnachweis vorzulegen, teilte der Anwalt des Ehrenwerten mit, dass man nicht bereit sei, meine Neugier zu befriedigen. Schließlich musste der Ehrenwerte aber doch einen Nachweis vorlegen, und so konnte ich sehen, dass er gekürzte Bezüge erhielt. Der ehrenwerte Herr Meyer-Ehrenwert war vom Dienst suspendiert.

Das Schicksal geht oft seltsame Wege. Und auf einem dieser Wege kamen Unterlagen in meine Hände, aus denen ich aber auch alles ersehen konnte, was genau der sehr ehrenwerte Herr Meyer-Ehrenwert getan hatte. Dort war dokumentiert: Er war ganz und gar kein ehrenwerter Herr gewesen und wurde deshalb aus dem Dienst entfernt. Und ich dachte: Ja Herr Meyer-Ehrenwert, was sagst du nun? Ich war überhaupt nicht neugierig und habe nun doch alles erfahren.

Einmal während unserer glücklichen Ehe sagte mir mein lieber Mann: „ I c h bin ein Herr, und Du wirst nie eine Dame". Nun, ich wollte nie eine DAME sein. Nur eine bescheidene, zufriedene Frau, die das Geld für sich und ihr Kind selbst verdient und damit gut auskommt. Ich habe immer eine Arbeit gehabt, die mir gefiel, die ich gut ausführte, und meine Vorgesetzten und Kollegen von einst erinnerten sich noch lange daran, dass ich gut arbeitete.

Einer meiner früheren Chefs, mit dem ich leider nur rund 2 Jahre zusammenarbeiten konnte, war für viele eine schwierige Person. Einer seiner ehemaligen Kollegen besuchte uns regelmäßig. Einmal sagte dieser Herr zu mir: „Frau Müller, wir ... bewundern Sie". Ich: „Was, Sie bewundern mich? Wieso denn das". „Wir bewundern Sie, weil Sie so gut mit Herrn ... auskommen."

Als ich angesprochen worden war, mich bei diesem schwierigen Mann zu bewerben und es getan hatte, sprach sich das natürlich in Windeseile bei meiner aktuellen Arbeitsstelle herum. Ich hatte dort einen ganz besonders angenehmen Chef. Deshalb sprachen mich einige Kollegen an und sagten mir: „Was, DA wollen Sie hin? Zu DEM wollen Sie? Sie werden sich noch wundern ..."

Gewundert haben sich die, die mir abgeraten hatten. Denn ich verstand mich gut mit meinem neuen Chef, und die Zeit der Zusammenarbeit mit ihm war zwar anstrengend, aber sehr aufregend und unglaublich interessant. Ich würde sie nicht missen wollen. Es war die interessanteste Zeit meines Arbeitslebens. Dieser anstrengende Chef wurde mir sogar später, als er nicht mehr mein Chef war, ein guter und zuverlässiger Freund und Berater. Seine Frau sagte einmal zu mir: „Mein Mann lobt Sie über den grünen Klee", und er selbst sagte einmal: „Sie wickeln mich doch um den kleinen Finger". Das stimmte aber nicht, denn ich habe niemals versucht, jemanden um den kleinen Finger zu wickeln. Ich war allerdings immer bereit, mehr als normal für ihn zu arbeiten, weil er mir immer das Gefühl gegeben und es mir auch bewiesen hatte, dass er mir voll vertraute und dass ich nicht seine Untergebene, sondern eine Mitarbeiterin war, die wichtig für ihn war und die er entsprechend behandelte. Wer kann das schon von sich sagen.

Manchmal sagte er: „Das haben wir gut hinbekommen". WIR. Damit bezog er immer meine Kollegin und mich mit ein, obwohl ja nur er etwas gut hinbekommen hatte. Und somit wertete er meine Kollegin und mich auf.

Dieser unruhige Chef hatte die Angewohnheit, am Nachmittag, wenn Ruhe eingekehrt war, die Posteingänge durchzusehen. Ich saß ihm dann gegenüber, und er reichte mir den Ordner, wenn er der Vorgang durchgesehen hatte. Manchmal läutete das Telefon, und ich wollte dann immer gehen und ihn allein lassen, damit er in Ruhe telefonieren konnte. Aber er sagte stets: „Bleiben Sie hier. Sie wirken so beruhigend auf mich".

Als ich noch bei der ersten Behörde arbeitete, musste die eine oder andere Sekretärin manchmal noch nach Dienstschluss warten, weil es noch etwas Eiliges zu verkünden gab, das zuvor geschrieben werden musste. Eine der Damen, die ich nicht so gut kannte, war die Sachbearbeiterin in dem Fall und kam, um mir den Text in die Maschine zu diktieren. Ich hatte damit kein Problem, und so sagte sie am Ende des Diktats zu mir: „Es war sehr angenehm, mit Ihnen zu arbeiten. Sie sind so schön ruhig. Die anderen Damen sind immer sehr nervös, wenn man ihnen in die Maschine diktiert."

Und als ich Jahre später im Krankenhaus war, hatte ich mir meine Tageszeitung dorthin schicken lassen. An einem großen runden Tisch in einer Ecke saß ich und las meine Zeitung. Ein Patient aus derselben Etage lief den langen Gang entlang, unruhig wie ein Tiger im Käfig, hin und her. Und nach einiger Zeit hielt er an meinem Tisch an und fragte: „Darf ich mich zu Ihnen setzen? Sie wirken so beruhigend auf mich." „Aber natürlich dürfen Sie sich hier an den Tisch setzen".

Ein anderer Patient in der Zeit war ebenfalls oft sehr nervös. Er hatte offensichtlich Probleme mit oder wegen seiner Frau. Einmal war Polizei im Hause unterwegs, und dieser Patient hatte den Verdacht, sie sei seinetwegen im Haus. Ich beruhigte ihn und machte ihn darauf aufmerksam, dass die Polizei einen im Krankenhaus aufgetauchten Hund suchte, und keineswegs seinetwegen dort war. Ich konnte ihn beruhigen.

Er zeichnete kleine Skizzen auf einen Block, und einige andere Patienten, die diese Zeichnungen sahen, hätten gerne die eine oder andere käuflich erworben. Ich sagte einmal zu ihm, dass er mit dem Verkauf seiner Skizzen Geld verdienen könnte, aber er meinte nur: „Die sind unverkäuflich". Als ich dann entlassen wurde, hatten sich einige Patienten, die sich normalerweise am Nachmittag oder Abend zum Gespräch versammelten, eingefunden, um mich zu verabschieden. Der Künstler kam auch und schenkte mir ein Blatt, speziell für mich gefertigt: Tschüss, Tschö, Ade, Adee, Gisela. „Warum verkaufst du uns kein Blatt, aber ihr schenkst du eines", fragten ihn einige der Anwesenden. „Sie hat mir einmal sehr geholfen, darum schenke ich ihr das Blatt", war seine Antwort. Das Blatt hängt noch heute gerahmt in meinem Wohnzimmer.

In jener Zeit hatte ich oft mit bekannten Persönlichkeiten zu tun, die jeder kannte, in ganz Deutschland. Einige von ihnen würden mich auch heute noch erkennen und begrüßen. Einmal hatte ich sogar Gelegenheit, an einem Ereignis teilzunehmen, in dessen Verlauf der damalige König von Spanien mir die Hand reichte.

Ja, Herr Meyer-Ehrenwert, dachte ich, was sagst du nun? Ich bin zwar keine Dame wie du ein Herr sein willst, aber mich begrüßte sogar ein König, während man dich nicht einmal für würdig erachtet, ein Hundekot-Beseitigungsgerät der Berliner Stadtreinigung zu führen.

Als ich nach der Scheidung wieder in Berlin lebte, war ich zunächst bei einer Verwandten in einer Art Rumpelkammer mit meinem Kind untergekommen. Ich arbeitete nun bei einer Behörde und konnte mir einen Anwalt leisten. Ich wollte gerne die Ehewohnung zugesprochen bekommen, da ich das Kleinkind zu versorgen hatte. Als der Termin anstand und die Parteien vor dem Richter standen, erklärte mir dieser – mein Anwalt war nicht erschienen, also musste ich mich selbst vertreten, was glaube ich, mein Glück war –, dass er mir die Ehewohnung trotz des Kleinkindes nicht würde zusprechen können, weil es sich um eine vom Staat finanzierte Wohnung nur für Mitarbeiter des öffentlichen Dienstes handelte und weil die Wohnungsbaugesellschaft das Mietverhältnis lieber mit dem Polizeibeamten fortsetzen wollte als mit einer alleinerziehenden Mutter mit Kleinkind. Es war damals wohl anrüchig, sich als Frau und Mutter scheiden zu lassen, was mir übrigens auch einmal ein Kollege aus der Personalabteilung der ersten Behörde, in der ich arbeitete, vorgehalten hatte: „Warum haben Sie sich auch scheiden lassen?" Ja, warum wohl. Weil ich meine heilen Knochen behalten wollte. Nun hatte ich aber inzwischen durch meine täglichen Kontakte mit höheren Beamten nicht mehr solch unerhörten Respekt vor diesen und daher keine Angst, mich zu äußern. Also sagte ich, dass es doch wohl nicht angehen könne, dass ich mich von meinem Ex-Mann hatte malträtieren lassen müssen, und nun würde ich mit dem Kleinkind auch noch ohne Wohnung dastehen? Der ehrenwerte Herr Meyer-Ehrenwert glaubte seinen Ohren nicht trauen zu können, was ich da sagte. Er trat einen Schritt hinter seiner Anwältin zurück, um mich genauer betrachten zu können.

Der Richter schob seine lange Mähne immer wieder zurück und sagte dann, dass er heute nicht entscheiden könne. Die Urteilsentscheidung und die Begründung würde uns schriftlich mitgeteilt werden.

Einige Zeit später kam das Urteil: Zwar konnte mir der Richter die Wohnung aus den vorgenannten Gründen nicht zusprechen, aber immerhin müsse der Herr Meyer-Ehrenwert die Kosten des Verfahrens tragen, weil es anders unbillig mir gegenüber gewesen wäre. Herr Meyer-Ehrenwert schäumte vor Wut. Wo gibt es denn so was, dass er als Obsiegender die Kosten des Verfahrens tragen müsse – man bedenke, zwei Anwälte! –. Er legte Beschwerde ein, aber auch die nächste Instanz sah die Sache so wie der Richter am Amtsgericht. Der ehrenwerte Herr Meyer-Ehrenwert hatte eine herbe Niederlage und hohe Kosten einstecken müssen. Und der Richter befand in seinem Urteil, dass ich nun ja auch im öffentlichen Dienst arbeiten würde und mein Arbeitgeber die Fürsorgepflicht hätte, mir bei der Suche nach einer Wohnung behilflich zu sein. Und so war es, denn innerhalb kurzer Zeit bekam ich eine hübsche 2-Zimmer-Wohnung mit Küche, Bad und Balkon. Eine Wohnung, die nur für Angestellte des öffentlichen Dienstes gedacht war. Die Wohnung befand sich schräg gegenüber von der ehemaligen Ehewohnung. Man hätte mit einem Fernglas in die Wohnung des ehemaligen Ehepartners schauen können, was ich dem ehrenwerten Herrn Meyer-Ehrenwert durchaus zugetraut habe.

Als ich nun meine erste richtige Wohnung nach der Scheidung und den ersten schweren Jahren der Neuanschaffungen von Möbeln, Elektrogeräten usw. geschafft hatte, konnte ich erstmals auch an Urlaub denken. Zuvor musste ich drei Jahre lang um meine eigenen Sachen wie Möbel, Wäsche usw. vor Gericht kämpfen. Ich hatte ja anfangs das große Apartmentzimmer und dann die Wohnung, aber keine Einrichtung. Einmal erklärte sich der ehrenwerte Herr Meyer-Ehrenwert bereit, mir an einem Samstag die Wohnzimmermöbel herauszugeben. Das war ja toll, dachte ich, nun habe ich dann endlich eine Einrichtung, in der es sich leben lässt. Na ja, dachte ich. Ich hatte einen Kleintransporter gemietet und zwei kräftige junge Männer angeheuert, die mir beim Umzug helfen würden. Als wir am Wohnort des Herrn Meyer-Ehrenwert ankamen und ich mich bei ihm meldete, erschien er in Begleitung einer Nachbarin, die als Zeugin dienen sollte. Der ehrenwerte Herr hielt mir ein Blatt Papier entgegen und forderte mich auf, es zu unterschreiben. Natürlich wollte ich zunächst lesen, was ich da unterschreiben sollte. Aber das ließ der ehrenwerte Herr nicht zu. Unterschreibe ungesehen oder du bekommst gar nichts. Na gut, dann eben gar nichts. So musste ich den Transporter und die beiden Männer bezahlen, und zwar für nichts. Es begann dann ein langer Streit vor Gericht, der sich über drei Jahre hinzog und mich manchmal an den Rand des Wahnsinns brachte. Der tolle Polizist log vor Gericht, dass sich die Balken bogen. Das sagte ich auch einmal in einem Termin der Richterin, wie es denn möglich sei, dass ein POLIZIST derart vor Gericht lügen dürfe. Sie zuckte die Schultern und sagte, das sei Parteienvortrag, und jede Partei dürfe das. Na toll.

Der Ehrenwerte hatte auch vor Gericht vorgetragen, dass ich einmal in der ehemaligen Ehewohnung erschienen wäre und diese ehemalige Ehewohnung leergeräumt habe und ich ihm 10.000,– DM zahlen müsse. Da hatte er nun Pech gehabt, denn als ich einmal mit meiner Verwandten und einer weiteren Zeugin in die Ehewohnung ging, um einige meiner Sachen zu holen, kamen wir nur bis in den Flur. Alle Türen waren wohlweislich abgeschlossen.

Ein altes Sprichwort sagt ja, man kann noch so dumm sein, man muss sich nur zu helfen wissen. Und so bat ich die Zeugin, eine Nachbarin, mir mit ihren Schlüsseln zu helfen. Das funktionierte auch wunderbar; nur ins Bad kamen wir nicht. Ich packte nun meine Sachen in einen Koffer, meine Verwandte notierte die einzelnen Stücke und die Zeugin beobachtete auch alles. Beide unterschrieben dann die Liste. Als ich am Tage vor der Scheidung wieder in Berlin war und mit den beiden Damen nochmals in die Wohnung ging und andere Dinge von mir holen wollte, klappte das nicht mehr. Denn der Ehrenwerte hatte Stecker in die Schlösser gesteckt, sodass alle passenden Schlüssel nichts mehr taugten.

Während des Gerichtsverfahrens hinsichtlich der Möbel etc., als der Ehrenwerte behauptete, ich hätte die Wohnung leergeräumt, benannte ich die Zeugin Nachbarin, und die konnte bestätigen, dass ich nur das mitgenommen hatte, was auf der Liste stand und dass wir beim zweiten Mal in keinen Raum außer den leeren Flur kamen. Da muss sich der Ehrenwerte aber wieder gewundert haben. Geschämt hat er sich aber wohl nicht. Schließlich hatte ich genug von seinen Lügen und überließ ihm den Rest dessen, was mir gehörte. Nun konnte ich mich auf Wichtigeres konzentrieren.

Einige Zeit nachdem der Richter Herrn Meyer-Ehrenwert die Wohnung hatte zusprechen müssen, erhielt ich eine Mahnung von der Wohnungsbaugesellschaft. Es beliefen sich etliche DM-Summen an Mietschulden, und ich solle sie begleichen, da ich ja auch den „alten" Mietvertrag unterschrieben habe. Tja, teilte ich der Gesellschaft mit, aber SIE wollten ja das Mietverhältnis mit Herrn Meyer-Ehrenwert fortsetzen und nicht mit mir. Nun sehen Sie mal zu, wie Sie an Ihr Geld kommen.

Der Ehrenwerte hatte mittlerweile erneut geheiratet, und nach nur einem Jahr tauchte die neue Ehe-Dame bei mir auf und wollte ihr Herz ausschütten. Sie wusste ja, dass ich wusste, dass sie nicht lügt, wenn sie mir von den Einfällen des Ehrenwerten berichtet. Sie hieß Isabell und hatte zum Glück eine Familie in Berlin, die ihr helfen konnte. Ich gab ihr noch ein paar Ratschläge, die sie anscheinend befolgt hatte. Denn meine ehemaligen Nachbarn erzählten mir, dass der Ehrenwerte nach der Scheidung von Isabell die Wohnung verlassen hatte – oder musste. Die Nachbarn beobachteten, wie der Ehrenwerte und ein Helfer versuchten, den Kühlschrank mit Gefrierfach – einst gekauft von meinem Geld – auf einen Transporter zu hieven, und dass dabei der große Kühlschrank gen Erde fiel. Kaputt, das gute Stück. Außer dem Kühlschrank gab es nur noch die Waschmaschine und den Bügelautomaten und einige Koffer, wohl mit Kleidung. Wenn das nicht ausgleichende Gerechtigkeit ist.

Nachdem ich nun meine Wohnung einigermaßen eingerichtet hatte, konnte ich auch an Urlaub denken. Alle Welt reiste damals mit Neckermann oder Berliner Flug-Ring nach Spanien, Italien oder Griechenland und Österreich. Mein Kind war inzwischen vier Jahre alt, als unsere erste Reise nach Gran Canaria anstand. Wir hatten ein Apartment gemietet in einem Haus mit Pool und Garten. Dort lernten wir schnell andere Gäste kennen, und es war für mich wie ein Wunder. Von da an fuhren wir jedes Jahr in den Urlaub, in den Folgejahren immer im Sommer nach Mallorca oder nach Andalusien, im Herbst nach Mallorca und über Weihnachten und das Jahresende zum Ski laufen nach Österreich. Damals waren die Reisen noch ziemlich billig, sodass ich sogar als alleinerziehende Mutter mir diese drei Reisen pro Jahr leisten konnte.

**SPANIEN UND
ÖSTERREICH
AB 1974**

Mallorca im Frühsommer ist herrlich. Alles ist grün, und die bunten Blumen blühen auf den Wiesen. Wir fuhren immer in dasselbe Hotel, wo man uns schon kannte. Manchmal kam eine Kollegin ebenfalls mit, manchmal auch mit ihrer Tochter. Wir hatten immer viel Spaß zusammen. In einem Jahr im Herbst lernten wir im Hotel eine andere Mutter mit Kind kennen, und abends saßen wir zu dritt an der Bar und probierten die Cocktails von links nach rechts und umgekehrt. Es war eine sehr schöne Zeit.

Ich glaube, insgesamt sind wir 8 Jahre lang nach Spanien gereist, nicht nur nach Mallorca, auch nach Malaga, Marbella und andere Orte. An Granada muss ich noch immer denken. Bei unserem 1. Aufenthalt dort entdeckte ich einen Brunnen, der innen und unten mit Fliesen ausgelegt war. Sinngemäß stand dort:

„Gib Almosen, Frau, weil wenn du nichts gibst, du immer Sehnsucht haben wirst nach Granada und nie zurückkommen kannst".

Natürlich gab ich Almosen, und ich bin nochmals nach Granada gereist. Aber warum stand da nur „Frau" und nicht auch Mann?

Die Winterurlaube in der Steiermark waren auch immer sehr schön. Auch dort wohnten wir immer im selben Haus, bei derselben Familie. Und natürlich haben wir auch Ski-Unterricht genommen. Ich tat mich etwas schwer, aber heute kann ich behaupten, dass ich noch jeden Hügel heruntergekommen bin, auf den wir mit dem Lift gefahren sind. Mein Kind lernte das Ski-Fahren schneller als ich, obwohl es seinen sprichwörtlichen Bock mehr als einmal zum Ausdruck brachte. Die Kinder-Skilehrer wussten mit ihm oft keinen Rat und ließen es dann einfach im Schnee sitzen, während die Gruppe ihre Runden machte, bis es meinem lieben Nachwuchs wohl zu kalt unter dem Hintern wurde. Ja was so ein echter Steinbock ist, der hat einen sehr sturen Bock. Allerdings machte er auf Fotos und auch in der Wirklichkeit immer eine gute Figur, und Jahre später, als fast Erwachsener, fuhr er gerne mit Freunden zum Wintersport.

DIE NORDSEE
AB 1980

Nach Jahren war dann Schluss mit Mallorca. Wir fuhren an die deutsche Nordsee, nach Greetsiel, Borkum und Norderney. Norderney ist meine Lieblingsinsel; schon der Name ist reine Musik. Als Kind wurde ich dorthin verschickt, weil ich so dünn und schmächtig war. Und seitdem liebe ich diese Insel, auch wenn sie heute zu mondän und teuer ist. In einem Jahr hatte ich geplant, wieder nach Norderney zu fahren. Ich erzählte das einer Freundin, und sie sagte sogleich: „Ich komme mit". Ob mir das recht war, danach fragte sie nicht. Ebenso erging es mir, als ich ihr einmal sagte, dass wir nach Marbella reisen wollen. Da kam sie auch mit. Und weil ich dachte, sie ist meine Freundin und ihr Mann hat sie mit ihrer besten Freundin betrogen und deshalb musst du sie mitnehmen, kam sie mit. Gedankt hat sie es mir übrigens nie. Vielleicht liegt es daran, dass sie auch ein Steinbock ist.

Und außerdem ist sie Geschäftsfrau gewesen. Die Geschäftsleute sind anders als andere, jedenfalls ist sie geldmäßig ganz anders als ich. Man kann sagen, sie sieht immer zu, wie sie am besten auf Kosten anderer fährt. Und als ich noch in der Verwaltung tätig war, in der es oft „Freikarten" gab für Modenschauen im Theater des Westens, in der Oper oder Events in anderen Häusern, kam sie immer gerne mit. Sie wurde vor ihrer Haustür mit meinem Wagen abgeholt und nach der Veranstaltung bis zur Haustür gebracht. Auch wenn sie und eine andere Freundin zum Tanzen in die Innenstadt wollten, um einen netten Herrn kennenzulernen, war ich immer gut als Gratis-Taxifahrerin. Und oft ging es von einer Disco zu nächsten, und immer fuhr ich und immer bezahlte ich, nur ich. Nicht einmal fragte einer der beiden Steinböcke!, ob sie die Mark für den Parkplatz bezahlen sollen. Nein, sie fragten nie. Es war normal, dass ich immer alles bezahlte. Dazu sind ja – bestimmte – Freundinnen da.

TÜRKEI
1986

Mit Berliner Freunden aus der Türkei habe ich, zusammen mit meinem Nachwuchs, in der Türkei Urlaub gemacht. Wir sind nach Istanbul geflogen, wo wir von den Berliner Freunden abgeholt und zur Schwester der Freundin gebracht wurden, wo wir einen Tag wohnten. Dann sind wir mit zwei Autos nach Kusadasi gefahren. Unterwegs haben wir das Marmara-Meer gesehen und waren in Izmir. In Kusadasi wohnten wir in einer Pension, die nicht gerade komfortabel war. Oft fehlte es an Wasser, was möglicherweise in der Türkei nichts Ungewöhnliches ist. Es war Hochsommer, als wir dort waren, und es war Ramadan.

Wenn wir morgens und nachmittags vom Strand oder vom Ausflug nach Bodrum oder ähnliches zurück kamen, mussten wir an einer bestimmten Stelle anhalten, tief einatmen, die Luft anhalten und dann was das Zeug hält loslaufen. Denn dort hatten Türken auf der Straße ihre Schafe geschlachtet und die Reste, wie Köpfe etc. einfach dort liegengelassen. Es stank fürchterlich nach Verwesung. Und das in einem Touristenort, in den Tausende Deutsche und andere Europäer reisen und von denen nicht wenige Türken in der Stadt leben. Ich nenne den Schmutz, den man dort antraf und den ich auch aus anderen islamischen Ländern kenne, islamische Leitkultur – neben dem Messertragen von jungen Männern.

Abends sind wir immer zum Essen gegangen in typisch türkische Restaurants, in denen immer auch Bauchtanz stattfand. Unsere beiden Wirte haben uns manchmal begleitet. Für mich war es eine neue Erfahrung, die vielen Beilagen kennenzulernen. Alles schmeckte recht gut, auch der Wein, nur den Raki mochte ich nicht.

Als die Zeit in dem Ort endete, sind wir wieder zurückgefahren nach Istanbul und wohnten wieder ein paar Tage in der Wohnung von Gel. Eine sehr nette Frau, die ihre beiden Söhne nach dem Tod ihres Mannes – er war Pilot und ist bei einem Unfall tödlich verunglückt – allein erzog, und das tat sie sehr gut. Die beiden waren äußerst höflich und zuvorkommend. Besonders beeindruckt hat mich, wie der ältere der beiden Söhne sich um seine Mutter kümmerte, als es ihr nicht gut ging. Ein Musterbeispiel an Sorge eines Kindes um seine Mutter.

Ich bin später noch einmal nach Istanbul geflogen und wohnte wieder bei Gel, und wir haben mir ausgesprochen ungewöhnliche Kleidung gekauft. Gel war Modedesignerin und kannte die guten Geschäfte, für die sie Mode entwarf. Wenn ich in Berlin mit dieser Kleidung unterwegs war, wurde ich immer angeschaut. Es war Kleidung, wie man sie in Deutschland nicht fand. Eher in den VIP-Orten in Frankreich.

ITALIEN
1987

Gerne denke ich zurück an das Jahr, in dem ich mit meinem alten gelben VW Golf, auf der Rückbank den Käfig mit meinem Meerschweinchen Fiffi, nach Italien gefahren bin. Nach Meran. Ein Kollege hatte mir die Adresse einer Familie gegeben, bei der ich dann ein Zimmer gebucht hatte. Es war eine lange Fahrt, die ich hinter München für eine Nacht unterbrochen hatte. In Meran sprechen (fast) alle Menschen Deutsch. Soviel ich weiß, wollen sie keine Italiener sein, sondern Österreicher. Mir war das egal, das Wichtigste war, dass sie alle nett und freundlich waren.

Unterwegs kam ich an saftigen Wiesen vorbei, manche lagen entlang eines Waldes. Ich dachte mir, für Fiffi wäre es auch eine nette Abwechslung, wenn er mal nicht nur in der Wohnung, sondern auch auf einer Wiese laufen und dort grasen kann. Aber Fiffi graste nicht im Gras, sondern er lief in den Wald. Und dort gab es eine große Brombeerfläche, in die mein Fiffi sich flüchtete. Ich konnte ihn nicht dazu bewegen, herauszukommen, und so blieb mir nichts anderes übrig, als hinein in die Brombeerfläche. Es war nicht einfach, an das Tier zu kommen, denn die Brombeerbüsche hatten viele Dornen, die sich an meiner Kleidung festklammerten.

Als ich Fiffi endlich ergriffen hatte, war das dann auch das Ende seiner Freiheit. Nie mehr durfte er frei in der Natur herumlaufen. Das hatte er nun davon …

In dem hübschen Haus waren neben mir noch andere Deutsche untergebracht, auch aus Berlin. Abends saß man dann gemeinsam im Fernsehraum und sah sich Filme an oder man unterhielt sich. Als ich einmal eine Fahrt mit dem Auto in die Berge unternahm und erst sehr spät zum Haus zurückkam, machte meine Wirtin sich Sorgen. Sie befürchtete, dass mir in den Bergen etwas passiert sein könnte. Sie teilte ihre Sorgen dem Berliner Paar mit, das auch in dem Haus wohnte, doch der Mann beruhigte sie. Er hatte zu ihr gesagt: „Machen Sie sich keine Sorgen. Die Frau ist so couragiert, der passiert nichts." Und er hatte Recht.

Zu der Zeit, als ich diese Reise unternommen hatte, war es Spätsommer, und um Meran herum wurden die Birnen geerntet, die dort in großer Zahl an den Bäumen hingen. Lecker sahen die Birnen aus, und als ich an einigen Männern vorbei kam, die diese leckeren Früchte ernteten, hielt ich eine Hand auf. Und man schenkte mir einige von diesen Früchten.

Natürlich ist man in Meran und Umgebung von Bergen umgeben, und ich ging viele Male so weit nach oben, wie ich konnte. Ich fühlte mich Gott nahe, und manchmal habe ich dort auch mit ihm gehadert. Ich hatte immer das Gefühl, dass er mich anhört. Denn oft hatte ich einige Tage später viel Glück, lernte nette Menschen kennen oder konnte mich in angenehmer Gesellschaft wohl fühlen.

SAMOS, GRIECHENLAND 1988

Dann fing mein Kind eine kaufmännische Lehre an und hatte seine eigenen Urlaubspläne. Nur als es seine Lehre mit Auszeichnung bestand, lud ich es zu einer Reise nach Samos ein, wohin wir für drei Wochen fuhren. Eine schöne, ruhige und ursprüngliche Insel. Zu der Zeit war Samos keine Insel, auf die die Touristen fuhren. Man bevorzugte Kreta und Rhodos. Aber wir wollten nach Samos, und in einem kleinen und fast menschenleeren Ort kamen wir unter. Einer der beiden Besitzer des Hauses, in dem wir wohnten, hatte einige Jahre in Deutschland gearbeitet, und deshalb sprach er gut Deutsch. Abends haben wir oft zu dritt Karten gespielt. Er stellte uns auch Fahrräder zur Verfügung, und mit denen fuhren wir über die Insel und zu wenig besuchten Orten. Wir hatten eine schöne Zeit, auch wenn die Verpflegung zu wünschen übrig ließ. Es gab nur ein ganz kleines Restaurant, in dem man essen konnte. Zum Schluss unserer Zeit dort fuhren wir noch nach Athen und sahen uns die Akropolis an.

ÄGYPTEN
1989

Von da an machte ich meine Reisen ohne mein Kind. Die erste Reise alleine machte ich mit einer früheren Kollegin nach Ägypten. Eine Reisegruppe von etwa 10 Personen hatte eine 14-tägige Reise gebucht. Zunächst ging es nach Kairo, wo wir von einem deutschsprachigen jungen Mann begleitet wurden. Er führte uns ins Ägyptische Museum, wo wir die Tutanchamun-Ausstellung betrachteten, die ich schon Jahre zuvor in Berlin gesehen hatte und die ich in allerbester Erinnerung habe. Das Ägyptische Museum hat mir ansonsten nicht gefallen, weil dort zu viel „Gerümpel" überall herumlag.

Wir sind dann nach einigen Tagen mit dem Zug Richtung Assuan gefahren, die Nacht über.

Wir haben uns die berühmten Tempel angesehen, Edfu, Kom Ombo, Luxor natürlich. Dort befindet sich in der Tempelanlage ein großer Skarabäus auf einem hohen Sockel. Wenn man diesen Skarabäus in einer bestimmten Anzahl umkreist, geht der geheime Wunsch, den man zuvor in Gedanken ausgesprochen hat, in Erfüllung. Ich glaubte natürlich nicht daran, umkreise den Skarabäus aber dennoch in der vorgeschriebenen Zahl. Und was geschah: Zwei Wochen später ging mein unerfüllbarer Wunsch in Erfüllung. Ich hatte leider nicht weit genug gewünscht ...

Und wir sahen die Pyramiden, diese einzigartigen Bauwerke. Wie nur haben die Menschen vor mehr als 3000 Jahren, ohne die heute zur Verfügung stehenden Maschinen, diese Werke zustande bringen können. Ich weiß nicht, wie viel einer dieser großen Steinblöcke wiegt, aber er muss sehr schwer sein. Und wie haben die Arbeiter diese schweren Steinblöcke bis nach oben gebracht? Es ist ein Wunder. Nicht auszudenken, wie viele Arbeiter damals ihr Leben lassen mussten, um diese Werke zustande bringen zu können.

Was uns alles über die verschiedenen Tempel gesagt wurde, konnte man gar nicht alles im Kopf behalten. Zahlen und Daten über Daten. Alleine die einzelnen Mitglieder der pharaonischen Familien ...

Besonders in Erinnerung geblieben ist mir die Wartezeit vor der Grabkammer des Tutanchamun. Es war früher Vormittag und wir standen im Schatten. Ein Tourist aus unserer Gruppe hatte ein Thermometer dabei, und das zeigte um 10.00 Uhr vormittags 60 Grad in der Sonne an.

Wir haben den Tempel der Hatschepsut besucht, wo einige Jahre später moslemische Terroristen ein Massaker an Touristen angerichtet haben. Als wir in Ägypten waren, war noch alles ruhig. Auch die Fahrt in Taxen zu einer Oase war ruhig – außer das ständige obligatorische Gehupe in Ägypten. Wer am lautesten hupt, hat Vorfahrt ... –, ebenso die Fahrt auf einer Schaluppe auf dem Nil. Besonders interessant war natürlich Abu Simbel. Das Monument stand ursprünglich an anderer Stelle und wurde von der UNESCO wegen seines unschätzbaren historischen Wertes an eine andere Stelle verlegt, bevor Nasser den von ihm gebauten Staudamm fluten ließ. Dem war das Erbe der Pharaonen anscheinend egal.

Die Reisegruppe hatte eine 14-tägige Reise geplant und so fuhren wir nach 9 oder 10 Tagen nach Hurghada am Roten Meer. Ich hatte, nachdem mein vorheriger

Chef wegen des Regierungswechsels das Ministerium verlassen hatte, noch meinen gesamten Jahresurlaub und viele Überstunden abzugelten, sodass ich drei Wochen Urlaub gebucht hatte, also eine ganze Woche zusätzlich in Hurghada. Allerdings hatte ich dort für die letzten Tage das Hotel gewechselt. Was den Menschen, die es immer ans Rote Meer nach Hurghada zieht, dort so gefällt, weiß ich nicht. Ich fand den kieseligen Strand, der übersät war mit Quallen, nicht so prickelnd.

Vor meiner Abreise nach Ägypten hatte mich Friedrich, ein Freund aus Berlin, angerufen und mich gefragt, was ich denn nun zu tun gedenke, da ich meinen Chef verloren hätte. Ich sagte ihm, dass ich nun erst einmal nach Ägypten reise und danach dann sehen werde, was geschieht. Da fragte er mich, ob ich nicht Lust hätte, von Kairo aus nach Tel Aviv zu fliegen, was jetzt, da Ägypten und Israel einen Friedensvertrag unterzeichnet hätten, möglich sei. Er hatte während seiner beruflichen Tätigkeit in Berlin sehr viele Beziehungen zu israelischen Ingenieuren geknüpft, und nun, da er krank sei und nicht mehr arbeiten könne, wollten diese Personen, mit denen ihn und seine Frau viele freundschaftliche Beziehungen verbanden, ihm zu Ehren eine Abschiedsfeier veranstalten. Eine seiner Töchter würde auch mitkommen, und ein Freund würde uns Israel zeigen. Ich wusste bis zu der Zeit eigentlich nichts über Israel, und da ich an der Welt interessiert war, dachte ich mir, das ist eine gute Idee.

Wenn ich in Kairo am Ende der Reise eintreffe, sollte ich allerdings vor der Buchung des Fluges nach Israel bei Logos anrufen und fragen, ob Friedrich und Familie wirklich dort seien. Wegen seiner Erkrankung sei es möglich, dass er die Reise überhaupt nicht antreten könne. Er gab mir die Telefonnummer von Logos, die gut Deutsch sprechen würden. Als ich nach einer Nachtfahrt von Hurghada nach Kairo am Morgen dort ankam, erwartete mich unser junger Reiseführer, der mich in das Hotel begleitete, in dem unsere Reisegruppe vorher gewohnt hatte. Am Nachmittag ging ich am Nilufer spazieren, und die Blicke der Männer beunruhigten mich, obwohl mich niemand ansprach oder anderweitig belästigte. Als ich am Abend unseren Reiseführer wiedersah und ihm von meinem unguten Gefühl berichtete, meinte er: „Sie haben eine Rose gesehen." Das war einer dieser typischen orientalisch-blumigen Sprüche, und darin sind die Araber groß.

Unser junger Reiseführer hatte mich am Bahnhof abgeholt und in das Hotel gebracht, in dem die ganze Gruppe ein paar Tage gewohnt hatte. An dem Tag, an dem ich abreisen musste, um nach Tel Aviv zu fliegen, fragte ich den Mann, der die Zimmer säuberte, bis wann ich im Raum bleiben kann. Er antwortete mir, dass ich bis zum Mittag bleiben kann. Und er erzählte mir, dass er eine sehr kranke Frau und mehrere Kinder hat. Und ich suchte mein letztes Kleingeld zusammen und noch eine Schachtel Handcreme, die noch vollständig war, und schenkte ihm diese Dinge. Da beugte sich der alte Mann tatsächlich herab und küsste meine Füße! Vor Dankbarkeit. Ich vermute, viel hat er in dem Hotel nicht verdient, und vielleicht war das bisschen Kleingeld von mir so viel, wie er möglicherweise am ganzen Tag verdiente. Er ging und kam zurück und brachte mir Essen und sagte, ich könne auch noch länger bleiben, bis das Taxi kommt, um mich zum Flughafen zu bringen. So viel ehrliche Dankbarkeit habe ich selten erlebt.

Ich rief vom Hotel aus in Tel Aviv bei Logos an, um zu fragen, ob die Berliner Freunde in Israel eingetroffen seien. „Ja", antwortete mir Logo, „sie sind hier und wir warten auf Sie". Diese Aussage hat mir so gut gefallen. Wir warten auf Sie. Logo und seine Frau stellten sich dann als äußerst liebenswürdige Menschen heraus, die mir sehr am Herzen liegen.

ISRAEL
1989

Friedrich hatte für mich ein Apartment in demselben Haus gemietet, in dem er und seine Familie untergebracht waren, so hatten wir ständig Kontakt. Morgens wurde immer bei ihnen gefrühstückt, und am Abend saßen wir zusammen, nachdem wir mit Logos zu Abend gegessen hatten. Inzwischen war auch Friedrichs Nachfolger im Amt eingetroffen, der zwar in einem anderen Hotel wohnte, aber immer an den Fahrten mit Friedrichs Tochter und mir teilnahm.

Dann kam der Abend, an dem Friedrich von seinen israelischen Freunden verabschiedet wurde. Es müssen hunderte Personen gewesen sein, die ihm die Ehre erwiesen. Fast alle waren Ingenieure, die er einst nach Berlin geholt hatte, wo sie einige Zeit das Ingenieurswesen in Deutschland kennenlernten. Voraussetzung für eine solche Beteiligung war gewesen, dass die Ingenieure Deutsch sprachen. Die meisten von ihnen waren ohnehin deutschstämmig, aber Logo zum Beispiel lernte extra Deutsch, um an dieser Maßnahme teilnehmen zu können.

Friedrich und seine Frau hatten mir einen Platz an einem Tisch zugewiesen, an dem ein Herr und eine Dame saßen, die keine Ingenieure waren, aber die Dame war in Deutschland geboren. Ihre Mutter lebte zu der Zeit schon in Palästina, aber zur Geburt ihres Kindes war sie extra nach Leipzig, ihren Heimatort, gereist. Frau Otti und ihr Mann sprachen natürlich Deutsch. Auch sie wurden mir sehr liebe Freunde, ebenso wie Herta und Nathan aus Jerusalem oder Amalia, deren Mann und deren Eltern ich dort auch kennenlernte. Amalias Vater kam aus Dessau, der Bauhaus-Stadt. Als Amalia einmal in Berlin war, besuchte ich mit ihr und ihren beiden Kindern die Stadt ihres Vaters. Und dort fanden wir einen älteren Herrn, der Amalias Vater aus Kinderzeiten kannte und der uns zeigte, wo das Wohnhaus von Amalias Großeltern gestanden hatte und wo Amalias Vater während der anfänglichen Nazizeit von anderen Kindern gestoßen, geschubst und geschlagen worden war. Es ist ein besonderes Gefühl, wenn man von solchen Vorkommnissen hört und wenn man persönlich jemanden kennt, dem solche Dinge passiert sind und an welchem Ort. Schräg gegenüber vom Wohnhaus der Eltern!

Zu den Personen, die ich an dem Abend kennenlernte, gehörten auch Charlotte und ihr Mann Zacharias. Charlottes Familie stammte aus Berlin und nach dem Mauerfall hatte sie versucht, eine Entschädigung für das verlorene Familienhaus zu bekommen.

Ein paar Tage nach Friedrichs offizieller Verabschiedung waren wir bei Charlotte und Zacharias zum Abendessen eingeladen. Nicht nur wir waren dort, sondern noch viele andere Personen, bis hin zum Bürgermeister von Haifa. Zacharias ist ein genialer Hobbykoch und verwöhnte uns alle mit den vorzüglichsten Speisen. Und auch alle die Personen, die an jenem Abend dort waren, waren ausgesprochen liebenswerte Menschen. Ich habe mich sehr wohlgefühlt unter ihnen. Und natürlich sprachen auch alle Deutsch, sodass ich mich mit allen unterhalten konnte.

Einmal hat Zacharias mich mit auf eine seiner beruflichen Fahrten an die libanesische Grenze mitgenommen. Dort waren zu der Zeit norwegische Blauhelme stationiert, die für ein bisschen Ruhe und Frieden entlang der Grenze sorgten. Zwi zeigte mir, in welchem Ort, den wir durchquerten, Juden wohnten und in welchem Moslems. Er hätte es mir nicht zu sagen brauchen, denn es war unübersehbar. Dort, wo Juden lebten, war alles grün und sauber, es gab Bäume und bunte Blumen, und alles war sehr gepflegt. Dort, wo Moslems lebten, gab es keine Bäume und keine Blumen und kein Grün, nur Staub und Schmutz.

Alle diese Menschen, die ich in der Zeit meines ersten Israel-Aufenthaltes kennenlernte, haben dazu beigetragen, dass ich Israel liebe und dem Land und seinen Menschen immer eine treue Freundin sein werde. Ich war, bevor ich mir das Grundstück in Südamerika kaufte und nur noch immer für mehr als 6 Monate nach Südamerika reiste, sehr häufig in Israel. Nie musste ich mir ein Hotelzimmer mieten, weil ich nur bei den mir lieben Menschen wohnte. Bei Logos, die einmal mit mir durch den Negev bis nach Elat gefahren sind, wo sie eine Ferienwohnung haben. Ein heißer Ort und gleich neben Jordanien gelegen, man kann gut bis in die dortige Stadt sehen. Logos wohnen normalerweise in einem Vorort von Tel Aviv. Es sind ganz besonders nette und freundliche Menschen.

Oft wohnte ich auch bei Amalia und Ulli in Haifa.

Es ist ebenfalls eine hübsche Stadt. Ganz in der Nähe von Amalias schönem Haus wohnten ihre Eltern. Moshe aus Dessau, der als Kind von Nazikindern geschlagen worden war, und Rita, seine Frau, die in Wien geboren war. Rita erzählte mir einmal, wie es war, als sie als junge Frau nach Palästina kam und mit ihrem Mann in einem Kibbuz lebten. Es hatte wohl jede Familie ihr eigenes Haus oder zumindest einen eigenen Schlafraum, aber alles andere wurde unter den Kibbuz-Bewohnern geteilt. Es wurde gemeinsam gearbeitet und gegessen und geteilt eben auch. Einmal hatte Rita es geschafft, ein wenig Geld zu sparen und sich ein Kleid zu kaufen. Es sollte IHR Kleid sein, aber das wurde nicht genehmigt. Sie durfte es einmal tragen, und dann wurde es an andere Frauen weitergegeben. Es wurde eben ALLES geteilt, und so konnte auch kein Neid aufkommen. Ob das in einem Kibbuz heute noch so ist, weiß ich natürlich nicht. Ich denke aber eher nein.

Wenn ich in Jerusalem war, wohnte ich immer in einem kleinen Apartment, das Herta und Nathan gehört. Herta war eine kleine, sehr zarte und sehr liebe Frau, und Nathan war ebenfalls sehr liebenswert – wie alle meine israelischen Freunde, ich kann es nicht anders sagen. Herta sammelte Glocken, die in großer Zahl in ihrem Haus hingen. Einmal hatte ich in Berlin Glocken aus Holz für sie gefertigt, aber leider ist es nie dazu gekommen, dass ich sie ihr übergeben konnte. Sie hängen jetzt in meinem Haus in Südamerika.

Zu der Zeit, als ich häufig Israel besuchte, gab es ständig Intifadas und Überfälle. Oft waren dann auch Deutsche Opfer von Messerattentaten, sodass ich eigentlich immer beruhigt war, wenn ich Soldaten in der Nähe sah. An keinem Ort der Welt hätte ich Angst, wenn ich wüsste, dass dort israelische Soldaten in der Nähe sind. Sie wüssten immer, wie man sich hilft und was zu tun ist.

Einmal besuchte ich die Altstadt von Jerusalem, als mich plötzlich ein Mann auf Deutsch ansprach. Er bat mich mitzukommen und wollte, dass ich in seinen Laden komme. Aber eine innere Stimme sagte mir, dass ich das bleiben lassen soll. Ich sagte ihm also, dass ich nicht mit in den Laden kommen werde, und so stellte er zwei Stühle vor dem Laden auf. Angeblich wollte er einen Brief auf Deutsch nach Deutschland schicken und hätte gerne, dass ich den Brief auf Schreibfehler überprüfe. Zum Lesen kam ich aber nicht, weil er sogleich anfing, übel über die Juden herzuziehen. Das gefiel mir natürlich nicht, und so sagte ich ihm, dass ich zu Gast in Israel sei und deshalb nicht über meine Gastgeber herziehen werde. Zum Glück befand ich mich nicht IM Laden, sondern außerhalb, und so konnte ich aufstehen und gehen. Woher der Mann wusste, dass ich aus Deutschland kam, blieb mir immer ein Rätsel. Er selbst sprach sehr gutes Deutsch, er musste also in Deutschland gelebt haben.

Schon während meines ersten Aufenthaltes in Israel hatte uns Nathan die größten Sehenswürdigkeiten in Jerusalem gezeigt, wozu natürlich Yad Vashem gehörte. Besonders das Gebäude zur Erinnerung an die in der Nazizeit getöteten Kinder ist beeindruckend und unvergesslich. Es ist ein Obelisk-ähnlicher Spitzbau ohne Fenster. Aber an den Wänden gibt es Spiegel, und auf dem Boden stehen drei Kerzen. Diese Kerzen spiegeln sich an den Wänden, sodass es ein wenig Licht gibt. Eine sonore Männerstimme verliest die Namen und das Alter der im Holocaust umgekommenen Kinder. DAS geht unter die Haut.

Im anderen Gebäude gibt es oder gab es damals am Ende der Ausstellung eine Fotoserie, auf der fast ganz zum Schluss auf einem Foto zu sehen ist, wie ein alliierter Arzt einen alten Mann in einem KZ untersucht. Ich habe damals versucht, mir vorzustellen, was der Blick dieses alten Mannes ausdrücken wollte. Und ich kam zu dem Schluss, dass er so ungläubig schaute, weil er es nicht fassen konnte, dass ein Arzt ihn NICHT quält.

Ich habe damals Herta von diesem Foto erzählt, das ihr nichts sagte, aber sie meinte, sie wollte hingehen und es sich anschauen.

Nathan zeigte uns die Geburtskirche Jesu; das berühmteste Hotel von Jerusalem, wo wir Kaffee tranken; die fast unterirdischen Geschäftsgänge der Moslems und auf meinen besonderen Wunsch hin die Via Dolorosa. Am Abend dieses Tages fand Friedrichs Verabschiedung statt, und da ich vergessen hatte, mir eine Plastiktüte für Erde mitzunehmen – die ich aus jedem Land mitbringe, in das ich reise –, bat ich ihn, mir am Abend etwas Erde aus der Heiligen Stadt mitzubringen. Diese Heilige Erde übergab mir die süße kleine Herta am Abend, und die Erde steht jetzt in einer Glasvitrine in meiner Wohnung in Berlin, und daneben liegen eine Rose, die ich an jenem Abend geschenkt bekam, und eine kleine israelische Flagge. Die Erde und die Rose liegen bzw. stehen dort seit nunmehr rund 30 Jahren.

Ich fuhr also noch viele Male nach Israel. Amalia und ihre Familie waren einmal mit mir an den See Genezareth gefahren, wo sich am Seeufer in dem Ort Tabgha zwei Klöster befinden: eines mit italienischen Franziskanern und eines mit deutschen Benediktinern. Und zwar an dem Ort, an dem Jesus Tausende Menschen mit wenig Fisch und Brot beköstigt hatte, gegenüber vom Berg der Seligpreisung. Ein magischer Ort. Er liegt rund 200 Meter unter dem Meeresspiegel in Galiläa. In den See münden mehrere Quellen und es gibt dort eine christliche Pilgerstätte, die insbesondere mit dem Wirken von Jesu, in erster Linie natürlich mit der Brotvermehrung, in Verbindung gebracht wird. Ende der 1980er-Jahre wurde dort eine Behinderten- und Jugendbegegnungsstätte eingerichtet, und es kommen viele Jugendliche und Behinderte dorthin, die von deutschen Wehrdienstverweigerern begleitet und versorgt wurden. Amalia hatte mir dort auch gezeigt, von wo aus, hoch oben in den Bergen, früher die Syrer auf die jüdischen Arbeiter auf dem Feld geschossen hatten. Das ist heute zum Glück nicht mehr möglich, weil die Israelis die Golan-Höhen besetzt halten.

Amalias Bruder Darian hatte zu der Zeit gute Kontakte zu den Benediktinern am See Genezareth. Und so konnte ich dort eine sehr einfache, rustikale Kammer mieten. Die kostete natürlich ein wenig Geld, und außerdem musste ich einen Teil des Korridors und das bescheidene Bad putzen. Dafür konnte ich an gesegneter Erde verweilen, über die unser Herr Jesus Christus einst gegangen war. Es war ein besonderer Moment für mich, auf dem Berg der Seligpreisung zu stehen und mir vorzustellen, wie Jesus hier zu seinen Anhängern gesprochen hat. Selig sind, die da reinen Herzens sind, zum Beispiel, oder selig sind, die es nach Gerechtigkeit dürstet. Wie wahr! Einmal ging ich von dort aus zu den Resten der Synagoge in Kapernaum, in der Jesus einst als Rabbi gepredigt hatte. Da es Sommer und heiß war, trug ich eine Bluse ohne Ärmel, und so durfte ich die Ruine nicht betreten. Aber der nette junge Jude am Eingang reichte mir eine ausgediente langbeinige Männerunterhose, die ich mir über die Schultern legen konnte. Tatsächlich, so war es. Dieses Kleidungsstück gab ich ihm zurück, als ich die Synagoge verließ. Ich ging die wenigen Kilometer zum Kloster zurück, als mich nach einiger Zeit ein Auto überholte, anhielt und der junge Fahrer mir anbot einzusteigen. Natürlich lehnte ich ab. Er erkannte selbstverständlich, weshalb ich ablehnte, und sagte mir, dass er es gewesen sei, der mir das Kleidungsstück zum Überlegen gegeben hatte. Also war er ein Jude, und so stieg ich ein und er brachte mich zurück nach Tabgha.

Bei einem weiteren Besuch in Israel besuchte ich Massada, das heute Weltkulturerbe ist. Die Festung wurde einst als gedachter Fluchtort für und von Herodes mitten in der Wüste auf einem relativ hohen und schwer einnehmbaren Berg erbaut. Hier lebten einige hundert rebellische Juden 6 Jahre lang, bis sie im Jahre 72 8 Monate lang von den Römern belagert wurden. An Nahrung hatte es ihnen nicht gefehlt, denn sie hatten da oben auf ihrer Festung alles, was sie zum Leben brauchten. Erst als die Römer eine 4,5 Kilometer lange Rampe bauten und so den Berg erklimmen konnten, nahte das Ende der Rebellen. Sie wollten lieber sterben als in die Hände ihrer Feinde gelangen, und so brachten sie sich um. Sie verbrannten vorher alles, außer der Nahrung, um den Römern zu zeigen, dass sie nicht verhungert waren. Nur zwei Frauen und 5 Kinder hatten sich versteckt, weil sie nicht sterben wollten. Die römischen Eroberer sollen ihnen wegen ihres Mutes die Freiheit geschenkt haben.

Auch das Tote Meer lernte ich bei einem weiteren Israel-Besuch kennen. Beinahe wäre ich darin ertrunken, weil ich mich auf den Bauch gelegt hatte, und das ist falsch. Man muss sich auf den Rücken legen, dann kann man im Wasser des Toten Meeres liegen wie auf einer Liege oder in einem Sessel. Man geht nicht unter, auch wenn man sich nicht bewegt.

INDONESIEN
1990

Eine Deutsch-Rumänin, die in Berlin lebte, nahm an der Reise nach Ägypten teil. Natürlich verbrachten viele Teilnehmer während der Freizeit diese miteinander, so auch Astrid und Johanna und ich. Als wir wieder in Berlin waren, hielten Astrid und ich Kontakt, und im folgenden Jahr fragte sie mich, ob ich nicht Lust hätte, mit ihr nach Indonesien zu reisen. Ja, hatte ich. Also flogen wir nach Jakarta und besuchten von dort aus die verschiedenen Sehenswürdigkeiten. Besonders hervorzuheben sind natürlich Borobudur und Prambanan. Borobudur ist die größte buddhistische Tempelanlage der Welt und steht unter dem besonderen Schutz der UNESCO. Sie ragt 40 Meter hoch in den Himmel und hat 9 Stockwerke. Erbaut wurde Borobudur in den Jahren 750 bis 850, sie ist pyramidenförmig gebaut und soll den Angaben der Touristenführer zufolge jahrhundertelang von der Asche des Vulkans Merepti bedeckt gewesen sein. Außerdem ist der Tempel umgeben von djungelartiger Vegetation und deshalb geriet er in Vergessenheit. Erst 1814 wurde die Stätte von Kolonialherren entdeckt und von der Asche befreit. Und erst 1983 wurde die Stätte für Besichtigungen freigegeben. Eine riesige Tempelanlage, belagert vorwiegend von asiatischen Besuchern. Man konnte die vielen Stufen nach oben nicht in einem Zug bewältigen, man musste sich des öfteren ausruhen. Dann wurden Fotos gemacht, und die Asiatinnen mochten es gerne, wenn sie sich mit mir fotografieren lassen durften. Ich habe das Gefühl, ALLE Asiaten lieben es, fotografiert zu werden.

Eines Tages sind wir mit einem kleinen Bus zum Bromo gefahren, es war eine lange Reise. Mitten in der Nacht kamen wir in dem Dorf am Fuße des Bromo an. Alles schlief natürlich, nur zwei Männer lungerten noch herum und fragten die wenigen ankommenden Gäste, ob sie eine Unterkunft benötigten. Ja, die brauchten wir. Wir fragten nach dem Preis, und da wir die Sprache nicht beherrschten, sagte ich nur die mir bekannten Worte „Nacht" und nochmals „Nacht". Also zwei Nächte. Man zeigte uns den Preis pro Nacht, und wir waren einverstanden und sagten zu. Man begleitete uns ins Haus und zeigte uns unser Zimmer. O.K., in Ordnung. Weil Astrid und ich zu aufgeregt waren, um schlafen zu können, saßen wir noch eine Weile draußen und besahen uns den unglaublichen Sternenhimmel. Da hörten wir, wie die beiden Männer, die uns das Zimmer vermietet hatten, sich laut lachend entfernten. Ich vermute, sie lachten so herzlich, weil sie die beiden ausländischen Touristinnen über den Tisch gezogen hatten. Nun gut, mitten in der Nacht, wenn keine Menschenseele mehr wach ist, muss man das nehmen, was man bekommen kann. Und ausgesprochen teuer war es für unsere Verhältnisse ja auch nicht.

Am nächsten Morgen suchte ich das Bad auf. Oh Schreck, was für ein Bad. Man bekam einen sofortigen Eindruck davon, was es bedeutet, so nahe am Vulkan Bromo zu leben, der häufig Asche ausspuckt. In dem Raum, der sich Bad nannte, lag die nunmehr seit Jahren oder Jahrhunderten lagernde feuchte Asche meterhoch. Die asiatische Hocktoilette kannte ich ja schon und daran ist auch nicht viel auszusetzen. Aber ich wusste nicht, wohin ich meine Zahnbürste, Zahnpastatube und die Seifendose und das Handtuch etc. legen sollte. Auf die schwarze feuchte Asche? Nein, es war zu schmutzig und eklig. Also ging ich zum ersten und einzigen Mal in meinem Leben aus einem Badezimmer, ohne mir die Zähne geputzt und mich gewaschen zu haben.

Heute, nachdem ich bei meinen vielen Reisen um die Welt und in entlegendste Orte etliche Erfahrungen gesammelt habe, weiß ich, wie man sich zu helfen weiß: man nehme eben immer eine Rolle Toilettenpapier mit auf Reisen. Dann kann man damit auch den dicksten Dreck abdecken und seine Utensilien darauf legen. Es ist wie mit dem Bettbezug, der immer mit dabei sein sollte, wenn man nicht gerade in luxuriösen Herbergen oder zumindest ordentlichen Häusern absteigen will. Wenn die Bettwäsche nicht so sauber zu sein scheint, steckt man sich einfach in den Bettbezug, und man hat unter sich und über sich ein sauberes Tuch.

Am nächsten Tag suchten wir uns eine andere Unterkunft, die wir auch fanden. Dort war es sauberer und man konnte sich durchaus wohl fühlen. Eines Nachts, gegen 3.00 Uhr, wurden wir geweckt. Nachdem wir uns angezogen hatten, ging es mit einer Gruppe und auf Eseln Richtung Bromo. An den Ritt auf dem Esel musste man sich erst gewöhnen, aber das ging relativ schnell. Dann konnte man beruhigt gen Himmel schauen und die beeindruckende Zahl von Sternen wahrnehmen. Was für Sternenhimmel gibt es in Asien. Unglaublich viele strahlende und funkelnde Sterne. Das allein ist schon einen Eselsausritt in der Nacht wert.

Am Bromo angekommen, mussten wir das letzte Stück Weg zu Fuß nach oben gehen, aber es lohnte die Mühe. Der Sonnenaufgang, den wir von oben aus beobachteten, hatte es in sich. Wunderschön.

Nachdem wir dieses Abenteuer bewältigt hatten, reisten wir nach Bali. Dort angekommen, mieteten wir uns ein Auto mit Chauffeur, der uns nach Ubud bringen sollte. Die Reise nahm kein Ende, es war bereits Nacht, und der Fahrer schien einschlafen zu wollen. Das hätte uns noch gefehlt. Da er ein wenig Englisch sprach, musste ich ihn mit meinem Geplappere wach halten. Astrid, die auf der Rückbank saß, war derweil eingenickt und wachte erst auf, als wir an unserer Unterkunft angekommen waren. Dort musste der diensthabende Page auch erst wachgerüttelt werden.

Er brachte uns in unseren Bungalow, der wie alle anderen verstreut in der schönen Gartenanlage lag. Auf der blütenweißen Bettwäsche lag für jede von uns eine rote Hibiskusblüte. Wie fast überall in den nicht zu großen Orten in Indonesien gab es im Bad kein Dach, oben ohne sozusagen. Und statt Brausedusche gab es ein Mandi. Das ist ein kleines gefliestes Becken, in dem sich Frischwasser befindet. Mit einer Art Becher gießt man sich das Wasser über den Körper, dann seift man sich ein, und anschließend gießt man sich wieder Wasser über den Körper und spült den Seifenschaum ab. Sehr erfrischend.

Am nächsten Morgen begaben wir uns ins Haupthaus zum Frühstück. Jeden Tag gab es etwas anderes zu essen, immer exotische Früchte und wenig Brot und keinen Käse und keine Wurst. Aber immer war alles sehr lecker, und das deutsche Frühstück vermisste man nicht.

Ubud ist ein Künstlerdorf. Viele Maler gibt es dort, auch Holzbildhauer und Schmuckhersteller. Ich habe mir ein kleines Gemälde mitgebracht, auf dem ein gelbes Maisfeld – oder Reisfeld- zu sehen ist, in dem Frauen mit großen asiatischen Strohhüten arbeiten. Das Bild ist recht klein und es gibt einen dicken goldenen Rahmen drumherum. Ich jedenfalls finde es sehr schön. In Ubud hätte ich lange bleiben können, aber Astrid wollte weiter. Da erzählte uns die Inhaberin, eine Malerin, dass es am nächsten Tag eine große Beerdigung einer wichtigen Persönlichkeit geben würde. Eine solche Beerdigung würde man nicht jeden Tag sehen können, es lohne sich zu bleiben. Astrid wollte weiter, in Ordnung, aber ich wollte mir diese Beerdigung ansehen, und so blieb ich noch in Ubud. Und das besondere Ereignis war sehenswert. Unzählige „Trauergäste" begleiteten den Zug, der ständig anhalten musste, weil die das schwere Totengerüst tragenden Männer eine Pause brauchten. Und unendlich viele Touristen schauten zu. Am Ende wurde der Leichnam auf einem Scheiterhaufen, weit draußen vor dem Ort, verbrannt.

Da Astrid fort war, bin ich nun allein weitergezogen, und dadurch lernte ich schnell, dass man auch als Frau gut alleine reisen kann. Und zwar reiste ich nach Lombok, eine weitere Insel, die damals kaum jemand kannte. Jahre später haben viele in Europa von dieser Insel gehört, weil moslemische Attentäter die Häuser und

Geschäfte besonders der chinesischen Bewohner angezündet hatten. Ich habe damals in der Anlage einer Australierin gewohnt, die mit einem Indonesier verheiratet war. Das große Gelände reichte bis an das Wasser, aber niemand konnte von außen auf das Gelände kommen, weil es von einem hohen und festen Maschendrahtzaun umgeben war. Für indonesische Verhältnisse war es eine saubere und schöne Anlage. Ich bin später noch einmal in dieses Haus gekommen und auch von hier aus nach Gili Air gefahren.

Eines Tages bin ich mit dem Minibus nach Mataram, der Inselhauptstadt, gefahren. Die Rückfahrt war für gegen 18.00 Uhr geplant, und ich hatte mich auch rechtzeitig eingefunden. Der Bus war ein umgebauter VW-Bus, mit jeweils einer Bank an jeder Längsseite. Ich war die einzige Frau in dem Bus, und mir gegenüber saßen vier düster dreinblickende Moslems. Nachdem der Bus abgefahren war, blickten mich die Männer noch feindseliger an als vorher. Man bedenke: Es war bereits dunkel, die Frau trug weder einen Schleier noch hatte sie ihre Arme und Beine bedeckt, und sie fuhr ohne männliche Begleitung. Was für eine unanständige, sündige Person. Die Männer schauten derart finster drein, dass ich dachte: „was tue ich, wenn sie mich angreifen. Nur keine Angst zeigen. Schau aus dem Fenster". Und ich fragte mich, ob es helfen würde, wenn ich im Notfall gegen die Scheibe zum Führerhaus klopfen würde. Aber der Fahrer und Beifahrer sind wahrscheinlich auch Moslems, die eine nach Einbruch der Dunkelheit allein reisende Frau als sündige Person ansehen.

Da kam mir mein Schutzengel zu Hilfe. Ich rauchte damals noch manchmal, und in Indonesien gibt es die

Kretek-Zigaretten, die beim Rauchen so schön knistern. Deshalb hatte ich ein Feuerzeug in der Tasche. Nun zog einer der Düsterblickenden eine Schachtel Zigaretten aus der Hosentasche und bot jedem der drei anderen Düsterblickenden eine Zigarette an, die auch jeder der drei Düsterblickenden annahm. Dann versuchten sie, sich mit einem Streichholz die Zigarette anzuzünden. Mein Schutzengel hatte die Streichhölzer aber befeuchtet, und sie zündeten nicht. Mehrmals versuchten es die Düsterblickenden und es klappte nicht. Da zog ich mein Feuerzeug aus der Tasche und reichte es dem, der die Zigaretten hatte. Er nahm das Feuerzeug, zündete die Zigarette an und reichte das Feuerzeug weiter. Als alle Düsterblickenden ihre Zigaretten angezündet hatten, reichte mir der letzte der Düsterblickenden das Feuerzeug zurück. Und siehe da, das Düstere aus ihren Gesichtern war verschwunden. Danke, mein Schutzengel. Das hätte auch düster enden können.

In der Nähe von Lombok befinden sich die Gili Inseln. Auf eine von ihnen, die der Insel Lombok am nächsten liegt, bin ich mit einem Boot gefahren. Es war die Insel Gili Air. So klein, dass man in einer Stunde die gesamte Insel umrunden konnte. Es gab dort eine Herberge, in der man unterkommen konnte. Da war das Haupthaus, in dem man frühstückte, zu Mittag aß und das Abendessen einnahm. Morgens gab es Kaffee oder Tee und Toast mit Butter und Marmelade und manchmal ein Ei. Mittags gab es Reis mit Huhn und abends Huhn mit Reis. Am nächsten Tag gab es mittags Reis mit Fisch und abends Fisch mit Reis, immer in der Reihenfolge. Außer Reis mit Huhn oder Fisch gab es nichts anderes am Mittag und am Abend zu essen.

Aber man hatte sein eigenes Haus. Gebaut aus Holz und auf Stelzen, weil die Insel wohl oft überschwemmt ist. Das Bad befand sich an einer Seite der Hütte, und natürlich ohne Dach, aber mit Mandi. Alles in allem war es eine nette Insel, und die Touristen, die nach Gili Air kamen, waren Weltenbummler, die sich dort von den Strapazen der oft jahrelangen Reisen erholten. Mit den meisten der ausländischen Touristen habe ich dort das Kartenspiel „Continental" gespielt. Ich kann sagen, dass ich dieses Spiel in der Welt bekannt gemacht habe. Und alle mochten es, denn es macht wirklich Spaß, es zu spielen. Meine kleinen Spielkarten hatte ich auf meinen Reisen immer dabei.

Zweimal bin ich auf Gili Air gewesen, und es war immer einfach und nett. Kürzlich habe ich gelesen, dass es auf Gili Air ein 5-Sterne-Haus geben soll. Meine Güte, auf der kleinen und einfachen Insel ein Luxushaus. Unglaublich. Da werden sich die einfachen Menschen, die dort immer leben, aber freuen. Es sind ausschließlich Fischer, einzige Ausnahme sind die Besitzer der Herberge – wenn es dieses einfache Haus denn noch gibt.

Eine Verwandte fuhr häufig nach Griechenland. Mit einer Freundin wohnte sie oft in einem Haus von Bekannten aus Berlin. Das Haus lag etwas abseits des Ortes, und außen herum war es mit mittelgroßen Kieselsteinen belegt, sodass man immer hören konnte, wenn jemand auf den Steinen ging. Nun trug es sich einmal so zu, dass meine Verwandte und ihre Freundin des Nachts im Haus saßen und ihren Wein tranken, als sie hörten, dass jemand um das Haus schlich. Die Verwandte, eigentlich nicht sehr mutig, begab sich an ein Fenster und schaute nach draußen. Dort entdeckte sie eine männliche Gestalt, die masturbierte. Die Nichtmutige feuerte ihn an in der Hoffnung, dass er dann schnell wieder verschwinden würde. Als der Typ dann gegangen war und die Nichtmutige nach ihrer Freundin schaute, fand sie diese betend unter einem Tisch. Die Freundin gehörte zu den Zeugen Jehovas, und bei denen hilft Beten statt Handeln, so scheint es zumindest.

Diese Geschichte hatte mir meine Verwandte kurz vor meiner Reise nach Indonesien erzählt. Und in der ersten Nacht wurde ich wach, weil ich glaubte, jemand rüttelte an der Hütte auf Stelzen. Ich schaute durch die kleine Fensterluke, konnte aber niemanden sehen. Am nächsten Morgen untersuchte ich die Stelzen, ob man wirklich daran rütteln konnte. Nein, konnte man nicht, sie waren viel zu stabil und tief in der Erde verankert. Ich hatte das nur geträumt.

Meine Reise ging zu Ende, und Astrid bin ich erst auf dem Flughafen wieder begegnet. Wie ihre Reise nach unserem Abschied in Ubud verlief, kann ich nicht sagen. Aber sie will viel geschlafen haben. Gut, dann war sie zumindest ausgeruht.

THAILAND
1991

Im folgenden Jahr bin ich nach Thailand gereist. Viele Menschen in Deutschland hatten mir gesagt, dass es problematisch ist, in Thailand auf eigene Faust zu reisen. Das kann ich nicht bestätigen. Im Gegenteil: Ich habe die Hilfsbereitschaft und die Nettigkeit der Thailänder in bester Erinnerung. Schon als ich in Bangkok zum Bahnhof musste, um von dort aus mit dem Zug nach Chang Mai zu fahren, begleitete mich die Tochter meiner Wirtin zum Bahnhof und brachte mich in dem gebuchten Schlafabteil unter.

In Bangkok war ich immer alleine unterwegs, das ist kein Problem. Ich habe mir unzählige Tempel angesehen und natürlich die Residenz des thailändischen Königs – natürlich ohne seine Privatgemächer. Und ich bin durch die Klongs gefahren mit einem kleinen Boot und mit einem Tuk Tuk durch die Straßen der Stadt. Vor den Ampeln hielten, immer sich vor die Autos drängelnd, unzählbare Mopeds, die einen unheimlichen Gestank erzeugten. Ich kaufte mir einmal auf der Straße Kekse, aber die waren ungenießbar, weil sie total nach Benzin schmeckten.

In Chang Mai musste ich lange nach einer Unterkunft suchen, und die die ich schließlich fand, war auch nicht berauschend. Durch die Bretterwand fegte der Wind. Aber ansonsten gefiel es mir, durch die Straßen zu gehen und die Handwerkskünste der Leute zu bewundern. Ich habe mir viele Lackarbeiten mitgebracht. Etliche für mich und noch viele mehr zum Verschenken. Und es gab dort ganze Straßen, in denen es ausschließlich Silberschmieden gibt. Ich kaufte mir zum Beispiel einen silbernen Gürtel mit einer großen Schnalle. 160 Gramm wog das Teil und war für die Arbeit, die man unzweideutig investieren musste, spottbillig. Und ich glaube, es war der einzige Silbergürtel in ganz Berlin. Jedenfalls habe ich nie eine Frau mit einem Silbergürtel dort oder anderswo gesehen. Den schön gearbeiteten Gürtel konnte ich zu vielen Kleidungsstücken tragen. Bis er mir dann irgendwann zu eng wurde und ich ihn der modebewussten Tochter meiner Nichte schenkte. Bei „Bares für Rares" könnte sie jetzt vielleicht einen guten Preis erzielen ...

Nach Chang Mai bin ich bis an das Goldene Dreieck gefahren, oft per Anhalter, weil kein öffentlicher Bus dort hinfuhr. In den kurvenreichen Bergen war es, als ich in einen Pick-up stieg. Auf dem Boden gab es viel ausgelaufenes schwarzes Öl, deshalb musste ich mich gut festhalten, wenn der Fahrer zackig in die Kurve fuhr. Auf dem Radkasten sitzend, ging es ja, wenn er nach rechts raste. Aber raste er nach links, flog ich immer vom Radkasten. Auf dem Boden saß eine alte Frau mit einem zugedeckten Korb. Ich hörte dann Geräusche und sie öffnete kurz die Decke über dem Korb und ich konnte ihre jungen Hühnerküken im Korb sehen. Die Fahrt nahm kein Ende, und ich bereute, in den Pick-up gestiegen zu sein, denn es fehlte nicht mehr viel, und ich wäre im Öl gelandet. Zum Glück kam ich dann bald an mein Ziel.

Ein anderes Mal war ich mit einem Bus unterwegs – die Busse in Thailand, die über lange Strecken fahren, sind bemerkenswert komfortabel –, als ich an einer Wegbiegung aussteigen musste. Es war nun so, dass ich nötig eine Toilette aufsuchen musste oder einen Busch, aber es gab nichts dergleichen. Kein Baum, kein Strauch, nur eine Gruppe Frauen, die irgendwas verkaufen wollten. Was, kann ich nicht sagen, denn dafür hatte ich kein Gemüt. Ich versuchte, einem jungen Mädchen begreiflich zu machen, dass ich dringend eine Toilette bräuchte. Es dauerte, bis sie mich verstand, und dann übergab sie meinen Rucksack einer älteren Frau und rannte mit mir zu ihrem Haus. Dort musste ich noch einen Moment warten, bis sie Wasser in einen Eimer gefüllt hatte, und dann durfte ich das Klo benutzen. Wie war ich diesem netten jungen Mädchen dankbar.

Ein anderes Mal war ich mit einem Kleinbus unterwegs, der wirklich bis in das letzte Dorf vor der Grenze nach Myanmar fuhr. Unterwegs wurde der Bus angehalten und die Passagiere, alles anscheinend Einheimische, mussten ihr gesamtes Gepäck außerhalb des Busses aufstellen. Ich verstand natürlich kein Wort, aber man bedeutete mir, ich solle anzeigen, welche Gepäckstücke mir gehörten. Ich zeigte auf meinen Rucksack. Und noch mehrmals wollte man wissen, ob ein anderes Gepäckstück meines war. Nein, ich zeigte immer nur auf meinen Rucksack. Dann durften alle bis auf zwei Männer einsteigen, und der Bus fuhr weiter. Meine Vermutung war, dass die beiden Männer Drogen schmuggelten und sie mir unterschieben wollten. Wenn ich richtig informiert bin, ging und geht man in Thailand nicht sehr behutsam mit Drogendealern um.

Die Stadt, in der ich dann einige Tage verbrachte, ist bis an das Ufer eines Grenzflusses gebaut. Dort ging häufig der Strom aus, und man sah in der Nacht einzig die Lichter des anderen Landes. Eine breite Brücke führte über den Fluss, und ich stand einige Male dort und überlegte, ob ich es wagen könnte, über die Brücke nach Myanmar zu gehen. Weil ich aber schlimme Dinge über die Behandlung gefasster illegaler Grenzgänger gehört hatte, unterließ ich es besser.

In der Stadt war es auch, wo mich ein einziges Mal ein buddhistischer Mönch ansprach. Ich bewunderte eine kunstvolle hohe Treppe und deren Geländer, als mich ein safrangelb gekleideter Mönch ansprach. Er wollte wissen, woher ich käme. Alleinreisende deutsche Frauen würden es nicht oft bis in diesen Ort schaffen, meinte er. Viele, auch hoch gebildete, Männer in Thailand begeben sich immer wieder für eine Zeit lang in ein Kloster, um sich an das bescheidene Leben zu erinnern. Der verstorbene langjährige König Bhumipol soll insgesamt mehrere Jahre in Klöstern verbracht haben. Fernab seiner göttlichen Paläste.

In einem hübschen kleinen Ort wohnte ich zwei Tage in einem teuren, eleganten Hotel. Beim Abendessen auf der Terrasse des Restaurants war ich der einzige Gast. Die in landesüblicher Kleidung herumstehenden Serviererinnen betrachteten – oder zählten – jeden Bissen, den ich zu mir nahm, was mir das Essen unbehaglich machte. Hatte ich einen Schluck Wein getrunken, eilte sofort eine der jungen Damen herbei und goss mir nach. Ne, mir gefällt so etwas nicht.

In meinem schönen und komfortablen Zimmer musste ich mir einen losen Knopf annähen, der mir unter das Bett rollte. Ich ging auf die Knie, um auf dem dicken Teppich nach dem Knopf zu suchen. Ich fand ihn auch, aber noch viel mehr fand ich riesige Staubknäuel. Es schien, dass in dem tollen Hotel nicht oder nur einmal im Jahr unter dem Bett gesaugt wurde.

Auf der Rückreise Richtung Bangkok fuhr ich mit einem der bequemen Busse nach Ayuttaya. Dort bekam man im Bus etwas zu essen und zu trinken, man bekam eine warme Decke und es gab für die Raucher eine Raucherkabine. Am Vormittag kam ich in der Stadt an und suchte mir eine Unterkunft. Es war ein einfaches Haus mit Restaurant. Nachdem ich mich frisch gemacht hatte, wollte ich etwas essen. An einem Tisch saßen Touristen, und was sie aßen, sah sehr appetitlich aus und roch gut. Ich fragte sie, ob es wirklich so gut ist, und sie bestätigten mir das. Also bestelle ich es auch. Es war, glaube ich, Reis mit Erdnussbutter und es schmeckte köstlich. Und der Preis: eine Deutsche Mark. Nie vergesse ich dieses wohlschmeckende und nichts kostende Gericht.

In Ayuttaya besichtigte ich insbesondere die Ruinen der alten Königsstadt. Und wie überall im Lande gibt es die riesigen dickbäuchigen Buddha-Statuen, sitzend, liegend, stehend, die man bewundert.

Nach Ayuttaya ging es wieder nach Bangkok und von dort flog ich nach Phuket. Ein junger Taxifahrer brachte mich vom Flughafen zu dem von mir auserwählten Hotel. Unterwegs bot er mir immer wieder an, mir nette, hübsche, potente junge Männer vermitteln zu können. Es dauerte eine Weile, bis er begriff, dass ich nicht interessiert war.

Mein kleiner Bungalow in der wie gewohnt weitläufigen Gartenanlage war zwar nett, aber er stand unter hohen Bäumen und es roch immer etwas muffig. Gefrühstückt wurde im Haupthaus, für das weitere Essen musste man ein Restaurant aufsuchen. Ich beobachtete im Haupthaus, wie dicke, fette, schwitzende Kerle sich mit jungen, oft blutjungen Mädchen amüsierten. Einmal fixierte ich eine nicht ganz so junge Frau, aber sie spürte das wohl und schaute immer an mir vorbei. Ich hätte sie gerne gefragt, wie viele Deutsche Mark ihr der Kerl bezahlt, und da es sicher nur wenig war, hätte ich ihr gerne das Geld für einen oder zwei freie Tage gegeben. Oder aber sie hätte einen anderen Freier gesucht, weil sie das zusätzliche Geld haben wollte.

Ein anderes Mal ging ich am Ufer spazieren, als ein wirklich widerlicher dickwanstiger und schwitzender alter Glatzköpfiger ein ganz junges und dünnes Kind fotografierte und es aufforderte, sich in Positur zu stellen. Am liebsten hätte ich dem Fetten einen Tritt in das Kreuz gegeben, damit er samt Kamera ins Wasser fällt. Aber ich weiß nicht, was die Polizei dazu gesagt hätte. Also unterließ ich es. Zumindest habe ich seitdem eine genaue Vorstellung von den Männern, die alleine nach Thailand reisen.

Ich bin keine Wasserratte, und ins Wasser gehe ich nur, wenn es zu heiß ist. Aber das Wasser auf Phuket ist so, wie man es aus Sprichwörtern kennt: Sich wie ein Fisch im Wasser fühlen. Ich ging also ins Wasser, sanft und weich und warm, und kleine Wellen, in denen selbst ich mich wohlfühlen konnte. Es war das einzige Mal in meinem Leben, das ich in einem so lieblichen Wasser schwamm und gar nicht mehr hinaus wollte.

Nach genau 30 Tagen war mein Visum abgelaufen und ich musste das Land verlassen. Somit ging es nach:

MALAYSIA
1991

Mit einem malayischen Bus fuhr ich ab der Grenze Richtung Penang. Weil ich glaubte, die Busse in Malaysia seien so toll wie die in Thailand, hatte ich keine warmen Sachen mit in den Bus genommen. Und weil es anders als in Thailand auch keine Decken gab und die Luftzufuhrdüsen im Bus sich nicht abstellen ließen, fror ich mich halb zu Tode. Ich hatte auch kein Papier zur Hand, um die Düsen damit zustopfen zu können, wie es manche anderen Leute taten. Das einzige, womit ich meine Beine ein wenig abdecken konnte, war eine Landkarte aus einem etwas dickeren Papier. Und die Füße hatte ich in meine Reisetasche gesteckt. Ein Unterschied ist es zwischen Thailand und Malaysia wie zwischen Tag und Nacht.

An Penang habe ich kaum Erinnerungen, so unbedeutend war es. Den Strand habe ich vergeblich gesucht. Nur einmal war ich mit einem Bus unterwegs, der Richtung Strand fahren sollte. Als ich von Weitem aus dem Bus heraus ein Stück Wasser entdeckte, dachte ich, dass ich wohl angekommen sei. Ich stieg aus und suchte das Wasser. Leider vergeblich. Aber ich kam an einer Ruine vorbei, die in früherer Zeit ein wunderschönes Herrenhaus gewesen sein musste. Das war noch sehr deutlich an den Resten des Hauses zu erkennen.

Von der großen Terrasse führte eine Treppe zu dem Stück Privatstrand, der sich hinter einer ca. einen Meter hohen Mauer befand. Ich fand, dass dieses Stück Strand ein ideales Plätzchen wäre, um ungesehen und ungestört träumen zu können. Also breitete ich meinen Sarong, den ich immer mit auf meine Reisen genommen habe, aus und wollte mich dann nach dem Eincremen mit Sonnenschutzmittel hinlegen. Ich sah aus der Ferne, wie eine männliche Person von der Ruine her zu mir herüberblickte und schnell verschwand, als er bemerkte, dass ich ihn sah. Ich dachte mir nichts weiter dabei und legte mich zum Sonnen auf meine Unterlage. Fast war ich eingenickt, als ich ein Geräusch hörte. Ich öffnete kurz ein Auge und sah einen jungen Mann hinter der Mauer, die den Strand vom Garten trennte, stehen.

Ich schloss wieder die Augen und döste weiter. Dann hörte ich wieder ein Geräusch, und dieses Mal schaute ich genauer hin. Da stand der Typ und rieb sich ab. Ich schnellte wie der Blitz in die Höhe, griff dabei nach meinem Badelatschen und wollte auf ihn zulaufen. Er hatte offenbar große Angst, dass ich ihm sein bestes Stück abschlagen könnte und lief wie vom Teufel gejagt davon. Weil ich die Mauer nicht so schnell überwinden konnte, war er mir leider ein ganzes Stück voraus, so dass ich die Jagd abbrach. Aber ich bin sicher, dass der Typ dieses Erlebnis nicht so schnell vergessen würde. Dass Frauen es wagen, sich zu bewaffnen und auf derartige Männchen loszugehen wollen, treibt ihnen den Angstschweiß auf die Stirn. Das habe ich mehrmals erlebt. Diesen Typen hilft es, wenn FRAUEN Angst oder Empörung zeigen, aber wenn Frauen sich daranmachen, diesen Herrchen wehzutun, dann laufen sie schnell davon. Das war so in Berlin, das war so in Mendoza, und das war so in Malaysia. Und anderswo auch.

SINGAPUR
1991

Lange bin ich in dem langweiligen Malaysia nicht geblieben, sondern mit dem Bus nach Singapur weitergereist. Man sagte ja früher, dass Deutschland ein sehr sauberes Land ist. Aber im Verhältnis zu Singapur war es schmutzig. Alles, aber auch alles war sehr sauber, die Straßen, die Parks, alles. In meinem Reiseführer hatte ich gelesen, dass die Polizei überall ist und überall hinschaut. Und wenn man zum Beispiel eine Straße überquert, ohne den Zebrastreifen zu benutzen, wenn der sich in nicht mehr als 100 Metern Entfernung befindet und die Polizei einen erwischt, man satte 100,- US Dollar Strafe bezahlen muss. Wenn man erwischt wird, weil man eine Zigarettenkippe weggeworfen hat, kostet das auch 100,- US Dollar. DAMALS. Wie teuer es heute ist, weiß ich nicht.

Nun sah ich zu meinem großen Erstaunen wenig Polizei auf der Straße. Als ich aber einmal eine Straße überquerte, ohne den Zebrastreifen zu benutzen, der vielleicht keine 100 Meter entfernt war, wer schaute mich von der gegenüberliegenden Straßenseite aus an? Zwei Polizisten! Teufel aber auch ... ich eilte in die entgegengesetzte Richtung und dachte eigentlich, dass mich die Hüter des Gesetzes verfolgen und abkassieren würden. Aber nein, sie ließen mich in Ruhe davoneilen. Vielleicht befand sich ja der Zebrastreifen in einer größeren Entfernung, als ich vermutet hatte.

Das berühmte Hotel „Raffles" in Singapur, in dem einst die Größten Hollywoods abgestiegen waren, konnte ich nicht betreten und wenigstens einen Kaffee trinken. Es wurde renoviert und war deshalb geschlossen. Aber es gab jede Menge zu besichtigen, schöne Geschäfte, schöne Parkanlagen, schöne Menschen. Dort war es, wo ich stolze, schlanke und schöne Turbanmänner sah, Sikhs. Sie schauten so stolz aus, dass ich dachte, ich muss nach Indien reisen, um mir diese schönen und stolzen Menschen anzuschauen.

INDIEN UND NEPAL
AB 1992

Mit Anne, einer Freundin, bin ich im folgenden Jahr nach Indien und Nepal gereist. Anne wohnte ganz in der Nähe meiner Wohnung, aber immer war ich es gewesen, die sie besuchen musste, weil ihr immerzu etwas wehtat. Heute der Rücken, morgen der linke Fuß, übermorgen der rechte, und so weiter. Deshalb sagte ich Anne, bevor wir die Reise antraten, dass ich keine Rücksicht darauf nehmen würde, wenn ihr nicht nach Weiterreisen zumute wäre. Dann müsste sie eben alleine bleiben und alleine weiterreisen. Also nahm Anne sich zusammen. Nicht einmal tat ihr etwas weh – mit einer Ausnahme. Das war, nachdem sie eine ruhende Kuh streicheln wollte, was der Kuh nicht gefiel, und die deshalb einmal mit dem Kopf wackelte und Anne mit einem Horn an der Hüfte streifte.

Ich sprach schon kein gutes Englisch, aber ihres war noch kümmerlicher. Und so kamen wir sehr gut miteinander aus. Wir wohnten in Old-Dehli in einem primitiven Haus, wie alle Häuser in dem Viertel wohl primitiv sind. Aber wir hatten von unserem Zimmer aus einen guten Überblick über die Dächer und Straßen Old-Dehlis. Wir konnten beobachten, wie die Inderinnen die Kuhfladen, die sie zum Trocknen in der Sonne auf den Dächern gelagert hatten, zusammenpackten und zum Verbrennen nach unten trugen. Und wir sahen die Frauen, die Matratzen, gefüllt mit Stroh, auf den Dächern hockend zusammennähten. Und wir waren mittendrin im Gewühl. Die Straßen in dem Viertel waren eigentlich keine Straßen, es waren festgetretene Wege. Menschen zu Fuß,

Menschen auf Rikschas, auf Fahrrädern, Autos, Elefanten, Kühe, Kamele, alles befand sich auf diesen Straßen. Müllmänner brauchte man dort nicht, denn die Kühe fraßen alles, was dort lag mit Ausnahme von Metall. Sie säuberten die Wege von Bananenschalen, von Apfelsinenschalen, von Papierfetzen, und was es sonst noch alles so auf dem Boden gab. Wenn es Abend wurde, kehrten die Kühe zu ihren Besitzern zurück, blieben vor den Türen stehen und schauten in die Küchen. Dann bekamen sie irgendwann ihr Wasser oder vielleicht auch noch etwas andere Nahrung. Die meisten Kühe aber bestanden nur aus Knochen und Fell. Interessant war es zu sehen, wie eine Kuhmutter ihr Junges daran gewöhnt, ohne Angst die Straße entlang zu gehen. Die Kühe sind den Indern – den Hindus – heilig, man darf ihnen nichts tun. Einmal erzählte mir mein Freund Prakash, dass, wenn jemand mit dem Auto eine andere Person anfährt oder gar tötet, die Strafe geringer ist, als wenn ein Autofahrer versehentlich eine Kuh tötet. Dann ist die Strafe viel härter. Die Kuh ist eben dort heilig und Gott gleich. Also lernt das Kalb ziemlich schnell, dass alle Autos an ihm vorbeifahren, ohne es zu berühren. Wenn nun eine Kuh es sich auf einer engen Straße bequem gemacht hat und ein Auto vorbeifahren will, rührt sich oft eine Kuh gar nicht. Dann muss der Autofahrer aussteigen und zum Beispiel die Kuh am Schwanz fassen und versuchen, sie wegzuziehen. Und dann steht die Dame meistens auf und lässt das Auto vorbei.

Indien ist ein Land, in das nur junge Menschen reisen sollten.

Der Lärm, der Schmutz, die Armut sind mitunter unerträglich. Als ich in Berlin einmal mit einer Kollegin in die Urania gegangen bin und wir uns einen Film über Indien angesehen haben, fragte sie mich, ob es dort wirklich so ist. Ja, musste ich ihr gestehen. „Und da fahren Sie hin?", fragte sie mich erstaunt. Ja, ich fuhr nach Indien, weil ich in Malaysia die stolzen und schönen indischen Menschen gesehen hatte. Damals sagte ich mir, da muss ich hin und mir diese schönen Menschen ansehen.

Aber es gibt ja außer den schönen Menschen in Indien noch viel mehr zu sehen. Und deshalb reisen ja auch die meisten Touristen dorthin. Nun ist Old Dehli nicht gerade eine schöne Stadt, nicht einmal die Neustadt, jedenfalls nicht der Teil, den wir gesehen haben. Meistens waren wir aber im alten Teil der Stadt unterwegs, wo das Leben pulsiert.

Wir hatten uns einen jungen Inder, der mit seiner Rikscha unterwegs war, um Touristen zu fahren, sozusagen gemietet. Er fuhr uns überall hin und freute sich über das Geld, das wir ihm gaben. Zusätzlich als Trinkgeld bekam er dann noch Zigaretten, die er seinem kranken Vater brachte. Dieser junge Inder hatte wunderschöne Augen, die ich mir immer genau ansah, wenn er uns durch die Straßen manövrierte. Ich habe ihn einmal in seinem Haus besucht, wo er mit Mutter und Vater lebt. Vorher war ich mit ihm oft unterwegs gewesen, und von dem Geld, das er bekam, hatte er Farbe gekauft, um das Zimmer, in dem die Familie lebte, zu streichen.

Er war ganz stolz und fragte mich, wie mir das Zimmer gefiele, so schön gestrichen, wie es jetzt ist. Ich fragte mich, wie es wohl ausgesehen hatte, BEVOR es gestrichen worden war. Es muss ja wohl schwarz gewesen sein …

Sein Vater war krank und lag im Bett, die Mutter saß an einem Ende des Bettes, und der Sohn holte schnell von

Nachbarn einen Stuhl, damit ich mich setzen konnte. Nachts schlief der Sohn vor dem Zimmer, denn ein weiteres gab es nicht. Die Eltern waren sehr stolz auf ihren einzigen Sohn, ansonsten hatten sie noch einige Töchter, für deren Eheschließungen sie sich verschulden mussten. Und der Sohn hatte noch einige Jahre zu arbeiten, um die Restschulden abzuzahlen.

Das ist wirklich ein Problem in Indien, wenn die Eltern mehrere Töchter haben. Denn die Schwiegereltern, die Eltern des zukünftigen Ehemannes, erwarten – und verlangen – oft große Summen an Geld, das die Brauteltern berappen müssen. Und weil die es oft nicht oder zu wenig Geld geben können, kommt es häufig zu den schrecklichen „Unfällen", bei denen die junge Frau sich oftmals so stark verbrennt, dass sie stirbt. Und der Sohn bekommt eine neue Frau und die Familie neues Geld. Anne und ich haben uns die Gedenkstätte von Mahatma Gandhi angesehen. Es war beeindruckend, wie selbst sehr junge Menschen ehrfürchtig und demütig vor Gandhis Gedenkstätte standen. Ich fragte mich, ob je ein junger deutscher Mensch so ehrfürchtig vor Adenauers Denkmal gestanden hat? Wohl kaum. Die Gedenkstätte von Indira Gandhi dagegen ist sehr schlicht, aber sauber und hübsch gestaltet.

Von Dehli aus sind wir nach Rajastan gefahren, wo es die vielen Maharadschapaläste gibt. Zuerst besuchten wir Jodpur, die blaue Stadt. Wir wohnten in einem netten Haus, und das Frühstück konnten wir auf der Dachterrasse einnehmen. Eine junge Unberührbare war die dortige Putzfrau, eine hübsche, scheue Inderin. Ich hatte mir einen Sari gekauft und wusste natürlich nicht, wie man diese rund 6 Meter lange Stoffbahn um den Körper wickelt. Also bat ich die junge Frau, mir zu helfen. Aber weil sie eine Unberührbare war, wagte sie es nicht, mich anzufassen. Also musste ich handeln: Ich steckte ihr ein Stück Seife in die Hand, und da ich sie nun berührt hatte, durfte sie mich auch anfassen.

Sie zeigte mir, wie man den Stoff wickelt, aber natürlich habe ich diese Fingerfertigkeit, die dazu gehört, nicht sogleich begriffen. Später haben mir andere Inderinnen meinen Sari um den Körper wickeln müssen, und heute erinnere ich mich nur noch daran, dass der Stoff mit einer Hand gehalten und gefaltet wird. Eine richtige Kunst ist das.

Von Jodpur aus sind wir nach Jaipur gefahren, und in dem dortigen fantastischen Maharadschapalast soll einst der Film „Der Tiger von Eschnapur" gedreht worden sein. Die Pracht und der Luxus, den man dort zu sehen bekommt, ist unbeschreiblich. Man kann diese Pracht nicht erklären, man muss sie gesehen haben. Nicht nur die Türen, die zum Beispiel aus purem Silber, zentimeterdick, mit Rosenornamenten geschmückt und etwa 4 Meter hoch und 5 Meter breit sind. Oder die Türen, ebenso groß, aus Ebenholz mit Intarsien aus Elfenbein und Perlmutt. Die Säulen, Fliesen in nie gesehener Schönheit, unbeschreiblich. Allein der Fuhrpark des Maharadschas ist unglaublich. Die vielen Autos und Kutschen und Sänften. Alles ist ein so riesiger Luxus, dass einem das Fassungsvermögen fehlt.

Dieser Luxus und dagegen diese Armut. Eltern hacken ihren kleinen Kindern die Gliedmaßen ab, damit die Menschen, die angebettelt werden, mehr Geld geben vor Mitleid. Ich erinnere mich, einen Vater gesehen zu haben, der einen vielleicht vierjährigen Jungen ohne

Arme und Beine trug, dessen Kopf nach unten fiel und der uns mit großen dunklen Augen ansah. Zu der Zeit konnte der Vater sein Kind noch mit einer Hand halten, aber was, wenn der Junge älter, größer und schwerer wird? Jedem Touristen wird eigentlich auch in Europa oder Amerika gesagt, dass man KEIN Geld geben soll, weil wenn man das tut, immer mehr arme Menschen ihre Kinder verkrüppeln.

Als nächstes haben wir uns Udaipur angesehen und sind natürlich auch in den dortigen Palast gegangen. Keine Ahnung, welcher Palast prächtiger war, der in Jaipur oder der in Udaipur. Der letzte war ganz anders gestaltet, aber nicht minder schön und luxuriös. Dieser Palast war teilweise zu einem Hotel umgebaut worden, und schon damals, im Jahr 1992, kostete ein Zimmer in dem Hotel um die 1.000,- DM. Nun ja, ein solches Hotel hat natürlich seine zahlreichen Angestellten, und die wollten auch gut bezahlt sein, selbst in Indien. Besonders in Erinnerung geblieben sind mir die vielen Pfauen-Darstellungen im Palast und auch außerhalb. Und dass es trotz der Hitze dort angenehm kühl war.

Bevor die Engländer in Indien einfielen, hatten die Maharadschas viel Macht und waren oft unermesslich reich – was man sofort erkennen kann, wenn man deren Paläste sieht. Als dann die Engländer das Sagen hatten, verfiel die Macht der Maharadschas und viele von ihnen gerieten in Armut. Nicht zuletzt deshalb gibt es heute in einigen Teilen der Paläste Hotels. Ich habe ein Buch gelesen, das in spanischer Sprache den Titel „Un Jardin en Badalpur" hat – zu Deutsch „Ein Garten in Badalpur." Es ist ein sehr interessantes Buch, besonders wenn man das Land kennt. Geschrieben hat es die Urenkelin des letzten türkischen Sultans. Die Mutter der Autorin war die Enkelin des letzten türkischen Sultans und hatte einen hinduistischen Maharadscha geheiratet, der auch sehr reich gewesen war. Und wie viele andere hatte auch er all seinen Reichtum an die Engländer verloren und war verarmt. Ihre Familie war nach dem Ende des Osmanischen Reiches nach Beirat geflüchtet, und dort hatte sie sehr frei gelebt. Auch aus diesem Grunde konnte die Enkelin des Sultans das Leben in Indien nicht lange ertragen und flüchtete nach Paris, wo sie allerdings wenig später starb.

In Paris hatte sie ihre Tochter zur Welt gebracht, die nach dem Tod der Mutter in verschiedenen Pflegefamilien untergekommen war und schließlich in einem Kloster landete. Erst als das Kind 14 Jahre alt war, erfuhr sie, wer ihre Eltern gewesen waren. Im Laufe der Jahre reiste sie dann nach Indien, wo sie ihren Vater und die Halbbrüder kennenlernte. Und obwohl sie den Vater liebte, ertrug auch sie nicht lange das Leben in Indien und kehrte nach Europa zurück.

Das Buch wird zwar als Roman bezeichnet, soll aber in Wahrheit eine Autobiografie sein mit einigen Dichtungen. So ist in dem Buch der Maharadscha ein Moslem, während der Vater der Autorin ein Hindu war. Es ist wirklich lesenswert und es sagt so viel aus über die Charaktere der Menschen dort und deren Lebensweise.

Von Udaipur aus sind wir zu einem Ort gefahren, der etwas höher gelegen ist, weshalb es dort im Sommer nicht so heiß ist wie anderswo. Der Ort liegt an einem großen See und ist ziemlich hübsch. Auf der Fahrt dorthin mussten wir umsteigen, und an der Bushaltestelle fiel mir ein junger Inder auf, der uns Europäerinnen nicht anstarrte, sondern seine Zeitung las. Ansonsten wird man in Indien immer angestarrt, und das ist eigentlich nur zu ertragen, wenn man nicht alleine reist. Bei einem weiteren Halt, der eingelegt wurde, damit die Fahrgäste eine Toilette aufsuchen konnten, besuchte Anne dieselbe. Es muss eine Toilette gewesen sein, wie ich sie aus China kenne. Geflieste Wand, eine Vertiefung unten und eine Schräge, ebenfalls gefliest, an deren Rand man sich setzt, um sein Geschäft zu erledigen. In China wird mit einem Schlauch immer die gefliese Schräge abgespült, sodass es immer sauber ist. In Indien … ich habe diese Toilette nicht benutzt. Eine junge Inderin hatte Anne angeboten, während ihres Geschäftes deren Tasche zu halten. Die Toilettenbenutzerinnen sitzen übrigens ohne Wand dazwischen Seite an Seite …

Als wir an unserem Bestimmungsort ankamen, umringten uns sogleich mindestens 10 junge Männer, und ein jeder streckte uns eine Visitenkarte entgegen, weil er wollte, dass wir ihn zu seinem Hotel begleiten. Ich nahm alle Visitenkarten entgegen, mischte sie und ließ Anne eine ziehen. Die jungen Inder guckten ziemlich verblüfft. Mit dem, dessen Karte Anne gezogen hatte, gingen wir zu seinem Hotel. Es befand sich in unmittelbarer Nähe des Sees und war nur über mehrere Treppenstufen zu erreichen. Dort gab es eine große Terrasse, von der verschiedene Türen abgingen. Eine führte zu unserem Zimmer. Wir waren sehr angetan, denn wir hatten einen schönen Blick auf den See von dort oben. Nur wenn wir in den Ort wollten, wurde es ungemütlich. Denn an einer Stelle stand eine an einer Seite offene Pinkelbude für Männer. Und bei dem ständigen Besuch von Benutzern rann der Urin über die Straße und roch wegen der Hitze nicht gerade angenehm.

Eines Tages machten Anne und ich einen Ausritt auf je einem Kamel, und als wir abstiegen, waren wir ziemlich lustig. Einige Meter weiter bestiegen gerade der junge indische Zeitungsleser und seine Frau, die Anne an der Toilette die Tasche gehalten hatte, auf ein Kamel. Ich winkte ihnen zu, und sie winkten zurück. Als wir dann am Abend auf unsere Terrasse kamen, stand dort dieses junge indische Paar. Ich fragte die beiden, ob sie auch hier wohnen. Nein, sie wohnten in einem Hotel. Aber wir unterhielten uns lange, und machten Fotos, und wieder bat ich eine Inderin, mir beim Umwickeln des Saris zu helfen. Gemeinsam gingen wir dann in ein Restaurant, und danach zeigten sie uns ihr Hotel. Auf dem Weg dorthin fasste mich die junge Frau am Arm und sagte. „Kommt doch mit nach Ahmadabad". Dorthin mussten sie am nächsten Tag fahren, denn ihre Reise ging zu Ende. Und in Ahmadabad wohnten die Eltern und Geschwister der jungen Frau. Ich wäre mitgefahren, aber Anne wollte nicht.

Aber am anderen Morgen stand ich früh auf und lief zum Busbahnhof, von welchem aus das Paar in den nächsten Ort fahren musste, um dort den Zug nach Ahmadabad zu erreichen. Als ich am Busbahnhof ankam, sagte man mir, dass ich zu einem anderen Bahnhof gehen müsse. Also lief ich dorthin, Anne, die mitgekommen war, lief immer ein ganzes Stück hinter mir. Als ich am nächsten Bahnhof ankam, war gerade ein Bus losgefahren und bremste ab, als er in meiner Höhe war. Neha, die junge Inderin, und Prakash, ihr Mann, standen an einem Fenster und versuchten, es herunterzudrücken.

Sie fragten mich, ob ich doch mitkomme, aber ich sagte ihnen, dass ich nur gekommen sei, um mich noch einmal zu verabschieden. Anne hatte das nicht mehr tun können, sie war weniger sportlich.

Die nächste Station unserer Reise war Jaisalmar, eine einst reiche Kaufmannsstadt. Dass sie einmal reich gewesen ist, konnte man ihr noch immer ansehen. An fast jedem Haus gab es einen Balkon, dessen Brüstung ein ziseliertes Kunstwerk war. Wir wohnten in einem netten Haus, dessen Besitzer sich gut um seine Gäste kümmerte. Er vermittelte uns eine Reise in die Wüste. Per Jeep fuhr die Gruppe, die aus 6 Personen bestand, in die Wüste Thar. Dort durften wir mit einem Kamel in die Wüste reiten, anstatt zu wandern. Unser Fahrer suchte einen guten Übernachtungsplatz, gab jedem von uns eine – nach Kamel riechende – grobe Wolldecke, in die wir uns in der Nacht einhüllten. Er befestigte eine Plane zwischen Jeep und einer in den Boden gelassenen Stange, die uns vor dem Wind und somit vor dem Sand schützte. Und er bereitete uns ein Abendessen und am nächsten Morgen das Frühstück. Die Toilette am Morgen musste man hinter einem Sandhügel suchen und zum Waschen gab es einen Becher Wasser.

Die Nacht unter freiem Himmel war eine besondere. Es war nicht zu kalt und wir hatten auch keine Sorge wegen Beduinen, die uns ausrauben wollten. Unser Fahrer beschützte uns gut. Als wir am Morgen beim Frühstück saßen, kam ein alter Mann zu uns, der in der Nähe unseres Lagerplatzes einen Skorpion gefangen hatte. Das hätte uns böse treffen können.

Weil von Jaisalmar nicht täglich ein Bus in die Stadt fuhr, in die wir als nächstes wollten, fragten wir unseren

Wirt nach einer anderen Reisemöglichkeit. Dieser Wirt kümmerte sich wirklich gut um seine Gäste.

Anne und ich hielten an jenem Tag ein Mittagsschläfchen, als es an unserer Tür klopfte. Anne und ich wickelten uns schnell unsere Betttücher um und Anne öffnete die Tür. Dort stand ein junger Mann, der wie wir auch nach einer früheren Reisemöglichkeit suchte, und so hatte der Wirt ihn zu uns geschickt.

Der junge Mann nannte sich Alexis – später hatte er mir gesagt, dass er in Wirklichkeit Hasan heißt – und wir verabredeten uns für den späten Nachmittag, um die Einzelheiten zu besprechen. Alexis-Hasan kannte sich anscheinend in Indien gut aus, und so fand er einen Jeep und einen Fahrer, und zusammen fuhren wir am nächsten Morgen in die nächste Stadt, von der aus wir mit dem Zug nach Dehli fahren konnten.

Das Hotel, in das uns Alexis führte, war nicht nur für indische Verhältnisse sehr gut. Nette Zimmer, gutes Frühstück. Schöner großer Garten, in dem man nett sitzen und Kaffee oder Tee oder Wein trinken konnte. Es war ein europäisch anmutendes Hotel. Als wir im Garten saßen und Anne einmal ins Haus ging, fragte Alexis mich, ob ich viel Sport treibe. Nein, sagte ich ihm, überhaupt keinen. Wieso? „Weil Frauen in deinem Alter normalerweise dick sind", antwortete Alexis mir. Er hatte mir also, als wir bei der Ankunft im Hotel die Anmeldeformulare ausfüllen mussten, genau über die Schulter gesehen. Und er nahm meine Hand und schrieb auf die Handfläche „You are very nice". Am Abend gingen wir mit Alexis zum Essen in ein ebenfalls europäisch geführtes Haus. Das Essen dort war auch gut, die Atmosphäre sehr angenehm.

Wir blieben nur eine Nacht in dem netten Hotel – es war das beste, das ich je in Indien von innen gesehen habe – und fuhren dann mit dem Zug Richtung Dehli. Die Fahrt dauerte viele Stunden, wir fuhren eine ganze Nacht lang. In unserem Schlafabteil gab es vier Betten, in einem der oberen schlief Anne, Alexis in einem der unteren und ich in dem anderen unteren. Alexis hatte immer einen bunten indischen Rucksack bei sich, und als er sich sein Bett zurechtmachte, hielt er mir den oben offenen Rucksack schräg hin. Darin sah ich große Bündel indische Rupien. Anscheinend machte er irgendwelche Geschäfte, weshalb er auch viel herumreiste und sich gut auskannte in dem großen Land.

Er zündete sich eine Zigarette an, die einen süßlichen Duft verbreitete. Als ich ihn anschaute, fragte er, ob ich auch einmal probieren wolle. Nein, danke, ich wollte nicht. „Man muss alles einmal probiert haben", meinte Alexis. Und ich antwortete ihm, dass „ICH nicht alles probiert haben muss". Er legte seinen Geldsack unter sein Haupt und war auch sogleich eingeschlafen. Inge schlief ebenfalls schon und ich bin sicher auch nicht lange wach geblieben.

Als wir in Dehli ankamen und uns verabschiedeten, teilten wir ihm noch mit, wann wir wieder in Dehli sein würden, denn wir hatten vor, nach Nepal zu reisen.

Aber vorher fuhren wir noch nach Agra, um uns das berühmteste Grabmal der Welt anzuschauen. Taj Mahal, den ich seit meiner Kindheit, als ich ihn im Fernsehen gesehen hatte, so bewunderte. Der Mogul Shah Jahan ließ das Grabmal im 17. Jahrhundert für seine geliebte Frau Mumtaz Mahal bauen, die bei der Geburt ihres 14.

Kindes starb und ihren Mann, den Mogul, auf dem Sterbebett um ein Grabmal gebeten hatte, wie es die Welt noch nicht gesehen hatte. Und der Mogul baute seiner Mumtaz den Tadsch Mahal, das vollendetste Bauwerk der Welt. Es ist aus dem wertvollsten Marmor der Welt gebaut worden, und in den Intarsien der Wände befanden sich früher Halbedelsteine. Die sind allerdings schon vor langer Zeit gestohlen worden. 17 Jahre lang haben 20.000 Arbeiter an dem Juwel der Architektur gearbeitet. Und es verschlang alles Geld, das der Mogul hatte, sodass Unruhen im Land begannen.

Ein Sohn des Moguls putschte gegen seinen Vater und ließ ihn im Roten Ford einsperren, wo dieser bis zu seinem Tode bleiben musste. Eine Tochter des Moguls kümmerte sich um ihren Vater bis zu dessen Tod. Was für ein treuloser Sohn. Aber immerhin konnte der Mogul bis zu seiner letzten Minute das Grabmal seiner geliebten Frau sehen. Ein schöner Trost.

Von Agra sind wir dann wieder mit dem Zug nach Dehli gefahren. Auf der Strecke gibt es eine starke Steigung, weshalb der Zug über einige Kilometer langsam fahren muss. Und es gibt Diebe, die diese Gelegenheit genutzt haben, um den Zug und seine Fahrgäste zu überfallen. Deshalb hielt der Zug in einer Ortschaft, bevor diese Steigung beginnt und der Zug langsam fahren muss, und bewaffnete Soldaten stiegen in den Zug, um die Fahrgäste zu beschützen. In dem Abteil, in dem Anne und ich saßen, gab es außerdem nur noch einen älteren Inder. Nun stiegen mehrere mit Bajonetten bewaffnete Soldaten in unser Abteil, und ein junger Soldat setzte sich neben mich. Im Laufe der Zeit rückte er immer näher an mich heran, sodass er fast auf meinem Schoß saß. Da schaute ich ihn an, sah nach unten und von unten nach oben und ihm mit meinem bösen Blick ins Gesicht, ohne ein einziges Wort zu sagen. Aber mein Blick reichte aus, um ihn dazu zu bringen, von mir abzurücken. Beim nächsten Halt kauften die Soldaten Anne und mir dann jeweils ein Glas Tee!

NEPAL
1992 UND SPÄTER

Anne wollte in eine Stadt im Norden des Landes, in die ich nicht wollte, und so trennten wir uns und verabredeten, uns an einem bestimmten Tag in einem bestimmten Hotel in Kathmandu in Nepal zu treffen. Als ich in der vorgesehenen Nacht auf dem Flughafen in Kathmandu ankam, gab es dort eine große Unruhe. Ein kleiner Nepalese mit einem Namensschild am Revers seiner Jacke forderte mich auf, ihm eine gewisse Menge Geld zu geben. Ich sah ihn böse an und betrachtete sein Namensschild und ließ ihn stehen. Er hatte gesagt, dass ich nicht in die Stadt komme, wenn ich ihm nicht das Geld gebe. Ich war wütend und dachte, was ist denn das für ein Land, in das ich hier gereist bin. So etwas ist mir ja noch nie passiert.

Es gab keine Offiziellen, die ich hätte fragen können, was los sei. Aber dann hörte ich zwei Männer, die sich auf Deutsch unterhielten. Und die fragte ich, was denn passiert sei. Sie berichteten mir, dass es am Tage eine Schießerei, eine Meuterei gegeben habe, und dass man nicht wisse, wie die Situation in der Stadt ist. Aber sie wussten, wann und wo noch ein Bus in die Hauptstadt fährt. Also ging ich mit ihnen, und der letzte Bus, innen dunkel und außen auch, fuhr langsam in die Innenstadt. Unterwegs wurden wir mehrere Male von Soldaten angehalten, die in den Bus schauten. Alle Straßen waren dunkel, kein Mensch bewegte sich dort. Als wir an dem vereinbarten Hotel ankamen, hielt der Bus, ein Mann sah sich um, bevor er ausstieg und zum verrammelten Tor des Hotels lief. Dort klopfte er an eine Tür, die sich öffnete, und er winkte mir zu kommen. Anne war schon vor mir in Kathmandu angekommen und hatte das ganze Theater mitverfolgt. Sie konnte nicht in unser Hotel kommen, sodass es dauerte, bis wir uns fanden. Kathmandu ist eine hübsche Stadt, dort gibt es viele Restaurants, in denen man draußen sitzen kann. Ganz anders als in Indien, wo wir nicht ein einziges Restaurant gefunden hatten, in dem man draußen essen kann.

Wir schauten uns die Stadt an, und eines Tages kamen wir an einem Tor vorbei, durch das man in einen großen Innenhof gelangen konnte. Wir gingen hinein und hörten in einem kleinen Raum Gehämmere. Als wir nachschauten, sahen wir mehrere junge Leute dort sitzen, die an Metallgegenständen arbeiteten. Wir betrachteten sie genauer. Die jungen Leute, 5 Männer und eine Frau, fügten mit einem Gerät Muster in Tuten aus Kupfer und Messing. Wir wollten eine Tute kaufen, aber es war keine fertig. So gaben wir dem „Chef" der jungen Männer, Dharm, unsere Hoteladresse, und er versprach, am nächsten Tag zu kommen und uns die Tute zu bringen.

Natürlich hatten wir wieder Fotos gemacht, und als Dharm kam und die Tute brachte, bat ich ihn um seine Adresse. So konnte ich ihm schreiben und die Fotos schicken, als ich wieder in Berlin war. Dharm bedankte sich in einem langen Brief und schrieb mir unter anderem, dass ich ihn erhöht habe, weil ich als Europäerin ihm geschrieben und Fotos geschickt hatte. Ich schrieb ihm zurück, dass er mich erhöht habe, weil er mir einen Brief in einem viel besseren Englisch geschickt hatte.

In den nächsten Jahren, wenn ich in Indien war, besuchte ich immer auch Kathmandu und Dharm und seine Schwester Laxmi und deren Mutter und Schwägerin. Ich brachte immer gute gebrauchte Kleidung mit und forderte Laxmi auf, sich einige Stücke auszusuchen. Sie nahm immer alle. Einmal, so erzählte sie mir, trug sie die europäische Kleidung und eine Freundin fragte sie, wo sie diese schönen Teile her hätte. Und Laxmi antwortete ihr, dass sie die von ihrer deutschen Freundin Gisela bekommen habe.

In einem anderen Jahr flog ich wieder nach Kathmandu, nachdem ich meine indischen Freunde in Rajkot besucht hatte. Ich flog mit einer Propellermaschine von Kathmandu nach Pockara, um von dort aus in einen der vielen Annapurnas zu gehen. Die Maschine landete in Pockara auf einer Rasenfläche, nicht etwa auf einer Landebahn! Was für ein „Flughafen", sehr seltsam. Schon die Landung war ein Erlebnis. Ein wenig Angst bekommt man schon, wenn man nur den grünen Rasen und keine richtige Landebahn sieht. Aber Nepal ist ja auch ein armes Land. Und sicher gelandet ist der Pilot dennoch.

Ich suchte mir eine Unterkunft und einen Führer, der mit mir zu einem der vielen Annapurnas gehen sollte. Ich glaube, es gab damals 8 oder 9 Annapurnas. Wir gingen zu Annapurna 4. Es war ganz angenehm, bis wir etwa die Höhe von 4.000 Metern erreicht hatten. Von da an ging es mir schlecht, besonders am Abend. Ich hatte dort oben ein „Zimmer" in einem Bergdorf bekommen, dessen Wände aus Brettern bestanden und durch die der Wind pfiff. Weil ich starke Halsschmerzen hatte, cremte ich mir das Gesicht und den Hals mit einer Salbe ein, von der ich dachte, es sei „Wick Vapurup". Es gab in den „Zimmern" kein Licht, und so konnte ich nicht sehen, was ich angestellt hatte. Zum Glück wachte ich früh auf und musste die Toilette aufsuchen, die sich unten und außerhalb des Hauses befand. Es war schon nach Sonnenaufgang und so konnte ich im „Waschraum" –, der, wie in Österreich auf manchen Hütten zu der damaligen Zeit auch aus einer Art Waschtrog bestand, aber innerhalb von Wänden, und der Raum hatte sogar eine Tür zum Verschließen – in einem Spiegel sehen, dass mein Gesicht total schwarz war. Ich hatte die falsche Cremedose erwischt und mir mit einer Art Schuhcreme das Gesicht und den Hals eingerieben. Mich hat aber niemand gesehen, weil alle anderen noch schliefen. Man hätte mich sonst möglicherweise für die kleine Hexe aus dem Hexenhaus in der Heide gehalten. Nachdem wir wieder an Höhe verloren hatten, ging es mir besser. Wie ich später erfuhr, hatte ich an der Höhenkrankheit gelitten. Was es nicht alles gibt!

In meiner Unterkunft tauchten einmal mehrere Frauen auf, die Handel treiben wollten. Ich hatte ein kleines Händehandtuch bei mir im Garten, das eine der Frauen unbedingt haben wollte. Und so tauschte sie eine silberne Brosche mit einem rosafarbenen Stein gegen das kleine Tuch. Leider hatte ich nie die richtige Kleidung, um die Brosche tragen zu können. Also hätte ich der Frau auch das Tüchlein schenken können, auf das sie so scharf war.

In der Unterkunft gab es ein junges Paar aus Deutschland, und gemeinsam gingen wir eines Abends in ein Restaurant zum Essen. Wir saßen auf der Dachterrasse und genossen den wunderschönen Blick auf das Himalaja-Gebirge. Als wir bezahlen wollten, fragte uns der Kellner, aus welchem Land wir kämen. Wir ließen ihn raten, und er zählte alle europäischen Länder auf außer Deutschland. Als ihm kein Land mehr einfiel, gab er auf. Und wir verrieten ihm, dass wir alle drei aus Deutschland kämen. „Nein", sagte er, „ihr könnt nicht aus Deutschland kommen. Denn die Deutschen tragen immer kaputte Kleidung." Stimmt, dachte ich. In Indien und auch in Nepal oder zuvor in Indonesien hatte ich junge Deutsche gesehen, die fast ausnahmslos in zerlumpter Kleidung herumliefen. Und so haben wir mit dazu beigetragen, den Ruf der Deutschen im Ausland ein wenig zu verbessern.

Ein letztes Mal war ich in Kathmandu, eigentlich nur, um Dharm und Laxmi zu besuchen. Als ich mich bei diesem letzten Besuch verabschieden wollte, veranstaltete die Mutter ein Zeremoniell mit mir. Sie gab mir einen Teller mit Milchigem, das ich essen musste, ein kleines Sträußchen getrockneter Blüten, und klebte mir einen Klumpen auf die Stirn. Dann gab sie mir ihren Segen und sprach eine lange Reihe von Sprüchen. Ich wurde bereits ungeduldig und hatte Angst, dass ich zu spät zum Flughafen komme. Es war mir nämlich vorher einmal passiert, dass sich ein reicher Nepalese mit einem Bündel Scheinen meinen Platz im Flugzeug ergatterte, obwohl ich schon eine Bordkarte hatte. Das sollte mir nicht noch einmal passieren, dass ich zurückbleibe und die nächste Maschine nehmen muss – wenn es denn eine gibt. Aber Dharm sagte, es dauert nur noch einen Moment.

Als die Zeremonie zu Ende war, eilten wir zu einem Taxi, und beim Einsteigen fiel der Klumpen von meiner Stirn. Böse war ich deswegen nicht! Am Flughafen verabschiedeten wir uns, und wie jedes Mal dort legte Dharm mir einen Seidenschal um den Hals. Der soll Glück bringen. Als der damalige Bundesaußenminister Kinkel einmal den Dalai Lama in Bonn empfing und dieser Kinkel einen solchen Schal um den Hals legen wollte, wich Kinkel zurück. Der Dalai Lama zog seine Hand auch sofort zurück, denn er wollte niemandem das Glück aufzwingen. Und ich dachte, als ich das im Fernsehen sah, „Herr Kinkel, deine Zeit als Minister ist vorbei." Und so war es. Er hatte dann zwar für eine kurze Zeit seine Gräfin, mit der er im Pool vor Journalisten herumbalgte, aber seinen Job als Außenminister hatte er bald verloren.

Ich habe übrigens einen dieser Schals in meiner Wohnung in Berlin und einen in meinem Haus in Südamerika. Und sie beschützen meine Wohnungen. Als ich nun von Kathmandu nach Dehli geflogen war und dort umsteigen musste, war die Schlange am Schalter unendlich lang. Ich hatte Sorge, dass ich nicht rechtzeitig einchecken könnte. Und so fragte ich den jungen Mann am 1.-Klasse-Schalter, ob ich auch dort einchecken könnte. Er nahm meinen Pass und fragte, ob ich einen Moment warten würde. Natürlich warte ich. Als er zurückkam, stellte er mir die Bordkarte aus. Es war eine Bordkarte für die 1. Klasse!

Bis heute bin ich überzeugt davon, dass die Zeremonie, die die Mutter von Dharm und Laxmi für mich veranstaltet hatte, zu dieser Bevorzugung geführt hatte. Denn wieso sollte man mir einen Platz in der 1. Klasse zuweisen, wenn ich nur einen Flug für die Touristenklasse bezahlt hatte. Es muss der Segen der Mutter gewesen sein, die die Menschen dort ihren Angehörigen geben, wenn diese sich auf eine große Reise begeben. Nicht nur für meine indischen Freunde bin ich bis heute eine Familienangehörige, für die kleine Familie in Kathmandu war ich es auch.

War der erste Eindruck, den ich von Nepal hatte, am Tage meiner ersten Ankunft auf dem Flughafen grauenvoll, so muss ich sagen, dass es sich dort eben um einen Offiziellen gehandelt hatte. Die „gewöhnlichen" Menschen in Nepal sind ausgesprochen liebenswert. Als ich einmal viele Stunden auf das nächste Flugzeug warten musste, weil ein reicher Pinkel mit seinem Geld mir meinen Platz im Flugzeug weggeschnappt hatte, musste ich das Flughafengebäude verlassen, weil es bis zur Abfertigung des nächsten Flugzeuges geschlossen wurde. So zog ich denn mit meinem Rucksack auf dem Rücken von dannen, als ein Mopedfahrer neben mir anhielt und mir sagte, dass ich mich auf seinen Rücksitz setzen soll, er würde mich in den nächsten Ort bringen. Ich antwortete ihm, dass ich stark genug sei, meinen Rucksack zu tragen, aber er meinte, es seien noch einige Kilometer bis zum nächsten Ort, und er würde mich hinbringen, zum Beispiel in ein Restaurant, wo ich mich erfrischen könnte. Also gut, ich setzte mich auf den Rücksitz, und er stellte meinen Rucksack zwischen seine Füße, und er fuhr mich zu einem Restaurant, in dem ich die vielen Stunden bis zur Rückkehr zum Flughafen verbringen konnte. Er war sehr freundlich, und er war nicht der einzige Nepalese, den ich in guter Erinnerung behalte.

Was ich noch in Erinnerung habe, ist die Armut und teilweise auch der Schmutz. So sah ich Frauen, die ihr

Gemüse in einem Resttümpel von Fluss am Rande von Kathmandu wuschen, und nur wenige Meter weiter tummelte sich eine Kuh in dem Restwasser. Da kann man sich gut vorstellen, wieso manchmal neue Seuchen entstehen.

Nach Indien bin ich noch unzählige Male geflogen. Nachdem Anne und ich zurück in Berlin waren, schrieb ich einen Brief und sandte mit ihm einige Fotos, die ich in dem schönen Ort am See gemacht hatte, an Prakash. An einem Samstag, als ich einkaufen gehen wollte, fand ich im Briefkasten einen Brief aus Indien. Das Wetter war schön an dem Tag, und so setzte ich mich draußen auf eine Bank und las den Brief. Prakash hatte mir unter anderem geschrieben, dass es ihn und Neha sehr berührt hatte, als ich zum Bahnhof gelaufen kam, um sie zu verabschieden. Er hatte einige Fotos dem Brief beigelegt, und auf einem hockten zwei junge Damen auf einem Riesenbett. „Es ist Nehas und mein Bett, warum kommst du nicht, es zu benutzen", hatte er geschrieben. Das war eine Einladung, und ich nahm sie an. Im April/Mai war ich in Indien gewesen, und im Oktober würde ich wieder nach Indien reisen.

Ich hatte einen Flug nach Bombay und von dort nach Rajkot, wo die beiden mit der Familie von Prakash lebten, gebucht. Prakash holte mich am Flughafen ab und fuhr mich mit seinem Auto zum Haus der Familie.

Ein wenig hatte ich Angst vor dem Betreten des Hauses. In einem Reiseführer hatte ich gelesen, wie man Menschen behandelt, die einer anderen Kaste angehören. Prakash gehört der Kaste der Brahmanen an, der höchsten Kaste, zu der die Reichen und Gebildeten gehören. In dem Reiseführer hieß es nun: Es standen fünf Männer zusammen, alle gehörten einer anderen Kaste an.

Der Brahmane zündete sich eine Zigarette an, und nach ein paar Zügen gab er sie dem aus der nächstniedrigsten Kaste. Dieser wiederum reichte sie an den nächstniedrigsten weiter, und der letzte ließ die glühende Zigarette in die Handfläche des Unberührbaren fallen. Na toll.

Wir kamen also am Haus der Familie an. Es waren zwei Gebäude, die sich gegenüber standen. An der einen Seite gab es zwischen den beiden Häusern eine hohe Mauer und darauf einen Boden, und dort wurde die Wäsche zum Trocknen aufgehängt. An der Straßenseite gab es ein großes Tor, durch das man in den Hof gelangte. Dieses Tor war immer verschlossen. Dann kamen wir an der Haustür an, und wir zogen unsere Schuhe aus. Niemals betritt ein Inder ein Haus mit Straßenschuhen. Mutter und Vater, Bruder und Schwester standen im Raum mit erhobenen und aneinandergelegten Händen, um mich zu begrüßen. Namaste. Sie zeigten mir mein Zimmer und reichten mir Tee.

Der erste Tag war ungemütlich. Ich war müde, denn ich war den ganzen Tag geflogen und hatte die ganze Nacht in Bombay – heute Mumbai – auf den Anschlussflug warten müssen, der erst um 7.00 Uhr morgens stattfand. Und ich kannte die Leute nicht, und ich sprach ihre Sprache nicht. Und alles war so anders als in Deutschland. Das gab sich aber. Als ich am nächsten Tag beim Abwasch helfen wollte, wurde mir das verweigert. „Der Gast ist ein Gott", und Gott wäscht nicht ab, erklärte mir Prakash. Das hat sich dann aber nach einiger Zeit auch geändert. Wenn ich später wieder meine indische Familie besuchte, durfte ich nicht nur die Küche betreten und beim Abwasch helfen, ich musste sogar immer ein typisch deutsches Gericht zubereiten. Au weia. Die

Brahmanen sind Vegetarier, sie essen kein Fleisch, keinen Fisch, keine Eier. Sie aßen damals nicht einmal Käse, weil sie dachten, der ist aus Eiern gemacht. „Alles was Augen oder Mund oder Nase hat, darf nicht gegessen werden", hatte mir einmal der Vater erklärt. Nun haben Eier zwar keine Augen oder Nase, aber aus ihnen kann neues Leben entstehen, und deshalb sind auch Eier verboten.

Was sollte ich nun kochen? Es gab Kartoffelsalat ohne Mayonnaise, dafür mit Öl angemacht. Ein anderes Mal gab es Nudeln mit Käse. Dafür hatte ich extra grüne Nudeln mitgebracht. Nita, eine Cousine von Prakash, hat später immer darum gebeten, ihr grüne Nudeln mitzubringen. Und alle Tanten und Onkel und Cousinen und Cousins kamen, um mein deutsches Essen zu probieren. Die Eltern, Großeltern und Geschwister von Prakash wohnten damals in einem der beiden Häuser, und in dem gegenüberliegenden wohnten zwei Brüder des Vaters mit ihren Familien.

Als der jüngere Bruder von Prakash heiratete, war ich eingeladen. Und ich war die einzige Europäerin unter den vielen Gästen. Das Fest dauerte 3 Tage. Vorher mussten alle Geschenke für die Mitglieder der Brautfamilie eingepackt werden, und weil meinen Freunden die Art, wie ich Geschenke verpackte, gut gefiel, fiel mir diese Aufgabe zu. Selbst das Brautfahrzeug musste ich dekorieren, und ich gestehe, es sah ganz anders aus als die auf indische Art geschmückten Fahrzeuge. Sagen wir mal, es war weniger überladen, eher schlicht. Am Tag vor der Trauung wurde für den Bräutigam ein Fest im Elternhaus gegeben, und auch ich musste ihm meinen Segen geben. Das tat ich auch, wobei ich auf Anweisung handelte und gar nicht weiß, was da eigentlich genau passierte. Der Bräutigam aber, das kann man auf dem entsprechenden Foto sehen, nahm meinen Segen sehr ernst entgegen.

Alle Familienmitglieder wurden für die Feier neu eingekleidet. Dazu fuhren die Damen in einen besonderen Stoffladen, um sich die Stoffe für die neuen Saris auszusuchen. Sie saßen auf dem Boden des Ladens in einer besonderen Ecke, und die wertvollen Stoffe wurden vor ihnen ausgebreitet, bis die einzelnen Damen ihren gewählt hatten. Ich wählte einen himmelblauen und mit Glasperlen reich geschmückten Stoff aus, dessen Bluse und Unterrock noch genäht werden mussten. Als ich dann am Abend des Hochzeitstages, als wir alle in ein Gebäude fuhren, wo Hunderte von Gästen zum Essen untergebracht werden konnten und wo der Empfang stattfand, meinen Sari angezogen hatte, meinte Prakash: „Du kennst deine Farbe". Der Preis war – ohne das Nähen der Bluse – für indische Verhältnisse enorm hoch, nämlich mehr als 100,– DM. Keine Ahnung, wie viele Monate eine Familie sich von dem Geld hätte ernähren können.

Von der Trauungszeremonie habe ich nicht alles mitbekommen. In dem Raum, in dem die Trauung stattfand, wurde ein Feuer entfacht, und ich saß mit den anderen weiblichen Familienmitgliedern sehr nah daran, sodass der Rauch mir in die Augen zog. Das behinderte und störte mich so sehr, dass ich ständig abgelenkt war. Das Brautpaar musste mehrere Male um das Feuer gehen, und es ist mir ein Rätsel, wie sie das überstehen konnten. Noch rätselhafter ist mir, wie sie die Unmengen von Süßem schlucken konnten, ohne sich übergeben zu müssen. Denn alle Gäste steckten ihnen Süßes in den Mund. Das soll wohl Glück bringen oder fruchtbar machen. Glücklich sind sie geworden, scheint mir. Und eine Tochter haben sie, mehr Kinder weigerte die junge Frau sich zu bekommen. Die Tochter sagte einmal zu ihrer Mutter, als ich dort war, dass ich goldene Haare hätte. Blonde Haare sind selten in Indien zu sehen, in den großen Städten wohl schon, aber dort, wohin wenige Touristen reisen, eher selten.

Als Prakash und Neha mich einmal mitnahmen, um einen Freund und dessen Frau sowie den kleinen Sohn zu besuchen, schrie dieser jedes Mal laut auf, wenn ich ihm zu nahe kam. Sheeny, Prakash Tochter, dagegen kam mir immer entgegen gekrabbelt und wollte in meiner Nähe sein, als sie ein Baby war. Unsere gegenseitige Zuneigung ist bis heute groß.

Die Inderinnen sind von Natur aus schöne Frauen, wie auch die meisten Männer schön sind. Aber wenn die Damen sich für ein Fest herausputzen, werden sie wunderschön. Neha, Prakash Frau, ist so eine wunderschöne Frau, und Rehka, Prakash Schwester, auch. Sie sind eine Augenweide, wenn sie so elegant und dekoriert gekleidet sind. Aber die beiden schönsten Damen des Abends waren zwei Cousinen, die beiden Töchter einer Schwester der Mutter des Bräutigams. Sie waren die beiden Schönheitsköniginnen. Und überaus freundlich, lieb und klug dazu.

Ein Cousin, der sich schon einige Tage vor der Hochzeit im Hause befand, starrte mich ständig an – wie sonst auch alle Inder und Inderinnen. Ich habe Prakash gefragt, warum der mich noch nach Tagen ständig anstarrt. Und Prakash antwortete mir, „er wartet darauf, dass er sieht, wie du Bier trinkst." „Aber ich trinke kein Bier", sagte ich ihm. „Aber alle Deutschen trinken doch Bier, denkt mein Cousin, denn er weiß ja nicht, dass du (in Indien!) nur Tee und Kaffee trinkst", war Prakash Antwort.

Immer, wenn ich in Rajkot war, unternahmen die jungen Leute etwas mit mir. So fuhren wir einmal in eine weit entfernte Stadt, um uns einen der berühmtesten und wichtigsten hinduistischen Tempel anzusehen. Nicht lange Zeit zuvor hatten Moslems diesen Tempel angegriffen, aber zum Glück konnte die Polizei die Angreifer vertreiben, sodass nur wenig Schaden entstand. Wir mussten eine Nacht in einem Hotel bleiben, und an jenem Abend besuchten wir einen Freund von Prakash Vater. Der war zum zweiten Mal verheiratet. Die erste Frau soll bei einem „Unfall mit Feuer" kurz nach der Hochzeit derart verletzt worden sein, dass sie an den Folgen starb.

Mit der zweiten Frau hatte der Mann eine Tochter, die stark behindert war. Es kam mir der Gedanke, dass die Behinderung der Tochter vielleicht die Strafe dafür war, dass die erste Frau diesen „Unfall" hatte, der zu ihrem Tode führte. Gefragt habe ich Prakash nicht nach den näheren Umständen, aber ich halte es durchaus für möglich. Immer wieder hört man, dass die jungen Ehefrauen, deren Eltern den Eltern des Ehemannes nicht genügend Geld bei der Hochzeit zahlten, solche „Unfälle" erleiden, bei denen sie derartige Brandwunden davon tragen, dass sie daran sterben. Das Zahlen von viel Geld bei der Hochzeit einer Tochter ist mit ein Grund, weshalb viele Eltern ihr neugeborenes weibliches Baby töten. Oder sie treiben es schon vor der Geburt ab, wenn sie bei einer Untersuchung festgestellt haben, dass sie eine Tochter erwarten.

Wenn nun eine junge Ehefrau durch einen solchen „Unfall" ums Leben gekommen ist, kann der Mann ein zweites Mal heiraten, und seine Eltern streichen ebenfalls ein weiteres Mal Geld ein. Die Hochzeit ihres Sohnes hat die Eltern von Prakash und Vijay jedenfalls sehr viel Geld gekostet.

Ein anderes Mal fuhren wir zu einer Art Palast, eher war es eine Burg. Es befand sich in der Mitte des Gebäudes ein tiefer großer Brunnen, und eine schmale Wendeltreppe, an deren Mauern Fledermäuse hingen, führte nach ganz oben. Von dort konnte man die Umgebung betrachten. Ein indischer Fürst, der Besitzer dieses Palastes, hatte eine wunderschöne Frau, für die sich auch ein Mogul interessierte. Und so ließ der Mogul den Fürst ermorden, um sich dessen Frau zu holen. Als nun der Mogul den Palast angriff und die Frau rauben wollte, lief diese die Wendeltreppe hinauf und stürzte sich von oben in den Brunnen. Sie wollte lieber tot sein als die Frau eines Moguls.

Prakash hat viele Bekannte, auch bedeutende und mächtige. So mussten wir, als wir eine Ausstellung besuchen wollten, nicht wie die anderen Besucher an der normalen Eingangstür warten, sondern wurden an einer für besondere Gäste erwartet und sofort in das Gebäude geführt. Die „normalen" Wartenden blickten zu uns hinüber, und seitdem habe ich eine Vorstellung, wie sich die VIPs fühlen, wenn sie vorrangig behandelt werden.

Bei meinem letzten Besuch in Rajkot bat mich Prakash Schwägerin: „Komm doch bald wieder. Hier ist es immer so langweilig, immer derselbe Trott. Nur wenn du hier bist, unternehmen wir etwas Besonderes". Ja, ich hätte ihren Wunsch ja gerne erfüllt, aber eine Reise nach Indien ist mir heute zu anstrengend.

Das Haus, in dem die Familien wohnten, wurde vor Jahren schon bei einem Erdbeben stark beschädigt. Als erstes zog danach die Familie eines Bruders von Prakash Vater aus. Dieser Mann hat einen großen Laden und verdiente immer gutes Geld. Er ist der Vater von Nita, der ich später immer grüne Nudeln mitbrachte. Er hatte für sich und seine Frau und für die beiden Söhne eine Etage in einem Neubau gekauft. Sehr großzügig alles, und modern.

Der andere Onkel war Arzt und zog ebenfalls in ein anderes Haus, das ich allerdings nie besucht habe. Dieser Teil der Familie war etwas zurückhaltender. Und dann kaufte auch Prakash ein ein wenig außerhalb der Innenstadt gelegenes Haus, in dem er und seine Familie mit Schwester und Bruder nebst Familie und Mutter leben. Dieses Haus habe ich nur gesehen, bevor die Familie dort einzog. Auch dieses Haus ist modern, kein Vergleich zu dem Haus, in dem sie vorher wohnten. Aber weil ein Grundstück in der Innenstadt sehr teuer ist, haben sie beim Verkauf ihres alten Hauses viel Geld erhalten. Der Vater hatte sich lange gegen einen Verkauf gesträubt, nur als die Häuser wegen der Erdbeben-Schäden immer weiter zu verfallen drohten, gab er nach.

Als ich Prakash und seine Familie kennenlernte, waren alle Cousinen und Cousins ganz junge Leute. Schon lange sind sie alle verheiratet – bis auf Rehka – und haben ihrerseits Kinder. Nita hat einen wohlhabenden Kaufmann geheiratet und wohnt mit ihrer Familie und der Schwiegermutter in einem schönen Haus. Wenn ich in Rajkot war, besuchten wir immer auch Nita. Und bei einem dieser Besuche servierte sie ihren Gästen Eis. Das schmeckte lecker, aber nach etwa einer halben Stunde ging es mir schlecht. Ich hatte gegen die Regel verstoßen, nichts zu essen oder zu trinken, das nicht abgekocht war. Prakash war als junger Student einmal 6 Wochen in Frankreich und Belgien bei Freunden gewesen. Gegessen hat er in dieser Zeit, wie er erzählte, nur normales Frühstück und ansonsten Pizza. Einmal aß er etwas Verbotenes: Es sah rosa aus und er dachte, es sei etwas Vegetarisches und es schmeckte ihm gut. Aber dann erfuhr er, dass er LACHS gegessen hatte. Welche Sünde. Er trank aber immer das Wasser aus der Leitung, wie zu Hause, und als er nach Wochen wieder in Rajkot war und das dortige Wasser trank, wurde er krank. Sein Magen und Darm hatten sich in den 6 Wochen in Europa an keimfreies Wasser gewöhnt und nun musste er sich wieder umgewöhnen.

HONGKONG
1992

1992 bin ich zum ersten Mal nach Hongkong gereist. In einem Reiseführer hatte ich gelesen, dass man von Kennedy-Town aus mit der Straßenbahn für umgerechnet 0,20 Pfennig eine Stadtrundfahrt machen kann. Ich setzte mich in diese Straßenbahn und bin gleich zweimal hintereinander die Strecke gefahren, so fasziniert war ich von der Stadt.

Ich lebe selbst in einer Großstadt, aber Hongkong ist größer, höher, aufregender. Die Stadt besteht ja fast nur aus Hochhäusern. Und zwar aus solchen, die dicht an dicht stehen. Es gibt dort ganze Straßenzüge, in denen ein Geschäft neben dem anderen nur Fische verkauft. Von winzig kleinen Fischen bis zu Fischen, die eine Größe von rund 2 Metern erreichen. Und alle sind sie getrocknet. Trockenfisch. Es gibt andere Dinge, die vor den Geschäften auf dem Bürgersteig angeboten werden, Dinge, die die Chinesen essen, die mir aber den Appetit verdarben. Vogelnester zum Beispiel. Schwarze Vogelnester. Dass die appetitlich aussahen, kann ich nicht sagen. Aber ich denke, Chinesen essen alles. Vogelnester, Rattenschwänze, Hunde, Eidechsen, Schlangen ... es gibt nichts, was ein Chinese in China nicht isst.

Aber ich esse in Deutschland gerne Chinesisch, und in Aberdeen konnte ich auf einem riesigen offenen Markt auch sehr gut essen. Hunderte oder mehr Chinesen saßen dort am Mittag, und ich entdeckte einen freien Platz an einem Tisch. Aber wie nennt man die Gerichte? Auf dem Markt sprach auch niemand Englisch, und so zeigte ich auf einen Teller und bekam das Gericht. Es schmeckte gut.

Ich war in einer Jugendherberge, die auf einem Berg lag, untergekommen. Der Schlafraum für Frauen war groß und rund, und es hatten an die 20 Personen Platz. Die Bewohnerinnen kamen aus aller Herren Länder, und dort lernte ich eine Engländerin aus London kennen, mit der ich einige Tage unterwegs war. Am letzten Abend in der Herberge lernte ich zwei junge Frauen aus Tasmanien kennen, die ich dann später in Peking wiedertraf.

Um 10.00 Uhr am Vormittag schloss die Herberge, man musste in die Stadt gehen. Entweder die Straße entlang, die sich über vier Kilometer hinzog, oder man benutzte eine Treppe mit mehr als 1.000 Stufen. Ich zog die Treppe vor. Anfangs hatte ich zwar Mühe, die vielen Stufen nach oben zu schaffen, aber schon nach kurzer Zeit machte es mir nichts mehr aus. Als ich eines Tages am Nachmittag wieder nach oben wollte, hörte ich ein merkwürdiges Zischen und blickte auf den Boden. Da sah ich, wie eine Schlange von mir wegschlich. Ich hatte schon viele Stufen hochsteigen müssen und war bereits außer Atem, aber als ich die Schlange sah, konnte ich plötzlich wie von Zauberhand getragen gleich mehrere Stufen hochspringen. Das war wohl das Adrenalin! In den nächsten Tagen, wenn ich die Treppe benutzte, klopfte ich immer mit einem Stock auf die Stufen, sodass die Schlage oder die Schlangen das Weite suchten.

In China trinkt man Tee. Und in Hongkong gibt es jede Menge Teestuben. Kleine, hübsche Teestuben. Man sitzt darinnen auf kleinen Hockern aus hoch poliertem Holz und trinkt den honigsüßen Tee. Eine Köstlichkeit. Die Stunde in der Teestube war immer ein Genuss.

Da ich auch etwas von außerhalb der Stadt sehen wollte, fuhr ich mit einem Schiff nicht nur auf eine der Inseln, sondern mit einer Bahn in eine entferntere Wohngegend. Dann fing es plötzlich an, wie aus Eimern zu schütten. Ich suchte, aber fand keinen Platz, wo ich mich hätte unterstellen können. Wenn man einen Hongkong-Chinesen etwas fragte, antworteten die zwar immer kurz, aber schon waren sie wieder fort. Die Hongkong-Chinesen haben es immer eilig. Und so wagte ich es kaum, einen jungen Chinesen anzusprechen, der in Hut und Mantel und Regenschirm auf die Straße kam und dort stehen blieb. Ich fragte ihn nun, wie ich am schnellsten wieder in die Stadt nach Kennedy-Town komme, und er antwortete mir, dass er auch dorthin wolle, ein Taxi gerufen habe und ich solle warten und dann mit ihm im Taxi in die Stadt fahren. Als das Taxi kam, wagte ich kaum einzusteigen, weil ich bereits pitschnass war. Aber der

Taxifahrer ließ mich einsteigen, und so kam ich zurück in die Stadt. Dieser Chinese war der einzige, der richtig freundlich gewesen war.

MACAO
1992

Von Hongkong aus bin ich einmal nach Macao gereist, aber ich war dort nicht lange. So ist mir auch nichts in Erinnerung geblieben, außer dass es dort ein großes Spielcasino gibt, in dem die reichen Chinesen ihr Geld verspielen. Ganz hübsch war es dort, aber nichts Besonderes.

CHINA
1993

Als ich auf dem Flughafen in Peking ankam, wurde ich nach der Zollkontrolle in der Halle von der Frau eines Siemens-Mitarbeiters empfangen. Sie war in Begleitung eines jungen Chinesen, der ein Schild mit meinem Namen hochhielt. Ein Kollege in Berlin, der Gott und die Welt kennt, hatte ein Treffen arrangiert. Der Mitarbeiter wollte für mich im Hilton-Hotel ein Zimmer reservieren, das für Siemens-Gäste besonders preiswert war. Aber ich hatte von Berlin aus ein Zimmer in einem Hotel gebucht, das ich mir in einem Reiseführer ausgesucht hatte. „Bamboo-Garden" hieß das Hotel. Es war, wie viele Hotels in Indonesien oder Thailand, in einem großen und sehr schönen Garten gelegen. Im Haupthaus gab es den Empfang und die Speiseräume. Die Zimmer befanden sich fast alle in kleineren Häusern, die verstreut in dem Garten mit vielen blühenden Blumen und mittelgroßen Nadelbäumen lagen.

Am Abend kamen der Mitarbeiter und seine Gattin, um mich zum Essen abzuholen. Dem Mitarbeiter gefiel das Hotel, das er bisher nicht kannte, sehr gut. Er meinte, dass er in Zukunft auch für Siemens-Gäste dieses Hotel buchen möchte. Sie führten mich am Abend in ein gepflegtes Restaurant, und die mit weißen Handschuhen versehenen Kellnerinnen brachten auf einem Wagen das Essen, und sie zerlegten die Ente an unserem Tisch und legten uns vor. Natürlich wurde mit Stäbchen gegessen. Sogar die Erdnüsse, die vor dem Essen gereicht wurden … Wie habe ich das eigentlich geschafft?

Die Gattin des Siemens-Mitarbeiters holte mich einige Male ab, und der Chauffeur des Mannes fuhr uns mit dem Siemens-Gefährt. Sie sagte zu mir, dass sie mir einige Sehenswürdigkeiten außerhalb Pekings zeigen wollte, wo ich sonst wohl nicht hinkäme. Die verbotene Stadt und die anderen Sehenswürdigkeiten in Peking selbst könne ich gut alleine erreichen.

Sie zeigte mir den Kaiserinnen-Palast, an einem schönen See gelegen, und wir fuhren zu einem chinesischen Garten. Wenn die Chinesen ja meist alle westlichen Dinge, die man gebrauchen und erwerben kann, kopieren, so können sie eines sehr gut und haben das allen anderen Ländern voraus: einen Garten zu gestalten. Der, in dem wir waren, war wunderschön. An unsichtbaren Leitungen hingen kleine Glöckchen, die sich im Wind bewegten und eine leise und bezaubernde Musik hervorbrachten.

Der Garten war sehr weitläufig, teilweise mit kleinen Teichen und Blumenflächen versehen. Wir setzten uns auf eine Bank, und ich zündete mir eine Zigarette an, um sie in dieser schönen Anlage zu genießen. Die Frau des Siemens-Mitarbeiters rauchte eigentlich nicht – ihrem Mann gefiel das nicht –, aber hier wollte sie auch gerne eine Zigarette genießen. Anschließend gab es Kaugummi mit Pfefferminz-Geschmack!

Als ich wieder in Berlin war, erhielt ich von ihr ein Päckchen, und darin befand sich eine Kassette mit der lieblichen Musik aus dem chinesischen Garten.

Die Verbotene Stadt und den Himmelsaltar habe ich selbst gesucht und gefunden. Die Gattin des Siemens-Mitarbeiters hatte mir erzählt, dass der runde Himmelsaltar ohne einen einzigen Nagel gebaut wurde. Das runde Gebäude besteht ganz aus Holz und ist teilweise hübsch bemalt. Kaum zu glauben, dass es bei seiner Größe ohne jeden Nagel auskommt. Ich besuchte eine Fabrik, in der meist Frauen diverse Dinge bemalen, wie ganz kleine Entchen oder mannshohe Vasen. Die Malerei ist schön, und die Malerinnen sind wahre Künstlerinnen. Entsprechend teuer sind die Gegenstände. Weshalb ich mir auch nur ein ganz kleines Entchen gekauft habe, das heute in einer Glasvitrine neben dem Glas mit der Erde aus China steht.

Am Platz zum Tor des Himmlischen Friedens sah ich damals noch jede Menge Männer und Frauen in den typischen dunkelblauen Mao-Anzügen. Heute dagegen sieht man dort elegante Damen, die sich ihre mandelförmigen Augen nach westlichem Vorbild haben verändern lassen. An den Straßen und Plätzen waren wohl Tausende Fahrräder abgestellt, immer schön eines vor das andere. Ich fragte mich, wie der Besitzer des 1. oder 2. zuerst abgestellten Fahrrades an seines kommt. Das ist unmöglich. Also gehe ich davon aus, dass, wer mit dem Rad nach Hause fahren wollte, sich das nahm, das griffbereit stand. Die Fahrräder hatten alle keine Lampe. Und das lag daran, wie mir die Mitarbeiter-Gattin erzählt hatte, dass Mao der Meinung war, wenn ein Rad einen Dynamo hat, verbraucht dessen Fahrer zu viele Kalorien. Deshalb hatten die Fahrräder alle kein Licht, weil die Menschen ihre Kraft dem Staat zur Verfügung stellen sollten.

Eines Tages machte ich einen Ausflug mit einer Reisegruppe zur Großen Mauer. Mir kam in den Sinn, dass die Arbeiter, die diese Mauer mit seinen vielen Türmen errichtet hatten, ungefähr so hart arbeiten mussten wie die, die die Pyramiden errichtet hatten. Die Mauer, die wir sahen, befand sich ausschließlich auf den höchsten Stellen eines jeden Berges. Wahrscheinlich ist sie überall nur auf Bergen erbaut. Und man soll sie vom Mond aus sehen können.

TRANSSIBIRISCHE EISENBAHN UND RUSSLAND 1993

Nach Ablauf meiner Zeit in Peking begab ich mich per Taxi zum Bahnhof. Schon in Berlin hatte ich eine Fahrt mit der Transsibirischen Eisenbahn inklusive 3 Tage Aufenthalt in einem Hotel am Baikalsee gebucht. Diese

Fahrt war schon damals ziemlich teuer, aber von Peking aus hätte ich es in der kurzen Zeit nicht geschafft, einen freien Platz im Zug zu bekommen.

Ich stand auf dem Bahnsteig und wartete auf den Zug, als ich Stimmen hinter mir hörte, die mir bekannt vorkamen. Als ich mich umschaute, standen die beiden Mädchen aus Tasmanien vor mir. Wie groß war die Freude auf beiden Seiten. Und wir hatten auch noch das Glück, dass wir in demselben Waggon unser jeweiliges Schlafabteil hatten. Weil wir uns gut verstanden und viel zu erzählen hatten, verbrachten wir viel Zeit miteinander. Im Speisewagen zum Frühstück. Da gesellten sich dann zwei junge Mädchen aus der Schweiz dazu und ein junger Engländer, der in Neuseeland, in Wellington, arbeitete, sowie ein älterer Mann aus Neuseeland, und die ich beide schon auf der Fahrt zur Großen Mauer kennengelernt hatte. Und dann kam noch ein Student aus Tokio hinzu. Zusammen nahmen wir immer das Frühstück ein und das Abendessen.

Diese Reise fand 1993 statt, also relativ kurze Zeit nach dem Mauerfall in Berlin. Es gab landschaftlich nicht viel zu sehen auf dieser Fahrt, und so blieben wir nach dem Frühstück sitzen und bestellten uns Krimsekt. Eine Flasche nach der anderen. Jeder gab eine aus, denn sie war zu der Zeit noch recht preiswert. Wenn wir uns dann erhoben und in unsere Schlafabteile wankten, waren wir so müde, dass wir das Mittagessen verschliefen. Wahrscheinlich gab es sowieso nichts Ordentliches zu essen. Am Abend trafen wir uns dann immer alle wieder, und wieder kosteten wir den süßen Krimsekt.

Ich teilte mir mein Schlafabteil mit drei älteren Herren aus Neuseeland, sie kamen von den Steward-Inseln.

Viel gesehen von ihnen habe ich natürlich nicht, aus bekannten Gründen. Im Nachbarabteil waren vier Russen untergekommen, ein Ehepaar und zwei Männer. Außerdem gab es viele Chinesen in dem Zug, die alle nach Moskau wollten. Die meisten der russischen Fahrgäste hatten riesengroße Plastiktaschen bei sich, in die sie die Waren verstaut hatten, die sie in Peking gekauft hatten. Sie trieben Handel mit dem, was es zu der Zeit in Russland noch nicht so einfach zu kaufen gab.

Unsere Zugbegleiter waren Margarita und Viktor, beide sehr nett. Man hatte mir vor der Reise geraten, mir in Peking einen kleinen Plastikeimer und einen Becher zu kaufen. Dann könnte ich die Zugbegleiter bitten, mir aus dem Samowar heißes Wasser in den Eimer zu füllen, und im Baderaum könnte ich kaltes Wasser dazugeben, und so hätte ich ein erfrischendes Bad, etwa so wie in Indonesien, wo man aus dem Mandi das Wasser schöpft. Außerdem hatte man mir geraten, in Peking auch etwas Käse und Wurst zu kaufen, weil das Essen im Zug sehr spärlich sei. Hartes Brot, Butter und Marmelade und Kaffee oder so etwas Ähnliches. Das alles hatte ich berücksichtigt, und es war gut. Nur der Käse und die Wurst reichten nicht lange, weil ich alles mit meinen Krimsektfreunden geteilt hatte.

Es war April, als ich die Reise angetreten hatte, und als ich mit der Transsibirischen fuhr, war es Anfang Mai. Überall lag noch Schnee und es war kalt. Der Zug musste einige Male anhalten, um Wasser zu tanken. Und als wir an der Grenze zu Russland ankamen, mussten wir alle aussteigen, weil die Spurbreite der Gleise unterschiedlich war, und deshalb wurden die Chassis ausgewechselt. Es tauchte die Frage auf, was wir Weltreisenden an anderen Orten dieser Erde am meisten vermissen. Die beiden Schweizerinnen und ich sagten übereinstimmend, das „Schwarzbrot". Ja, das vermisse ich überall dort, wo es dieses Brot nicht gibt. Wenn ich in Berlin ankomme, möchte ich immer zuerst richtig schwarzes Brot mit Butter und leckerem Käse essen.

Als wir, bereits in Russland, anhalten mussten, stand ich mit meiner Kamera auf dem Bahnsteig, neben mir Viktor und der Russe aus dem Nebenabteil. Ich fotografierte das Fenster meines Abteils und die beiden Russen, als der Mann aus dem Nebenabteil zu mir sagte: „Geben Sie mir bitte die Kamera." Ich gab sie ihm, weil ich dachte, er wolle mich fotografieren, aber er ging mit ihr in den Zug. Da sah auch ich am Ende des Bahnsteigs einen Soldaten stehen, der zu uns herüberschaute. Ich stieg auch in den Zug, und schon erschien der Soldat mit einem Offizier. Dieser sprach mich auf Englisch an: „Geben Sie mir den Film aus Ihrer Kamera." Ich erschrak. Auf dem Film waren die Fotos von der Großen Mauer, die ich wahrscheinlich nie wieder sehen würde. Und die Fotos von der Verbotenen Stadt und dem Himmelsaltar. Ich wollte ihm den Film nicht geben. Und so sagte ich: „Ich habe nur mein Abteilfenster fotografiert und den Zugbegleiter und einen anderen Fahrgast." „Geben Sie mir den Film", sagte der Offizier wieder. Ich: „Ich habe kein Schild gesehen, auf dem darauf hingewiesen wird, dass man hier nicht fotografieren darf", sagte ich. „Geben Sie mir den Film", sagte der Offizier wieder, aber ich konnte hören, dass er unsicher geworden war. Und das machte mich wiederum sicherer: „Wenn man hier nicht fotografieren darf, dann muss man entsprechende

Schilder aufstellen", antwortete ich ihm kess. Er schwieg einen Moment, und dann fragte er: „Kommen Sie aus Deutschland?" „Ja", sagte ich ihm. Da drehte er sich um und verließ mit dem Soldaten den Zug.

Nun kamen alle anderen Fahrgäste, die sich in ihre Abteile verkrochen hatten, heraus und bedrängten mich. Sie hatten Angst gehabt, dass mich der Offizier abführen würde. Und dann fiel mir auch wieder ein, dass ich sehr wohl wusste, dass man in Russland nicht auf Bahnhöfen etc. fotografieren soll oder darf. Weshalb nun der Offizier auf meinen Film verzichtet hatte, weiß ich natürlich nicht. Aber ich vermute, er wollte nicht die neue gute Freundschaft zwischen Helmut Kohl und Michael Gorbatschow gefährden.

In Irkutsk musste ich mich von meinen Krimsektfreunden leider verabschieden und aussteigen. Zusammen mit einer Amerikanerin wurden wir in das Hotel am Baikalsee gefahren. Ein Hotel, wie man es auch noch aus DDR-Zeiten kennt. Aber es war warm im Zimmer und durchaus auszuhalten. Das Essen war auch in Ordnung, und man brauchte nur über eine Wiese zu gehen, um an den Baikalsee zu gelangen. Der bot am Ufer noch jede Menge Eiszapfen, die man abbrechen und lutschen konnte. Sie waren glasklar.

Im Hotel gab es einen Frisiersalon, dessen Leiterin Deutsch sprach. Ich wollte mir die Haare schneiden lassen, und sie wies mir eine junge Frau zu, die einen schiefen Mund hatte. Diese Frau hatte zwar einen schiefen Mund, aber sie war eine sehr gute Friseurin. Ich wollte ihr ein Trinkgeld geben, aber sie lehnte ausdrücklich ab. Da griff ich in meine Tasche und holte einen bemalten Emaillering hervor, den ich in Peking gekauft hatte. Ich nahm ihre Hand und streifte den Ring auf einen Finger, und diesen Ring nahm sie an.

Im Garten des Hotels auf dem Weg zum See stand ein Kiosk, und in dem Kiosk lehnte an der Theke immer ein lächelnder Mann. Er war ein Kriegsveteran und versuchte, sich ein paar Kopeken dazu zu verdienen. Ich unterhielt mich mit ihm mit Händen und Füßen, und so erzählte er mir, dass er eine Babuschka und vier Kinder hätte. Leider hatte ich keine Dinge mehr zur Verfügung, die ich ihm hätte schenken können. Und so musste eine kleine Packung Kaugummi reichen, die ich ihm gab. Und er freute sich.

Mit der Amerikanerin wollte ich in den nächsten Ort fahren, der vielleicht vier oder fünf Kilometer entfernt war. An der Bushaltestelle standen mehrere russische Babuschkas und bedeuteten uns, dass der Bus bald kommen würde. Also warteten wir und fuhren dann in den Ort. Zusammen mit den Babuschkas betraten wir einen Laden, der mich an das Geschäft „Liedt" in einer Heidestadt erinnerte, in dem meine Eltern früher die dunklen Händehandtücher und anderes gekauft hatten. An den Wänden waren Holzregale angebracht, auf denen einige leere Gläser standen. Was es eigentlich wirklich dort zu kaufen gab, kann ich nicht sagen. Vielleicht lag unter der Ladentheke ja etwas, das nicht für aller Augen bestimmt war, das man aber käuflich erwerben konnte.

Die Amerikanerin und ich gingen durch den Ort, in dem es einige schöne neue Holzhäuser gab. In einiger Entfernung sahen wir einen Trecker mit Anhänger, und vor dem Anhänger stand etwas Undefinierbares. Als wir näher gekommen waren, erkannten wir es: Ein Mann in hohen Stiefeln stand vor dem Anhänger, und etwa in Höhe der Ladefläche hatte sich der Oberkörper des Mannes in gerader Linie über den Anhänger gebeugt, und der Mann schlief.

Nach einiger Zeit, als wir uns ein ganzes Stück entfernt hatten, kam der Trecker angefahren, und auf dem Anhänger saß krakelend der Gebeugte. Er war voll wie tausend Russen.

Am Baikalsee in der Nähe unseres Hotels befindet sich eine kleine Anhöhe, die ich entlang ging. Es lag noch Schnee an vielen Stellen auf dem Boden, aber ich entdeckte ein kleines Veilchen, das da hervorlugte unter dem dunklen Laub. Nie hatte jemand es beachtet, und so pflückte ich es, um es zu trocknen und mich immer an den Baikalsee zu erinnern. Und die weiße weite Taiga.

Die Amerikanerin blieb noch in dem Hotel, aber ich musste weiterreisen. Der zweite Teil der Fahrt nach Moskau verlief weniger fröhlich als der erste. Es gab keine netten Mitreisenden, und auch die Zugbegleiter waren unfreundlich. Im ersten Teil war ich einmal durch den Zug gegangen und fand in einem Abteil mehrere Zugbegleiter, auch unsere Margarita und Viktor. Die sangen alle so schöne russische Lieder, und Margarita bat mich in das Abteil. Ich saß neben ihr, und sie strich mir immer wie eine Mutter ihrem Kind über das Haar. Ich sollte mir ein Lied wünschen, das sie singen wollten. Und mir fiel auch eines ein. Wie nett das war.

Als wir an der Wolga ankamen, konnte man sehen, dass es wärmer geworden war. Auf den Feldern arbeiteten Menschen, Frauen im Bikini arbeiteten in ihren Gärten, und Männer strichen ihre Häuser. Nun würde es nicht mehr lange dauern, und wir wären in Moskau.

Dort wurde ich wieder abgeholt. Mein Kollege mit den vielen Verbindungen hatte organisiert, dass mich jemand von einer Berliner Organisation abholt und mir eine Unterkunft besorgt. Und so landete ich bei einer Deutschen und ihrem russischen Freund. Ich blieb einige Tage in ihrer Wohnung. Die Wohnung und das Haus waren nicht schlecht, aber im Treppenhaus waren alle Fenster kaputt oder entfernt worden, und unten am Eingang waren die Fensterlücken mit Brettern vernagelt.

Eine Mitarbeiterin dieser Berliner Organisation wurde von ihrer Arbeit freigestellt, um mich durch Moskau zu führen. Und so sah ich den Roten Platz, das Zuckerbäckerhaus an der einen Seite, den Kreml, die vielen Kirchen mit den goldenen Türmen, die weltberühmte Basilika. So schön sind diese Kirchen. Und sie ging mit mir in das Kaufhaus GUM, wo wir Kaffee trinken konnten. Ein schönes Kaufhaus, ich fand es schöner als es heute die vielen Shopping-Center in Deutschland sind. Ich kaufte dort verschiedene Matruschkas, diese Holzpuppen, die immer noch eine kleinere in sich tragen. Die meisten davon habe ich verschenkt. Aber die schönste für mich behalten.

Unter Chruschtschow wurden in Moskau mehrere U-Bahnhöfe gebaut, die tief unter der Erde liegen. Ich habe nicht alle gesehen, aber die, die ich gesehen habe, sind wahre Meisterwerke. Sie sind so schön, dass sie eigentlich alle in ein Museum gehören. Auf der ganzen Welt gibt es keinen U-Bahnhof, der so schön sein kann wie die, die ich dort gesehen habe. DAS zumindest hat der Chruschtschow gut gemacht.

Beim Abschied schenkten mir die junge Deutsche und ihr Freund eine Zeichnung, die einige Kirchen darstellt, an denen ein dünner Priester vorbei geht. Ich habe diese Zeichnung rahmen lassen, und sie schmückt neben anderen Gemälden eine meiner Wände im Wohnzimmer in meiner Wohnung.

Die Maschine der AERO-Flot, mit der ich nach Berlin flog, hatte keine Innenverkleidung, und sie sah aus wie eine never-come-back-Maschine. Die Elektroleitungen etc. lagen alle blank an den Wänden. Man konnte schon Angst bekommen, ob dieses Ding sicher würde landen können. Nur in Nepal war ich einmal mit einer ähnlichen Maschine geflogen, das war eine ausrangierte aus dem Bestand der ehemaligen jugoslawischen Fluggesellschaft gewesen.

Aber was es an der Maschine zu bemängeln gab, das machten die überaus freundlichen Stewardessen wieder wett. Nie wurde ich während eines Fluges so liebevoll bemuttert wie in diesem russischen.

AUSTRALIEN
1994

In diesem Jahr gab es für mich eine finanzielle Nachzahlung in nicht unbeträchtlicher Höhe. Somit konnte ich mir eine lange und etwas teurere Reise leisten. Im Kollegenkreis wurde gemunkelt, dass ich so viel Geld bekommen hätte, um diese lange Reise machen zu können. Das stimmte nicht ganz, denn SO hoch, wie man erzählte, war die Summe nicht, die ich erhielt. Und weil ich wegen einer längeren Erkrankung einer Kollegin viele Überstunden hatte machen müssen, kam außer dem normalen Urlaub von 6 Wochen und einigen Tagen altem Urlaub eine Zeit von insgesamt 9 Wochen zusammen, die ich unterwegs sein konnte.

Und so buchte ich einige Flüge: Zuerst ging es nach Bangkok, dann nach einem Tag nach Brisbane, von dort aus nach Hobart, zwei Wochen später nach Christchurch, und weitere vier Wochen später von Auckland nach Apia auf Western Samoa. Und von dort nach Hawaii und nach einer Woche von Hawaii nach Los Angeles und London und Berlin. Dazu hatte ich ein Hotel für drei Tage in Apia gebucht.

Bangkok kannte ich schon, da machte ich nur eine Schlafpause. Nach einem Tag ging es weiter nach Brisbane. Dort hatte ich mir ein Bett in einer Jugendherberge bestellt. Es gab nicht viele Gäste zu der Zeit, ich war ziemlich alleine. Die Stadt gefiel mir, die Menschen waren alle sehr nett am anderen Ende der Welt. Als ich am Flughafen angekommen war und auf ein Taxi wartete, stieg eine Dame aus einem Fahrzeug direkt neben mir. Sie fragte mich, wo ich herkomme und wo ich hinwolle. Dann sagte sie dem Taxifahrer, wo er mich hinbringen soll und steckte mir einen Zettel zu, auf dem ihre Adresse stand. „Für den Fall, dass du Hilfe brauchst.", hatte sie mir gesagt. Wie nett das war.

Von Brisbane flog ich nach Hobart, der Hauptstadt von Tasmanien. Was für eine reizende Stadt, was für liebe Menschen, was für eine bezaubernde Insel. Es war November. Und alles blühte. Die Mimosenbäume waren goldgefärbt, in den schönen Parks blühte der Rhododendron in üppiger Pracht, und ich hatte die beiden Mädchen ausfindig gemacht, die ich in Hongkong kennengelernt und mit denen ich den Krimsekt im Zug genossen hatte. Besonders Amanda kümmerte sich rührend um mich. Wir sind einmal ins Innere der Insel gefahren und dort fast erfroren, so kalt war der Wind. Später einmal schickte Amanda mir eine Postkarte mit einem wunderschönen Foto. Sie schrieb, dass man vom Farmhaus ihrer Eltern aus diesen Blick hat. Immer dachte ich, wenn ich noch einmal nach Tasmanien reisen sollte, würde ich mit Sicherheit das Haus von Amandas Eltern finden können.

NEUSEELAND
1994

Und dann kam ich nach Neuseeland. Neuseeland, der Traum vieler Reisender. Neuseeland, das letzte Land der Welt, das Gott erschaffen hat. Das letzte Land, weil es kein schöneres auf der Welt gibt, nicht geben kann.

Ich kam in Christchurch an und suchte die Jugendherberge auf, in der ich mich angemeldet hatte. In den ersten zwei Tagen schaute ich mich in der Stadt um. Damals war sie noch sehr schön. Als ich 20 Jahre später noch einmal dort war, mit Veronika, gab es die alte Innenstadt praktisch nicht mehr. Ein Erdbeben – oder mehrere – hatten die ganze Innenstadt zerstört. Die Kathedrale, auf deren Stufen die jungen Leute gesessen hatten, war kaputt. Bei meinem zweiten Besuch dort standen überall, wo es früher Geschäfte und Banken gegeben hatte, Bretterbuden, aus denen heraus die Eigentümer und Angestellten ihre Geschäfte erledigten. Eine Maori saß, bei meinem zweiten Besuch, auf einer kleinen Mauer am Rande einer Ruine und sang. Sie spielte Gitarre und sang, und das klang sehr schön. Es klang traurig und schön.

Am Rande der Stadt Christchurch gab es eine Autovermietung, und dort mietete ich mir für 20 Tage einen Wagen. Ich musste ihn nicht zurückbringen, sondern konnte ihn später vor meiner Weiterreise zur Nordinsel in Picton dort abgeben. Diese Vermietung hatte ich gewählt, weil sie direkt an der Straße zu einem Ort gelegen war, in den ich reisen wollte. Es ist nicht einfach, in Neuseeland sich in ein Auto zu setzen und loszufahren, denn dort sitzt man auf der rechten Seite hinter dem Steuer, und alles ist seitenverkehrt, was mitunter zu Fehlern führt. Ich fuhr sehr langsam, sodass mich jeder LKW überholen musste. Die dachten sich sicher ihren Teil, aber das war mir egal. Ich musste über eine lange Strecke über eine Brücke fahren, und ich dachte mir, lieber soll mich jeder für bescheuert halten, als dass ich im Wasser lande. Ganze sieben Tage benötigte ich, um wieder ein Fahrzeug ganz sicher führen zu können. Später dann in Berlin musste ich mich wieder umgewöhnen, aber das ging ganz schnell. Es ist eben ein Unterschied, ob man 30 Jahre lang links gefahren ist oder nur 3 Wochen rechts.

Die Stadt, in der ich landete, war damals hübsch und sie war auch hübsch, als ich 20 Jahre später noch einmal dort war. Von dieser Stadt aus fuhr ich Richtung Landesinnere, denn ich wollte zum Lake Tekapo. Lang war der Weg dorthin, kaum einem zweiten Auto ist man begegnet. Die Straße aber war schon damals, obwohl kaum befahren, tadellos in Ordnung. Dafür begegnete man vielen Radfahrern, die ich bewunderte. Die Armen mussten sehr weite Strecken zurücklegen, und es ging so oft lange bergauf. Als ich das zweite Mal in Neuseeland war, habe ich nicht einen einzigen Radfahrer gesehen.

Wenn man auf der Fahrt zum Lake Tekapo ist, sieht man ständig in der Ferne die schneebedeckten Berge, und links oder rechts bewaldete Hügel, und von unten bis oben befinden sich zwischen den Bäumen gelb blühende Ginsterbüsche. Wie hübsch das ist. Je näher man dem Lake Tekapo kam, desto mehr blühten die Lupinen in allen Farben. Eine wahre Pracht. Am Lake Tekapo blühten sie auch, und dazwischen gab es hier und dort einen kleinen Nadelbaum. Ganz in der Nähe steht die kleine Kapelle mit einem Fenster zum See, und dort lassen sich romantisch veranlagte Paare kirchlich trauen. Das Fenster und der Blick auf die wunderschöne Landschaft sind der Altar. Und neben der Kapelle gibt es das Denkmal des Schäfers und seines treuen Schäferhundes.

Für mich war Lake Tekapo gleichbedeutend mit dem letzten Paradies auf Erden. Als ich dann 20 Jahre später Veronika von dem letzten Paradies vorschwärmte und wir schließlich dort ankamen, fragte sie, wo denn das Paradies nun sei. Es gab das Paradies nicht mehr.

Wahrscheinlich hat ein korrupter Politiker vielen Bauherren Ausnahmegenehmigungen erteilt, und so wurde dort ein hässliches schwarzes Gebäude errichtet, das ein Hotel sein soll. Davor wurde die ganze große grüne Wiese zubetoniert, und auf der nun entstandenen Parkplatzfläche standen die vielen Autos und Busse. Hatte ich bei meinem ersten Besuch nicht ein einziges Haus in der Nähe des Sees gesehen, so gibt es dort jetzt einen Ort. Aber der See, der schöne See, dessen Wasser sich farblich von blau nach türkis und umgekehrt verändert hatte, der hatte sich angewidert weit zurückgezogen. Ein Jammer ist das.

Mein nächstes Ziel war der Mount Cook. Auch dort sieht man die ganze Fahrt über die schneebedeckten Berge und rechts und links blühende Blumen. In dem letzten Ort vor dem Berg war damals gerade eine neue Jugendherberge eröffnet worden. Ein schönes Haus, ganz aus hellem Holz gebaut. Es passte sich wunderbar in die Landschaft ein. Dicke Fußbodenbeläge dämmten jeden Schritt, und es war traumhaft ruhig dort. 20 Jahre später musste ich die Einheimischen fragen, wo sich denn heute die Herberge befindet. Das kleine Dorf hatte sich zur Stadt gemausert. Ob das nun besser ist, bezweifle ich. Aber in die Berge zu gehen ist immer noch schön.

Ich bin damals weitergefahren, um zum Milfort Sound zu gelangen. Auf der Reise mit Veronika haben wir einige Tage Station gemacht auf Antonis Schaffarm. Antoni ist der Inhaber der Farm und vermietet auch Zimmer in seinem Haus. Er macht alles allein, was man allerdings sehen kann. Man sieht dem Haus auch noch an, wie eine Frau es einmal schön und gemütlich eingerichtet hat. Antoni ist sicher oft einsam, und wenn er Gäste hat, genießt er deren Anwesenheit. Wir kamen auf Andre Rieu zu sprechen, und da holte er seine CDs hervor und spielte sie uns vor. Nicht alle, denn er hatte von einer Reise nach Europa offenbar einen ganzen Koffer voll mitgebracht. Und er zeigte uns seine vielen Fotoalben. Überhaupt hätte er uns am liebsten die ganze Zeit um sich gehabt. Mit Veronika, die ein geborener Stadtmensch ist, fuhr er los, um ihr seine Tiere zu zeigen. Ich bin ein Landkind und weiß, wie Schafe aussehen. Deshalb blieb ich im Haus und legte stattdessen seine gewaschene Gästewäsche zusammen, was ihn dann doch sehr freute.

Ich bin damals und auch mit Veronika nach Dunedin gefahren. Die Stadt sieht aus, als ob man sie aus Schottland importiert hätte. Der Bahnhof ist für mich einzigartig auf der Welt. Und es soll auch tatsächlich der schönste Bahnhof der Welt sein – wie die U-Bahnhöfe in Moskau die schönsten auf der Welt sind. Natürlich gibt es noch viele andere wunderschöne Gebäude, zum Beispiel die Jungenschule und das Internat. Beim zweiten Besuch war ich zu einer früheren Jahreszeit dort, und es war kalt. Deshalb hatte ich mir bei Antoni eine hübsche Mütze aus der Angorawolle seiner Schafe gekauft. Und die Mütze habe ich, zusammen mit einigen anderen Dingen, in einer Tüte in der Herberge vergessen. Veronika hatte die Inhaberin noch per Mail angeschrieben, aber natürlich hat sie nicht geantwortet. Sie hätte wohl viel zu tun, wenn sie all denen, die etwas vergessen, deren Sachen nachschicken würde. Ich verstehe das, aber um meine schöne Mütze trauere ich immer noch.

Ich bin damals noch in einen Ort gefahren, den ich mit Veronika nicht gesehen habe. Nämlich einen Ort, von wo aus man zum Wale-Watching fahren kann. Vor Antritt der Reise wurde jeder gefragt, ob er Rückenprobleme hat oder Herzbeschwerden. Ich verstand es anfangs nicht, aber später wusste ich, warum man gefragt wurde. Das kleine Boot bretterte in einem Affenzahn über das Wasser, und da bekam man zu spüren, dass Wasser auch hart sein kann. Man flog schon oft ziemlich hoch auf seiner harten Sitzbank. Aber gelohnt hat sich die Fahrt: Wir sahen viele Wale, die aus dem Wasser sprangen, und hin und wieder hatte man ein perfektes Bild, wie der Wal zurück ins Wasser glitt und das Wasser von seinen Flossen abperlte.

Ich hatte mir damals auch eine Pinguin-Farm angesehen, auf der zwei deutsche Mädchen arbeiteten. Dort standen die kleinen „Hütten" für die brütenden Pinguine auf einem weitläufigen Gelände, und sie waren so angeordnet, dass meistens kein Pinguinpaar die anderen Pinguine sah. Wenn das der Fall ist, brüten sie wohl weniger oder gar nicht.

Wie schon 20 Jahre zuvor war ich nun auch mit Veronika nach Warnaka gefahren. Lake Warnaka, ein Ort, der damals schon schön war. Nun war er noch schöner. Wir kamen in dem Haus unter, in dem ich damals auch gewohnt hatte. Nur war das Haus umgebaut worden, moderner und schöner. Und die Besitzer hatten gewechselt. Jetzt gab es junge Leute, die das Haus führten. Ich hatte damals gerne am Abend gepuzzelt, und an einem weiter entfernten Ort sprachen mich damals Leute an und fragten, wie es mir ginge. Auf meine Frage, ob wir uns kennen, meinten sie, „du bist doch die, die immer gepuzzelt hat –". Ja, stimmt.

Als Veronika einmal alleine um den See gehen wollte, begegnete ich einer Frau, die aus Deutschland kam. Sie lebte schon lange in Warnaka, und auf meine Frage, wieso es hier noch schöner als vor 20 Jahren ist und nicht so verschandelt wie am Lake Tekapo, erzählte sie mir, dass der hiesige politisch Verantwortliche sehr darauf achtet, dass alles richtig gemacht wird. Es darf keine Hochhäuser dort geben, und auf einem Grundstück nicht mehr als zwei Häuser, usw. Es liegt eben doch immer an den Politikern, wenn etwas falsch läuft.

Auch hatte ich einen Ausflug gemacht, der mich auf eine Aussichtsplattform führte. Ich hörte damals Stimmen und hatte den Eindruck, dass dort viele Kinder spielten. Aber es waren keine Menschen, es waren Seelöwen, die dieses Spektakel machten.

Aber mit Veronika bin ich noch einmal dorthin gefahren, wo die riesigen Steine am Stand liegen. Die Maoris haben immer gesagt, das seien die Einkaufstaschen ihrer Vorfahren vor langer langer Zeit gewesen. Nach 20 Jahren habe ich einen Stein wiedergesehen, den ich zuvor fotografiert hatte. Er hatte sich kein bisschen verändert.

Und dann kamen wir zum Milfort Sound. Ein Muss für jeden Neuseeland-Besucher. Veronika machte die Fahrt mit dem Schiff ohne mich, denn ich kannte den Fjord schon. Stattdessen hatte ich mich in einem Restaurant ausgeruht.

Auf der Rückfahrt haben wir in Queenstown Station gemacht. Ich hatte damals den Ort nur von oben gesehen und ihn aus Zeitgründen nicht besuchen können. Ein hübscher Ort. Wir hatten eine Unterkunft in einem gemischten Zimmer bekommen, im Keller. Aber der Aufenthaltsraum machte alles wieder wett. Hübsch. Und mit einem grandiosen Blick auf den See und die Umgebung. Aber es ist ein Ort für junge Leute ...

Veronika habe ich es zu verdanken, dass ich ein neues letztes Paradies gefunden habe. Es befindet sich in Neuseeland, wo auch sonst. Sie hatte ihren eigenen Reiseführer, in dem sie nachlas. Und so meinte sie eines Tages zu mir, dass es einen Ort geben soll, an dem es sehr schön sei. Gut, fahren wir hin. Wir wohnten in der Jugendherberge in Glenorchy, die einem Hotel angeschlossen ist. Das Hotel ist gut, die Herberge weniger. Aber wir hatten einen Ofen im Aufenthaltsraum und genügend Holz zum Heizen. Und so war es immer gemütlich. Zuvor mussten wir zwar ein wenig saubermachen, zum Beispiel den klebrigen runden Tisch abwaschen, an dem wir immer Karten spielten. Mit der Reinigung der Herberge nahm man es in dem Hotel eben nicht so genau.

Natürlich gab es in dem Ort einen See. Und eines Tages saßen draußen zwei Mitarbeiterinnen des Hotels, denen ich gesagt hatte, dass es hier so schön sei. „Wenn es Ihnen hier so gefällt, dann müssen Sie unbedingt zum großen See fahren", sagte mir eine der Damen. Sie beschrieb den Weg, und wir fuhren mit unserem Mietwagen dorthin. Und wahrhaftig, wir fanden das letzte Paradies. Total ruhig. Keine Menschenseele außer uns war dort, nur ein großer schwarzer Schwan glitt ruhig über das klare Wasser des Sees. Der war umgeben von hohen Bergen. Ein Paradies!

Sollte ich noch einmal nach Neuseeland reisen, dann möchte ich nur drei Orte wiedersehen: Lake Warnaka, die Marlboro-Sounds und den großen See außerhalb von Glenorchy.

Glenorchy noch einmal sehen und sterben!

Bei meiner ersten Neuseelandreise hatte ich auch den Fox-Glacier gesehen. Ich konnte damals leicht bis zu seinem Ende gehen und das bläuliche Eis berühren. Auf den Fotos sieht das Eis geheimnisvoll aus. Als ich nun wieder dort war, mussten wir laufen und laufen und stellten schließlich fest, dass wir nicht bis an den Gletscherrand herankommen konnten. Und so kehrten wir um. Am Straßenrand konnte man immer wieder auf Schildern lesen, dass der Gletscher im Jahre soundso noch bis zu dieser Stelle gereicht hatte. Allein in den letzten 20 Jahren war er um viele Kilometer geschmolzen.

Die Pancakes kannte ich auch noch nicht. Mit Veronika habe ich sie gesehen. Selbstsame Felsformationen, die aussehen, als lägen dort riesige dunkle Pfannkuchen übereinandergestapelt.

Und dann kamen wir in der Stadt an, in der wir unser Fahrzeug abgeben mussten, so wie ich damals. Seinerzeit hatte ein Mitarbeiter das Auto argwöhnisch begutachtet und ist langsam um das Auto herumgegangen. Aber er hatte keine einzige Schramme gefunden, die ich dem armen Fahrzeug zugefügt hätte. Auch Veronika hat das Auto gut behandelt. Sie fuhr wie der Blitz, als ob sie nie eine andere Fahrweise kennengelernt hätte. Nur manchmal, wenn sie nervös war, verwechselte sie den Blinker mit der Scheibenwaschanlage ... Und das passierte denn doch häufiger. Und hin und wieder mussten die anderen Autofahrer besser aufpassen ... aber sie brauchte keine ganze Woche, um sicher zu sein.

Als wir die Straße befuhren, von der aus man auf die Marlboro-Sounds schauen kann – es ist eine schmale kurvige Straße – fuhr ständig ein anderes Auto hinter uns und blinkte Veronika an. Und sie gab immer Gas, um den hinter uns Fahrenden nicht zu belästigen. Mir machte das Angst. Und so sagte ich zu ihr, dass sie gar nichts von der Umgebung mitbekommt, und dass sie sicher nie wieder nach Neuseeland kommen würde. Und was sagt sie den Leuten in Berlin, wenn sie gefragt wird, wie es dort aussah? „Weiß ich nicht, ich musste immer schnell fahren und mich auf die Straße konzentrieren"? Und ich meinte weiter zu ihr, sollen die anderen doch rasen wir die Irren, an der nächsten Kurve sehen wir sie dann am Baum kleben. Und es gab tatsächlich viele Kreuze mit Blumen an der Straßenseite; ein Zeichen dafür, dass viele Raser dort ihr Leben ließen.

Veronika dachte nach und fand, dass ich Recht hatte. Und so fuhr sie langsamer, sah ebenfalls die Landschaft, und wenn ein Einheimischer angerast kam, fuhr sie zur Seite und ließ ihn vorbei.

Als ich alleine in Neuseeland war und die Marlboro-Sounds sah, wurde die Straße, die wir nun befuhren, gerade erst gebaut. Es gab damals noch keine Bäume am Straßenrand und keine Büsche, und vom Auto aus konnte man hinuntersehen auf das Wasser. Es ist ja nicht nur Wasser, es gibt dort kleine Inseln, Insel an Insel. Es war so traumhaft schön zu sehen, dass ich kaum mit dem Auto weiterfahren konnte. Ich stieg aus, nahm diesen wundervollen Anblick in mir auf und rollte wenige Meter weiter, um wieder anzuhalten, auszusteigen und den Anblick zu genießen. Wunder-wunderschön. WUNDERSCHÖN.

Ich habe auf meinen Reisen viele andere Vielreisende getroffen. Und fragt man jemanden, der viel von der Welt gesehen hat, welches Land das schönste ist, antwortet er mit Gewissheit: NEUSEELAND. Wir fuhren mit dem Schiff zur Nordinsel und nach Rotorua. Dort stinkt es gewaltig, weil es in der Stadt und in der Umgebung jede Menge Schwefelfelder gibt.

Während der ersten Neuseeland-Reise hatte ich eine organisierte Fahrt zu den Schwefel-Tümpeln gemacht. Es roch fürchterlich, nicht nur in der Stadt, sondern überall. Das Gelände dort ist höllisch gefährlich, und nicht umsonst gibt es dort das „Devils bath" und „Devils Kitchen". Riesige Löcher, aus denen grauer stinkender Rauch empor quillt, und ein teuflisches Grunzen und Zischen. Schilder am Wegesrand weisen eindringlich darauf hin, dass ein Abweichen vom geschützten Weg lebensgefährlich sei. Neben den grauen Höhlen gibt es dort auch den Champagner-Pool, dort ist das Wasser orange-farbig, und es perlt wie Champagner. Geysire kann man dort natürlich auch sehen.

Und im Ort selbst gab es damals Betongräber oberhalb des Erdbodens. Hätte man die Särge IN der Erde begraben, wären die Reste darin gekocht worden. Diese Gräber habe ich beim zweiten Besuch nicht mehr gesehen. Und überhaupt hatte man den Ort zu meiner Freude verschönert. Einen tollen Rosengarten gab es dort. Und die Vielfalt der Rosen war berauschend.

Wir wollten noch gerne zur Coromandel-Halbinsel, wo es hübsch ist und wo man am Strand die Füße in warmem Wasser baden kann, wenn man ein wenig im Sand buddelt. Hot-Water-Beach nennt man den Strand dort auch. Aber da wir kein Auto mehr hatten und nur noch wenig Zeit, suchten wir uns einen anderen hübschen Ort, und verbrachten die letzten Tage im schönsten Land der Welt dort. Von Auckland aus ist Veronika noch Australien geflogen, und ich wenig später nach Argentinien.

WESTERN-SAMOA
1994

Im Anschluss an meine erste Neuseeland-Reise flog ich von Auckland nach Apia, der Hauptstadt von Western-Samoa. Noch auf dem Flughafen in Auckland haben wir wartenden Fluggäste das neue Jahr 1995 begrüßt. Besonders stürmisch waren die beiden kleinen Kinder eines Paares, die ich dem Aussehen nach für Hippies hielt. Die Kinder tollen herum, rannten was das Zeug hielt durch die Wartehalle und machten alle anderen Anwesenden auf sich aufmerksam. Die Eltern sagten nichts dazu, sondern schauten nur belustigt zu. Alle anderen

Fluggäste schauten weniger amüsiert zu. Ich gehörte zu den letzteren.

Dann stiegen wir alle in den Flieger, und auch dort rumorten die beiden Kinder weiter. Das Besondere an diesem Flug war, dass wir nach einiger Zeit unsere Gläser erheben konnten und ein zweites Mal auf das neue Jahr 1995 anstoßen konnten (wie ich kürzlich las, haben die Western-Samoaner sich inzwischen zu einer anderen Zeitzone bekannt, sodass SIE jetzt vor den Neuseeländern das neue Jahr begrüßen können). Die Hippie-Eltern und ihre beiden Sprösslinge stiegen auch in Apia aus, aber der Bus, der uns abholte, brachte sie in ein anderes Hotel als das, das ich gebucht hatte. Es war ein schönes Südsee-Hotel mit sehr freundlichen Südseemitarbeitern. Ich hielt mich auf der Insel nicht lange auf, aber lange genug, um zufällig einen Deutschen zu treffen, den es auf diese Insel in der Südsee verschlagen hatte. Der Mann betrieb dort einen Kiosk mit diversen Artikeln zum Essen und Trinken und verschiedenen Andenken. Wie es scheint, gibt es keinen Ort auf der Welt, an dem es keine Deutschen gibt. Und immer suchen sie sich die schönsten Plätze der Welt aus.

Die Menschen in Apia sind überwiegend katholischen Glaubens. An dem Sonntag beobachtete ich die Kirchgänger, die sich allesamt herausgeputzt hatten. Dort erfuhr ich, dass der Priester der Kirche, in die diese Menschen strömten, auf einem Zettel oder in einem Heft notierte, wie viel Geld beim Eintritt in die Kirche ein jeder Gläubige gab. Später dann las er von der Kanzel herab, wer wie viel – oder wenig – ein jeder gegeben hatte. Und da niemand als Geizhals oder arm betrachtet werden möchte, geben viele Menschen ihr letztes Geld, um eben nicht als arm angesehen zu werden. Die Kinder müssen dann eben hungern oder betteln gehen. Ich habe ein süßes kleines Mädchen fotografiert, das mit einer Blechschüssel bettelte. Sie hatte kein Kleid an, sondern ein Stück Stoff, das an den Seiten zusammengenäht und an den Schultern zusammengeknöpft war. Mich hat das Verhalten des Priesters wütend gemacht.

In Apia gibt es ein Hotel, das „Aggy's Grey", das einer Einheimischen gehörte. Sie hat ihr Hotel geliebt und ihm ihre Seele eingehaucht, heißt es. Ich bin einmal in dieses Hotel gegangen, und ich kann das bestätigen. Erklären kann man es nicht, aber ich meine auch, Aggy's Seele gespürt zu haben.

HAWAII
1995

Nach den wenigen Tagen auf Samoa flog ich nach Hawaii. Wir kamen mitten in der Nacht an, und nur an einem Automaten konnten die Anreisenden sich ein Hotel suchen. Ich hatte keines gebucht, und die Hippies, die mit ihren Kindern auch auf Hawaii ausstiegen, ebenfalls nicht. Und dort stellte ich dann fest, dass diese Hippies ganz freundliche und hilfsbereite Menschen waren. Sie suchten nämlich in dem Automaten nach einem Hotel – ich wäre gar nicht auf diese Idee gekommen, in einem Automaten nach einem Hotel zu suchen –, und weil ich mich zu ihnen gesellte, suchten sie für mich mit. Wir fanden ein nettes Hotel und wurden abgeholt. Und auch am nächsten Morgen waren die Hippies ausgesprochen nett.

Ja ja, man soll nicht immer nach dem Äußeren gehen ...
Ich blieb nur eine Nacht in dem Hotel, und suchte am nächsten Morgen die Jugendherberge auf. Sie befand sich direkt am Strand, am Waikiki-Beach. Ich brauchte nur wenige Meter aus der Herberge zu gehen, und schon war ich dort, wohin die halbe Welt einmal reisen möchte. Ich genoss nicht nur den weltberühmten Strand, sondern besuchte die Umgebung. Dort gab es die schönsten Häuser, in denen die Reichen und Schönen wohnten (vielleicht auch Barak Obama, der ja auf Hawaii aufgewachsen ist).

Normalerweise gehe ich am Abend nicht mehr alleine durch die Touristenzentren, aber in Honolulu war es anders. Ich kann es nicht anders beschreiben, als dass dieser Ort eine besondere Atmosphäre hat, die einen Fremden einfach anzieht. Es war so interessant, sich die vielen Touristen und deren Treiben anzusehen oder die anderen Touristen, die diese besondere Atmosphäre ganz offensichtlich auch genossen. Wäre ich nicht alleine dort gewesen, hätte ich mit Sicherheit auch in einem der vielen Restaurants Platz genommen und dort die halbe Nacht verbracht. Manchmal ist es eben doch ganz angenehm, in Begleitung zu verreisen.

Für einige Tage bin ich nach Big-Island Hawaii geflogen, weil ich sehen wollte, wie die immer glühende Lava dort in den Ozean fließt. Die Fahrt war organisiert, und sie fand in der Nacht statt. Denn am Tage sieht man die glühende Lava nicht so genau wie in der Nacht, und deshalb trat vielleicht der eine oder andere Unvorsichtige versehentlich in die heiße Masse. Bei Nacht sieht man überall die Stellen, an denen die heiße Lava fließt.

An einem Tag bin ich durch eine einsamere Gegend gegangen, als ich an einem Haus vorbei kam, auf deren

Terrasse einige Farbige saßen. Sie kamen mir unheimlich vor, wie sie blickten. Da habe ich die Hand gehoben und ihnen zugewinkt. Sie winkten zurück, und das ungute Gefühl war verschwunden. Beeindruckend auf dieser Insel war auch, mit welcher Wucht die Wellen sich an den zerklüfteten Ufern brechen. Und dort surfen gerne die Mutigsten unter den Surfern dieser Welt. Von dort habe ich mir schwarze Lava statt Sand mitgebracht für meine Sand- und Erde-Sammlung.

LOS ANGELES
1995

Auch diese Zeit ging vorbei und ich musste erneut meinen Rucksack packen. Nun ging es dem Ende meiner Reise zu, ich flog nach Los Angeles für zwei Tage. Schon auf dem Flughafen dachte ich, dass mir diese Stadt nicht gefällt. Und auch als ich unterwegs war, um sie mir etwas genauer anzuschauen, erging es mir nicht anders. Los Angeles ist eine Stadt, die ich nicht wiedersehen muss.

LONDON
1995

Ab nach London, ein paar Stunden warten und dann nach Berlin. Endlich wieder zu Hause. Das Schwarzbrot und der würzige Käse warten.

**PRAG, UNGARN
UND SLOWAKEI
1995**

Nach den vielen langen Reisen in sehr ferne Länder musste es einmal eine Reise sein, die nicht so weit in die Ferne ging. Auch in Europa haben wir schöne Länder. Unter meinen Bekannten und Freunden gibt es einige, die immer gerne an den Balaton nach Ungarn gereist sind. Und diesen Balaton wollte ich nun auch einmal sehen.

Mit dem Auto fuhr ich zunächst nach Prag, der Goldenen Stadt. Ja, da gibt es wirklich viele goldene Türme und Türmchen. Es war nur wenige Jahre nach dem Mauerfall in Deutschland, aber die Tschechen haben augenscheinlich sofort nach dem Zusammenbruch des Ostblocks angefangen, ihre Städte zu verschönern. Es gibt unglaublich viele schöne und alte Gebäude dort. Beginnt man am Wenzelsplatz, die Straße hinunter zu gehen, kann man sie sehen. Und am Altstädter Ring! Da gibt es Häuser, die schön sind, und einige hundert Jahre alt. Die berühmte Brücke über die Donau, die fast unter der Last der Schlösser, die Touristen dort angebracht haben, zusammenbricht. Das Opernhaus. Privathäuser, in denen man gerne wohnen möchte. Alle sind sie so schön.

Und in den Restaurants herrscht eine angenehme Atmosphäre. Es macht Spaß, dort einzukehren. Den Hratsch zu besuchen ist natürlich Pflicht – und Kür zugleich. Ich hatte über den ADAC ein Zimmer bei einer alten Dame gebucht, die gut Deutsch sprach. Da ich die Stadt nicht kannte, fragte ich einen Autofahrer nach dem Weg. Dieser sagte mir auf Deutsch, dass er vor mir herfährt und mir den Weg zeigt. Das tat er auch, und ich fand das ausgesprochen nett. So gelangte ich schnell und sicher in einen verwinkelten Teil der Stadt Prag. Die Dame, bei der ich wohnte, war ebenfalls sehr nett und hilfsbereit. Ich hatte das Gefühl, dass sie sich sehr freute, eine Deutsche aus dem – vorher noch – freien Teil Berlins bei sich zu haben. Als ich weiterfahren musste, schenkte sie mir einen Bleianspitzer als Holz in der Form eines kleinen Frosches. Dieser Frosch fühlt sich neben anderen Andenken aus fernen Ländern neben dem Sand aus Prag sehr wohl.

Ein paar Jahre später bin ich mit Anne, mit der ich in Indien und Nepal war, noch einmal nach Prag gefahren und auch in die Umgebung, in die Slowakei zum Beispiel. Auch ihr hat es gut gefallen in Tschechien.

An der Grenze zu Ungarn trat ein Soldat oder Offizier an mein Auto und fragte mich, wohin ich wolle. „Zum Balaton", antwortete ich ihm. Da sagte er, auf Deutsch: „Aber in Deutschland ist es so schön. Warum wollen Sie nach Ungarn?". Und ich antwortete ihm: „Weil ich gehört habe, dass es am Balaton auch so schön sein soll.". Da lächelte er und winkte mich weiter.

Es war Ende April, als ich nach Ungarn fuhr. In Balatonmariafürdo, so hieß der Ort, gab es zu der Zeit kaum Touristen. Ich kam unter bei Theresa, einer jungen Witwe, die erst kurz vorher ihren Mann verloren hatte und noch sehr um ihn trauerte. Sie lebte alleine in dem großen Haus, nur ihr Schäferhund leistete ihr Gesellschaft. Da kam ich ihr gerade recht. Wie verbrachten auch viel Zeit miteinander, besonders die Abende. Manchmal kam ein Bekannter von Theresa vorbei, und dann gab es etwas zu trinken. Dabei lernte ich auch das einzige Wort auf Ungarisch: Eggescheggedre. Ob man das Wort so schreibt, weiß ich nicht. Aber es bedeutet: PROST.

Tagsüber schaute ich mir die Gegend an oder fuhr mit dem Fahrrad, das Theresa mir lieh, in die weitere Umgebung. Und zum Schluss mochte ich natürlich noch Budapest sehen. Auch diese Stadt gefiel mir gut.

KANADA
1996

Und wieder ging es auf eine große Reise. Weil ich mich mit Anne auf der schwierigen Reise durch Indien und Nepal gut verstanden hatte, buchten wir Flüge nach Toronto und 6 Wochen später zurück nach Deutschland von Vancouver aus. Wir sahen uns Toronto an, und dann mieteten wir ein Auto, mit dem wir zu den Niagara-Fällen (meinem Wunschziel seit ich 14 war!) fuhren. Die Fälle waren beeindruckend, aber leider verstanden Anne und ich uns jetzt nicht so gut wie vier Jahre zuvor. Sie gab Kommentare von sich, die ich nicht nachvollziehen konnte, und manchmal dachte ich, „ich glaube, Anne hat einen Dachschaden". Wo es meiner Meinung nach nichts zu sehen gab außer etwas grün und viele große Steine, rief sie immer aus: „Oh wie ist das schön, oh wie ist das schön", und ich dachte bei mir: „Ja, schön blöd". Als sie mich nach rund 20 Jahren einmal anrief und wir uns trafen, verstärkte sich mein Eindruck von einst aufgrund ihrer Berichte: Anne ist nicht normal.

Wir fuhren weiter, hinaus aus Toronto und kamen in verschiedenen kleinen Orten unter, bis wir in einer

Stadt bei einer alleinstehenden Dame, deren Haus eine Puppenstube war, für einige Tage ein Zimmer mieteten. Alte Möbel, geerbt von den Eltern, alle Stühle mit dunkelrotem Samt bezogen und obendrauf noch geblümte Seide. Viel schönes altes Porzellan gab es in dem Raum, in dem Mary-Ellen uns das Frühstück servierte. Sie erkannte schon bald, dass etwas mit uns beiden aus Berlin nicht stimmte, und sagte das auch. Aber dennoch fuhren wir gemeinsam weiter. Das Auto hatten wir inzwischen abgegeben, und so ging es mit dem Bus nach Winnipeg. Anne lehnte es strikt ab, in einer Herberge zu übernachten, also mieteten wir uns immer eine teurere Unterkunft.

Wir hatten vereinbart, dass jede von uns, wenn wir an einem neuen Ort ankommen, abwechselnd eine Unterkunft sucht, damit jede von uns ihr gutes Englisch beweisen kann. Die andere passt derweil auf das Gepäck auf. Und so war es an mir, in Winnipeg nach einer Unterkunft zu suchen. In Kanada ist es möglich, jedenfalls in größeren Orten – wie zum Beispiel auch auf Hawaii –, schon auf dem Bahnhof an einem Automaten nach Unterkünften zu suchen. Anne stand mit unserem Gepäck in der großen Halle, die L-förmig angelegt war. In dem hinteren L-Teil standen die Automaten und die Telefone. Ich hatte eine Unterkunft herausgesucht, die mir zusagte, und wollte gerade die Telefonnummer wählen, als ich zur Halle schaute und meine Anne, mit ihrem Handtäschchen über der Schulter, seelenruhig die lange Halle entlang schlendern sah, interessiert nach links und rechts schauend, nur nicht auf unser Gepäck.

Ich legte den Telefonhörer auf die Gabel und eilte zu unserem Gepäck. In meiner großen Tasche, die offen stand, lag obenauf meine neue teure Olympus-Kamera.

Jeder, der an dem Gepäck vorbeigekommen ist, hätte nur zuzugreifen brauchen, und meine 500.-- DM teure neue Kamera wäre weg gewesen. Ich war stinksauer! Als Anne wieder angeschlendert kam, bekam sie was zu hören. „Es ist ja nichts passiert, was regst du dich so auf. Die Leute hier sind alle ehrlich", war ihr Kommentar. Ich dagegen meinte, dass ich mich nicht auf sie verlassen kann, dass keineswegs alle Menschen hier ehrlich sind und dass sie nur Glück gehabt hat, dass niemand zugegriffen hat. Und ob sie mir denn, andernfalls, die 500,- DM erstattet hätte. Nein, das denn doch nicht. Ich sagte ihr, dass ich nicht mit ihr weiterreisen könne, weil ich kein Vertrauen mehr habe. Wir gingen nun getrennte Wege.

Ich buchte eine Zugfahrt nach Edmonton 10 Tage später und gleichzeitig buchte ich eine Fahrt mit dem Zug nach Churchill, einem Ort an der Hudson-Bay, wo sich angeblich die Eisbären versammeln, wenn sie das Meer verlassen, weil das Eis darauf schmilzt. Zudem war ich für 2 Tage in eine Jugendherberge gewechselt.

Dann trat ich die Fahrt nach Churchill an. Der Zug war drei Tage und drei Nächte unterwegs, mit nur wenigen Passagieren – aber einem außergewöhnlich freundlichen Zugbegleiter. Ich hatte mir zuvor ein Buch gekauft, um auf der langen Reise etwas zum Lesen zu haben. „Let me call you sweethaert" hieß das Buch, geschrieben von Mary Higgins Clark, die ich gerne lese. Auf der Fahrt gab es nichts zu sehen außer eine weite weiße Landschaft. Eine Landschaft ohne Häuser, eine Landschaft ohne Baum, ohne Strauch. Ich hatte zwei Bänke, die auf der ich saß und die vor mir, für mich alleine. Der Zugbegleiter kam abends und klappte die vordere Bank um, sodass ich nun zwei Bänke hatte, die zusammen ein großes breites Bett ergaben.

Einige Reihen hinter mir saßen vier Indianerinnen und ein Indianer. Die Frauen sprachen unentwegt, und der Mann lachte und kicherte häufig. Ich hatte den Eindruck, die Damen kitzelten ihn ab. Nach über einem Tag hielt der Zug auf einer freien Strecke, und die Indianer stiegen aus. Ich fragte mich, wohin die wohl wollten, denn es war absolut nichts zu sehen. Nur eine weite weiße Ebene. Kein Haus, kein Baum, kein Strauch war zu sehen. Wie viele Kilometer die Indianer wohl noch marschieren mussten ...

Ich las in meinem Buch, und ziemlich häufig musste ich in mein Englisch-Deutsches Wörterbuch sehen, weil ich ein Wort nicht kannte. Das heißt viele Worte nicht kannte. Der Zugbegleiter ging viele Male am Tag durch seinen Zug und schüttelte immer den Kopf und sagte: „Wie kann man nur so viel lesen" ... Nun, das Buch, dessen Titel sich wie ein Liebesroman liest, ist in Wahrheit ein spannender Krimi, und so konnte ich nicht aufhören zu lesen. Es ist eines von mehreren Büchern, die ich mehrmals gelesen habe. Immer wieder spannend.

In Churchill angekommen, suchte ich mir eine Unterkunft. Ich fand ein nettes Zimmer im ersten Stock eines hübschen und warmen Hauses, das ziemlich eingeschneit war. Der Schnee vor meinem Zimmer reichte bis an den Fensterrand. Ich besuchte die Touristeninformation, und dort fragte man mich, welches von drei Gratis-Angeboten ich gerne annehmen möchte:

» Einen Besuch im Museum,
» einen Besuch im Schwimmbad plus Sauna, oder
» einen Besuch im Kino, um einen Film über die Nordlichter zu sehen.

Ich wählte den Film, und ich habe gut gewählt. Dort sah man die Nordlichter in allen Farben und Formen, und am Abend ging ich nicht ins Bett, sondern blieb wach bis Mitternacht. Dann schaute ich aus dem Fenster, ob ich ein Nordlicht am Himmel sehen konnte. Ich konnte, es war ein weißes Nordlicht. Ich zog mich warm an und ging auf die Straße. Und über mir schwebte das Nordlicht in Bögen hinweg, wie ein breiter plissierter weißer Schal. Was für ein Erlebnis. Ein Gottesgeschenk.

In das Museum bin ich auch gegangen, wenn auch nicht gratis. Aber es war sehenswert, jedenfalls für mich. Die Museen, in denen man Bruchstücke und Fragmente von frühen Messern oder Pfeilspitzen oder sonstige Scherben sieht, interessieren mich nicht so. Aber wenn ich in einem Museum sehe, wie die Menschen vor langer Zeit – oder vor nicht so langer Zeit – gelebt haben, dann finde ich das interessant. In Churchill sah man auch lebensgroße ausgestopfte Eisbären, wie man sie auch in Natura sehen kann. Die sind schon gewaltig und angsteinflößend.

Als ich mich einmal auf den Weg machte, um außerhalb des Ortes etwas zu sehen, kam mir wieder die Größe dieser Tiere in den Sinn. Und schnell machte ich kehrt. Die können ja wohl ziemlich schnell laufen, die großen Tiere und mehr Kraft als ich haben sie allemal. Ich konnte nicht vorwärts zurück gehen, um in die Stadt zu kommen. Ich musste rückwärts stadteinwärts gehen, weil der Wind so stark und eisig war, dass ich nicht atmen konnte. Zum Glück waren die Eisbären schon alle weitergewandert oder noch gar nicht am Ort.

Nach zwei Tagen fuhr ich wieder mit dem Zug zurück nach Winnipeg. Dieses Mal kaufte ich mir zusätzlich ein

Ticket für das Schlafabteil, und dort konnte ich in einem richtigen Bett nächtigen. Zusätzlich bekam man von der kanadischen Eisenbahngesellschaft einen Beutel mit Handtuch, Seife, Duschhaube und Shampoo. Leider betreute uns auf der Rückfahrt ein anderer Zugbegleiter, weniger nett und liebenswürdig als der, der uns auf der Hinfahrt betreut hatte.

Nach nur einem Tag zurück in Winnipeg begab ich mich zum Bahnhof, denn ich wollte mit dem Zug nach Edmonton fahren. Als ich im Bahnhof wartete, tauchte unerwarteter Weise Anne auf. Sie erzählte mir, dass sie soeben ein Ticket nach Edmonton gekauft und so und so viele kanadische Dollar bezahlt hatte. Da erzählte ich ihr, wie viel ich bezahlt hatte. Das war bedeutend weniger gewesen. Allerdings erzählte ich ihr nicht, dass ich das Ticket schon vor einigen Tagen erworben hatte. Sie ging zur Verkäuferin ihres Tickets, um sich zu beschweren. Dann kam sie zurück und sagte, dass die Verkäuferin sie gebeten hatte, ihr mein Ticket mit dem günstigeren Preis zu zeigen. „Gib mir mal dein Ticket", bat sie. Und ich sagte: „Nein, ich gebe dir nicht mein Ticket. Dann kommt vielleicht mein Zug, und du bist nicht hier, sondern schlenderst wieder umher und dann muss ich nochmals bezahlen." Da war Anne stinksauer und rauschte davon.

Ungefähr 20 Jahre habe ich dann nichts mehr von ihr gehört. Und als ich mich doch mit ihr nach einem Anruf von ihr traf, traf mich der Schlag. Die Frau hat tatsächlich einen Dachschaden. Sie merkt gar nicht, was für ein dummes Zeug sie anderen erzählt. Ich denke, eigentlich bräuchte sie einen gesetzlichen Betreuer. In Zukunft lehne ich es auch ab, mich mit ihr zu treffen, denn es ist vertane Zeit.

Von Edmonton, einer für mich unbedeutenden Stadt, bin ich per Bus nach Calgary gefahren. Im Bus saß neben mir eine polnischstämmige Frau, die sich die ganze Fahrt über mit mir unterhielt. Und dabei merkte ich, dass das Lesen meines spannenden Krimis mir sehr geholfen hatte. Ich verstand plötzlich viel mehr Englisch als vorher.

In Calgary ging ich zuerst zu einer Jugendherberge, um mir ein Bett zu sichern. Am Abend in der Küche bemerkte ich einen jungen Araber, den ich schon in Winnipeg gesehen hatte. Damals gingen wir mit anderen in den Kinosaal und sahen uns den Film „Braveheart" mit Mel Gipson an. Er erkannte mich auch, und wir kamen ins Gespräch. Er erzählte mir – beim Puzzeln! wobei er mir half –, dass er einen Freund, Ahmed, besucht, der hier in Calgary lebt und der ihm versprochen hatte, mit ihm in die Rockys zu fahren. Jeden Abend saßen wir nun zusammen beim Essen und beim Puzzeln. Dann sagte er eines Abends zu mir, dass er am nächsten Tag mit dem Bus in die Rockys fahren will, weil es mit Ahmed doch nicht dazu kommen würde, dies zu tun. Ich hatte mir an diesem Tag für den nächsten Tag ein Auto gemietet, und ich bot ihm an, mit mir zu kommen, wenn er wolle und sich der Route anschließen möchte, die ich ausgearbeitet hatte. Ich hatte vor, 5 Tage in die Berge zu fahren. Samy, so heißt der Araber, nahm mein Angebot gerne an.

Und Samy war ein angenehmer Reisebegleiter. Er war sehr gut erzogen. Seine Mutter, Lara, war gebürtige Iranerin, die, als sie 7 Jahre alt war, nicht mehr aus dem Haus durfte. Das war wohl angelehnt an die Historie, dass Aischa, die Kindfrau des moslemischen Religionsstifters Mohammed, auch nicht mehr aus dem

Haus durfte, als sie sieben Jahre alt war. Da hatte sich nämlich Mohammed, zu der Zeit 52 Jahre alt, mit Aischa verlobt. Und deshalb hatten Laras Eltern sie ganz in diesem Sinne erzogen. Und als Lara 13 Jahre alt war, kam ihr zukünftiger Mann und bat um ihre Hand. Die Eltern waren einverstanden, und das Kind Lara, das über Jahre nicht auf der Straße gewesen war, zog mit ihrem frisch angetrauten Ehemann nach Bahrain. Als sie 14 Jahre alt war, wurde ihr erster Sohn, Samy, geboren. Lara hatte viel Glück, denn ihr Ehemann war ein ruhiger, gebildeter und verständnisvoller Mann.

Der Vater von Samy kam aus Bahrain. Er war im diplomatischen Dienst tätig, viele Jahre davon in Indien. Dort hatte die Familie lange gelebt und viele Freundschaften geknüpft. Einer von Samys Brüdern hatte eine Inderin geheiratet, die er als Kind kennengelernt hatte. Natürlich musste die Braut, eine Hindu-Frau, zum Islam konvertieren. Als ich Samys Familie später einmal in Bahrain besuchte, traf gerade auch die Mutter der früheren Hindu-Frau zu Besuch in Bahrain ein. Die Begrüßung fiel überaus herzlich aus – wenn sie denn nicht gespielt war.

Wir fuhren also mit dem gemieteten Auto los, nach dem gemeinsamen Frühstück. Die meiste Zeit fuhr ich, aber am Nachmittag lenkte dann auch Samy das Fahrzeug. Wir fuhren zuerst in eine kleine Stadt im Jasper-Nationalpark, einer hübschen Stadt in den Bergen. Nachdem wir uns eine Herberge gesucht hatten, wollten wir zum Essen in ein Restaurant gehen. Das erste, das wir ansteuerten, gefiel mir überhaupt nicht, und so wollte ich ein anderes suchen. Samy sagte mir dann später, dass er das gut gefunden hatte, dass ich nicht in einem Restaurant bleiben wollte, das mir nicht gefiel.

In der Herberge wurden wir alle – aus welchem Grunde weiß ich nicht – mitten in der Nacht kurz geweckt und etwas gefragt. Samy sagte mir am nächsten Morgen, dass er die Dame, die ihn geweckt hatte, hätte umbringen können. Tat er ja aber nicht. Wir fuhren in eine andere Stadt, wo es uns gefiel. Von dort aus machten wir eine Fahrt mit einer Seilbahn nach hoch oben. Die Gegend war ja schön, aber ich konnte sie nicht genießen. Ich habe wohl Höhenangst und konnte mir nicht die Umgebung von oben aus ansehen. Danach sind wir nach Banff gefahren, und auch dort ist es sehr schön. Eines Abends in der Herberge rief jemand, dass da draußen ein Bär herum läuft. Alles lief zum Fenster und schaute heraus. Der Braunbär war, nur durch das Fenster von uns getrennt, keine 30 Zentimeter von uns getrennt. Nun waren wir ja in Sicherheit, da machten 30 Zentimeter nichts aus. Aber als Samy und ich mit dem Auto unterwegs waren, hielten vor uns andere Fahrzeuge an, und die Insassen sprangen aus den Autos und liefen auf die Straße. Jemand sagte den anderen Autofahrern, auch uns, dass es da einen Bären gibt. Auch wir sprangen aus dem Auto und liefen auf die Straßenseite, hinter der sich der Bär aufhalten sollte. WIE leichtsinnig war das denn von uns!

Wir fuhren zum Lake Louise. Dort gibt es ein wunderschönes Hotel vor dem Hintergrund der majestätischen Berge. Fast alles um das Hotel herum war grün, obwohl noch hier und dort Schnee lag. Für Samy war Schnee etwas Neues, und so legte er sich lang hin. Ich zeigte ihm, wie wir als Kinder uns in den Schnee gelegt hatten und mit den Armen über dem Kopf bis zur Taille auf den Schnee neben uns geklopft hatten, sodass eine Indianer-Häuptlings-Figur auf dem Schnee entstand. Samy genoss das kalte Weiß – und holte sich eine Erkältung!

Das schöne schlossartige Hotel liegt oberhalb vom Lake Louise. Das ist der dritte wunderschöne See nach den Warnaka- und Glenorchy-Seen in Neuseeland. Die Blumen blühten schon um den Lake Louise herum, und für mich ist dieser Ort der allerschönste in Kanada.

Wir unterbrachen die Rückfahrt an einem anderen See, und Samy machte es sich an einem Steg gemütlich, während ich ein Stück am Ufer in Richtung eines Waldes unterwegs war. Da fiel mir wieder ein, dass es ja große Bären in Kanada gibt, die auch noch schneller als ich laufen können, und das brachte mich zur Einsicht, besser wieder zurückzugehen.

Und dann fuhren wir zu einer Herberge mitten im Wald. Der junge Herbergsvater brachte uns zu einem Holzhaus, in dem gemischte Paare schliefen. Ich wollte aber lieber in ein Haus nur für Frauen, und er brachte mich in das Frauenhaus. Die Toiletten waren wie die aus meiner Kindheit im Hexenhaus in der Heide. Ein Bad zum Waschen gab es nicht. Aber es gab ein kleines Flüsschen in der Nähe, und dort konnte man sich waschen. Katzenwäsche konnte man betreiben, denn das Waschen fand ja in aller Öffentlichkeit statt. Und kalt war das Wasser zudem.

Die Hütten befanden sich einsam im Wald, und so mussten wir zum Einkaufen wieder ein Stück zurückfahren. Wir kauften in einem Supermarkt in der Nachbarstadt Hähnchenkeulen, Kartoffeln, Brokkoli und etwas Zubehör wie Salz und Öl und etwas zum Trinken. Als wir wieder zurückkamen und in die Küche gingen, hatten alle anderen Gäste schon gegessen und saßen draußen, warm eingepackt, mit unserem Herbergsvater. Er hieß Shane, war jung, spielte Gitarre und sang hübsch dazu und hatte lange lockige Haare.

Samy und ich bereiteten die Kartoffeln und das Gemüse vor, und um es abzuwaschen, mussten wir wieder an den Fluss. Samy lief schnell in seine Hütte und holte die Kamera, denn wahrscheinlich nie wieder in seinem Leben würde er mit einer anderen Person Kartoffeln in einem Bach waschen.

Unser Abendessen gelang uns gut. Der Duft unseres Hähnchens drang bis nach draußen, und ein anderer Gast kam in die Küche und schnupperte und sagte, dass es so gut riecht. Er hatte wahrscheinlich nichts gegessen und großen Kohldampf. Da ich meine eine Keule gegessen hatte und satt war, bot ich ihm meine zweite Keule an. Und er aß sie mit Genuss. Danach mussten Samy und ich noch den Abwasch bewältigen, und endlich, es war schon total finster, konnten wir uns zu den übrigen Gästen gesellen. Um ein Feuer herum gab es vier schmale Holzlatten, auf denen die Menschen saßen. In der Mitte einer Bank saß unser Shane und spielte Gitarre. Ein anderer sang dazu, und wieder andere steckten ihre Süßigkeiten an einer Holzstange ins Feuer. Samy trank sein Bier und ich meinen Wein. Shane forderte auch Samy auf, ein typisches Lied aus seiner Heimat zu singen, und Samy sang.

Als er zwischendurch einmal die Runde verließ, stellte er sich kurz hinter mich und legte mir eine Hand auf die Schulter. Er sagte nichts, aber ich verstand diese Geste so, dass er mir bedeuten wollte, dass es gut und schön war, was ich als Reiseziel ausgesucht hatte.

Die fünf Tage waren vorbei, aber auf der Rückreise am letzten Tag hielt ich noch an einem Berg an, den ich ein Stück weit begehen wollte. Samy fühlte sich nicht wohl genug und blieb im Auto sitzen. In der Nähe donnerte es gewaltig, und ich wusste, dass dort eine Lawine herunter gekommen war.

Und dann fuhr ich das letzte Stück unserer Reise nach Calgary. Samy auf dem Beifahrersitz stöhnte hin und wieder, bis ich anhielt und aus dem Kofferraum aus meinem Gepäck ein Fieberthermometer holte. Das steckte er sich nach einem kurzen Zögern in den Mund, und siehe da, er hatte 38 Grad Fieber. Der Arme, Fieber, und Mama war nicht da, um ihren Habibi zu verwöhnen. Für die Zukunft hat er sich dann aber hoffentlich gemerkt, wie gefährlich es sein kann, sich in den Schnee zu legen.

Wir gaben das Auto ab und mussten dann ein ganzes Stück zur Herberge laufen. Samy jammerte nicht mehr, er hielt sich tapfer. Und in der Herberge erwarteten ihn Ahmed und eine ihm noch unbekannte Frau, eine Freundin von Ahmed aus Dubai. Man lud uns beide zum Essen ein, und wir nahmen die Einladung an. Zuvor aber mussten wir noch einkaufen, und die Frau – ich habe ihren Namen vergessen – bereitete in ihrer hübschen Wohnung Spaghetti und Fleischsoße zu. Sie hatte einen unglaublich hübschen fünfjährigen Sohn, mit dem sie Dubai verlassen hatte, um in Kanada zu leben. Sie stammte aus dem Jemen und war in Dubai mit einem hohen Polizeioffizier verheiratet gewesen, der es mit der ehelichen Treue nicht so genau nahm, was die Jemenitin aber sehr störte. Da sie ihrem Mann nicht sagen konnte, dass seine Seitensprünge ihr nicht gefielen, musste sie sich eine andere Ausrede einfallen lassen. Andernfalls hätte ihr

Mann ihr nicht den Sohn gelassen. Auf meine Frage, ob er denn nicht diesen hübschen Jungen vermissen würde, meinte sie, er hat aus anderen Ehen viele hübsche Söhne.

Nach dem Essen machten wir es uns im Wohnzimmer gemütlich. Die Jemenitin trug einen sehr kurzen schwarzen engen Rock, und sie setzte sich mit angezogenen Beinen auf das Sofa, sodass Samy sich nach einiger Zeit genötigt sah, ihr zu sagen, dass sie sich bitte anders hinsetzen solle. Sie setzte sich nicht anders hin, sie zog nur an ihrem kurzen Rock, obwohl es nichts herunterzuziehen gab. Wenn ich daran denke, fällt mir eine Sure aus dem Koran ein, in der es heißt, dass die gläubigen Frauen sich so hinsetzen sollen, dass man ihre verborgene Zierde nicht sieht. Ach so, denke ich, die arabischen Frauen haben sich schon immer derartig hingesetzt.

Als Samy und ich nun zur Herberge gehen wollten, sagte die Jemenitin zu mir, ich könne doch mit Samy in dem Gästezimmer übernachten. Zuerst war ich sprachlos und antwortete ihr nicht, aber als sie wiederholt anbot, in ihrem Gästezimmer zu schlafen, sagte ich nur kurz „NO". „Sie will nicht", meinte sie wie zu sich selbst. Später, als ich Samys Familie in Bahrain kennengelernt hatte, stellte ich fest, dass er diese Episode seinen Eltern erzählt haben musste. Denn sie hielten mich für eine „anständige" Frau, das kam immer wieder zum Ausdruck. Gisela, Gisela, fast kam ich mir wie eine Göttin vor. Als Veronika ebenfalls einmal in Bahrain im Haus von Samys Eltern war, hieß es auch immer „Gisela, Gisela". Ich wurde ihr als Vorbild genannt. Und das Ende von Samys Aufenthalt in Kanada war gekommen. Wir verabschiedeten uns, er fuhr davon und ich blieb noch ein paar Tage in Calgary und traf mich noch einige Male mit der Jemenitin, die mir viel davon erzählte, wieso und weshalb sie nach Kanada kam und wovon sie lebte. Einige Jahre später rief sie mich in Berlin einmal an und erzählte mir, dass sie nun einen kanadischen Pass hat und als Kanadierin nach Dubai zurückkehren könne. Als sie ihren Mann verlassen wollte, sagte er ihr, dass sie nach der Scheidung Dubai verlassen müsse, weil es für sie beide keinen Platz in Dubai gäbe.

In der Herberge in Calgary lernte ich einen Indianer aus South Dakota kennen, der mit dem Motorrad unterwegs war. Ich erzählte ihm, dass ich einen sehr guten Freund habe, der in South Dakota lebt und dass ich ihn gerne besuchen würde, unangemeldet. Aber dass ich nicht wisse, was ich dort tun könne, falls Don nicht zu Hause sein sollte. Da erzählte mir der Indianer, was es alles für Sehenswürdigkeiten in South Dakota gäbe. Er schenkte mir eine Landkarte, auf der alle diese Sehenswürdigkeiten eingezeichnet sind. Außerdem erzählte er mir, dass ich sowohl mit dem Bus dorthin fahren könne oder aber auch nach Rapid City fliegen könne.

SOUTH DAKOTA USA
1996

Ich buchte also einen Flug nach Rapid-City, und auf dem dortigen Flughafen rief ich eine Autovermietung an, von der mich 20 Minuten später ein Angestellter abholte und zu deren Büro fuhr. „Rent a Wrack" hieß die Autovermietung. Ich mietete ein einfaches, aber gut funktionierendes Auto und erzählte dem Inhaber, weshalb ich nach Rapid-City gekommen sei. Dass ich nämlich meinen besten Freund, einen Amerikaner, besuchen möchte. Dass er aber nicht wissen soll, dass ich komme, ich wollte ihn überraschen. Da rief der Mann Dons Telefonnummer an, und eine Frauenstimme auf dem Anrufbeantworter sagte, dass zur Zeit niemand zu Hause sei, dass aber später jemand dort sei.

Ich fuhr mit dem Auto los und Richtung Hill City. Dort irgendwo musste der Rastplatz sein, den Don und seine neue Frau sich gekauft hatten. Don und seine Frau hatten in Berlin zusammen gearbeitet, und nachdem Dons Ehe mit seiner deutschen Frau gescheitert war, lebten er und die neue Frau mit ihren zwei Töchtern zusammen. Nachdem die Mauer in Berlin gefallen war und die Alliierten aus Berlin abgezogen waren, hatten auch Don und seine neue Frau keine Arbeit mehr in Berlin. Deshalb wollte Dons Frau gerne zurück in die Staaten, wo ihre Familie lebt.

Unterwegs kam ich auf eine Strecke, die total aufgebuddelt war, weil man die Straße erneuerte. An der Stelle, an der die Arbeiten begannen, stand eine Polizistin und sagte jedem Autofahrer, dass er nicht schneller als 30 km/h fahren dürfe. O.K. ja. Aber als ich eine Weile gefahren war, dachte ich, warum soll ich nicht schneller fahren, es ist doch alles gut. Ich beschleunigte also etwas und merkte bald, weshalb man nicht schneller als 30 km/h fahren sollte. Ich kam ins Schleudern, und dann hielt ich mich an die Vorgabe der Polizistin.

Ich fand den Ort, wo Don lebte, nicht. Aber ich entdeckte am Rande der Straße einen langen Wohnwagen, wie man sie in Amerika des Öfteren sieht. Vor dem Wagen spielte ein Junge, und ich hielt an und fragte ihn, ob seine Mutter oder sein Vater zu Hause seien. Er ging ins Haus, und eine nette Frau mittleren Alters bat mich zu sich. Ich erzählte ihr, wen und was ich suche. Sie bat mich in ihren Wohnwagen, und der Raum, in den sie mich brachte, glich einem länglichen netten Wohnzimmer. Sie telefonierte vom anderen Ende des Raumes, und dann kam sie lächelnd auf mich zu und sagte mir, dass ich rund 3 Kilometer zurückfahren müsse, und dass es dann an der rechten Seite der Straße eine Tankstelle gäbe, hinter der ich rechts abbiegen müsse. Denn dort befände sich der Platz, der Don gehörte. Der Tankstelleninhaber, mit dem sie telefoniert hatte, kannte Don, sie waren Nachbarn.

Ich dankte der netten und hilfsbereiten Frau und kehrte um. Ja, da gab es die Tankstelle, und dann sah ich auch den Platz. Ich parkte ein ganzes Stück entfernt vom Haus und ging, immer eine Hand vor das Gesicht haltend, auf das Haus zu, über dessen Türe das Schild „Office" hing. Ich dachte, falls Don an seinem Schreibtisch sitzt, der am Fenster steht, soll er mich nicht gleich erkennen. Aber als ich am Haus ankam, las ich das Schild, das an der Tür befestigt war: „I'am in the back of the house".

Ich ging um das Haus herum und sah einen Schuppen, dessen Tür geöffnet war. Darin werkelte jemand. Als ich näher kam, sah ich Don in dem Schuppen stehen. Er bearbeitete etwas aus Holz. „I'am in the back of the house", sagte ich, aber er reagierte nicht. Er dachte, erzählte er mir später, dass es seine Frau gewesen war, die das gesagt hatte. Ich wartete also, und als Don sich umdrehte, sah er mich. „Gisela", rief er total überrascht. Er legte sein Zeug, an dem er arbeitete, zur Seite und kam auf mich zu. Wie groß war seine Freude. Und ich war die erste Person aus seinem Freundeskreis in Deutschland, die ihn in den Staaten besuchte. Das war gar nicht einfach gewesen. Denn Don und seine neue Frau, die ich aus Berlin auch schon gut kannte, waren nach Amerika gezogen, ohne sich von den Freunden zu verabschieden. Eine Bekannte, die ich zufällig einmal traf und die eine Zeit lang mit Don zusammen gearbeitet hatte, fragte mich, ob ich wisse, dass er nach Amerika gegangen sei. Nein, ich wusste von nichts. Und ich kannte auch nicht den Grund, weshalb er sich ohne Verabschiedung auf und davon gemacht hatte. Aber er war über 20 Jahre lang mein bester Freund gewesen, er musste seine Gründe gehabt haben und ich durfte es ihm nicht übel nehmen.

Don hatte einen Kollegen, mit dem er eng befreundet war, Billy. Ich kannte Billy und hatte sogar seine Telefonnummer. Also rief ich ihn an und fragte, ob er mir Dons Telefonnummer geben könne. Als guter und treuer Freund sagte Billy mir, dass er zuerst Don fragen müsse, ob er dessen Telefonnummer weitergeben darf. Er durfte, jedenfalls mir. Und nur deshalb war es mir möglich, Don zu besuchen.

Wir gingen ins Haus, und im Wohnzimmer gab es die Möbel, die Don in Berlin gekauft hatte, als er mit der neuen Frau zusammenzog. Er liebte alte Möbel, und so gab es in seinem Haus in Amerika den Tisch und die Stühle, den Schrank, die alte Uhr – die ich ihm einmal geschenkt hatte – und vieles andere mehr. Wir sprachen und sprachen, und dann erschien seine Frau. Auch ihr blieb fast die Spucke weg, als sie mich sah. Aber sie war nett und freundlich zu mir, und mir schien es, als sei sie eine andere Person als die, die ich aus Berlin kannte. Dort war sie immer sehr eifersüchtig gewesen und hatte anscheinend Angst, eine Frau aus Berlin, die Don schon lange kannte, könnte ihn ihr wegnehmen. Vor mir brauchte sie keine Angst zu haben, denn Don war mein FREUND, der beste Freund, den sich jemand wünschen kann. Und ich liebte ihn wie einen Bruder. Aber als Mann hätte er mir nicht gefallen. Und ich dachte damals in South Dakota, jetzt hat sie es begriffen, WER ihm wichtiger ist.

Ich hatte Don zum ersten Mal getroffen, als ich bei meiner Tante wohnte. Aus irgendeinem Grund kam er dort vorbei. Er sprach noch nicht viel Deutsch und war sehr zurückhaltend. Aber für das Essen, das meine Tante ihm servierte, war er dankbar. Don hatte zuvor eine Deutsche kennengelernt, eine gute Freundin einer Verwandten. Sie war Fotografin, wollte aber ihren Beruf nicht ausüben. Stattdessen fungierte sie als Hauswartsfrau, der in der Anlage eine Wohnung zur Verfügung stand. Möbel hatte sie nicht, die Einrichtung bestand aus Apfelsinenkisten. Jaffa-Möbel nannte man sie damals, denn die Apfelsinen kamen aus Jaffa in Israel.

Als nun Don die nette Deutsche kennengelernt hatte, zog er bei ihr ein. Am Tage versah er seinen Dienst, und danach reparierte er Autos. Er war gelernter Auto-Mechaniker. Drei Mal hatte er in meinen alten grünen VW-Käfer einen Austauschmotor eingebaut. Fast alle Ersatzteile für die von ihm reparierten Autos fand er auf einem Teil des Geländes, auf dem alte oder verunfallte Autos lagerten. Don war ein sehr guter Mechaniker. Wenn ich ein Problem zum Beispiel mit dem Motor hatte, fuhr er langsam bei geöffnetem Fenster umher und lauschte. Und immer fand er dadurch heraus, wo das Problem lag.

Don war aber nicht nur ein begnadeter Auto-Mechaniker – den ich an einige damalige Kolleginnen vermittelte, die sich ihre Autos auch von ihm reparieren ließen. Er war fast eine Institution. Jahre später zum Beispiel, als ich meinen „schwierigen" Ex-Chef einmal traf, fragte dieser mich, was denn mein Freund Don mache. Jeder in meinem Bekanntenkreis kannte ihn, zumindest seinen Namen. Ich hatte zu jener Zeit, kurz nach dem Bezug meiner Wohnung, diese renovieren müssen. Eine Verwandte erzählte mir, dass der neue Freund ihrer Freundin, Don, gerne hilft und dass sie ihn fragen wolle, ob er mir beim Renovieren helfen würde. Sie fragte ihn, und sie fragte ihn nach dem Preis. Nein, Geld wolle er keines, er wäre zufrieden, wenn ich ihm ein Essen anbieten würde.

Dann kam der Tag, an dem renoviert werden sollte. Meine Verwandte hatte mein Kind abgeholt, damit es in dem Chaos nicht stört. Don kam, wir sprachen wenig, wir kannten uns ja kaum. Und er bereitete alles für den Tapetenwechsel vor. Ich hatte einen Schweinebraten mit leckerer Soße und verschiedenes Gemüse und Kartoffeln und einen Nachtisch vorbereitet, und mitten in dem Chaos deckte ich zur Mittagszeit den Tisch. Mit weißer Decke, hübschem Porzellan, feinen Gläsern und meinem Silberbesteck. Dann trug ich das Essen auf, und Don musste eine Pause einlegen. Wir aßen und tranken den guten deutschen Wein, den Don – neben dem deutschen Bier – so liebte. Mein Essen schmeckte ihm, der Wein auch, und mein Don taute auf und wir unterhielten uns angeregt. Die Zeit verstrich, und wir saßen noch nach Stunden am Mittagstisch, und ich hatte Angst, dass wir es nicht schaffen würden, bis zum Abend das Zimmer zu renovieren. Als meine Verwandte mit meinem Kind eintraf, war das

Zimmer noch nicht fertig. WAS wir denn wohl die ganze Zeit getan hätten, fragte sie. Na was wohl, gearbeitet, gegessen, getrunken, gesprochen. Ich bin Gisela, nicht DU!

Nachdem mir gesagt worden war, dass Don kein Geld nehmen wolle, dass er aber ein großer Liebhaber von Modell-Eisenbahnen sei und er sich über etwas dazu freuen würde, kaufte ich für ihn einen Lok-Schuppen. Nachdem wir alle gemeinsam zu Abend gegessen hatten – das Zimmer war nun fertig –, fragte ich ihn, wie viel ich ihm schuldig sei. Und er sagte natürlich: „Nichts. Du hast mir ein gutes Essen serviert".

Da ging ich und holte die Tüte mit dem Lok-Schuppen und stellte sie ihm hin. Er schaute hinein, und Tränen traten in seine Augen. Ich glaube, es war das erste Mal in seinem Leben, dass ihm jemand etwas nur für IHN geschenkt hatte. Etwas, was nicht notwendig war, was für ihn Luxus war. Wofür er kein Geld hatte. Und das, glaube ich, war das Entscheidende für die gute und lange Freundschaft, die uns beide verband.

Don war nicht nur ein guter Mechaniker, er konnte und wusste einfach alles. Und kochen konnte er. Wenn bei ihm Gäste zum Essen eingeladen waren, quoll der Tisch über von den vielen Beilagen. Zu Thanksgiving zum Beispiel. Da muss er an die drei Tage vorher gekocht haben. Alle seine Freunde kamen immer gerne zu diesem Fest. Don war auch unbeschreiblich hilfsbereit. IMMER konnte ich ihn um etwas bitten, nie sagte er nein. Als ich einmal mit meinem Käfer in die Heide gefahren war zu Bekannten und auf der Rückfahrt in der DDR eine Panne hatte – Motorschaden –, hielt die VoPo der DDR einen anderen Berliner Autofahrer an, der mich bis an die Grenze schleppen musste. Dort verließ mich der

Berliner Autofahrer, und ich rief Don an. Es war mitten in der Nacht, 1.00 Uhr. Don fragte mich, wo ich sei, und ich solle warten, denn in 15 Minuten wäre er bei mir. So war es. Monika, mit der er damals noch verheiratet gewesen war, regte sich auf: „Wieso ruft sie dich an", hatte sie gemosert. Und Don hatte ihr geantwortet: „Wen soll sie anrufen, den Bäcker?".

Don war ein Engel auf Erden, einer, den die Menschen nicht gut behandelten. Monika behandelte ihn schlecht. Sie wollte nicht arbeiten, aber sie wollte alles haben. Don arbeitete am Tag und die halbe Nacht. Und so wurden die Jaffa-Möbel entfernt und stattdessen hielten Antik-Möbel Einzug. Ein sehr schönes altes Klavier zum Beispiel, an dem Monikas Tochter übte. Kristallgläser gab es jetzt für den Wein, der immer zur Verfügung stand. (Don sagte mir einmal, dass die Freundschaft zwischen Monika und meiner Verwandten endet, wenn es keinen Wein mehr gibt. Und so war es!).

Wenn Don nach Hause kam in der Nacht, hatte er natürlich Hunger. Und er suchte im Kühlschrank vergeblich nach Essbarem, während seine Gattin vor dem Fernseher saß und den guten Wein trank. Dann zeigte die Gattin ihrem Mann, was für tolle Kerzenhalter sie erworben hatte. „Ja", sagte Don, „schön, aber ist kein Brot im Haus?" „Oh", bekannte die Gattin, „ich habe vergessen, Brot zu kaufen." Brot oder andere Nahrung für den Ehemann zu kaufen war auch nicht so wichtig! Wichtig war, dass Don ihr ein tolles Auto fertigte. Dazu kaufte er ein Schrott-VW-Cabrio, aus dem er ein Schmuckstück machte. Dunkelroter glänzender Lack, schwarzes Verdeck, helle Lederpolster, tolle Felgen. Als er mich mit diesem Auto einmal besuchte, standen wir am Küchenfenster in meiner Wohnung und sahen den halbwüchsigen Jungen zu, wie sie ehrfürchtig um das Auto standen. Don kaufte Monika auch ein Boot, denn im Sommer musste man auf das Wasser. Sie und die Tochter und vielleicht die Freundin. Don nicht, denn der musste arbeiten.

Und eines Tages, als Don nach Hause kam, fand er die Wohnungstür verschlossen vor. Seine persönlichen Sachen befanden sich in dem Raum gegenüber der Wohnungseingangstür, der als Monikas Bügel- und Nähzimmer gedient hatte. Die Dame wollte nicht mehr mit dem Arbeiter in ihrer mit wertvollen Antiquitäten ausgestatteten Wohnung leben. Don nahm das hin. Und einige Zeit später wollte die Dame, dass er ganz auszieht. Und Don ging, mit seinem Koffer in der Hand, und einem Bild, an dem er sehr hing. Als ich ihn einmal fragte, wieso er nicht andere Dinge mitgenommen habe, die er schließlich gekauft hatte, antwortete er mir, dass er froh sei, nun seine Ruhe zu haben. So war Don, damals.

Nur als während der Scheidungszeit Monika vor Gericht Unterhalt von Don beanspruchte, um sich um die inzwischen 20-jährige Tochter kümmern zu können, machte Don nicht mit. Und als der Richter sie fragte, wieso sie nicht arbeiten gehen könne, antwortete Monika ihm, dass sie eben ein Kind zu versorgen habe. „Wie alt ist das Kind", wollte der Richter wissen. „20 Jahre", „20 Jahre, und Sie wollen von ihrem Ex-Mann Unterhalt für ein 20-jähriges „Kind", das nicht seines ist? Nein, das geht nicht", und ihre Klage wurde abgewiesen. Eigentlich ein Wunder, dass Don nicht für das „Kind" zahlen wolle, denn er hing an ihm. Vielleicht war es aber auch seine neue Freundin, die ihn gedrängt hatte, die Unterhaltszahlungen abzulehnen.

Viele Jahre später, als ich ihn noch einmal sehen wollte und ihn in den Staaten besuchte, war er nur dann der alte Don, wenn wir alleine waren. Sobald seine Frau im Haus war, erkannte man ihn nicht wieder. Er war wie ein Hund, der darum bettelte, gestreichelt und nicht ausgeschimpft zu werden.

Don ist ein Hampelmann, ein Hampelmann, dachte ich. Er ist nicht mehr der Don, wie ich ihn kannte und liebte. Ein Hampelmann. Ich bin fest davon überzeugt, dass seine Frau eine Psychopathin ist, die ihn fertig macht. Ich habe sie beobachtet, sie ist böse. Und er ist mittlerweile zu alt und zu krank, um noch einmal neu zu beginnen. Ein Hampelmann, der am Ende seines Lebens alles ertragen und erdulden muss. Was für ein Jammer.

Aber als ich ihn in South Dakota besuchte, war es noch anders. Auch sie war anders. Sie war ausgesprochen freundlich und zugänglich, sie sprach mit mir über ihre Wünsche und Träume. Wie sie glücklich war, wenn sie mit ihrer Mähmaschine über ihr Land fuhr und sich alles ansah und zu sich sagte: „Das ist mein Land, das ist alles meins." Dann war sie glücklich. Und sie war auch tüchtig, anders als Monika. Dons neue Frau arbeitete in einem Restaurant in der Nähe als Köchin, und sie arbeitete auf dem Rastplatz. Zusammen mit ihrem tüchtigen Mann konnte sie sich etwas schaffen.

Beide fuhren mit mir in das Restaurant, in dem Dons Frau arbeitete. Es war ein Saloon, wie man ihn aus amerikanischen Filmen kennt. Die Männer standen an der Bar und tranken ihren Whisky, und die anderen Gäste saßen ein wenig abseits und aßen. Damals habe ich zum ersten Mal in einem Restaurant gesehen, dass Kartoffelschalen zum Essen gehörten. Sehr gewöhnungsbedürftig für uns

Deutsche, denn damals aß man bei uns keine Kartoffelschalen – jedenfalls nicht mehr lange nach Kriegsende.

Don fuhr mit mir in einen Nationalpark, in dem hohe Bäume stehen, die aussehen wie lange dünne Nähnadeln, denn sie haben oben eine Öffnung. Nähnadeln für Riesen. Und er zeigte mir Büffelherden, auch so wie man sie in Filmen gesehen hat. Zusammen mit seiner Frau fuhren wir nach Mount Rashmore: ein anderer Jugendtraum wurde wahr. Da stand ich nun vor den vier steinernen Köpfen ehemaliger amerikanischer Präsidenten. Ganz schön groß sind die und wer da oben herum klettert, muss schwindelfrei sein. Auch wieder nichts für mich.

Dann fuhr ich mit den beiden Töchtern in die Badlands. Eine seltsame Gegend, aber interessant. Ich glaube, es lohnt sich, über längere Zeit durch Amerika zu fahren. Mit Sicherheit kann man viele Dinge sehen, die es andernorts nicht gibt.

Aber ich musste zurück nach Kanada. Der Flug nach Vancouver war gebucht. Don und seine Frau brachten mich zuerst zur „Rent a Wrack"-Geschäftsstelle und dann zum Flughafen nach Rapid City. Wir verabschiedeten uns, als würden wir uns im nächsten Jahr wiedersehen. Aber es dauerte 20 lange Jahre, ehe dies geschah. Und das Wiedersehen fand nicht in South Dakota statt, sondern in einem anderen Bundesstaat. Dahin waren Don und seine Frau auf deren Wunsch gezogen, weil sie in der Nähe zweier Schwestern und eines Bruders sein wollte. Und das war nicht gut für Don. Er hatte nun keinen einzigen Bekannten mehr um sich, seine Frau dagegen ihre gesamte Familie. Das war sein Verhängnis. Soviel ich weiß, achten Psychopathen sehr genau darauf, dass ihre Partner keine Freunde in der Nähe haben, mit denen sie sich austauschen können. Ich spreche da auch aus eigener Erfahrung. Und das hat die Dame mit Don getan: ihn völlig isoliert.

Ich habe nun keinen Kontakt mehr mit ihm, und auch die lange und enge Freundschaft mit Billy ist in die Brüche gegangen. Don erzählte mir im Laufe der Jahre zwei Versionen der Geschichte, aber ich mache mir meine eigenen Gedanken. Ich kenne Dons Frau, und ich bin überzeugt, dass sie auch diese Männerfreundschaft zerstört hat. Mit Vorsatz.

Dann ging es nach Vancouver. Was für eine schöne Stadt. Ich war begeistert. Leider reichte meine Zeit nun nicht mehr, um auch nach Vancouver-Island zu fahren, wo es noch schöner sein soll. Auf jeden Fall gilt für mich folgendes: Das schönste Land der Erde ist Neuseeland, und das zweitschönste Land der Erde sind British Columbia und Alberta in Kanada.

LONDON
1996

Auf dem Rückflug nach Berlin machte ich noch einige Tage Station in London. Ich wohnte in einer Herberge etwas außerhalb der Stadt. Eine ruhige und hübsche Gegend, die mir gefiel. Aufgefallen ist mir die Architektur in diesem Teil der Stadt, die ich in anderen Ländern so noch nicht gesehen hatte. Ich fand sie sehr schön.

Dass ich nun schon älter geworden war, merkte ich eigentlich nicht, aber das wurde mir in der Herberge in London vor Augen geführt: Es befand sich nämlich eine Schulklasse aus Berlin in der Herberge, junge Leute zwischen 14 und 16, wie ich schätzte. Und da hörte ich doch eines Tages, wie ein Junge zu einem anderen sagte, als er mich sah: „Ich denke, das ist hier eine JUGEND-HERBERGE"!!!

Der Lorbas wusste wohl nicht, dass auch etwas ältere Leute Mitglied im Club „Deutscher Jugendherbergs-Verein" sein können. Allerdings lernt auch ein Lorbas manchmal in einer Jugendherberge etwas dazu. Als ich einmal mit Veronika in der Lüneburger Heide ein paar Tage Urlaub machte, wohnten wir in einer Herberge in Bispingen. Unser Zimmer lag hinter den Zimmern der Jugendlichen. Als wir nun einmal vom Pilze suchen in die Herberge zurückkehrten, mussten wir an zwei Zimmern der Jungen vorbei. An der einen Seite vor einem Zimmer lagen die Schuhe wild durcheinander, auf der anderen Seite vor einem Zimmer standen die Schuhe in Reih und Glied. „Schau mal, Veronika", sagte ich zu ihr, „hier wohnen die Ordentlichen und dort die Schlampigen". Ein Junge, der gerade seine Schuhe zu den schlampigen gepfeffert hatte, blieb stehen, bückte sich und stellte seine Schuhe, auf der Seite der Unordentlichen, korrekt hin. ER wollte kein Schlampiger sein.

BAHRAIN
1997

Im Jahr 1997 reiste ich wieder einmal nach Indien und Nepal. Bei meinen Freunden in Indien blieb ich über Weihnachten. Rekha, die Schwester meines Freundes, ging mit mir in eine Kirche, wo der weihnachtliche Gottesdienst abgehalten wurde. Es sah alles sehr merkwürdig aus. Eine richtige Kirche war es nicht, eher eine provisorisch hergerichtete Einrichtung. Der Pastor trug auch nicht die Kleidung eines Pastors, und die ganze Zeremonie hatte nichts mit der in christlichen Kirchen in Europa oder Amerika zu tun. Ich wollte aber gerne einmal erleben, wie in Asien der Gottesdienst abgehalten wird. Rekha blieb an meiner Seite, sie war ebenfalls interessiert daran zu sehen, wie ein christlicher Gottesdienst abgehalten wird. Aber nach rund einer halben Stunde sagte ich zu ihr, dass wir besser gehen. Für mich war dieser Gottesdienst irgendwie unerträglich.

Nachdem ich auch die Freunde in Nepal besucht hatte, flog ich auf dem Rückflug über Bahrain und machte dort eine Woche Urlaub. Eigentlich war ich nur deshalb in Bahrain gelandet, weil ich Samy besuchen und seine Familie kennenlernen wollte. Samy und seine Freundin Erika aus England holten mich am Flughafen ab. Ich hatte mir extra für diesen Aufenthalt einen zweiten Pass ausstellen lassen müssen, weil ich mit meinem „normalen" nicht in Bahrain hätte einreisen können. Denn er enthielt auch Einreisestempel aus Israel, und auch die Bahrainer erkennen Israel nicht an und lassen Personen mit einem israelischen Stempel im Pass nicht in ihr moslemisches Land. Na gut.

Samy und seine Freundin brachten mich zu dem Hotel, das Samy für mich gebucht hatte. Es war ein teures Hotel, aber ich dachte mir, Bahrain liegt, direkt mit einer Seebrücke verbunden, so nah an Saudi Arabien, und da ist es sicher nicht normal, dass eine allein reisende Frau in das Land kommt. Ich kannte Bahrain nicht und wusste daher auch nicht, dass es dort durchaus viele Europäer gibt, auch europäische alleinstehende Frauen. Das Zimmer war gut, und es lagen eine freundliche Begrüßungskarte und ein Teller mit Weihnachtsgebäck auf dem Tisch. Das Frühstück war ebenfalls ordentlich, und die Wachen, die auf dem Hof standen und besonders des Nachts darauf achteten, dass keine unmoralischen Dinge passierten, hielten sich vornehm zurück. Sie schauten nur.

Samy hatte sich extra ein paar Tage frei genommen, um mit mir herumzufahren und mir sein kleines Inselland zu zeigen. Viel gab es ja nicht zu sehen, manchmal musste ich mir das Lachen verkneifen, zum Beispiel, als er mir stolz den Zoo zeigte. Später einmal, als er nach Berlin kam, ging ich mit ihm in den Berliner Zoo. Da hat er dann aber gestaunt, wie viele Tiere wir dort haben.

Er fuhr mit mir auch auf der Seebrücke bis kurz vor die Grenze mit Saudi Arabien. Dort gibt es ein schönes Restaurant, wo wir zu Mittag aßen. Gemeinsam mit einer Freundin besuchten wir andere „Sehenswürdigkeiten", und wieder mit einer anderen Freundin wieder andere. Alle Damen waren sehr nett zu mir und westlich gekleidet und hatten alle anscheinend moderne Ansichten. Aber einmal hielt Samy eine der Freundinnen fest, und das war ihr unangenehm. Denn wenn nun jemand das beobachtet und ihrem Ehemann berichtet hätte, dass ein fremder Mann sie angefasst hatte, hätte sie möglicherweise Ärger bekommen. Samys Eltern haben ihn deshalb auch getadelt.

Natürlich wurde ich von den Eltern eingeladen. Und natürlich waren sie alle sehr freundlich. So wie es die Araber normalerweise in ihrem Zuhause Gästen gegenüber sind. Lara, die Mutter, hatte gekocht, und zum Essen wurde eine große Decke auf dem Boden ausgebreitet, und man setzte sich im Schneidersitz hin und aß. Ich bekam allerdings einen kleinen gepolsterten Hocker! Lara hatte sich viel Mühe gemacht mit dem Essen, es gab viele verschiedene Gerichte. Nach dem Essen fragte sie mich, welches Gericht mir am besten geschmeckt hätte. Und als ich auf das entsprechende Gericht zeigte, sagte sie leise: „Das ist ein Gericht aus Persien".

Samys Freundin arbeitete abends, sie unterrichtete Englisch. Samy und ich holten sie dann immer ab. Und dann fuhren wir in ihre Wohnung, wo Samy kochte und anschließend auch den Abwasch machte!!! Seine Freundin setzte sich nach dem Essen hin und ruhte sich aus.

Am Silvesterabend gingen wir in ein Ballhaus, wo tatsächlich kräftig getanzt wurde. Einige von Samys Freunden waren auch dort, und es war eine gesellige Runde. Um Mitternacht küssten sogar die Araber die europäischen Frauen. Wenn das die Tugendwächter gesehen hätten ...

Nicht lange nachdem ich in Bahrain gewesen war, rief Samy mich an und teilte mir mit, dass er nach Deutschland kommt. Sein Vater – ein sehr netter Mann, mit dem man sich über alles unterhalten konnte, denn er war tolerant – hatte große Probleme mit den Füßen und wollte sich in einem Krankenhaus in Frankfurt behandeln lassen. Und so kam Samy nach Berlin. Er wohnte in einer Jugendherberge im Zentrum der Stadt, und so trafen wir uns meistens in der City. Ich lud ihn, wie fast alle meine Besucher von auswärts, zum Kaffee in das Hotel Adlon ein. Das Adlon ist das 1. Hotel am Platze in Berlin. Samy war beeindruckt. Wir besuchten das Pergamon-Museum, das sich in der Nähe befindet, und auch das beeindruckte ihn. Dort sind ja auch Dinge aus seiner Heimatregion zu sehen.

Es war Januar, als Samy in Berlin war. Und im Januar findet in Berlin immer die Grüne Woche statt. Er fand die Messe toll und kaufte unter anderem für die kranken Füße seines Vaters besondere Einlagen. Ob die geholfen haben, weiß ich aber nicht. Der nette Vater ist schon vor Jahren gestorben.

Den Zoo fand er auch toll, aber was ihn am meisten beeindruckte, war Veronika. Sie hatte ihn und mich zum Essen zu sich eingeladen, und Samy sah sie und war hin und weg. Er konnte gar nicht essen, so weg war er. Für den nächsten Tag hatten wir uns verabredet. Wir wollten Veronika von der Arbeit abholen und etwas trinken gehen. Bevor wir zu Veronikas Büro gingen, kaufte er in einem Blumengeschäft einen Riesenstrauß dunkelroter Rosen. Diesen Strauß überreichte er Veronika, als sie zu uns kam. Wir gingen in zwei verschiedene Lokale, und sie schleppte den Riesenstrauß mit sich herum. Der zog nun wirklich alle Blicke auf sich.

Samy bat um ihre Telefonnummer, aber sie wollte nicht mit der Sprache heraus. Ich weiß meine Telefonnummer nicht im Kopf, meinte sie. Da sagte ihr mein Samy, sie solle seine Nummer anwählen, und das konnte sie schlecht verneinen. Nun hatte der Bursche Veronikas Telefonnummer, die er häufig anrief, auch als er wieder in Bahrain war. Aber das erfuhr ich erst später. Veronika hatte gerade eine schwere Zeit zu verarbeiten. Ihre Ehe war in die Brüche gegangen, ihr Mann hatte sie übelst belogen und betrogen. Und so war es kein Wunder, dass ihr die Liebesbekundungen und Aufmerksamkeiten eines gebildeten netten jungen Mannes wie Samy gefielen. Das half ihr über die schwere Zeit hinweg.

Und sie flog nach Bahrain, um sich mit Samy zu treffen. Sie lernte natürlich auch seine Eltern kennen und die Freunde, die ich auch kennengelernt hatte und die zu mir sehr freundlich gewesen waren.

Veronika erzählte mir später, dass die Eltern der Meinung waren, sie könne gerne die Freundin ihres Habibi sein, aber eine Ehe mit einer etwas älteren und geschiedenen Ungläubigen käme nicht in Frage. Und die Freunde, die so nett zu mir gewesen waren, wandten ihr den Rücken zu, sobald Samy sich entfernte. War er anwesend, zeigten sie dieses Verhalten nicht. Und das war auch die Zeit, in der immer auf Gisela verwiesen wurde.

Aber Samy war von Veronika fasziniert. Und seine Eltern hatten große Angst, er könne diese Ungläubige heiraten oder sogar nach Deutschland zu ihr ziehen. Das mussten sie unbedingt verhindern. Und so rief Samy mich an und bat mich, für seine Eltern in Berlin eine Unterkunft zu finden. Den wahren Grund, weshalb die Eltern nach Berlin wollten, kannte er allerdings damals noch nicht. Und ich hatte noch aus meiner früheren Zeit gute Verbindungen und konnte für die Eltern in einem Wohnheim ein nettes und günstiges Apartment finden, das auch noch in der Nähe meiner Wohnung lag. Sie kamen mit dem Zug angereist. Ich holte sie ab und fuhr sie mit meinem kleinen Auto zu meiner Wohnung, wo ich ein Essen vorbereitet hatte. Danach brachte ich sie zu ihrem Apartment in Siemensstadt. Ich holte sie jeden Tag ab, um ihnen Berlin zu zeigen, und am Nachmittag fuhr ich sie zurück.

Bei meinem Zahnarzt arbeitete zu der Zeit eine Perserin. Und so dachte ich mir, für Lara wäre es eine nette Überraschung, wenn diese Perserin uns zu einem Essen in einem am See gelegenen Restaurant begleiten würde. In der Tat war Lara sehr angetan, als Beri sich zu uns gesellte. Aber als ich uns alle mit dem Auto zum Restaurant am See fuhr, schlug Beri vor, in ein Restaurant nach Moabit zu fahren. Wahrscheinlich ein persisches Restaurant. Das lehnte ich ab, denn ich hatte in dem Restaurant am See einen Tisch bestellt.

Beri hatte sich herausgeputzt, als ginge sie zu einer Hochzeit. Sie wollte wohl Eindruck schinden. Und der Herr Doktor phil., Samys Vater, flirtete ungeniert mit der Kellnerin, obwohl seine Gattin neben ihm saß. Das macht mich immer stutzig, wenn ich Moslems sehe, bei denen die Frauen sich vorbildlich benehmen müssen, insbesondere im Umgang mit fremden Männern, während sich die eigenen Männer derart verletzend ihren Frauen gegenüber verhalten dürfen.

Als ich einmal mehrere Stunden in Doha auf dem Flughafen auf meinen Anschlussflug warten musste, setzten sich ein Araber und seine total verschleierte Frau neben mich, der Mann sprach mich immer an, aber ich tat, als hörte ich ihn nicht. Mich machte es wütend, dass der Mann eine fremde Frau anspricht, während seine eigene verschleiert still daneben sitzen muss.

Lara erzählte Beri im Restaurant am Tisch von Samys Verliebtheit zu Veronika, und dass das doch eine noch verheiratete Frau sei, die mit Samy flirtete, und Beri äußerte sich bösartig über Veronika, obwohl sie sie noch nie gesehen hatte. Das gefiel Lara, aber es gefiel ihr auch, sich am Abend von Veronika abholen und zum Potsdamer Platz bringen zu lassen, wo der Herr Doktor phil. so gerne seinen Kaffee trank. Auch machte es ihr nichts aus, dass Veronika für sie und den Doktor Reisen nach

Österreich und der Schweiz organisieren musste. DAS darf denn auch eine obszöne Ungläubige tun.

An einem Tag fuhr ich mit den beiden zum Botanischen Garten nach Steglitz. Der Garten ist so schön, man kann überall auf Bänken Platz nehmen und die Blumenpracht genießen, und das Gewächshaus mit den Orchideen ist so herrlich anzusehen. Natürlich bezahlte ich den Eintritt, und wir waren keine 200 Meter gegangen, als ich vorschlug, das Gewächshaus zu besuchen. Nein, der Herr Doktor phil. wollte da nicht hin, ihm taten die Füße weh. „Setz dich doch hier in den Schatten, während Lara und ich uns das Gewächshaus ansehen", schlug ich vor. „Nein, ich will hier nicht alleine sitzen", antwortete mir der Herr Doktor. Lara sah mich nur augenblinzelnd an, und so gab ich klein bei und fuhr die Herrschaften zurück. Wir aßen bei ihnen in ihrem Apartment, und dann fing Lara an, übelst über Veronika herzuziehen. Immer wieder betonte sie, dass man in ihrem Land eine obszöne Frau wie Veronika töten würde. Sie sagte das so häufig, dass ich dachte, das ist eine Warnung. Wenn Veronika es wagen sollte, noch einmal nach Bahrain zu reisen und Samy zu treffen, müsste sie damit rechnen, umgebracht zu werden. Und die Auftraggeberin, Lara, würde ungestraft davon- kommen, weil sie ja ihren Sohn davor bewahrt hatte, sich mit einer Ungläubigen zu verbinden.

Ich überlegte lange, ob ich Veronika davon erzählen sollte. Und dann entschied ich, dass ich es ihr sagen, sie warnen müsste. Das tat ich auch, aber ich legte mich an dem Tag auch mit Lara und Herrn Doktor an. Insbesondere Lara, denn ihr Mann sagte nicht viel dazu, obwohl ihm der Gedanke, sein Sohn könne sich mit Veronika verheiraten, auch nicht gefiel.

Sie, Veronika, habe den falschen Glauben, sie sei älter als Samy, sie sei eine unordentliche, weil obszöne Frau, eine Unanständige, die sich, obwohl noch nicht geschieden, mit einem anderen Mann einlässt.

Nun habe ich den Koran und andere Bücher über den Islam und insbesondere über Mohammed gelesen, sodass ich Lara einiges entgegnen konnte. Dass zum Beispiel die erste Frau (von insgesamt 13), die Mohammed geheiratet hatte, sogar 15 Jahre älter als er gewesen war (aber sehr reich). Und das war keine Schande gewesen. Lara stutzte kurz und sagte dann, die Frau habe Mohammed gefragt, ob er sie heiraten will. Na und? Wenn nun Veronika Samy fragt? Ich sagte ihnen, dass Veronika eine außergewöhnlich liebe Freundin, ein besonders guter Mensch sei, der sogar noch für die, die sie übelst behandelt haben, ein Wort der Verteidigung findet. Und dass ich es nicht dulde, dass sie so beschimpft wird. Und ich deshalb die Freundschaft zu ihnen, Samys Eltern, beende. Das hat die beiden denn doch getroffen, sie waren bestürzt.

Ich traf mich dennoch am nächsten Tag mit ihnen, weil ich die Dinge, die ich ihnen von mir in das Apartment gebracht hatte, abholen wollte. Wir gingen nur noch ein Stück spazieren, und der Doktor erzählte mir, wie betroffen Lara gewesen sei und wie sehr ich Veronika verteidigt habe. Und dass er gemeint hatte, dass, wenn man sie beide angegriffen hätte, ich sie wahrscheinlich auch verteidigt hätte. Der Mann hatte Recht, aber Lara konnte nicht über ihren Horizont hinaus schauen. Sie hatte sicher auch nicht bemerkt – oder doch? – dass, wenn wir in Parks spazieren gingen, alle Leute sie anstarrten, weil sie in ihrem schwarzen Schleiergewand herumlief. Wenn wir aber in ihrem Apartment ankamen, wohin ich sie manchmal begleitete, zog der Herr Doktor sich als erstes die lange Hose aus und lief in der Unterhose herum. Was soll man nun davon halten?

Eine ihrer Schwiegertöchter hasste Lara regelrecht, weil die es wagte, einer Arbeit nachzugehen, anstatt zu Hause auf ihren Herrn Gemahl zu warten, um ihm die Hausschuhe zur Tür zu bringen etc., wenn er nach Hause kam. Diese Schwiegertochter hatte ihrem Mann eine Tochter geschenkt, an der die Großeltern, also Lara und Mann, sehr hingen. Und ich sagte zu ihr, dass sie zwar diese Schwiegertochter hasst – was sie angeblich der auch ins Gesicht gesagt haben will –, dass diese ihnen aber ein schönes Geschenk gemacht habe. Lara und Herr Doktor sagen mich fragend an, sie verstanden nicht. Da sagte ich ihnen, dass diese verhasste Schwiegertochter ihnen die geliebte Enkelin geschenkt hatte. Schweigen ...

Die Romanze zwischen Veronika und Samy endete, denn es gab keine zufriedenstellende Zukunft für die beiden. Samy meldete sich zwar noch einige Male, aber die Angebetete hielt sich zurück. Zu tief waren die Verletzungen, die seine Eltern ihr zugefügt hatten. Übrigens hatte Samy immer ausschließlich europäische Freundinnen, und bis zum heutigen Tage ist er, meines Wissens, nicht verheiratet. Die Bemühungen seiner Mama haben keine Früchte getragen. Für einen Araber ist es allerdings sehr ungewöhnlich, unverheiratet zu bleiben.

PARIS

Zwischendurch haben Veronika und ich immer Kurzreisen gemacht, zwischen 5 oder 6 Tagen bis zu 11 Tagen. In Paris waren wir 5 Tage, die angefüllt waren mit Besichtigungen. Wir waren mit einem bekannten Berliner Reiseunternehmen nach Paris gefahren und wohnten ein wenig außerhalb der Stadt. Paris ist ein sehr teures Pflaster, aber die Reise war günstig. Unser Zimmer war sehr klein, man konnte sich kaum darin bewegen. Aber da wir den ganzen Tag unterwegs waren, fiel das nicht sehr ins Gewicht. Das Frühstück war typisch französisch: Eine Tasse Kaffee und ein kleines Croissant. In der Innenstadt von Paris konnte man die Preise nicht bezahlen, besonders in der Avenue Champs-Elysees. Aber wir entdeckten, dass es nur ein oder zwei Straßen seitwärts durchaus Restaurants gab, die man sich leisten konnte.

Morgens fuhren wir nach dem mickerigen Frühstück mit der Bahn in die Stadt. Auf unserer Liste standen natürlich der Louvre, dort wollten wir die berühmte Mona Lisa anschauen. Himmel und Menschen drängten sich um die Dame, die in einem recht kleinen Rahmen spöttisch – wie mir schien – auf ihre Verehrer schaute. Und wir wollten nach Versailles. Ich kann nicht sagen, welcher Palast mir besser gefiel: der von Versailles oder einer der Maharadscha-Paläste in Rajastan. Sie sind total verschieden, aber alle eben sehr prächtig. Arc de Triomphe wurde ebenso bestaunt wie der Eiffelturm. Wegen meiner Höhenangst konnte ich nicht nach oben fahren, um Paris von dort zu betrachten. Ich musste unten bleiben, während Veronika mit dem Lift nach oben fuhr. Notre

Dame war ebenfalls Pflicht, und dazu kamen die Gärten, die man entlang schlendern und die hübschen Anlagen bewundern konnte. Übrigens war alles SEHR sauber, wir haben keine Schmierereien an den Häuserwänden und keinen Müll auf den Wegen gesehen. Anscheinend lieben die Pariser ihre Stadt und halten sie deshalb sauber.

TSCHECHIEN UND ITALIEN

Ebenfalls mit dem Berliner Reiseunternehmen fuhren wir nach Tschechien. In dem Haupthaus befanden sich der Speisesaal und die Rezeption, und die meisten Gäste hatten kleine Häuser, in denen sie wohnten. Wir hatten viel Glück, denn wir bekamen ein schönes neues Holzhaus zugewiesen, in dem sich im Erdgeschoss der Wohnraum und das Bad und die kleine Küche befanden, und die beiden Schlafzimmer waren im oberen Stockwerk. So konnte Veronika ruhig schlafen.

Im Reisepreis inbegriffen waren jeden Tag Ausflugsziele. Wir nahmen aber nicht an allen teil. Eines Tages sind wir von einem Tschechen eingeladen worden, mit ihm im Auto nach Österreich zu fahren, wo er arbeitete. Wir nahmen sein Angebot gerne an. Während der Fahrt plauderten wir angeregt und achteten deshalb nicht darauf, wie lange die Fahrt dauerte. In einem Ort in Österreich verabschiedeten wir uns und sahen uns einige Sehenswürdigkeiten an. Mit einem Bus konnten wir später eine kurze Strecke Richtung Tschechien zurücklegen, aber dann mussten wir zu Fuß weiter. Die Gegend war sehr hübsch, das Wetter sehr gut. Wir marschierten lustig weiter. Aber die Strecke nahm und nahm kein Ende. Und wenn denn einmal, was sehr selten vorkam, ein Auto uns überholte, nahm es von uns keine Notiz. So mussten wir weiter marschieren. Bergauf und bergab, immer weiter. Inzwischen hatten wir Sorge, dass wir das Boot, mit dem wir einen See überqueren mussten, nicht mehr würden erreichen können, denn die Zeit der letzten Überfahrt für den Tag näherte sich gewaltig schnell.

Da half uns dann wieder mein Schutzengel. Ein Auto mit drei Tschechen kam hinter uns angefahren, der Fahrer hielt und fragte uns, ob wir mitgenommen werden wollten. Und wie gerne wir wollen. Dass wir in den nächsten Ort mussten, stand außer Frage, denn einen anderen gab es weit und breit nicht. Dankbar nahmen wir an, und die netten Herren brachten uns im letzten Moment zur Fähre.

In Italien waren wir schon, ebenfalls mit demselben Busunternehmen. Wir stiegen wieder in einem uns schon bekannten Familienhotel ab und begrüßten die Senior-Chefin. Weil wir so etwas wie Stammgäste waren, gab sie uns ein besonders schönes Zimmer mit einem großen Balkon. Auch hier wurden jeden Tag Ausflüge angeboten. Einmal ging es an einen wunderschön gelegenen See, der bestens dafür geeignet ist, dort einen längeren Urlaub zu verbringen. Und wir wurden zu einem Ort gebracht, mitten in den Bergen und ebenfalls an einem See gelegen, wo während der Nazizeit bekannte Persönlichkeiten verborgen worden waren. Eine sehr schöne Gegend, ideal um sich zu erholen. Weiter ging es nach Meran, der Stadt, die ich schon lange kannte. Dort besuchten wir einen großen botanischen Garten, in dem eine Büste der berühmten Kaiserin Sissi steht.

Eine Dolomiten-Rundfahrt wollte ich nicht mitmachen, und so fuhr Veronika mit den anderen Gästen. Ich ging derweil in den bergigen Wald und suchte Pilze. Als Kinder mussten meine Schwester und ich im Sommer und im Herbst jeden Tag in den Wald, um Pilze zu suchen. Wir fanden damals an einem Tag mindestens einen Zentner Pilze! Ja, einen Zentner! An jedem Fahrrad waren am Gepäckhalter links und rechts große Körbe angebunden, auf dem Gepäckträger war eine große Holzkiste befestigt, und zwei weitere große Körbe hingen links und rechts am Lenker. Zusammen ergaben die Pilze einen Zentner. Wir brachten die Pilze zu einer Pilzannahme-Stelle, dort wurden sie gewogen und bezahlt. Damals wollten wir nicht immer in den Wald, und eigentlich müsste das Pilze-Suchen mir verhasst sein. Aber nein, ich suche ganz besonders gerne Pilze im Wald. Besonders in der Heide, wo ich um unser schönes Haus herum jeden Baum und jeden Stein kenne und weiß, an welchem Findling ich rechts oder links abbiegen muss. Diese Stellen kannte ich in Italien nicht, aber meine Pfifferlinge fand ich trotzdem. Es waren eine ganze Menge.

Auf unserem Balkon putzte ich die Pilze, und als wir zwei Tage später abreisten, gab ich Veronika einen Teil davon mit für ihre Mutter. Die soll – laut Aussage von Veronika – gesagt haben, dass es viel zu wenige Pilze sind. Nun ja, SIE musste ja auch nicht in dem steilen Wald herumrutschen, um die Pilze zu suchen. Und außerdem, wenn man nur eine geringe Menge geschenkt bekommt, soll man dankbar sein. Man kann sie trocknen und später zu den Soßen geben, die man zubereiten will. Da geben schon wenige Pilze der Soße einen guten besonderen Geschmack.

DÄNEMARK, SCHWEDEN, FINNLAND, NORWEGEN

Eine elftägige Reise mit unserem schon bekannten Reiseunternehmen führte uns bis zum Nordkap. Zunächst ging es nach Kopenhagen, und dort statteten wir der kleinen Meerjungfrau einen Besuch ab. Sie ist wirklich klein, die Dame. Kopenhagen, wo wir die erste Nacht verbrachten, kannte ich ebenfalls schon von einem früheren Besuch. In Schweden wohnten wir auch in der Hauptstadt. Wir besuchten den Königspalast in der Hoffnung, unsere deutschstämmige schwedische Königin Silvia zu sehen. Aber die ließ sich nicht blicken. Nur ihr Wachbataillon stellte sich zum Fotografieren in Position. Stockholm liegt fast im Wasser, könnte man meinen. Ich kenne keine andere Stadt, die so von Wasser umgeben ist wie diese Stadt.

An einem besonders schönen sonnigen Tag kamen wir schon recht zeitig an unserem Bestimmungsort an, und weil es so schön dort war, wollten wir den Nachmittag an dem blauen klaren Fluss verbringen. Aber wir hielten es keine fünf Minuten aus. Millionen von Mücken belagerten uns und machten uns den Aufenthalt im Freien unmöglich. Aber wir haben ja immer unsere Karten dabei. Wenn es langweilig wird, werden die Karten gemischt. Und ich kann mir so viel Mühe beim Mischen geben wie ich will, die 8 Joker im Spiel wandern immer zu Veronika, manchmal alle 8 in einem Spiel. Ich führe immer eine Statistik, wenn wir Karten spielen, und so ist es statistisch bewiesen, dass Veronika immer mindestens doppelt so viele Joker im gesamten Spiel hatte wie ich. Als wir einmal in Paraguay waren und Karten spielten, meinte meine liebe Veronika: „Auf meine Joker kann ich mich verlassen". Ich kann nicht behaupten, dass mir diese Aussage gefiel! Nur in einem Spiel bin immer ich die Gewinnerin: Wenn wir „Stadt, Land, Name, Fluss" spielen. Da bin immer ich die Siegerin. Aber dieses Spiel will Veronika NICHT mit mir spielen!

Dann kamen wir in Helsinki an. Vor der weißen, ein wenig erhöht erbauten Kathedrale befindet sich ein großer Platz mit vielen Bänken und Blumenbeeten. Ich saß dort auf einer Bank in der Sonne und genoss die Aussicht, als ein Leierkasten-Mann anfing, ein Lied zu spielen. Ein Lied, das ich schon tausend Mal gehört habe, aber bei dem ich immer wieder weinen muss, weil es so traurig ist. Der Mann spielte auf seinem Leierkasten das Wolga-Lied, und er sang dazu den Text auf Deutsch. Ich sang ihn leise mit, und eine Dame, die in meiner Nähe saß und das sah, lächelte. Als der Leierkasten-Mann sein Lied zu Ende gesungen hatte, ging ich zu ihm, um ihm meinen Euro zu geben. Und dabei fragte ich ihn, woher er denn so gut Deutsch könne. Er könne kein Deutsch, aber „dieses Lied MUSS man auf Deutsch singen", sagte er. Das stimmt wohl, denn in keiner anderen Sprache kommt die Traurigkeit des Textes so gut zum Ausdruck.

Wir sahen uns einige weitere Gebäude und Sehenswürdigkeiten an, und am nächsten Tag ging es nach Norwegen. Alle Hotels in Kopenhagen, Stockholm und Helsinki waren schöne Mittelklassehotels, und unsere Zimmer waren immer hübsch. Ganz besonders vorzüglich waren die Frühstücksbuffets in allen diesen Häusern. Allein das wäre ein Grund, noch einmal diese Reise zu tun. Das Hotel in Norwegen nahe am Nordkap war ein altes Hotel, alle Räume sahen dementsprechend aus. Aber sie waren sauber und es war gemütlich und warm. Das Frühstück fiel auch weniger üppig in dem kleinen Hotel aus, aber es war in Ordnung. In der Nacht sind wir dann mit dem Bus zum Nordkap gefahren. Es war Sommer und es sollte eigentlich die ganze Nacht über hell sein, aber wir hatten Pech. Es war sehr neblig, wir haben fast nichts gesehen. Aber egal, wir waren an dem Ende der nördlichen Welt angekommen, wo es weiter nördlich nichts mehr gibt. Sagt man.

Auf der Rückreise sind wir von Finnland nach Stockholm mit einer riesigen Fähre gefahren. Wir hatten eine vier-Bett-Kabine, die klein war, aber sie beinhaltete alles, was man brauchte. Jeder hatte sein gutes Bett, einen winzigen Kleiderschrank etc. und es gab ein kleines modernes Bad. Die Fähre hatte eine ganze Etage nur für Kinder. Höhlen, Spielplätze, Spieltische, was man sich nur denken kann, alles für Kinder war bestens ausgestattet. Aber am überwältigsten war das Frühstücksbuffet:

Auf einer Königshochzeit kann das Frühstücksbuffet nicht reichhaltiger, ausgewählter und besser sein. Es gab nichts, das fehlte. Dutzende verschiedene Käsesorten, Dutzende verschiedene Wurstwaren, Dutzende verschiedene Fischgerichte. Milchiges, Süßes, Gemüse, Obst, Brot und Brötchen, Kuchen, Joghurts und Pudding, Cornflakes und Flocken, und und und. Und was mich dann schockierte, war, dass alle diese Reste, die auf dem Buffet gestanden hatten und nicht gegessen wurden, diese Esswaren, die eine Kleinstadt in Schwarzafrika hätten ernähren können, wurden nach dem Frühstück im Kattegat verklappt. Eine Sünde, wie ich finde. Aber wohl gemäß der europäischen Essensreste-Verordnung weggeworfen.

HOLLAND

Als ich in Österreich das erste Mal auf Skier gestanden hatte, waren die meisten der anderen Ski-Lehrlinge Holländer gewesen. Allesamt sehr nette Menschen. Aber ich bin nur einmal kurz in Holland selbst gewesen. Nämlich damals, als ich meine Freunde in Köln besuchte und sie mit mir zuerst zu Hannelores Elternhaus in Ahaus gefahren waren, wo ihr Bruder mit Familie lebt, und wir dann gemeinsam alle einen Ausflug nach Holland gemacht haben. Wir gingen über einen großen Markt, auf dem es alles zu essen gab, was das Herz begehrt. Dort aßen wir auf dem Marktplatz zu Mittag. Dieser Tag war so schön, dass er mir für immer in Erinnerung bleiben wird.

Wir machten nach der Rückkehr noch einmal Station in Hannelores Elternhaus. Ihr Bruder hat das Haus wunderbar modernisiert, und sein Garten ist einer der schönsten, die ich je gesehen habe. Weitläufig, an drei Seiten von hohen Bäumen umgeben, davor etwas niedrigere blühende Büsche, davor noch niedrigere und so weiter. Blühende Blumen überall. Es ist eine Freude für die Augen, alles zu schauen.

POLEN

In Polen bin ich zum ersten Mal um das Jahr 1990 gewesen. Mit Bekannten, die aus Polen stammten, waren wir nach Swinemünde gefahren, einer Stadt an der deutschen Grenze. Diese Stadt war einmal eine deutsche gewesen, bis ein gewisser Hitler einen Weltkrieg begann und Deutschland einen Teil seines Landes verloren hatte.

Ich selbst bin noch im heutigen Polen geboren, aber es hatte mich eigentlich nie interessiert, meinen Geburtsort zu sehen. Nun ist es heute einfach, von Deutschland nach Polen oder andere europäische Länder zu reisen. Und in Berlin gibt es mittlerweile sehr viele polnischstämmige Menschen, viele von ihnen sind sehr nette Leute. Und so kam mir die Idee, dorthin zu reisen, wo meine Wurzeln sind. In einem Reisebüro bei einer polnischen Mitarbeiterin erkundigte ich mich. Dann erzählte ich meiner Cousine davon, und erst jetzt erfuhr ich, dass auch sie noch in demselben Ort zur Welt gekommen war wie ich. Auch sie war sehr daran interessiert, ihren Geburtsort zu besuchen.

Marlies kümmerte sich um alles. Wir wollten mit dem Auto fahren, damit wir beweglicher sind. Also setzte sie sich mit dem ADAC in Verbindung, und dort arbeitete man für sie eine gute Reiseroute aus. Auch buchte Marlies die Zimmer für die Orte, in denen wir übernachten würden. Sie hat das alles sehr gut bewerkstelligt.

Marlies und ihr Mann holten mich in Berlin ab, und dann fuhren wir nach Polen. Wir übernachteten in zwei verschiedenen Orten, bevor wir in Stolp ankamen. Stolp, unsere Kreisstadt. In meinem Pass steht als Geburtsort „Holzkathen/Kreis Stolp". Heute heißt die Stadt natürlich anders, unaussprechlich für meine Zunge. Aber die Stadt ist hübsch. „Paris des Ostens" soll sie einst genannt worden sein. Gut möglich, denn es gibt schöne und gepflegte Anlagen, in denen man spazieren kann. Es scheint so, als ob die Polen allesamt gerne blühende Blumen und

Parks um sich haben. An einigen alten Gebäuden sind noch farbige Zeichnungen und diverse Sprüche in deutscher Sprache zu sehen.

Dann fuhren wir in den Ort, in dem Marlies und ich geboren wurden. Es soll einst um die 2.000 Einwohner gegeben haben in dem Ort, der sehr langgezogen erscheint. Unserem Großvater soll der größte Hof im Ort gehört haben, „Grünhof" hieß er. Wir wollten gerne die Stelle sehen, an dem dieser „Grünhof" gestanden hat. Niemand in dem Dorf schien Deutsch zu sprechen, aber in dem Restaurant, das es dort gab und in dem wir zu Mittag aßen, schrieb ich meinen Mädchennamen auf einen Zettel und den Namen unseres Großvaters. „Klucken", meinte eine der Angestellten des Restaurants. So heißt ein Nachbarort, und so ähnlich war der Name meines Vaters. Ich erinnere mich, dass meine Eltern und Opa oft von Klucken gesprochen haben. Vielleicht sind sie am Wochenende immer dorthin zum Tanzen gegangen. Die beiden Mädchen im Restaurant zogen einen anderen jungen Mann zu Rate, der kam und mir aufzeichnete, wie wir fahren mussten, um zu einer Frau zu gelangen, die eine Deutsche war und die Deutsch sprach und sich vielleicht noch an einige Personen aus der damaligen Zeit erinnern konnte. Und wir fanden diese Frau. Irma hieß sie.

Und Irma beschrieb uns, wo sich einst der alte Friedhof befunden hatte, wo Opas Grünhof gestanden hatte – an dessen Stelle es jetzt ein anderes Gebäude gab – und dass sie die schönen alten schmiedeeisernen Kreuze vom alten Friedhof geholt hatte, um sie vor Diebstahl zu retten und sie für die Zukunft zu bewahren. Sie kümmerte sich ehrenamtlich um verschiedene Dinge, die zur Erinnerung an die Deutschen der damaligen Zeit gedacht waren, und dass es nicht einfach war, alle diese Dinge zu leisten. Denn was sie benötigte, war teuer. Und vom Staat oder den Polen kam kein Geld. Ich spendete ihr augenblicklich 100,- EURO, die sie für ihre Mühe und zum Kauf von Farben etc. verwenden konnte. Meine Cousine und ihr Mann schenkten ihr auch noch Geld. Damit kam sie dann erst einmal eine ganze Weile weiter.

Wir fuhren, auf meinen besonderen Wunsch, nach Klucken. Dorthin sind unsere Eltern also oft gefahren oder gegangen. Vor Klucken gibt es einen alten Friedhof, den wir besuchten. Wir hätten gerne das Grab unserer Großmutter gefunden, aber das hatte sich wohl auf dem alten Friedhof befunden, und der war zugewachsen. Aber ich fand dort ein Bruchstück eines Grabsteines, und darauf war noch der Name zu erkennen, der mein Mädchenname war. Ich nahm dieses Bruchstück mit nach Berlin. Und auf dem Friedhof vor Klucken fanden wir ein Grab, auf dem der Name „Otto Proy" stand. Das war auch der Name unseres Großvaters. Aber unser Großvater starb erst in den 1970er-Jahren, und der Otto Proy auf dem polnischen Friedhof starb 1960. Es war vielleicht ein Onkel unseres Großvaters gewesen, der dort vor Klucken begraben lag. Auf einer Säule zum Gedenken an die Gefallenen des 1. Weltkrieges, die sich auf dem Friedhof befand, fand ich zweimal den Namen meines Vaters. Wir hatten wohl mehrere Verwandte dort gehabt.

Ungefähr 10 Kilometer von unserem Geburtsort entfernt gibt es einen Naturpark mit Wanderdünen. Wir sind dorthin gelaufen, es war anstrengend. Besonders die hohen Dünen hoch und runter, und immer wenn wir oben auf einer Düne angekommen waren und dachten, wir können das Meer sehen, fanden wir eine weitere hohe

Düne vor uns. Aber schließlich gelangten wir doch ans Wasser, und der Anblick entschädigte für die Mühe. Ich habe ein altes Foto zu Hause, auf dem meine Eltern an eine Düne gelehnt im Sand liegen. Hier war das also. Hier haben meine Eltern und Großeltern und die Tanten und Onkel gelebt. Wir sind durch einen Wald zurückgegangen zum Parkplatz, wo unser Auto stand. Und ich konnte verstehen, weshalb meine Eltern und Opa sich in der Heide wohl gefühlt haben. Dort in der Heide hatten wir die großen, im Sommer rot blühenden Heideflächen, in Holzkathen in der Nähe die Dünen und das Meer, aber der Rest der Landschaft sah sehr ähnlich aus.

Auf der Rückreise nach Berlin machten wir Halt in Swinemünde. Es gibt dort einen langen, schönen Strand. Ich stand oben auf der breiten Promenade und blickte auf den voll besetzten hellen Sandstrand. Es ist schön dort, sehr schön. Und ich war wütend auf den Adolf Hitler aus Österreich, der sich erdreistet hatte, sich als Führer über Deutschland aufzuspielen. Und ich war wütend auf die Deutschen, die „Ja" gebrüllt hatten, als dieser Hitler sie auf einem riesigen Platz von der Tribüne aus fragte: „Wollt ihr den totalen Krieg?" „Ja", hatten die dummen Deutschen gebrüllt. Und dann so viel verloren. Mein Großvater zum Beispiel seinen geliebten „Grünhof" mit den vielen Pferden. Opa und unsere Eltern haben ihr Land nie mehr gesehen, wir Kinder, die noch dort geboren wurden, konnten es besuchen.

In dem Hotel in Swinemünde, in dem wir zwei Tage wohnten, konnte man wunderbar zu Abend essen. Es gab neben Brot und Wurst und Käse viele verschiedene Salate. So leckere Salate, wie ich sie selten gegessen habe. Ich hatte keine Ahnung, wie gut die polnische Küche ist.

Als wir wieder in Berlin waren und noch bei einer Tasse Kaffee und einem Stück Kuchen zusammen saßen, fragte Heinz, Marlies Ehemann, ob sich denn nun diese Reise gelohnt habe. „Ja", unbedingt", war die einhellige Meinung von Marlies und mir.

Im Jahr 2018 hatte mir eine Nachbarin, die viel liest, ein Buch gegeben von Leon Uris mit dem Titel „Mila 18". Es handelt von den Juden in Polen vor dem 2. Weltkrieg und insbesondere vom Warschauer Getto. Ich las das Buch und es ging mir unter die Haut. Nun kenne ich persönlich viele Juden, und alle sind sie für mich sehr liebe Menschen. Vielleicht hat mich das Buch deshalb so berührt. Jedenfalls entschied ich danach, dass ich nach Warschau reisen will, um mir die Reste des Gettos anzusehen. Und im Sommer 2019 bin ich mit einem Bus nach Warschau gefahren. Die nette polnische Reisebüro-Mitarbeiterin, die mich immer sehr gut bedient hat, buchte mir ein Hotel in der Innenstadt, von wo aus ich gut zu Fuß alle die Orte erreichen konnte, die ich gerne sehen wollte.

Das Hotel kann mithalten mit allen guten Mittelklasse-Hotels in Deutschland, aber das Personal sprach kein Deutsch, nur Englisch. Also musste ich draußen oft Passanten ansprechen. Einige von denen, die ich ansprach, sprachen Deutsch und antworteten mir bereitwillig. Nur die eine oder andere Frau beachtete mich nicht. Aber besonders die Liebenswürdigkeit der jungen Polen fiel mir auf. Fragte ich etwa nach dem Weg, zogen sie augenblicklich ihre Smartphones aus der Tasche und zeigten mir, wie ich gehen müsse. Alle. Alle diese jungen Polen waren außerordentlich hilfsbereit. Es machte auch nichts, wenn ich nachfragte und sie mehrere Minuten brauchten, bis ich zufrieden war mit der Antwort. Ihr lieben, netten, jungen Polen, ihr habt mir sehr gefallen.

Bei der Touristeninformation holte ich mir das, was ich für meine Wege benötigte. Dieses Informationsmaterial war sehr ausführlich und informativ. Und so konnte ich mich auf den Weg machen. Alles habe ich zu Fuß erkundet, nur für die Rückfahrt zum Bahnhof bestellte ich mir ein Taxi. Nun bin ich gut zu Fuß, weil sehr geübt. Aber die Wege waren weit, und das, was ich sah, trug mit dazu bei, dass ich erschöpft war. Am ersten Tag wollte ich mir das Holocaust-Museum ansehen und kam an einem umzäunten Gebäude vorbei, auf dessen Hof es so etwas wie ein Mahnmal gab. Ich wollte zuerst weitergehen, weil dieses Gebäude nicht auf meiner Liste stand, aber es war in Wirklichkeit das Haus, das mich am meisten betroffen gemacht hat. Es kamen zwei junge Frauen mit kleinen Kindern vorbei, und ich fragte sie auf Englisch, was das für ein Gebäude sei. „Das ist das Pawiak-Gefängnis", sagten sie mir. Aber das sagte mir auch nichts, obwohl es in dem Informationspapier aufgeführt war. Es erinnerte mich auch nicht an das, was ich in dem Buch „Mila 18" gelesen hatte. Aber dann dachte ich, wenn ich schon hier stehe, dann kann ich mir das Haus auch ansehen.

Und so betrat ich das ehemalige Männer-Gefängnis. Es kostete an dem Tag, an dem ich dort war, keinen Eintritt. Und ich sah die winzigen Zellen, in denen vielleicht zwei Gefangene überleben konnten. Zwei Diebe oder Mörder. Aber auf Tafeln konnte ich lesen, wie viele Personen zur Hitler-Zeit in einer solchen winzigen Zelle untergebracht waren. Acht bis 10 Männer. Folter muss das gewesen sein. Und ich betrachtete die unter Glas ausgestellten Original-Dokumente, die die Angehörigen verstorbener Juden dem Museum zur Verfügung gestellt hatten. Da lagen Postkarten aus dem Lager Auschwitz und Telegramme an Familienangehörige, auf denen stand, dass „Ihr Sohn – es folgte der Name – am soundsovielten verstorben ist". UMGEBRACHT WORDEN IST, hätte es heißen müssen.

Es folgten Essensmarken, Personal-Dokumente, Anweisungen der Gefängnisleitung und der Wehrmacht. Und immer wieder Telegramme, in denen den Angehörigen mitgeteilt worden war, dass ihr Kind oder Mann oder Vater „gestorben" sei. Besonders übel stießen mir die etwa 2 mal DIN-A-4 großen grell-pink-farbigen AUFRUFE oder MITTEILUNGEN der Regierung auf, in denen den Juden schlimmste Verbrechen vorgeworfen wurden. Da hatte doch tatsächlich einer ein Stück Brot geklaut vor lauter Hunger, weil man den Juden kaum Nahrungsmittel-Karten gab. WAS war das schon gegen die Gräuel, die die Nazis begingen zu der Zeit an den Juden. Mir war übel und ich konnte die Tränen nicht zurückhalten. Am Abend ging es mir sehr schlecht. Ich lag im Bett und konnte mich nicht bewegen, weil wenn ich es tat, sich alles um mich herum drehte. Ich dachte im Ernst daran, einen Arzt rufen zu lassen. Aber dann bin ich eingeschlafen, und am anderen Morgen ging es mir etwas besser.

Dann besuchte ich das eigentliche Museum, das ich sehen wollte. Es hat mich aber nicht so berührt wie das Gefängnis-Museum. Ganz in der Nähe des Museums gibt es die Gedenkstätte, an der Willy Brandt im Jahre 1970 auf die Knie gefallen ist und die Juden in aller Welt um Vergebung für die Verbrechen der Nazis an ihnen gebeten hatte. Damals fand ich den Kniefall etwas übertrieben, aber nachdem ich all das gesehen hatte, was ich bis dahin nicht gesehen hatte, musste ich zugeben: Willy Brandt, das hast du richtig gemacht.

Ich wollte das Haus Mila 18 sehen, und ich fragte einen jungen Mann, wie ich dort hinkomme. Er antwortete mir auf Deutsch, dass ich an der nächsten Straßenkreuzung ein Stück nach links gehen müsse, um die Straße überqueren zu können, um dann wieder nach rechts zu gehen. Ich fand das Haus Mila 18, aber natürlich ist es nicht das Originalhaus und es steht auch nicht an der einstigen Stelle. Es gibt überhaupt nichts mehr vom Getto zu sehen, bis auf zwei kleine Mauerstücke. An dem einen hat ein früherer israelischer Präsident einen Kranz niedergelegt, darauf weist eine kleine Tafel hin. Ein etwas größerer Mauerteil befindet sich dort, wo jetzt das oberste Gericht des Landes steht. Und ebenfalls in unmittelbarer Nähe des Gerichtsgebäudes hängt ein Schild an einem Haus. Dort war der Ausgang der Kanalisation gewesen, durch die sich die letzten wenigen Juden aus dem Getto gerettet hatten.

Nachdem alle Juden aus dem Getto vertrieben und deportiert worden waren, haben die Nazis das Gelände des ehemaligen Gettos dem Erdboden gleichgemacht. Nichts, aber auch nichts – bis auf diese zwei kleinen Mauerstücke – blieb erhalten. Heute gibt es in der Stadt eine große Stadtmauer, die aussieht, als sei sie vor Hunderten von Jahren erbaut worden. Aber ein Taxifahrer erzählte mir, dass diese hohe, dicke Mauer aus den aufgefundenen und noch verwertbaren Ziegelsteinen der Mauer und der Häuser des Gettos errichtet wurde.

In der Nähe der Mila 18 befindet sich die Erinnerungsstätte an den Ort, von dem aus die Juden in Eisenbahnzügen nach Auschwitz und in die anderen Konzentrationslager gefahren wurden. Es gibt natürlich auch dort keine Originale mehr, nur die Tafel, auf der man lesen kann, woran hier erinnert wird.

Am letzten Tag besuchte ich einen riesigen Park, in dem das Denkmal für den polnischen Komponisten Frederic Chopin steht. Rund um das Denkmal, vor dem sich ein kleiner See befindet, stehen auf dem grünen gepflegten Rasen viele Bänke und Stühle. Ein hübscher Ort, um die Ruhe zu genießen. Außerdem gibt es in der weitläufigen Anlage einige kleine Cafés, wo man Kaffee trinken und leckeren Kuchen essen kann.

Auf dem Weg zurück zum Hotel kam ich an einem lebensgroßen Denkmal vorbei. Es ist Ronald Reagan, an den man hier erinnert. Und mir fiel auf, dass es in diesem Teil Warschaus viele schöne alte Villen gibt. Ich denke mir, dass diese Villen die Wohnstätten der Nazi-Größen in Warschau waren und die deshalb nicht zerstört wurden.

TUNESIEN
1997

Ich wollte wieder einmal eine nicht so große und teure Reise machen, und so buchte ich eine organisierte Reise nach Tunesien. Es ging nach Hammamet, im Frühling. 3 Wochen kosteten dann das, was diese Reise normalerweise für 2 Wochen gekostet hätte. Das gewählte Hotel war nicht schlecht, das Essen gut, das Zimmer nett. Es gab einen Pool in der Anlage und ausreichend Liegen für die Gäste, die nicht an den Strand wollten. Am Strand war es bereits voll mit Gästen und außerdem wurde man dort von jungen Männern unentwegt belästigt. Diese jungen Männer suchten und fanden offenbar auch immer Damen, die bereit waren, sie auszuhalten. Ich bemerkte eine ältere, einfache und offenbar nicht vermögende Frau, die morgens vom Frühstücksbuffet Esswaren einsteckte, die sie dann ihrem Auserwählten zukommen ließ. Wenn ich manchmal am Strand entlang ging, belästigten mich immer einige dieser jungen Männer, was sehr störend war. Die Touristen-Polizei, die dort hin und wieder auftauchte, musste man einfach informieren, damit vielleicht etwas Besserung einkehrte. Viel hat es aber nicht gebracht.

Der Strand in diesem Touristenort war übersät mit Unrat. Die Fischer, die ihre Boote dort mit Lackfarbe überstrichen, warfen die leeren Büchsen einfach fort. So wie die Türken zum Beispiel in Kusadasi die Reste ihrer geschlachteten Schafe einfach am Schlachtort wegwarfen oder liegen ließen. Islamische Leitkultur – wie das Messertragen junger moslemischer Männer.

Als ich einmal den Basar besuchte, forderte ein junger Mann mich in akzentfreiem Deutsch auf, seinen Laden zu besuchen. Ich sagte ihm: „Nein danke" und ging vorbei. Da rief er mir hinterher: „Das ist eine Beleidigung." Was für eine Beleidigung wäre es erst gewesen, wenn ich den Laden betreten und dann nichts gekauft hätte!

Weil ich drei Wochen Urlaub gebucht hatte und es nicht mehr gewohnt war, so lange Zeit an einem Ort zu bleiben, fuhr ich mit dem Bus nach Tunis und von dort an einen Küstenort. In einem netten kleinen Haus kam ich unter und konnte mir die dortige Umgebung ansehen. Aber nach drei Tagen kehrte ich nach Hammamet zurück und traf dort ein Ehepaar aus Wilhelmshaven an, das dort jedes Jahr um diese Zeit seinen Urlaub verbringt. Mit diesem Ehepaar blieb ich bis zum Ende meines Urlaubs zusammen.

MAROKKO
1998

Im folgenden Jahr bin ich wieder mit einer Touristengruppe verreist, nach Marokko. In Agadir befand sich unser Hotel. Ein einheimischer Führer war mit uns fast jeden Tag unterwegs, um uns einige Sehenswürdigkeiten zu zeigen. Und es gab in Marokko mehr zu sehen als in Tunesien. So fuhren wir nach Marrakesch, der Königsstadt, wo wir den königlichen Palast bewunderten – von außen. Wir gingen zu dem riesigen Platz, wo man Schlangenbeschwörer, Feuerschlucker und alles Mögliche sehen kann. Unser Reiseleiter führte uns die engen Gassen entlang, und man musste aufpassen, dass man nicht den Anschluss an die Gruppe verlor. Es gab viel zu sehen, aber wenn man alleine zurückblieb, war man sofort von mehreren Kindern umringt, die einen nicht vorbei lassen wollten. Vorsicht war geboten. Ich dachte damals, im Notfall wäre ich gezwungen, auf die Kinder einzuschlagen.

Unser Hotel war angenehm, nette Zimmer, gutes Essen im großen aber freundlichen Speisesaal. Es gab in dem Hotel nicht nur europäische Gäste, sondern auch arabische. Toll war es zu beobachten, wie arabische Väter ihre Söhne erziehen: überhaupt nicht. Ein Junge, vielleicht 6 Jahre alt, verschmierte das Essen auf der weißen Tischdecke, schmiss Lebensmittel auf den Boden und in Richtung anderer Gäste, und als die Eltern ihr Prinzchen endlich aus dem Saal führten, sah ihr Platz aus wie ein Schlachtfeld. Einen solchen Platz hatte ich zuvor nie gesehen, weder in einem Hotel noch in einem Restaurant.

Wen diese arabischen Gäste störten, der konnte in eines der zum Hotel gehörenden Restaurants gehen. Dort gab es auch Alkohol an der Bar. Das Essen dort war teuer, und ich gönnte mir diesen Luxus nicht. Eines Tages ging ich auf einen Berg in der Nähe, um von dort oben die Aussicht zu bewundern. Dort soll es vor vielen Jahren ein schweres Erdbeben gegeben haben, das viel von Agadir zerstörte.

Ein junger Mann gesellte sich zu mir und erzählte, während wir den Berg hinauf wanderten, dass seine Familie bei dem Erdbeben fast komplett getötet worden war: seine Stimme stockte vor lauter Tränen. Auf die Tränendrüsen drücken hilft wohl, mehr Geld einzufahren. Er erzählte mir, was es dort oben auf dem Berg alles zu sehen und zu erwerben gibt, und als wir dort am Eingang ankamen, wollte er Geld von mir für die „Führung". Ich hatte ihn nicht um diese Führung und seine Bemerkungen gebeten und war nicht gewillt, ihm Geld zu geben. Also sagte ich zu ihm, er solle bitte am Eingang warten, bis ich zurückkomme. Ich wollte gerne alleine sein und mich umschauen. Er wartete also am Eingang. Und als ich oben war und mir alles, was es da oben anzuschauen gab, angesehen hatte, begab ich mich ans andere Ende des Berges, außerhalb seiner Sichtweite, und drückte mich unter einem Zaun hindurch auf den Weg, der zurück in die Stadt und die Freiheit führte. Und wenn der junge Marokkaner nicht gestorben ist, dann wartet er vielleicht noch heute dort.

ECUADOR
1999

In diesem Jahr wollte ich nach Peru reisen, als mir israelische Freunde erzählten, dass es sich lohne, zuerst nach Ecuador zu reisen. Also buchte ich einen Flug mit der spanischen Fluggesellschaft IBERIA nach **Quito**, der Hauptstadt des südamerikanischen Landes, das ich besuchen wollte. Quito liegt in einer Höhe von 2850 Metern in den Vorläufen der Anden. Die Stadt wurde auf den Fundamenten einer alten Inka-Siedlung errichtet und es gibt eine schöne Altstadt mit Häusern aus der Kolonialzeit.

Ich musste mich in Quito erst an die Höhenluft gewöhnen, was mir allerdings schnell gelang. Die Stadt ist zwar voller sehenswerter Gebäude und Parks. Aber ich wollte nicht in einer Großstadt bleiben, ich wollte das Land bereisen. Trotzdem blieb ich ganze 5 Tage dort, weil mein Gepäck nicht angekommen war. Als es auch nach 5 Tagen noch nicht eingetroffen war, ging ich ins Büro von IBERIA, und dort gab man mir Geld, damit ich mir ein wenig Kleidung zum Wechseln etc. kaufen konnte. Meinen Koffer habe ich erst 6 Wochen später wieder in Empfang nehmen können, nämlich direkt vor der Rückreise nach Deutschland.

Von Quito kann man leicht nach **Mitad del Mundo** fahren. Dort ist eine etwa 15 bis 20 Zentimeter breite Linie auf den Boden gezeichnet, die den Äquator darstellt. Ich habe mit einem Fuß auf der nördlichen und mit dem anderen auf der südlichen Halbkugel der Erde gestanden. Das ist ein nettes Gefühl.

Ich hatte mir wegen meiner fehlenden Sachen unter anderem ein paar Badelatschen gekauft, die ich zuoberst in meinen Rucksack gelegt hatte. Als ich nun Quito verlassen und weiterreisen wollte, hatte ich auf dem Busbahnhof meinen Platz im Bus ausgesucht und meinen Rucksack dort abgelegt und stieg wieder aus, um eine Zigarette zu rauchen. Ein hinkender junger Bettler schlich um die Busse herum, und nach einiger Zeit stieg er in meinen Bus. „Nun hat er genug Geld erbettelt, um sich die Fahrkarte leisten zu können", dachte ich. Falsch gedacht, Frau Müller.

Der Bettler setzte sich auf die Bank hinter meiner, und obwohl ich meinen Rucksack immer im Blick hatte – wie ICH dachte –, war es dem Mann gelungen, unbemerkt die Hand in meinen Rucksack zu stecken und sich einige Dinge daraus herauszuziehen. Denn er verließ nach kurzer Zeit wieder den Bus und eilte davon. Plötzlich konnte er richtig schnell hinken ...

Ich stieg in den Bus und setzte mich auf meinen Platz. Aus irgend einem Grund öffnete ich meinen Rucksack, und da sah ich oben auf meinen Sachen Krümel liegen. Ich hatte mir zuvor eine Schachtel mit Keksen gekauft, die ich noch nicht geöffnet hatte. Und nun lagen Krümel dort. Ich schaute genauer nach und stellte fest, dass mein roter Anorak fehlte, die neuen Badelatschen, die ich mir gerade gekauft hatte, und die Kekse für unterwegs.

Der lahme Bettler hatte mich beklaut, und das vor meinen Augen.

Ich hatte schon fast keine Kleidung wegen des fehlenden Koffers, und nun war ich auch noch um den Rest beklaut worden. Ach ja, du bist in Südamerika, sagte ich mir. Von da an passte ich genauer auf meine Sachen auf.

Einige Zeit später, der Bettler schlich wieder um die Busse herum, war er in Begleitung eines anderen Mannes und kam in meine Nähe, und ich sagte, er solle verschwinden, hier gäbe es nichts mehr zu stehlen. „Das ist ein Priester, ein heiliger Mann", empörte sich der Begleiter des Bettlers. „Ja ja, einer der klaut", war meine Antwort. Die beiden entfernten sich, und es kam keine Polizei, um mich wegen der Beleidigung eines heiligen Priesters festzunehmen. Aber ich hatte inzwischen bei der Polizei Anzeige erstattet.

Ich fuhr dann endlich mit dem Bus Richtung Norden. An den Namen der Stadt kann ich mich nicht mehr erinnern, aber es war eine nette Stadt. Auf den Marktplätzen verkauften die Indios ihre handgefertigten Sachen, und an den kleinen Marktständen roch es appetitlich nach Essbarem. Ich ging um den ganzen Markt herum und landete an einem kleinen Kiosk, der vielleicht 2 Meter breit war. Eine Holzlatte, die die Bank sein sollte, lag vor einem Tresen, der als Esstisch diente, und dahinter kochte eine Indio-Frau ihr lecker duftendes Gericht. Ich bestellte eine Portion, und dann setzte sich ein anderer Indio neben mich und fragte, woher ich denn käme.

Ich antwortete ihm, dass ich aus Deutschland komme, und da redete er in Deutsch weiter. In Deutschland hatte er einige Zeit gearbeitet und war jetzt wieder nach Hause zurückgekehrt. Inzwischen hatte die Köchin mir mein Essen vorgesetzt, und der Mann sagte: „So etwas isst man in Deutschland nicht", und zeigte auf mein Essen. „Nein", antwortete ich ihm, „so etwas essen wir in Deutschland nicht. Aber es roch so gut, als ich hier vorbei kam, und deshalb habe ich es mir bestellt". Er übersetzte meine Antwort der Köchin, und die lächelte beglückt. Ein Lob aus Deutschland hatte sie vielleicht noch nie zuvor bekommen.

Eigentlich hatte ich im Norden Ecuadors mit einem Zug, den es dort geben sollte, nach Westen fahren wollen. Aber als ich dort war, gab es keinen Zug, mit dem ich hätte fahren können. Also musste ich mich wieder in einen Bus setzen. Die Busse in Ecuador sind nicht gerade bequem. Aber, was ein Mensch aus Ecuador tun muss, kann ich auch ertragen. Und so fuhr ich denn Richtung Westen, in die Stadt mit dem schönen Namen **Esmeralda.** Die Stadt Esmeralda, Smaragd also, war aber keineswegs ein Edelstein der Städte. Im Gegenteil. Die Straßen waren alle schlammig und schmutzig, und zu sehen gab es für mich auch nichts. Also fuhr ich schnell weiter.

In einer Herberge an der Küste ein Stück weiter südlich kam ich unter. Ich blieb einige Tage, nachdem ich mir in einem winzigen Dorf und einem noch winzigeren Geschäft einen winzigen Bikini gekauft hatte. Und neue Badelatschen, denn der Strand war steinig. In dieser Herberge bezahlte ich mit meiner Visa-Karte, und dort hat man mich betrogen. Man hatte einen wesentlich höheren Betrag abbuchen lassen, als ich unterschrieben hatte. Das Geld bekam ich aber in Berlin erstattet, und die betrügerischen Herbergsleute mussten vielleicht in Zukunft auf die Zahlungen per Visa-Karte verzichten.

Als ich in einer anderen Küstenstadt, in **Guayaquil**, ein junges Ehepaar kennengelernt hatte und mich eines Tages mit ihnen in ihrem Haus traf, sagte man mir dort, dass ich bitte den Schmuck, den ich trug, ablegen sollte. Denn er wäre ein Anreiz, mich zu überfallen. Dabei war es nur eine Silberkette. Aus Guayaquil kommen übrigens überwiegend die Bananen aus Südamerika nach Deutschland. Es ist eine bedeutende Hafenstadt in Ecuador.

**PERU
1999**

Ich fuhr einige Tage später über die Grenze nach Peru. Es war nur eine winzige Zoll- und Grenzstation, aber davor stand ein Taxi. Ich fragte den freundlichen Grenzbeamten, ob ich mit meinem restlichen ecuadorianischen Geld bezahlen könne, um bis in den nächsten Ort zu kommen und ob dieses Geld reichen würde, und er sagte ja, das ist genug. Also setzte ich mich in das Taxi, meinen Rucksack neben mir. Nach wenigen Metern Fahrt sagte der Taxifahrer, der einen jungen Mann neben sich hatte, er würde jetzt zur Tankstelle fahren und ich solle das Benzin bezahlen. Da antwortete ich ihm, dass ich die Fahrt bezahle, wenn ich im Dorf ankomme, und nicht vorher. Da stieg der junge Mann aus, und der Fahrer stieg ebenfalls aus und wollte meinen Rucksack plötzlich in den Kofferraum legen. Das kam mir Spanisch vor, und ich verweigerte ihm den Rucksack. Nun fuhr der Fahrer nicht zur Tankstelle, sondern in die Stadt. Am Eingang der Stadt hielt er an und wollte nun bezahlt werden. Ich sah aber nur einige wenige Häuser und keinen Platz, der normalerweise immer in der Mitte einer Stadt in Südamerika angelegt ist. Ich öffnete die Tür, blieb aber noch im Taxi sitzen, die Füße außen baumeln lassend. Da kam eine junge Frau vorbei, und ich sprach sie an und fragte sie, ob es noch weit zur Stadtmitte und zum Bahnhof sei. Nein, sagte sie mir, es ist nicht mehr weit. Nur noch wenige Meter. Da stieg ich aus und gab dem Taxifahrer all mein südamerikanisches Geld. „Falta, falta", rief er, was bedeutete, es fehlt noch Geld. Aber ich hielt mich an das, was mir der Grenzbeamte gesagt hatte, und mehr bekam der Taxista nicht.

Ich befand mich im Norden Perus, und reiste die Küste entlang. So wohnte ich ein paar Tage in **Trujillo** und besuchte von dort aus die dortigen Sehenswürdigkeiten, zu denen ich mit einem Bus fuhr. Die Pyramiden von **Tucume** und **Chiclayo**, und ich fand die Ausgrabungsstätte des **Senor de Sipan**. Man hatte dieses bedeutende Grab eines Adligen oder hohen Priesters, das wusste man noch nicht so genau, gerade erst vor kurzer Zeit gefunden, und die Archäologen waren noch immer dabei, mit ihren Pinseln den Sand an verschiedenen Stellen wegzufegen.

Es hieß, dass der Fund dieses Grabes genau so bedeutend sei wie zum Beispiel das Grab des Tutanchamun. Die Originalfunde waren ins Brüning-Museum nach **Lambayeque** gebracht worden und wurden dort ausgestellt. Aber in dem Grab lagen Nachbildungen, und so konnte man genau sehen, was die Forscher vorgefunden hatten. Neben dem Adligen oder Priester waren noch andere Menschen beigesetzt worden und auch ein Lama.

Im Brüning-Museum habe ich mir die Originale angesehen. Die großen Mengen von Schmuckstücken, die in dem Grab gefunden wurden, füllten einen ganzen großen Raum. Neben den Gold- und Silberschmuckstücken sah man im Museum auch Mumien, die noch sehr gut erhalten waren. Wenn ich mich richtig erinnere, hieß eine von ihnen „Margarita". Offensichtlich ist es in den hohen Lagen in Peru so heiß und trocken wie in Ägypten. Ebenfalls konnte man Textilien sehen, die zum Teil um die 5.000 Jahre alt sein sollen.

Heute gibt es in Lambayeque ein neues Museum, nur wenige Blocks vom Brüning-Museum entfernt, in das die wertvollen Stücke gebracht wurden. Eigentlich schade, denn mir gefiel das Brüning-Museum sehr gut.

In **Cajamarca, in** den Bergen, befindet sich die Kammer, in der der letzte Inka-König Atahualpa eine rote Linie gezogen hatte. Die Spanier unter Pizarro hatten den arglosen und hilflosen Inka-König gefangen genommen, und dieser hatte den Spaniern versprochen, dass seine Untertanen den Raum bis zu der roten Linie einmal mit Gold und zweimal mit Silber füllen würden, wenn die Spanier ihn dann freilassen würden. Der verlogene Pizarro sagte dies dem Inka-König zu, aber als die Inkas aus dem ganzen Reich, das von Kolumbien bis nach Chile reichte, das Gold und Silber nach Cajamarca getragen hatten, brachte Pizarro den König trotzdem um. Und damit war das Ende des Inka-Reiches gekommen.

In Cajamarca gibt es viele schöne Kolonialbauten, und die Anden-Landschaft ist sehr malerisch. In der Nähe besuchte ich die „Fenster von Otuzco", die in Felsen geschlagen sind. Sie befinden sich in rund 3500 Metern

Höhe und sollen, wie man sagte, einigen Menschen als Speisekammern oder Kühlschränke dienen.

Seinerzeit, wenn ich nach Südamerika – oder Asien – reiste, ließ ich mich immer gegen Typhus impfen. Oft dachte ich, dass das eigentlich überflüssig sei. Aber als ich in Cajamarca war, wohnte ich in einer Unterkunft, in der es kein Frühstück gab. Ich fand in der Nähe ein „Restaurant", in dem ich sowohl zu Abend essen als auch frühstücken konnte. Und als ich im „Speiseraum" saß und auf mein Essen wartete, wusste ich, weshalb es doch ratsam gewesen war, sich impfen zu lassen. Ich hatte unter anderem Brot und Butter und Käse bestellt, und es dauerte unglaublich lange, meine Bestellung auszuführen. Es waren mindestens 4 oder fünf Personen nötig, bis ich mein Frühstück bekam. Ein jeder von ihnen fasste den Käse an, von dem einige Scheiben abgeschnitten werden sollten. Dann kratzte man sich am Kopf oder am Hintern, und fasste wieder den Käse an. Dann wurde man in einen anderen Raum gerufen, und der nächste tat, was sein Vormann getan hatte. Sich kratzen und den Käse anfassen, und wieder das Messer fallen lassen usw.

Ich kann nicht mit Sicherheit sagen, ob sich der See, über dem ich hoch oben gesessen und die schöne Aussicht genossen habe, sich in Peru oder in Ecuador befindet. Jedenfalls nannte man ihn den Blutsee. Blutsee deshalb, weil sein Wasser einst rot gefärbt war vom Blut der sich bis zum Tod bekämpfenden Gegner.

In einer Unterkunft hatte ich ein junges deutsches Mädchen kennengelernt, mit dem ich einen Abend zusammen war. Dieses Mädchen sagte mir, wenn ich in Peru in eine bestimmte Stadt reise – den Namen habe ich leider vergessen –, dann sollte ich in einem bestimmten Hotel absteigen, vor dem es einen großen Platz gibt, auf dem an einigen Tagen in der Woche ein Markt stattfindet. Am Rande dieses Marktes zur Straße hin würden mehrere Schamanen ihre Dienste anbieten. Und das zu sehen sei sehr interessant.

Ich reiste in diese Stadt und stieg in dem vorgeschlagenen Hotel ab. Und als der Markt stattfand, schaute ich ihn mir an. Richtig, an der Straßenseite stand ein Tisch neben dem anderen, und hinter jedem Tisch stand ein Schamane – oder eine Schamanin. Zwischen der Straße und dem Markt standen in kurzen Abständen niedrige Betonpoller. Und so setzte ich mich, meinen Reiseführer pro forma in der Hand, auf einen dieser Poller und sah – verstohlen – einer Schamanin zu. Sie hatte auf ihrem Tisch ein etwa 6-jähriges Kind liegen, das sie „behandelte". Mit einem Strauß langer Kräuter schlug sie auf den nackten Rücken und Bauch des Kindes. Dann sammelte sie offensichtlich Speichel in ihrem Mund und stieß diesen wie eine Fontäne aus und auf das Kind. Denn klopfte sie ihm auf den Po und die Sitzung war beendet. Den benutzten Kräuterstrauß legte sie unter dem Tisch ab.

Dann kam das nächste Kind und die Prozedur wurde wiederholt, usw. Es hatte sich auf den nächsten Poller neben meinem eine ältere einheimische Frau gesetzt, die sich mit mir unterhalten wollte. Ich fragte diese Frau, ob die Schamanin nur Kinder behandelt. „Nein", antwortete mir die Frau, „Sie können sich auch behandeln lassen". „Oh", sagte ich zu ihr, „ich brauche keine Behandlung, ich habe eine exzellente Gesundheit". Die Schamanin hatte uns offensichtlich belauscht, denn als sie meine Äußerung über die gute Gesundheit hörte, drehte sie sich mit dem Oberkörper um und schaute mich an. „Nein, nein, du kannst mich nicht verhexen", sagte ich tonlos zu ihr, denn ich hatte das Gefühl, dass sie zu mir sagen wollte: „Wenn du dich da mal nicht irrst. Morgen bist du krank".

Am nächsten Morgen nach dem Frühstück musste ich mich auf die Heimreise Richtung Ecuador begeben. Ich fuhr wieder mit einem Bus. Und es ging über die Anden. Ich saß gleich in der ersten Bank hinter der Glasscheibe, die uns Fahrgäste vom Fahrer trennte. Und mir wurde in dem Bus plötzlich sehr übel. So übel, dass ich sicherheitshalber das Fenster neben mir öffnete. Gerade noch rechtzeitig, um den Kopf aus dem Fenster zu halten, denn mein Frühstück wollte nicht in meinem Magen bleiben. Alles wollte wieder an die frische Luft. Als ich alles ausgespuckt hatte, schaute ich mich schnell um, um zu sehen, ob man mein Malheur mitbekommen hatte. Nein, hatte man nicht, alle Fahrgäste in meiner Nähe schliefen. Mit allen Taschentüchern, die ich hatte, säuberte ich mich selbst und das Fenster, denn der Fahrtwind hatte sich gegen mein ausgespucktes Frühstück gerichtet.

Da öffnete sich die Tür zum Führerhaus, und der Busbegleiter kam zu mir und reichte mir eine Rolle Toilettenpapier. Er setzte sich neben mich und fragte, woher ich komme. „Aha, aus Deutschland. Sind Sie mit dem Flugzeug gekommen?" „Ja, bin ich." „Und ist Ihnen da im Flugzeug nicht übel geworden?" „Nein, das ist mir noch nie passiert". „Aber hier im Bus wird Ihnen übel?" Ich: „Ja."

Das muss ja wohl der Fluch der Schamanin gewesen sein, dachte ich. Wie gut, dass ich auch übersinnliche Fähigkeiten habe und ihren Fluch deshalb abschwächen konnte, dachte ich. Und dabei fällt mir das Märchen von

Dornröschen ein, als auch die letzte gute Fee den Fluch der bösen 13. Fee abschwächte.

Nun wollte ich aber vom Busbegleiter wissen, wieso er mir das Toilettenpapier brachte. Woher wusste er, was mir passiert war? „Der Busfahrer hat im Rückspiegel gesehen, dass Ihnen schlecht geworden war", erzählte er mir. Ach du Schande, also hatte doch jemand mein Malheur gesehen.

Der nette Busbegleiter kümmerte sich rührend um mich. Ich saß alleine auf der Bank, und der Platz neben mir blieb zunächst leer. In dem nächsten Ort aber stiegen mehrere Personen dazu, und eine Frau setzte sich auf den Sitz neben mir. Da kam der Busbegleiter und sagte zu der Frau, dass sie auf diesem Platz nicht sitzen bleiben dürfe. Ich sei krank und benötigte den Platz für mich und für ihn.

Auf der weiteren Fahrt Richtung Grenze nach Ecuador erhielt ich, wohl zum Trost für die Übelkeit, ein Gottesgeschenk. Wir fuhren über einen Anden-Pass, und ich nickte ein wenig ein. Als ich wieder die Augen öffnete, dachte ich, ich sei im Himmel. Wir fuhren in den schneeweißen, flaumigen Wolken. Da schaute ich aus dem Fenster, und dann sah ich, dass die Räder des Busses sich auf dem Erdboden befanden. Aber der Rest war Himmelreich, einfach Himmelreich. Ich habe natürlich schon oft vom Flugzeug aus die Wolken gesehen, wir sind über ihnen hinweggeflogen. Aber die Wolken in den Anden waren anders. Es war ein völlig anderes Gefühl, **in den Wolken** zu sitzen. Ein himmlisches Gottesgeschenk.

Als wir an der Grenze zu Ecuador ankamen, musste ich den Bus und seinen netten Busbegleiter verlassen. Ich begab mich in das Zoll-Gebäude und fand einen sehr jungen Mann vor, der an einem Tisch saß. Der Tisch befand sich hinter einer Glaswand und war etwas tiefer gestellt. Die Glaswand war zum Teil geöffnet, sodass man sich direkt ansehen und seine Papiere überreichen konnte. Der junge Mann studierte meinen Pass lange, und dann fragte er, wie alt ich sei. „Das können Sie doch in meinem Pass sehen", sagte ich zu ihm. Da schaute er beschämt nach unten, und nach mehreren Sekunden sagte er: „Entschuldigung". Auf Deutsch. „Macht nichts", antwortete ich ihm. Er stempelte den Pass und unterzeichnete, gab mir meinen Pass aber noch nicht zurück. Er holte ein winziges Stück Papier hervor und schrieb etwas darauf. Erst dann gab er mir meinen Pass und das Zettelchen. Ich setzte die Lesebrille auf und las: „You are very nice".

Das kam mir bekannt vor! „You too", sagte ich zu ihm und lächelte ihn an. Und er schaute mich mit Glutaugen an. Das Feuer sprühte nur so aus ihnen. Als ich draußen noch einmal an seinem Fenster vorbei gehen musste, glühten seinen Augen mir immer noch nach. Noch ein Gottesgeschenk, dachte ich.

Wieder in Ecuador, machte ich noch einmal Halt in einem kleinen Ort in den Bergen. Als ich einmal dort spazieren ging, kam ein gelber Schmetterling angeflogen, der sich auf meinen ausgestreckten Zeigefinger setzte und dort sitzen blieb. So trug ich ihn denn den Berg hinauf. Eine junge Indio-Frau kam mir mit ihren beiden kleinen Pferden entgegen, und als sie den Schmetterling auf meinem Finger sah, musste sie lächeln.

Ich habe damals in Ecuador und Peru oft an Alexander von Humboldt denken müssen, wie er vor langer Zeit in Südamerika umher wanderte und die Pflanzen und Vögel und Tiere zeichnete, die er dort zum ersten Mal sah.

Und dann waren meine 6 Wochen Ferien in Südamerika zu Ende. Im Flughafengebäude erhielt ich dann auch meinen Koffer zurück, der allerdings sogleich wieder eingecheckt werden musste. Ich flog zurück nach Madrid, wo ich eine Nacht überbrücken musste, weil es keinen direkten Anschlussflug nach Berlin gab. In Madrid übernachtete ich in einem guten Hotel auf Kosten der Fluggesellschaft. Ich wurde mit einem Kleinbus ins Hotel gebracht und am nächsten Morgen wieder abgeholt und zum Flughafen gefahren. Außerdem konnte ich auswählen, welches Gratis-Angebot ich unter mehreren annehmen wollte, und ich wählte den freien Eintritt in eines der Königsschlösser, das aber nicht mehr vom König und seiner Familie benutzt wurde. Ich dachte mir nämlich, wenn mir der spanische König schon einmal die Hand gegeben hat, dann möchte ich auch gerne sehen, wie er in einem Schloss gelebt hat.

An die Einzelheiten erinnere ich mich nicht mehr, die ich dort sah. Aber an das viele Silber. Riesige Tabletts aus purem Silber, riesige Schüsseln und Schalen, Kerzenhalter, Kannen, und und und. Lange Wände mit Regalen davor waren vollgestopft mit Silberwaren. Und das alles hatte Pizarro in Peru den Inkas geklaut, dachte ich. Das Silber wurde nicht mehr benutzt, also könnte das spanische Königshaus dieses Silber den Peruanern zurückgeben. Aber das wird wohl ein frommer Wunsch bleiben.

Ich hatte nicht nur den freien Eintritt in eines der Königsschlösser bekommen, sondern auch eine Gratis-Einladung in ein Restaurant, in dem es außerdem am späten Abend eine Flamenco-Vorstellung gab. Die Tänzer waren sehr gut, die Darbietungen haben mir gefallen. Und wie ich später erfuhr, sollen es die besten Flamenco-Tänzer von Madrid gewesen sein. Nebenbei gab es ein gutes Essen, und auch der Wein war gratis und gut.

Vor dem Abendessen hatte ich mir noch ein wenig Madrid angesehen. Die Stadt ist schön. Wunderbare alte Gebäude gibt es dort, und in einem hübschen und gepflegten Park traf ich mich mit einer Schwester einer Freundin aus Berlin, die aus Madrid stammte, zum Kaffee trinken.
So war das vor vielen Jahren, wenn man mit der IBERIA nach Südamerika flog. Diese Zeiten sind längst vorbei. Heute gibt es nicht einmal mehr in einem Flugzeug der IBERIA vernünftigen Service.

PERU
2000

Wieder in Berlin, fragte mich eines Tages eine frühere Kollegin, ob ich sie einmal mitnehmen würde auf eine meiner Reisen. Sie würde gerne wissen, wie das ist, wenn man auf eigene Faust und mit einem Rucksack auf dem Rücken durch ein fremdes Land reist. Egal wohin ich fahren würde, sie würde gerne mitkommen. Ja, sagte ich ihr, kein Problem. Ich möchte wieder nach Peru reisen und mir **Cusco und Macchu Pichu** ansehen. Oh ja, sehr gut.
Und so buchten wir die Flüge für die nächste Reise. Im April, wie meistens in jedem Jahr, sollte es nach Lima gehen. Die Betten in der Jugendherberge bestellte ich für uns, und danach würden wir vor Ort sehen, wie wir weiter verfahren.

Gesagt, getan. Wir flogen nach Lima. Meine kleine zierliche Bekannte saß im Flugzeug in der Reihe hinter mir, eingezwängt zwischen zwei Männern, einer davon ein dicker Riese. Wie sie dort hat essen können, ist mir ein Rätsel.

In Lima fuhren wir in die Herberge. Dort gab es einen schönen Garten, in dem wir unser Abendessen und unseren Tee zu uns nahmen. Wir besichtigten die Stadt und ein Museum. Und besorgten uns die Reisedaten für die Fahrt gen Norden.

Nach einem Tag am dortigen Strand begaben wir uns in die Berge. Bei einem Ausflug dort kamen wir in einen sehr schönen Park und begegneten einem Mann, der seine ausgebüxten Pferde suchte. Ja, die hatten wir gesehen. Eines von den beiden Pferden hatte ich gestreichelt, und weil dies dem Pferd nicht gefallen hat, holte es mit einem Huf aus und verpasste mir einen leichten Tritt. Fass ja nie ein fremdes Pferd an …

Als wir dann einmal in den Bergen am Abend nach einer lange Fahrt in einem Ort ankamen, suchten wir lange nach einer Unterkunft. Alle waren sie schrecklich. Und zum Schluss gingen wir zurück in die erste, die wir uns angesehen hatten. Das war noch die beste von allen schlechten. Am nächsten Morgen beklagte sich meine Bekannte, dass es kein warmes Wasser gegeben hatte im Bad. Als ich dann duschte, war das Wasser lauwarm, also erträglich. „Wieso hatten Sie warmes Wasser und ich nicht?", wollte sie wissen. Ich vermutete, sie hatte einfach den Wasserhahn zu weit aufgedreht. In den peruanischen Bergen ist alles ein wenig anders als im modernen Berlin, aber wie konnte sie DAS wissen?

Als wir ein anderes Mal mit dem Bus in den Bergen zum nächsten Ort fahren wollten, war dies nicht möglich. Wir mussten aussteigen und sehr lange warten, denn ein großer Teil eines Berges war doch tatsächlich ungefragt herunter gekommen. Es dauerte Stunden, bis ein Bagger die Straße wieder freigeschaufelt hatte.

Meine Bekannte wollte am Abend gerne ihren Wein trinken, und weil es im Zimmer keine Gläser gab, hielt sie sich die Flasche an den Mund und trank den Wein direkt aus der Flasche. Ich dachte, ich sehe nicht richtig. Denn meine Bekannte war eine elegante Dame, der ich so etwas nie zugetraut hätte. Und dass ich auch noch abgelehnt hatte, auch ein wenig Wein zu trinken, ging gar nicht. Denn das gehörte ihrer Meinung nach zu einer gewissen Lebensqualität. Überhaupt gestaltete sich unser Zusammensein nicht gerade angenehm. Ich sagte einmal zu ihr, ich käme mir vor, als wenn ich meine Arbeit nicht ordentlich ausführen würde. Wenn wir gemeinsam zum Essen gingen, blickte die eine in eine Richtung, und die andere in die andere Richtung. Richtig nett war das …

Die Dame brauchte nicht viel Geld auszugeben für diese Reise, aber sie hatte wahrscheinlich doch einen gewissen Luxus erwartet. Dabei hatte ich ihr zuvor in Berlin gesagt, dass man mitunter derart einfach unterkommen und essen würde, wie sie es sich NICHT vorstellen könne. Nein, nein, macht gar nichts, Hauptsache es gibt Brot, mehr brauche ich nicht. Denkste …

Als ich mir bei meiner ersten Peru-Reise einmal in einer kleinen Stadt in einem Restaurant, in dem offensichtlich auch die Angestellten einer Behörde zu Mittag aßen, eine Hühnersuppe bestellt hatte, befand sich darin auch ein Hühnerfuß. Ich fischte diesen mit dem

Löffel heraus, um ihn mir anzusehen, und war ein wenig erstaunt. Dann ließ ich ihn wieder in die Suppe fallen. Eine Dame saß am Nachbartisch und hatte diese Szene beobachtet und musste lächeln ob meines Gesichtsausdrucks. Das hatte ich Madame erzählt, aber sie hatte mir wohl nicht geglaubt.

Wir fuhren nach Cusco, und von dort mit dem Zug bis in den Ort vor Machu Picchu. Mit einem Bus ging es nach oben, und der Besuch dieser weltberühmten Kulturstätte war natürlich ein Erlebnis. Machu Picchu zu sehen war überhaupt der Anlass gewesen, noch einmal nach Peru zu reisen. Auch Madame war angetan von dem, was es da zu sehen gab.

Ebenfalls sehr interessant war es, mit einem Boot zu einer der schwimmenden Inseln im Titicacasee zu fahren. Man geht dort auf Stroh, das regelmäßig neu aufgeschüttet wird, weil das im Wasser liegende schnell fault. Auch der Besuch eines kleinen Ortes auf einer Insel im **Titicacasee** war interessant. Wir hatten einen Reiseführer, der uns erzählte, woran man erkennen kann, dass ein Mann auf dieser Insel nicht verheiratet ist. Waren es die bunten Bommeln an der Mütze oder war es die Schärpe, die er um die Taille trug? Das wäre doch eine gute Eine-Million-Euro-Frage bei Günther Jauch.

In einer Stadt saßen wir an einem Nachmittag auf einer Bank auf einem Platz, wie er typisch für die Städte in Südamerika ist. Es war ein sonniger Tag, und wir genossen den Schatten. Da sah ich einen unterhalb der Taille total verkrüppelten Mann, der, ein verkrüppeltes Bein in die Höhe haltend, auf einem breiten Brett hockte, unter dem Rollen befestigt waren. Mit einer Hand stieß er sich ab, um weiterrollen zu können. Vor jeder Person, die auf einer Bank auf dem Platz saß, hielt er an und bat um Geld. Ich hatte ähnlich verkrüppelte Menschen in Indien gesehen, für mich war das kein neuer Anblick. Aber für meine Madame. Und so machte ich sie auf den Mann aufmerksam.

Er kam auf uns zugerollt und hielt vor uns an. Ich griff in meine Tasche, um nach Münzen zu suchen, und sah ihn dabei an. Er war oben herum bis zur Taille sehr gepflegt. Seine Mutter achtet auf ihn, dachte ich. Seine dunklen, langen und gewellten Haare zeigten das erste Grau. Und er sah intelligent aus. Es ist ein Jammer um ihn, dachte ich. Ich gab ihm die Münzen, die ich gefunden hatte, und er nahm sie und dankte.

Und sogar meine Madame, die sonst nie einem Bettler etwas gab, reichte ihm eine Münze. Wie viel es war, kann ich nicht sagen, weil ich nicht hinschaute. Aber der Mann nahm ihre Münze nicht. Er sagte: „Nein, Danke. Ich habe schon genug bekommen".

Madame war verdattert. „Warum will er mein Geld nicht?", fragte sie. Ich antwortete ihr nicht. Was hätte ich auch sagen sollen? Aber ich vermutete, es war ihr Gesichtsausdruck, der den jungen Mann veranlasst hatte, ihre Münze abzulehnen. Auch jemand, der betteln muss, hat seinen Stolz oder kann ihn zumindest haben. Und wenn ein gepflegter Bettler in ein Gesicht schaut, das vielleicht Abscheu verrät, dann verzichtet er wohl gerne. Ich denke, so wird es gewesen sein.

Wenn wir in den Städten und Orten unterwegs waren, wurde ich oft angesprochen. Sie nie. Deshalb glaubte sie, dass man sie für eine Einheimische hielt. „Nein", dachte ich, „man spricht dich nicht an, weil du deine Nase so hoch hältst".

Wir hatten uns einmal an einem Eisstand, der sich direkt neben einem unbefestigten Gehweg befand, ein Eis auf einer Tüte gekauft. Das Eis schmeckte wirklich gut. Und als wir etwa 10 Meter vom Eisstand entfernt waren, fiel ihr Eis von der Tüte und auf die Erde. Und was tat meine Madame? Sie kaufte sich nicht etwa ein neues Eis. Nein, sie hob das auf der Erde liegende Eis auf, legte es auf die Tüte und leckte es auf. „Es schmeckt trotzdem", sagte sie. Ja, was soll man dazu sagen? Sie verdiente als Führungskraft gutes Geld, und ihr Ehemann war Rechtsanwalt. An einem Mangel an Geld hat es nicht gelegen, dass sie das Eis von der Straße hob, auf der Tausende von Menschen mit ihren Schuhen liefen und auch Hunde.

BOLIVIEN
2000

Wir waren nach **Copacabana** gefahren. Das war nicht etwa die berühmte Copacabana in Rio de Janeiro in Brasilien, nein, denn es gibt auch in Bolivien, direkt am Titicacasee gelegen, einen kleinen Ort mit Namen Copacabana. Ein netter Ort. Und weil die Madame Geld tauschen musste – denn sie wollte am nächsten Tag mit dem Bus nach **La Paz** fahren, um wiederum einen Tag später von dort aus mit dem Flugzeug nach Deutschland zurückzufliegen –, suchten wir eine Wechselstube. Das war gar nicht einfach, denn der Ort war so klein, dass es keine Bank dort gab. Unterwegs sahen wir uns die Auslagen in den kleinen Geschäften an. Dabei fiel uns auf, dass die Uhren in einem der Geschäfte eine andere Zeit anzeigten als unsere Uhren. Aber weder Madame noch ich haben weiter darüber nachgedacht.

Endlich, es wurde schon dunkel, fanden wir einen Kiosk, in dem Geld gewechselt werden konnte. Der Kurs war merkwürdig, denn es gab für einen Euro zum Beispiel 7,67009 Boliviano. Madame tauschte etwas Geld, denn viel musste es nicht sein für den einen Tag, und der Mann in dem Kiosk gab ihr das Geld. Es fehlte, könnte man sagen, ein halber Centavo, in etwa so viel wie ein halber Pfennig oder ein halber Centimo. „Ich will meinen halben Centavo". „Es gibt aber keinen halben Centavo", antwortete ihr der Mann. „Ich will den halben Centavo", beharrte sie, und das mehrmals. Der Mann schaute sie seltsam mitleidig an. Ich glaube, er dachte „Du arme reiche Frau aus Europa, du beanspruchst einen halben Centavo, den es gar nicht gibt. Du bist zu bedauern." Jedenfalls deutete ich seinen Gesichtsausdruck so. Und der Mann in Bolivien, der nun mit Sicherheit kein reicher Mann war, gab der reichen Frau aus Deutschland EINEN Centavo, weil es einen HALBEN nicht gibt.

Am nächsten Morgen gingen wir zu der Stelle, von der aus der Bus nach La Paz abfährt. Madame bezahlte den Preis und erhielt ihr Ticket. Und weil noch viel Zeit fehlte bis zur Abfahrt, gingen wir in ein Café, um dort einen letzten Kaffee zu trinken. Ich fragte Madame, ob ihr diese Reise denn nun gefallen hätte. „Ja, schon", sagte sie, „aber das nächste Mal würde ich sie besser organisieren". Das war wie ein Schlag ins Gesicht. Besser organisieren, wenn man eine unorganisierte Reise in einem armen südamerikanischen Land macht, wo man manchmal selbst mit dem teuersten gemieteten Auto samt Chauffeur nicht weiter kommt, weil ein Berg herabgerutscht ist und die Weiterfahrt auf der Straße versperrt.

Ich wünschte mir in dem Moment, sie möge eine Reise machen, die sie selbst organisiert. Vielleicht würde sie sich mich als Organisatorin herbei wünschen. Alleine wenn ich daran denke, wie sie durch die Straßen gegangen ist. Sie schaute nicht neben noch hinter sich, sah nicht den Typen, der uns verfolgte. Augenscheinlich um uns zu bestehlen. Ich hatte sie auf den Typen aufmerksam gemacht und gebeten, dass sie ihre Tasche nach vorne und vor sich halten solle.

Ich selbst habe alle fünf Kontinente bereist und denke, dass ich viel Erfahrung habe, was Reisen betrifft. Das hat man mir auch schon häufiger bestätigt, dass man das sehen kann. Und trotzdem bin ich mehrmals bestohlen worden oder man hatte es versucht. Mir wurde nie viel gestohlen, aber einiges doch. Um wie viel gefährlicher ist es dann für eine Person, die völlig unbesorgt durch ein fremdes Land reist.

Es war schließlich an der Zeit, zum Bus zu gehen. Als wir dort ankamen, war kein Bus zu sehen. Das war merkwürdig, denn es standen auch keine weiteren Fahrgäste dort. Als dann endlich ein Bus ankam und der Fahrer ausstieg, sprachen wir ihn an. „Der Bus um 11.00 Uhr nach La Paz ist schon lange abgefahren", sagte uns der Mann. „Aber wieso, es ist doch noch lange vor der Abfahrtszeit", war unsere Antwort. „Nein", sagte der Mann, „Ihre Zeit ist peruanische Zeit, hier aber ist bolivianische Zeit, und hier sind wir eine Stunde früher dran".

Ach du Schande. Was nun? Ich fühlte mich schuldig, obwohl ich am Vorabend Madame darauf hingewiesen hatte, dass die Uhren hier anders gingen. Nun gut, ich nehme die Schuld auf mich. Sie fragte den Fahrer, ob sie mit dem bereits bezahlten Ticket fahren könne. „Nein", sagte der Mann, „Sie müssen einen neuen Fahrschein kaufen, der hier war für den Bus, der schon fort ist". „Aber ich bin Touristin, Touristin", bettelte Madame. Doch der Mann blieb hart. „Ich kann Sie nicht mitnehmen mit dem alten Fahrschein, Sie müssen sich einen neuen kaufen". Meine Güte, wie muss das Madame wehgetan haben. Die Fahrt kostete umgerechnet vielleicht 2,00 oder 3.00 Euro!

Da standen wir nun, beide bedebbert. Ich fühlte mich so schuldig. Ich hatte meine Aufgabe nicht ordentlich erledigt. Zwar war es mir schon seit Tagen nicht gut gegangen, ich hatte Fieber gehabt und starke Halsschmerzen, weswegen ich auch einen Seidenschal eng um den Hals gebunden trug. Aber egal, ich hätte meine Arbeit ordentlich machen müssen. Zumindest wollte ich Madame nun nicht allein stehen lassen, um auf die Abfahrt dieses Busses zu warten.

Aber sie hatte ein Einsehen und sagte zu mir, dass ich ruhig gehen könne, sie würde allein auf die Abfahrt warten, die in etwa einer halben Stunde sein würde. Also verabschiedeten wir uns. Und ich ging in Richtung eines Berges, auf dem man von unten etwas sehen konnte, was wie ein hohes Gitter oder eine Umzäunung aussah. Als ich oben ankam, sah ich es genauer: Es waren große und hohe schmiedeeiserne Kreuze an Gräbern von offensichtlich wohlhabenden Personen aus dem Ort.

Und ich sah weit unter mir den Bus stehen und die Madame. Ich fühlte mich befreit wie der Geist aus Aladins Wunderlampe, der nach Jahrhunderten in der Flasche endlich heraus konnte. Ich band mir den Wickel vom Hals, streckte die Arme nach oben und rief: „Frei. Frei. Frei. Endlich frei".

Ich habe Madame nie wieder gesehen!

Nun begann für mich der Urlaub. Ich war frei, konnte tun und lassen, was ich wollte, brauchte keine Rücksicht mehr zu nehmen. Und wenn etwas nicht so gut klappte, musste ich mir keine Vorwürfe anhören. Und ich hatte noch zwei Wochen Zeit, weil mein Urlaub länger dauerte als der der Madame.

Als Madame fort war, bin ich mit einer Gruppe ins Innere des Landes gefahren, und zwar zur **Salar de Uyuni**, das ist die größte Salzpfanne der Welt. Früher einmal war es ein großer See gewesen, der lange schon ausgetrocknet ist. Dort gab es mitten in dieser Wüste ein Hotel, das fast ganz aus Salz bestand. Die Toilette, die Badewanne und das Waschbecken waren nicht aus Salz, ebenso wie das Dach und die Fenster und Türen. Aber alles andere ja. Die Wände, die Betten, die Tische, die Bänke, alles war aus Salz. Und die Kücheneinrichtung war sicher auch aus anderen Materialien, wie es sich denken lässt. Rundherum um das Hotel gab es keinen Garten, aber einige Hunde. Und deren Hinterlassenschaften zeichneten sich unangenehm gelblich und bräunlich auf dem weißen Salz ab.

In der Nähe arbeiteten Männer, die das Salz zu Haufen zusammen schaufelten, das dann später von Lastkraftwagen abgefahren wurde. Diese Männer wohnten anscheinend in einem Dorf, in das wir fuhren. Ich habe nie ein armseligeres Dorf gesehen. „Wenn ich HIER leben müsste, würde ich mich umbringen", dachte ich. So trostlos, man kann es nicht beschreiben. Ich habe auch keine einzige Person in dem trostlosen Ort gesehen.

Es gibt einige sogenannte Inseln in der Salar de Uyuni, etwa die Isla de Pescado, dort wuchsen viele große Kakteen, und es gab dort Lamas, die einen gerne anspuckten. Und es gab eine Steinhöhle, und in der saß in einer Ecke eine Mumie. Vielleicht hieß diese Dame „Margarita" und nicht die im Brüning-Museum. Oder sie hießen beide Margarita.

Dann bin ich für zwei Tage nach **Sucre** gefahren. Sucre ist die eigentliche Hauptstadt Boliviens, La Paz ist nur der Regierungssitz. Sucre ist eine sehr hübsche Stadt, es gibt jede Menge schöner alter Gebäude. Und es gibt dort einen sehr schönen Park, in dem ich gerne gesessen habe. Und da Sucre eine Universitätsstadt ist, gibt es dort auch viele Studenten.

Die Einwohner von La Paz fahren gerne nach Coroico. Der Weg dorthin wird als gefährlichste Straße der Welt bezeichnet. O.K., als ich diese Straße mit einem Kleinbus hinauffuhr, war das ganz schön unheimlich. Aber Jahre später, als ich im Fernsehen Dokumentationen über diese Straße sah, blieb mir die Luft weg. Wie gefährlich es ist, diese unbefestigte Straße entlang zu fahren, und dann noch Gegenverkehr zu bekommen, ist schweißtreibend. Heute würde ich es nicht mehr wagen, in den hübschen Ort zu fahren. Zu lebensbedrohend. Nur etwas für Todesmutige ...

Und dann ging es zurück nach Peru. Mit einer organisierten Gruppe fuhr ich in den Conon de Colca, wo man die großen Vögel sehen kann. Riesig sind sie, und sie gleiten trotz ihrer Größe so elegant durch die Luft. Ganz in unserer Nähe ließ sich einer dieser Vögel, ein Condor, nieder, und wir konnten ihn uns ganz genau ansehen.

**CHILE
2000**

Anschließend bin ich nach Chile gefahren. Der Unterschied zwischen Peru und Chile ist unübersehbar, wie Tag und Nacht. Die Straßen in Chile sind alle sehr gut, die Landschaft ist gepflegt. In den Orten gibt es hübsche Häuser, und die Unterkunft, die wir fanden, war die erste, die richtig sauber war. Und das musste ich der Hauswirtin sagen. Sie freute sich über das Lob.

Die Polizei und die Soldaten, denen man überall begegnete, waren sehr hilfsbereit und freundlich. So holten mich Soldaten, die ich am Vortag fragte, von wo denn der Bus in die nächste Stadt abfährt, am nächsten Morgen vor meiner Unterkunft ab und fuhren mich zur etwa 3 oder 4 Kilometer entfernten Überlandstraße, wo man den Bus erreichen konnte. Aber, obwohl Polizei wie Soldaten sehr freundlich waren, konnte ich doch noch den Duft der Diktatur riechen. Den Geruch von Pinochets mörderischer Diktatur.

Als mein Abreisetermin nahte, fuhr ich zurück nach La Paz. In einem Restaurant, in dem ich zu Mittag aß, saß vor der Eingangstür auf einer Stufe eine alte Frau. Bei jeder Person, die an ihr vorbei kam, hielt sie dieser die Hand hin, aber niemand beachtete sie. Ich beobachtete sie eine ganze Weile von meinem Tisch aus, und als mein Essen kam, zu dem auch Brot gehörte, bat ich den Kellner, ihr ein Stück Brot zu bringen. Ich wollte sehen, ob sie wirklich Hunger hat oder nur Geld haben will. Der Kellner brachte ihr das Brot, und die alte Frau brach Stück für Stück davon ab und aß es.

Als ich die Rechnung bezahlte, gab ich dem Kellner Trinkgeld. Außerdem gab ich ihm etwas Geld, das er bitte der alten Frau geben sollte. Keine Ahnung, ob er mich nicht verstanden hatte, denn er brachte der Frau kein Geld. Egal. Als ich das Restaurant verließ, gab ich ihr das erste Geld, das sie in Stunden bekommen hatte.

Am späten Nachmittag, es war der Tag vor meinem Abflug, ging ich über einen Markt. Ich hatte nicht bemerkt, jedenfalls nicht bewusst, dass jemand meine Tasche, die ich um die Schulter gelegt hatte, berührte. Aber wie schon in Quito, als mich der bettelnde Priester bestohlen hatte, schien mich etwas zu beunruhigen, und ich zog meine Tasche nach vorne. Sie war aus grauem Kunststoff und hatte mehrere Innentaschen. Und da sah ich, dass jemand sie aufgeschlitzt hatte. Wahrscheinlich mit einer Rasierklinge oder einem sehr scharfen Messer. Gestohlen hatte diese Person nichts, denn es gab in der Tasche nicht viel, und das, was sich in ihr befand, lag hinter den aufgeschlitzten Innentaschen. Meine Geldbörse mit etwas Geld, und die Visa-Karte. Hätte nun der Dieb meine Geldbörse gestohlen, hätte ich Pech gehabt. Denn mein Flug ging schon sehr früh, und ich hätte nicht das Taxi bezahlen können. Aber mein Schutzengel war wieder einmal zur Stelle gewesen.

Ich flog zurück nach Deutschland, und in den nächsten drei Jahren konnte ich nicht verreisen, denn ich wurde krank. Die Krankheit besserte sich nicht, und so empfahl mir der Sozialarbeiter im Krankenhaus, die Rente zu beantragen. Ich befolgte seinen Rat, und einige Monate später wurde ich rückwirkend für zunächst 18 Monate in Rente geschickt. Aber auch dann war ich immer noch nicht gesund, und wiederum ein Jahr später musste ich erneut zur ärztlichen Begutachtung. Ich war immer noch krank, und nun wurde ich endgültig in Rente geschickt. Mein Arbeitsplatz, den die Behörde alle diese Jahre für mich frei halten musste, konnte nun anderweitig vergeben werden. Ich hatte schon vorher im Fernsehen eine Dokumentation über Neuseeland gesehen, die sehr gut und informativ war. Ein deutsches Ehepaar war mit einem Wohnwagen durch das Land gezogen und hatte einen wunderbaren Film gedreht. Als ich nun wieder in meiner Wohnung war, sah ich erneut einen Film dieses Ehepaares, dieses Mal wurde über Patagonien berichtet. Es wurde unter anderem eine 9 qm kleine Blockhütte in den Bergen im südlichen Patagonien gezeigt, in der ein junges Paar lebte. Ob diese 9 qm auch das Bad bzw. die Toilette beinhalteten, weiß ich nicht. Aber ich erinnere mich an das Zimmer. Darin standen ein breites Bett und ein großer Tisch. Auf einer Seite des Tisches stand der Gaskocher, und viel mehr gab es in dem Raum nicht.

Das ist etwas für mich, dachte ich. Ein kleines Haus in Südamerika, wohin ich reisen kann, wenn es in Deutschland kalt und dunkel ist. Und so buchte ich endlich wieder einen Flug, einen Flug nach Buenos Aires. Gut fünf Monate später sollte es wieder von Buenos Aires aus nach Deutschland gehen. Ich packte meinen Rucksack und flog nach Argentinien.

ARGENTINIEN
2003

Am 28. November 2003 kam ich in **Buenos Aires** an. Auf dem Flughafen fragte ich mich durch, wie ich am besten in die City komme. Man sagte mir, dass ich mit dem Bus 86 fahren kann, direkt ins Herz von Buenos Aires. Ich stieg in den Bus, in dem sich mir gegenüber zwei junge deutsche Männer befanden. Sie wollten in die Jugendherberge in der Innenstadt, und ich schloss mich ihnen an.

Wir fanden die Herberge und unsere Betten für die nächsten Tage. Die Herberge befand sich ganz nahe an der 9 de Julio, der breitesten Straße in ganz Argentinien – angeblich. Geht man zur anderen Richtung, ist man in 10 Minuten Fußweg an der Casa Rosada, dem Regierungssitz des argentinischen Präsidenten. Man ist also wirklich ganz in der Mitte der Stadt. Von dort aus kann man, wenn man gut zu Fuß ist, auch in andere Stadtteile laufen.

In der Herberge lernte ich ein junges deutsches Mädchen aus der Nähe von Hamburg kennen, Nina. Gemeinsam gingen wir nach La Boca. Die Außenwände der Häuser dort bestehen aus bunt bemaltem Wellblech, und draußen wird der Tango getanzt – wahrscheinlich überwiegend für die Touristen. Angeblich wurde er hier in La Boca erfunden, aber darüber streiten sich die Argentinier und die Uruguayer bis heute. Wir besuchten Recoleta, den großen Friedhof, auf dem sich das relativ bescheidene Grabmal von Evita Peron befindet, und Francia Square, wo allerlei Handwerkliches und anderes zum Kauf angeboten wird. Davor gibt es einen sehr schönen Park. Dort sprach uns ein ausnehmend gut aussehender Reporter an, der wissen wollte, ob wir Spanisch sprechen, und was uns in Buenos Aires am besten gefallen hat. Anschließend gab es für jede von uns ein Küsschen. Da wusste ich aber noch nicht, dass das hier normal ist. Nina meinte anschließend, als unser Interview beendet war, dass sie diesen Argentinier nicht von der Bettkante gestoßen hätte. Hm, stimmt, ich auch nicht, war meine Antwort. Nina war es, die mir in der Herberge in Buenos Aires eine Internetadresse einrichtete und mir, idiotensicher, die ersten Schritte aufzeichnete, um Mails versenden und ansehen zu können.

Am nächsten Tag sahen wir uns einen Flohmarkt an, wo wirklich alles verkauft wurde. Gebrauchte Kleidung, Schuhe, Nägel, Fahrradteile, altes Werkzeug, Geschirr und sehr viele Silberbestecke und wertvolle gestickte Tischdecken, alte deutsche Kochbücher, Stecknadeldosen aus Deutschland. Alles wurde verscherbelt. Viele der Menschen in Buenos Aires mussten anscheinend ihr Hab und Gut verkaufen. Weshalb, erfuhr ich etwas später in **Mar del Plata**. Jede Menge Pantomimen, wunderbar zurechtgemacht, sah man dort. Und sehr viel Polizei, und Hundehaufen, wie in Berlin! Nur dass in Buenos Aires die Gehwege nicht so breit sind wie die in Berlin. In den besseren Vierteln sitzen die Damen im Restaurant mit Hut am Tisch, um zu speisen. Ihre Gatten schauen derweil blonden Ausländerinnen hinterher. Sind das etwa die Machos, von denen ich in meinem Reiseführer gelesen habe?

Nina musste ihren Koffer packen, denn ihre Reise war zu Ende. Ich packte meinen auch, denn ich wollte nach Mar del Plate. Zunächst musste ich Geld wechseln, meine US-Dollar umtauschen. Euros wären besser gewesen, denn für einen Dollar gab es 2.98 Peso, für einen Euro 3.60 Peso. Als ich das letzte Mal in Buenos Aires Euro tauschte, bekam ich 18,- Peso für einen Euro. Und wenn ich den Kurs im Fernsehen verfolge, werden es bei meiner nächsten Ankunft in Argentinien wohl 25,- Peso oder mehr sein für einen Euro. Eine Mitarbeiterin in dem Hotel, in dem ich seit mehr als 10 Jahren regelmäßig wohne, sagte einmal zu mir, dass ich reich sei, weil ich Euro habe.

Ich trank einen Kaffee an der Straße, neben mir saß ein Ehepaar. Der Mann kam aus Hamburg, seine Frau aus Singapur. Sie lebten schon lange in der Karibik und hatten vor ihrer Ankunft in Buenos Aires Alaska und Miami besucht, waren von dort mit dem Schiff gekommen und nach Patagonien gereist, wo sie schrecklich gefroren hatten, weil sie nicht die richtige Kleidung eingepackt hatten.

Überall in der Stadt sah man damals die Polizei. Vor jeder Wechselstube standen 3 schwer bewaffnete Wächter, in jedem Geschäft gab es bewaffnetes Personal. Es muss viele Überfälle gegeben haben in der Zeit, denn heute hat sich das Bild gewandelt. Nur die Demonstrationen sind geblieben. Es gab sie damals, und es gibt sie bis heute. Fast keinen Tag war ich in Buenos Aires, an dem es nicht eine Demonstration gegeben hätte. Die Damen bringen meistens Töpfe mit, auf die heftig geschlagen wird, damit man sie auch hört.

Ich ging zu Fuß nach Retiro, um meine Busfahrkarte zu kaufen. In Retiro befinden sich der Zugbahnhof und auch der Busbahnhof. Ich wollte nach Mar del Plata fahren. Und ich fuhr am nächsten Tag mit einem Bus, der so luxuriös war, dass kein Sitz in einem 1.- Klasse- Flug mithalten kann. In jeder Sitzreihe gab es an der einen Seite 2 überaus bequeme Sessel, und auf der anderen Seite einen. Man konnte sie zurückkippen und das Fußteil hochstellen, sodass man sich fast in einem Bett befand. Und preiswert war der Bus. Fast geschenkt war die Fahrt. Ich hatte den Sitz Nummer 13. Und wenn ich heute an eine Busreise denke, fällt mir immer gleich dieser tolle Reisebus ein.

In Buenos Aires wurde und wird Papier und Pappe einfach auf die Straße geworfen. Am Abend kommen die Armen von außerhalb mit Zügen angefahren und reinigen die Stadt von diesem Müll, indem sie das Papier und die Pappe aufsammeln, bündeln und verkaufen. Das ist ihr Broterwerb.

Die Landschaft außerhalb der Stadt ist grau, und die Ärmsten der Armen haben sich dort niedergelassen. Die Hütten bestehen aus Blech, Pappe und Holz. Die nicht ganz so Armen haben sich inmitten dieser Hütten Steinhäuser gebaut. Und außerhalb der Stadt sieht man schöne und gepflegte Haciendas. Dort würde ich gerne einmal meinen Kaffee trinken. Oder eine Nacht verbringen. Die meisten Reisenden schliefen im Bus auf der Fahrt nach Mar del Plata, aber ich bewunderte die Landschaft. Es gefiel mir, was ich sah. Gegen Abend zogen Wolken auf, am Horizont waren Blitze zu sehen, die die dunklen Wolken kurz erhellten. Und dann prasselte der Regen los, unglaublicher Regen. Um 21.00 Uhr kam der Bus in Mar del Plata an. Ich stieg in ein Taxi und fuhr zur Jugendherberge. Dort bekam ich ein Doppelzimmer für mich allein, mit Bad. Ich schlief wunderbar, trotz des Regens, der auf das Blechdach prasselte.

Am nächsten Tag sah ich mir die Stadt an. Ich entdeckte kleine Geschäfte, in denen man nette Kleidung kaufen konnte. Ich erwarb ein T-Shirt für 1,– Euro, ein paar hübsche Sandalen für 1,50 Euro, einen Rock für 2,– Euro. Und in dem chinesischen Restaurant, in das ich dann jeden Tag zum Essen ging, konnte man sich für 2,– Euro den Teller beladen mit allem, was man wollte. Und das Essen schmeckte sehr gut. Die Inhaberin der Herberge, die einem Hotel angeschlossen war, war eine Witwe, deren Mann erst kurz vorher gestorben war. Sie hatte einen Sohn und eine Tochter. Der Sohn hatte im Hotel Räume für sein Immobiliengeschäft, und die Tochter war aus Buenos Aires gekommen, um ihrer Mutter zu helfen, das Hotel zu erhalten.

Die Tochter sprach Englisch mit mir, das ich damals besser verstand als Spanisch. Sie war spindeldürre und rauchte wie ein Schlot. Sie lebte vorher in Buenos Aires und arbeitete dort als Juristin. Aber als es in Argentinien die große Wirtschaftskrise gab, kam sie zurück, um den Eltern beizustehen. Die verantwortlichen Politiker hatten die Staatskasse geplündert. Alle Menschen, die in Argentinien ihre Dollars bei Banken angelegt hatten, verloren ihr Hab und Gut. 98 % (!!!) aller Einlagen bei Banken rissen die verantwortlichen – besser wohl verantwortungslosen – Politiker an sich, ganze 2 % durften die Eigentümer für sich behalten. Menem hieß der Mann, der in der Zeit bis 1999 Präsident war. Er war ein Moslem! Die Staatspleite dauerte von 1998 bis 2002. Dieser Menem wollte später erneut Präsident werden, und deshalb hatten die Mütter von der Plaza de Mayo in einer der viel besuchten Geschäftsstraßen ein großes Plakat aufgehängt, in dem es u. a. hieß:

Menem ladron (Dieb)

wir wollen dich nicht, raus aus Argentinien, du Dieb, der unser Geld gestohlen hat, wir können es nicht noch einmal ertragen, dass du unser Führer sein willst. Du bist ein Monstrum und wir verachten dich. Hau ab, du ekelst uns an.

Und das war der Grund gewesen, weshalb die Tochter ihren Job in Buenos Aires aufgegeben hatte. Weil es keine Gäste für das Hotel gab, und somit keine Einnahmen, arbeitete sie als Hilfskraft auf dem Bau. Diese dünne kleine Person, eine Juristin. Aber sie hatten es gemeinsam geschafft, sich über Wasser zu halten. Und die Tochter war vorher klug genug gewesen, ihr Geld NICHT in Dollars umzutauschen und anzulegen, sodass sie keine großen Verluste hatte.

Sie zeichnete mir auf einem Stadtplan die Gegend ein, in die ich bedenkenlos gehen könne. Und sie zeichnete die Gegenden ein, die ich unbedingt meiden sollte. Sie war sehr besorgt, hilfsbereit und freundlich. Ich lernte dort ein Ehepaar aus Argentinien kennen, mit dem ich mich lange unterhielt. Der Mann erzählte mir, dass er im Norden Argentiniens einen Bruder hat, der besitzt ein Busunternehmen. Aber weil der Staat ihm – dem Bruder – all seine Dollars geklaut hatte, besaß er nun kein Geld mehr, um seinen Bus reparieren zu lassen. Im Norden des Landes gibt es bergige Gegenden, und so ist auch die Stadt, in der der Busunternehmer lebt, bergig. Und er hat kein Geld, um die Bremsen seines Busses reparieren zu lassen. So muss er den Bus abbremsen, indem er die Handbremse zieht – oder er muss durch den Motor abbremsen. Einen Bus derart abbremsen, in dem sich Menschen befinden. Tolle Politiker haben die Argentinier.

Ich fuhr als nächstes nach **Miramar**. Dort fand ich in der Nähe des Strandes ein Plätzchen, an dem es sich auch bei starkem Wind aushalten ließ. Eine andere Touristin, die sich auch dieses Plätzchen ausgesucht hatte, leistete mir zwei Tage Gesellschaft. Dann fuhr ich weiter nach **Necochea**. In einem einfachen Hotel bezahlte ich ganze 13,- Peso mit Frühstück. Aber die Stadt war hässlich, der Strand auch. Übersät mit Unrat. Hier wollte ich nicht lange bleiben. Aber am Abend ging ich zum Essen in das Restaurant, das zum Hotel gehörte. Das Restaurant war voll, mindestens 30 Personen waren dort. Sie alle aßen Steak. Ich auch. Aber meines war hart und zäh, ich konnte es kaum durchkauen. Und warum waren dort so viele Gäste? Es war ein Donnerstag, nicht etwa ein Wochenende. Ich dachte, die Argentinier waren zu der Zeit alle arm?

Am nächsten Tag fuhr ich weiter, es ging nach **Bahia Blanca**.

Die Fahrt dauerte 5 Stunden, und es begann die Pampa. Sie sieht aus wie sie sich anhört: braun-grau-gelblich, hässlich, flach, Pampa eben. Aber es gab auch viel Getreide, das reif war und geerntet wurde. Überall stehen dort riesige Silos. Argentinien scheint die Kornkammer Südamerikas zu sein. Und dann wurde die Gegend noch unschöner. Viele Pferde sah man dort allerdings und noch mehr Kühe, und hin und wieder ein Schaf oder ein Schwein.

Das gebuchte Hotel in Bahia Blanca war, wie im Reiseführer angegeben, einfach, die Mitarbeiter sehr freundlich. Die alte Mutter und 2 Söhne führten das Hotel, das 17 Zimmer hatte. Leider war es dort sehr laut, denn die Autofahrer in der Stadt schienen alle Michael Schumacher nachahmen zu wollen. Sie drehten kräftig auf.

Den nächsten Ort, **Puerto Madryn**, kann man vergessen. Hässlich. Also ging es gleich weiter. Ich fuhr nach **Trelow**, um mir ein Naturkunde-Museum anzusehen. Das hat sich gelohnt. Riesige Saurierskelette waren dort aufgestellt, und eines der versteinerten Saurier-Eier, größer als ein großer Fußball, war durchgeschnitten, sodass man sein Inneres sah. Die gerade geschlüpften kleinen Saurier müssen schon am ersten Tag ganz schön große Saurier gewesen sein.

In einem anderen Ort hatte ich mir ein Museum angesehen, das es bis ins Guinness Buch der Rekorde geschafft hat. Da hatte ein Künstler alte farbige Plastikflaschen gesammelt und daraus wahre Kunstwerke gemacht. Der Besuch dieses Museums, es war ein Freilichtmuseum, kostete 5,– Peso. Der Künstler, ein alter Herr, fragte mich, woher ich von ihm wisse. Er freute sich sehr, als ich ihm erzählte, dass ich von ihm in meinem deutschen Reiseführer gelesen hatte.

CHILE
2003

An manchen Tagen war ich den ganzen Tag im Bus unterwegs, so zum Beispiel, als ich nach Rio **Gallegos** fuhr. Und dort musste ich noch einmal 2,5 Stunden warten, um mit einem anderen Bus bis nach **Punta Arenas** zu fahren. Punta Arenas in Chile. Nenas Hostel, in das ich wollte, war voll. Aber Nena war so nett, im gegenüber liegenden Haus anzurufen und zu fragen, ob dort noch etwas frei sei. Ich hatte Glück und bekam dort ein Zimmer. Die Inhaberin war eine alte Dame, das Haus sehr familiär geführt. Es war nicht sehr sauber am Boden, aber die Wäsche war frisch und weich. Das Frühstück gab es an einem großen Tisch, an dem noch 5 andere Gäste saßen, drei Franzosen und zwei Deutsche. Es gab selbst gebackenen Kuchen, so richtig zum satt essen, und es war nett wie in einer Familie. Da es draußen kalt war, schmeckten der Kuchen und der Kaffee oder Tee besonders gut. Und obwohl es Hochsommer war, wurde im Haus den ganzen Tag geheizt.

Nicht nur dort ging ich nachts mit Leggins ins Bett, weil es so kalt war.

Im Ort kam ich an einem wunderschönen Garten vorbei, der voller verschiedener Blumen war. Aber es herrschten die Vergissmeinnicht vor. Ich fragte die Bewohnerin des Hauses, ob ich Fotos machen kann. Sie freute sich darüber, dass mir ihr schöner Garten so gefiel. Und ich bat sie um ein Vergissmeinnicht für das Fotoalbum, und sie gab mir eines.

Den Jahreswechsel zum Jahr 2004 habe ich dort verbracht. Um Mitternacht gab es ein paar vereinzelte Böller, das war's. Und ich wartete dort auf die Möglichkeit, mit einem Hubschrauber über Kap Horn fliegen zu können. Für mich alleine wäre der Flug zu teuer gewesen, also hoffte ich, dass es noch andere Touristen gäbe, die diesen Flug machen wollten. Aber leider fand sich kein weiterer Interessent. Und so konnte ich mir diesen Wunsch nicht erfüllen. Über Kap Horn zu fliegen, das wäre schön gewesen. Dabei ist es ja nur ein riesiger Felsen, der aber so stark vom Wasser umspült wird, dass es dort Tausende von ertrunkenen Seeleuten geben soll.

An diesem sonnigen Tag am Jahresende 2003 war ich nach **Porvenir** auf Feuerland gefahren. Leider war die Zeit zu knapp, um viel von dieser Insel zu sehen. Und so wurde es nur ein Ausflug.

Der nächste Ort, zu dem ich wollte, war **Puerto Natales**, auch in Chile. Von dort aus ging es dann anschließend bis hoch nach Santiago de Chile immer im Zick-Zack-Kurs: Chile – Argentinien – Chile – Argentinien. Am 1. Januar 2004 war es, als ich durch diese schöne Landschaft fuhr. Ein Ausflug war es auch, der mich in den Naturschutzpark Torres del Paine geführt hat. Kalt war es dort und unglaublich windig. Unser Reiseführer erzählte uns die Legende, weshalb es in Patagonien immer so windig ist:

Der damalige Häuptling der Indios war von den – bösen – Spaniern gefangen genommen worden, die ihn töten wollten. Da betete der Häuptling zu seinem Gott und flehte ihn um Hilfe an. Der Gott des Indio-Häuptlings rief den Wind und befahl ihm, dem Indio-Häuptling zu Hilfe zu kommen. Aber die Spanier hatten den Häuptling inzwischen getötet, sodass der Wind ihn nicht finden konnte. Und deshalb ist der Wind in Patagonien immer noch unterwegs und sucht den Indio-Häuptling.

Dieser Reiseführer in Chile war es übrigens, der einmal nicht meine Sportlichkeit bewunderte, sondern meine Stärke. So erzählte er, dass selbst große und starke Männer von diesem heftigen patogonischen Wind umgehauen worden sind. Aber ich hielt ihm stand. Ist das nun ein Kompliment gewesen?

Die Landschaft um Puerto Natales verändert sich ständig. Es gibt dort weite Gebiete mit abgestorbenen Bäumen – nie außer in Chile habe ich so viele tote Bäume gesehen, aber auch große Gebiete mit Neuanpflanzungen. Es wurde hügeliger, mit Büschen voller kleiner gelber Blüten. Und Büsche mit Blüten gelb/rot/weiß, und im Hintergrund die schneebedeckten Berge. Und zwischendurch immer wieder ein See. Die vielen verschiedenen Eindrücke konnte ich mir gar nicht alle merken.

Puerto Natales liegt am Ufer eines Sees, schneebedeckte Berge im Hintergrund. Es ist so schön. Meine Unterkunft dort war auch schön, und es gab einen netten Aufenthaltsraum für die Gäste, in dem noch die Weihnachtskrippe stand. In diesem Raum konnte man auch fernsehen.

Am See hatte man einen schönen Blick auf die vielen Boote, die dort ankerten. Und immer der Blick auf die Berge. In einem kleinen Park saßen zwei Frauen, eine jüngere und eine ältere. Ich grüßte die beiden und wünschte ihnen ein gutes neues Jahr. Da standen sie auf, kamen zu mir und gaben mir einen Kuss.

Das Abendessen bereiteten sich die Gäste in der Küche zu und aßen dann meistens gemeinsam. Es gab außer mir noch 4 Deutsche dort, vier Männer aus dem Erzgebirge. Die wollten nach dem langen Eingeschlossen-Sein die Welt sehen. Und ich wollte ein wenig Abwechslung haben. Deshalb ging ich in das Casino, dass sich nur 2 Straßen weiter befand. Ich habe natürlich verloren, aber dennoch hat es Spaß gemacht. Um 03.00 Uhr morgens verließ ich das Casino und suchte meine Unterkunft. Ich konnte sie nicht finden!!! Ein Taxi kam, das ich anhielt, und der junge Mann fuhr mich mindestens eine halbe

Stunde lang hin und her. Ich nannte ihm die beiden Namen, von denen einer den Inhabern des Hauses gehören musste. Und der Taxifahrer fragte über Funk nach. Man gab ihm die Adresse, aber als wir am Haus ankamen, sagte ich, nein das ist nicht das Haus. Der Fahrer fuhr bis hinter den Ort und in einen Wald hinein, und ich dachte bei mir, wo will der denn mit mir hin. Dann fuhr er zurück, rief wieder die Zentrale an, fuhr wieder an meiner Unterkunft vorbei, und ich sagte wieder, nein das ist nicht das Haus, in dem ich wohne. Mit Schrecken dachte ich auch daran, wie hoch wohl die Taxirechnung sein würde. Der gute Mann fuhr mich ja inzwischen fast eine Stunde durch den Ort.

Dann hatte die Zentrale offensichtlich den Inhaber meiner Unterkunft angerufen, und mein Taxi hielt vor der Tür. Der Inhaber stand in der offenen Tür, aber ich erkannte ihn nicht. Erst als ich in meinem Zimmer stand und mein Gepäck sah, wusste ich, dass dies tatsächlich meine Unterkunft war. Ich musste mir eingestehen: Ich bin zu blöde um wegzugehen!

Der Taxifahrer hatte mich wohl für eine arme verwirrte Person gehalten, denn als ich nach dem Preis fragte, fiel der sehr bescheiden aus. Und ich versuchte an den nächsten Tagen, die ich in dem Haus wohnte, dem Inhaber aus dem Wege zu gehen! Ich hatte das Haus nicht erkannt, weil es am Tage eine breite offene Tür hatte, und an beiden Seiten gab es große Spiegel. Diese Spiegel waren nicht mehr zu sehen. Und diese Tür war bei Nacht geschlossen. So sah denn das Haus ganz anders aus, als ich es in Erinnerung hatte.

Ich buchte eine Tour zum Lago Grey. Viele Jahre zuvor hatte ich in meiner Tageszeitung einen langen Bericht über Chile gelesen, und auf einem Foto waren die Eisberge zu sehen, die im Wasser schwammen. Ich dachte damals, die würde ich auch gerne sehen. Und nun stand ich da und schaute sie an.

Dann fuhr ich mit dem Bus nach **El Calafate**. Die Busse im Süden Argentiniens sind nicht zu vergleichen mit denen, die von Buenos Aires aus in die Umgebung fahren. Kein Vergleich. Staubig war es in El Calafate, und nur mit Mühe und Not fand ich eine Unterkunft in einem Vier-Bett-Zimmer. Auf dem Flur gab es einen Schrank, in den man seine Sachen stellen konnte. Ich verzichtete, denn es stank sehr muffig in dem Schrank. Ich rümpfte die Nase, und der Wirt sah es und meinte, ich könne ja wo anders übernachten, wenn es mir hier nicht gefiele. Hätte ich ja gerne getan, aber es gab keine andere freie Unterkunft. Und teuer war es, sehr teuer. Unverschämt teuer, aber wenn man sonst nichts findet, muss man auch viel Geld für eine saumäßige Unterkunft bezahlen, und das wusste der Wirt natürlich. Am nächsten Tag suchte ich weiter und fand tatsächlich ein anderes Haus, in dem ich ein saubereres Bett mieten konnte, allerdings war es auch ein Zimmer mit gemischten Gästen. Aber hier gab es auch einen hübschen Garten.

Ich buchte eine Tour zum Perito Moreno, dem wohl größten noch wachsenden Gletscher der Welt. Bis zu 75 Meter hoch ragt er über dem See in die Höhe, und er schaut wirklich gewaltig aus. Und der Wind fegte wie immer unbarmherzig über das Land.

In dem Zimmer, in dem ich schlief, gab es neben mir ein junges Mädchen aus Holland, zwei junge Männer aus Israel und sechs weitere Männer. Die beiden Israelis machten bis morgens um 2.00 Uhr Krach, sodass man nicht schlafen konnte. Ich wechselte wieder das Haus, und das nächste war wieder schrecklich. Vier Personen in einem winzigen Raum, je zwei Hochbetten. Für das ganze Haus gab es nur 3 Toiletten – jeweils ohne Deckel, und die Dusche, die von Männern und Frauen gemeinsam genutzt wurde, war nicht abschließbar. Eine Frechheit, was die Leute dort vermieteten. Undenkbar in Deutschland, aber in Südamerika ist man nicht in Europa.

Die Straßen waren alle unbefestigt, und wenn ein Auto darüber jagte, staubte es bis zum Himmel. Später habe ich einmal gelesen, dass die seinerzeitige Präsidentin Cristina Fernandez dort in El Calafate ein 5-Sterne-Hotel gebaut hat. Ich kann es nicht fassen. Ein 5-Sterne-Hotel in dem Drecksort. Aber wahrscheinlich musste sie das Schwarzgeld schnell irgendwie anlegen. Mit dem Bus ging es dann weiter nach **El Chalten**. Das Gepäck lag oben auf dem Dach des Busses, und wer an seinem Zielort ankam, erkannte es nicht wieder, denn es war total vollgestaubt. Aber die Unterkunft, die ich dort fand, war hübsch und sauber und die Wirtsleute sehr nett. Auch der Ort war sehr schön, Sonne, Berge und Schnee darauf. Und in der Nähe wieder ein Gletscher. Nur der Wind, der kalte und heftige Wind, machte einem zu schaffen beim Aufenthalt im Freien.

Es ging weiter nach **Los Antiguos**. Die Fahrt dorthin dauerte 12 Stunden, und es gab nur Staub und Staub und Staub und Pampa, und ich hatte die Nase vom Staub buchstäblich voll. Die kleinen Dörfer mit drei oder vier Häusern, durch die wir fuhren, sind tatsächlich in den Landkarten verzeichnet. Die Landschaft wird dort hügeliger, und die Felsen sehen aus, als würden sie aus Wunden bluten. Rotes Blut, das über die Felsen rinnt. An anderen

Stellen sehen helle Flächen aus wie die Augen der Erde, die den Bus und seine Insassen anstarren.

Rote Felsen sieht man, nackte Felsen, die aussehen wie riesige versteinerte Hände oder Füße. Man kann Gottes Finger sehen oder die Finger von Wolkenengeln. Ansonsten waren die einzigen Abwechslungen, die man sah, zwei Straußen-Mütter mit ihren Jungen und ein Hase sowie einige Lamm-Skelette und ein Pferdekopf-Skelett.

Ich hatte vorher bei der Unterkunft angerufen und ein Bett reservieren lassen, aber als ich in der Unterkunft ankam, sagte mir der Chef, dass alle Betten belegt sind. Ich fragte nach Maria, mit der ich am Telefon gesprochen hatte. Maria war seine Frau und sie konnte sich erinnern. So gaben sie mir ein Zimmer in ihrem Privathaus, außerdem luden sie mich zum Essen in ihrer Küche ein.

Am nächsten Tag bekam ich ein Bett im großen Raum, in dem die Betten eines neben dem anderen standen. An dem Ende, an dem meines stand, befanden sich die Türen zu den drei Duschen und Toiletten. Im Dorf gab es das Kirschenfest zu feiern, und auch Fremde, die nicht in dem Dorm übernachteten, suchten die Toiletten auf. Ich sagte am anderen Morgen zu einem Mitbewohner, dass ich das Gefühl hatte, in einer öffentlichen Toilette zu schlafen. Er, ein Schweizer, hatte das auch so empfunden.

Aber bei einer älteren Frau, die eine Kirschen-Plantage besaß, durfte ich mir so viele Kirschen pflücken wie ich wollte. Und da Knupper-Kirschen mein Lieblingsobst sind, aß ich so viele, wie mein Magen fassen konnte.

Der nächste Ort, den ich besuchte, war **Chile Chico**. Ich blieb aber nur einen Tag und fuhr dann mit einem Minibus weiter. Obwohl Chile an der Grenze zu Argentinien ja nur wenige Kilometer entfernt ist, sieht es in

Chile viel schöner aus. Die Berge sind kahl, aber oben auf dem Grat stehen Bäume, manchmal gar kleine Wäldchen. Bewachsene Berge und solche, an denen man in den Felsen Tiere aller Art erkennen kann, wenn man etwas Fantasie hat. Einen ganzen Zoo habe ich erkannt. Ein Löwe thronte ganz oben, ein Walross darunter, ein Krokodil, ein Panther. Der Fantasie sind keine Grenzen gesetzt. Und im Hintergrund die Berge, die grüne See. Wenn man ganz oben fährt, kann man auf das Meer blicken und die tausend kleinen Inselchen sehen. Ein wunderschöner Anblick. Plötzlich tauchten Büsche mit tief-orange-farbigen Blüten auf, Gerbera-ähnlich. Sehr hübsch anzusehen.

Unterwegs stiegen Leute aus und zwei junge Israelis ein. In Israel ist es normal, dass junge Männer und Frauen, wenn sie ihre Militärzeit absolviert haben, eine lange Reise um die Welt machen, bevor sie anfangen zu studieren oder zu arbeiten. Wir fuhren in Richtung **Tranquilo**, es war abends gegen 20.00 Uhr, als uns der Busfahrer rauswarf. Der nächste Bus, der in unsere Richtung fährt, komme gleich, sagte er. Aber das war gelogen. Es kam kein Bus, aber nach einiger Zeit ein Pick-up, der uns mitnahm. Ich und einer der beiden Israelis konnte gegen das Führerhaus gelehnt sitzen und so hatten wir ein wenig Schutz vor dem kalten Fahrtwind, aber der zweite junge Mann saß am Rand und bekam den ganzen Wind ab. Er fand die Fahrt schon nach fünf Minuten nicht mehr zum Lachen. Als wir an unserem Zielort angekommen waren und uns am nächsten Tag über den Rauswurf beschweren wollten, war das nicht möglich. Denn der Busfahrer hatte uns keine Fahrscheine gegeben. Der Bandit. Die beiden Israelis sind schon um

8.00 Uhr morgens ausgezogen, weil sie weiter wollten. Als ich nach 11.00 Uhr spazieren ging, saßen sie immer noch am Straßenrand und warteten, dass ein Auto sie mitnehmen würde.

Die Gegend dort ist sehr schön. Grüne Wiesen, gelber Ginster, blauer Himmel, in der Ferne die schneebedeckten Berge. Ein kleines Flüsschen fließt leise dahin, und ein Pferd steht in der Nähe und schaut mich an. Hier würde ich gerne ein Häuschen haben. Wenn es denn nicht so schrecklich weit entfernt wäre von der Zivilisation. Kein regelmäßiger Busverkehr. Wie will man von hier fortkommen, wenn man es eilig hat? In der Nähe komme ich an einer Totenstadt vorbei. Kleine Häuschen für Tote. Hier möchte ich auch begraben sein, dachte ich.

Aber ich fuhr erst einmal weiter, nach **Coyhaique**, wo ich einen Tag blieb, und dann weiter nach **Puerto Cadenas**. Das dortige Haus, in dem ich wohnen wollte, war leider überfüllt. Aber die netten Inhaber fuhren mich zu Lulu. Lulu war ein Schweinestall, so dreckig – ich weiß wirklich nicht, wieso manche Herbergen dermaßen dreckig sind. Und dennoch voll belegt. Aber alle Gäste waren sehr nette Menschen. Ich wollte gerne zum See in der Nähe gehen, aber das war nicht möglich. Beinahe alles Land in Chile befindet sich in Privatbesitz und ist eingezäunt. Man kann vielerorts nur die Straße entlanggehen, und das ist nicht immer schön.

Ich entdeckte ein Hotel. Das Haus einer deutschstämmigen Familie. Aber bevor ich mich dort erkundigen konnte, sprach mich ein Mann an und bot mir für wenig Geld sein Haus in der Nähe an. Ich sah es mir an und konnte nicht glauben, dass es so preiswert sein sollte. Ich zog dort ein. Von der Terrasse aus hatte man einen wundervollen Blick auf den See, denn das Haus stand auf einer Anhöhe. Es war neu, mit viel Holz gebaut, und sauber. Und ruhig und für mich alleine. Alles Land ringsherum gehörte der Familie. Und ich konnte nicht glauben, dass es so preiswert war. Den Blick bei Nacht vom Bett aus auf den Sternenhimmel hatte ich gratis.

Als ich drei Tage später weiter und bezahlen wollte, kam das große Erwachen. Der Preis war viel höher, als man mir gesagt hatte – oder wie ich verstanden hatte. In Chile enthalten die Preise viele Nullen, und ich hatte den Mann, der mir das Haus angeboten hatte, mehrmals gefragt, ob es wirklich nur drei Nullen nach der Ziffer 3 waren, und er hatte das immer bejaht. Nun sollte ich pro Tag 10.000,– bezahlen statt 3.000,--, und das wollte ich nicht. Frau Geselle fragte mich, wie viel ich bezahlen könne, und ich gab ihr 20.000,--. Sie war damit zufrieden. Dafür brachten sie mich mit ihrem Auto nach **Chaiten.** Auf dem dortigen Friedhof liegt die Mutter der Hausfrau begraben, und sie wollte das Grab pflegen und frische Blumen niederlegen. Sie brachten mich noch zu einer Hospedaje. Dort wurde ein Mann verabschiedet, und es stellte sich heraus, dass er aus der Schweiz kam. Man unterhielt sich, und er erzählte, dass er mit einem Schiff auf die Insel **Chiloe** fahren wollte. Das interessierte mich auch, und so fuhren wir gemeinsam mit dem Schiff Richtung **Puerto Montt**, und als wir im Hafen ankamen, sagte der Schweizer, Alois hieß er, dass der Berg dort aussieht wie das Matterhorn. Er machte Fotos vom chilenischen Matterhorn.

Unsere Wege trennen sich wieder, ich wollte nach **Puerto Oktay**. Vor langer Zeit hatte ich in meiner Zeitung in Berlin über diesen Ort gelesen und dass es dort ein Hotel gibt, das von einer Frau Frieda Haase, einer Deutschstämmigen, geführt wurde. Leider wurde mir dann dort berichtet, dass Frau Haase vor einiger Zeit gestorben war. Also fuhr ich nach **Frutillar**.

In Frutillar hatte ich ein Bett in einem netten Haus bei netten Leuten gefunden. Das Frühstück dort war so, wie meine Mutter es vor vielen Jahren ihren Gästen geboten hatte: Brot, Butter, Käse, selbst gemachte tolle Brombeer-Marmelade, Wurst, Eier, Kaffee und selbst gebackenen Kuchen.

Und das Haus war sauber und ruhig. Und der Ort wunderschön. Deutsche haben hier einst zuerst ihre Häuser gebaut. Und immer suchen sich die Deutschen die schönsten Orte aus, an denen sie sich niederlassen. Die Uferpromenade war sehr gepflegt, blühende Blumen säumten die Wege. Frutillar liegt an einem großen See, und man sieht am anderen Ende des Sees den schneebedeckten Vulkan Osorno. Und es gibt ein schönes Hotel im bayerischen Stil, mit einem großen freien Platz davor.

Einige kleine Lädchen befinden sich an den Seiten des Platzes, die zu dem Hotel gehören. Auf dem freien Platz stand ein uraltes Auto, und ein paar Jungen standen darum und bewunderten es. Ich bewunderte es auch und fragte den alten Herrn, der sich mit den Jungen unterhalten hatte, wie alt das Auto sei. Da antwortete er mir auf Deutsch, dass das Auto gut 50 Jahre alt sei. Und er erzählte mir, wie er vor vielen Jahren aus Schleswig-Holstein nach Frutillar gekommen war.

In Schleswig-Holstein hatte er als Konfirmand einen Pastor, der nach Chile auswanderte und der seinen ehemaligen Schäfchen von seiner neuen Heimat berichtete. Er schrieb immer, wie schön es in Frutillar sei. Und so machte sich der junge Herr aus Schleswig-Holstein eines Tages auf, dieses schöne Frutillar zu besuchen. Er war sehr enttäuscht, als er in Frutillar ankam, denn er konnte nichts finden, was schön war. Bis man ihm erklärte, dass der Teil, an dem er angekommen war, Frutillar alto war, er aber müsse nach Frutillar bajo, also an den See. Und als der junge Mann in Frutillar bajo angekommen war, konnte er den Pastor verstehen. Er blieb ebenfalls in Frutillar. Für immer. Der Mann hatte vier Enkel, aber nur einer von denen wollte Deutsch sprechen. Und dieser junge Mann sprach Deutsch wie ein Schleswig-Holsteiner.

Meine Wirtsleute waren sehr nett, und wir saßen abends oft gemeinsam zusammen. Oberhalb ihres Hauses gab es das Museum, in dem gezeigt wird, wie die Deutschen seinerzeit gelebt hatten. Es sind jedenfalls keine armen Deutschen gewesen, das konnte man an den Möbeln erkennen. Es gab ein Klavier, ein Grammophon, schöne Stühle um einen schönen Tisch, alles geschmückt mit frischen Blumen. Und an den Wänden hingen gestickte Sprüche wie **Eigener Herd ist Goldes wert** zum Beispiel und Konfirmanden-Sprüche. Auf Deutsch natürlich. An der Mühle neben dem Museum stand eine alte Kutsche, und ich sah einen Feuerwehrwagen aus Mannheim. Die Bundesrepublik Deutschland hat angeblich bei der Errichtung des Museums geholfen, als Anerkennung der Verdienste der deutschen Einwanderer.

Meine dortige Wirtin hieß Clarissa und ihr Mann Ernando. Es gab in Frutillar natürlich einen Deutschen Club, und dahin hatte ich die beiden zum Essen eingeladen. Ich hatte einen Tisch reservieren lassen, aber als wir eintrafen, fand man ihn nicht. Wir mussten uns an einen anderen Tisch setzen. Dann erschienen drei Musiker an einem Tisch und fanden einen Zettel mit dem Namen „Müller". „Das ist mein Tisch", sagte ich ihnen. Aber wir waren fast mit dem Essen fertig, als sich alles aufklärte.

Als es hieß für mich weiter reisen, brachte mich Clarissa zum Bus. Sie schenkte mir ein Glas ihrer wunderbaren Brombeermarmelade. Der Bus nach **Bariloche** in Argentinien war voll, und an der Grenze mussten wir ewig warten. In Bariloche hielt ich mich einige Tage auf, es ist ein Ort wie in Bayern oder in Österreich. Es gibt an den Häusern Holzbalkone mit vielen Blumen. Die Umgebung ist auch wie in Österreich. Und im Herbst soll es dort auch ein Bockbierfest geben. Wie in Deutschland. Und eine Schokoladenfabrik gibt es dort. Ich kaufte Schokolade für mich und einen großen Kasten Pralinen für Clarissa, denn ich wollte noch einmal zurück nach Frutillar.

Immer Ende Januar – Anfang Februar soll es dort ein Musik-Festival geben. Klassische Musik, und sogar der weltberühmte indische Dirigent Zubin Mehta soll einmal dort dirigiert haben. Zu dem Festival kommen Musikliebhaber aus ganz Südamerika, und dann ist es bei Clarissa immer voll. So musste ich mir mit einer alten Dame aus dem Norden des Landes ein Zimmer teilen. Unten in einem Raum neben der Küche wohnte ein Colonel aus Pinochets Armee. Der war hundertprozentig einer von den üblen Schergen, da bin ich mir sicher. Am Tisch, wenn wir alle gemeinsam aßen, zog er darüber her, dass ich kein ordentliches Spanisch sprechen konnte. Er allerdings sprach nicht einmal ein paar Brocken einer anderen Sprache. Und Piofa, die alte Dame aus dem Norden, war von diesem Typ angetan. Ebenfalls in dem Haus wohnten Andy aus **Vina del Mar** in Chile und seine

Freundin Astrid. Andy studierte Architektur, und Astrid arbeitete in einem Büro. Wir spielten abends zusammen Continental, allerdings auf chilenische Art, die ist etwas anders als die spanische, die ich kenne.

Und wieder ging es weiter, in eine kleine Stadt. In einem der dortigen Museen gibt es zwei Gemälde, die sehr beeindruckend sind. Das eine zeigt eine junge europäische Frau, die nach einem Schiffsunglück bei Indios gelandet ist, die sie gerettet hatten. Ein Häuptling hatte sie zur Frau genommen, und auf dem Gemälde sitzt sie mit ihrem kleinen Kind am Rande einer Mauer am Meer und schaut wehmütig in die Ferne. Das andere Gemälde zeigt den Inka-König, wie er, umgeben von einigen seiner Untertanen, in seinen letzten Minuten auf den Tod durch die Spanier wartet. Ich finde es wirklich erstaunlich, wie ein Maler selbst die Gedanken und Sehnsüchte eines Menschen darzustellen vermag.

Die Unterkunft, in der ich mein „Zimmer" hatte und das ich nur mit Hilfe einer jungen Frau gefunden hatte – anscheinend gibt es kaum möblierte Zimmer zu mieten, weil die alle von Studenten beansprucht werden –, war saumäßig. Ich kann es wirklich nicht begreifen, WIE manche Menschen leben. Wie die Schweine. Und der alte Mann, der sein Zimmer neben meinem hatte, saß die halbe Nacht vor dem Fernseher, den er auf Straßenlautstärke aufgedreht hatte. Das einzig Saubere in diesem Haus war das Wasser, das frisch aus der Leitung kam.

Mit dem Bus bin ich dann nach **Santiago de Chile** gefahren. Dort fand ich eine nette Herberge und nette Gesellschaft. Mit Nadja, einer jungen Frau aus Liechtenstein, habe ich Karten gespielt, in einem schönen Garten. Und wie zuvor fiel mir auf, dass es in Chile sauberer ist als in Argentinien. Ich las einmal, das Chile das europäischte südamerikanische Land sein soll. Was die Preise anging, war es damals schon so. Aber Mücken gab es dort, so viele wie Sterne bei Nacht am Himmel. Und eben auch so viele Mückenstiche.

Dort rief ich dann Andy an, der mich abholte und zu seiner Familie brachte. Der Vater war auch Architekt und hatte für seine Familie ein sehr schönes Haus gebaut. Die Tochter war verheiratet, hatte sich aber von ihrem Mann getrennt, und da es – jedenfalls zu der Zeit – in Chile keine Scheidungen gab, hatte der Vater auf seinem Grundstück auch für sie und ihr Kind ein Haus gebaut.

Die Familie war sehr nett. Ein älterer Bruder von Andy, der in Amerika lebte, war gerade in Chile zu Besuch. Die Familie ging so liebevoll mit einander um, dass ich mich fragte, WO denn wohl bei denen der Haken liegen könnte. Denn so lieb kann gar keine Familie sein, oder doch? Die Großmutter mütterlicherseits lebte ebenfalls in dem Haus, und der Vater – der aussah wie Markus Wolf aus der DDR – saß am Tisch auf einem Stuhl und spielte auf der Gitarre, und die Großmutter saß neben ihm, schaute ihn immer an und sang dazu. Herrlich. Anschließend haben wir alle Karten gespielt bis nachts um 2.00 Uhr, und dann haben mich Andys Eltern mit dem Auto zu meiner Unterkunft gefahren. Am anderen Tag haben mir Andy und Astrid **Valparaiso** gezeigt, und am Abend wollten wir wieder alle Karten spielen, mit Oma inklusive.

Wieder in Santiago wohnte ich erneut in einer Jugendherberge. Ein schönes Haus mit einer großen Kuppel und viel Stuck an den Decken. Dort lernte ich Traudl aus Österreich kennen und Heidi aus Stuttgart, die zusammen reisten. Wir gingen gemeinsam zum Abendessen, und ich erzählte ihnen die Geschichte, wie ich in Chile nach dem Casino-Besuch lange meine Unterkunft gesucht hatte. Die beiden lachten sich halb tot.

Abermals ging es dann nach Argentinien, über die Berge nach **Mendoza**. Wenn ich an Mendoza denke, fallen mir immer zuerst die großen Bäume ein, deren Kronen sich weit oben treffen und so die Straßen im Sommer immer schön kühl halten. Die Fahrt über die Berge zeigte einem wieder die vielen Gestalten, die man im Felsgestein erkennen konnte. Gelb-rot-gelb-braun waren die Farben, die man in der Landschaft sah. Und hier sah man auch Berge, die griechischen Tempeln glichen. Und danach sieht man dann nur noch Weinberge.

Ein Taxifahrer hatte mich zu einer guten Unterkunft in einer besseren Gegend gebracht. Das Haus steht direkt am Rande des Regierungsviertels. Und man muss nur über die Hauptstraße gehen, um in einen großen Park zu gelangen. Dort hatte ich „Freundschaft" geschlossen mit einem Gartenarbeiter, der jeden Tag kam und mich begrüßte. Und mich beschützte. Vor dem Wochenende verabschiedete sich mein Beschützer, er hatte dann frei. Und dann zeigte sich, wie gut es ist, einen solchen Beschützer zu haben, der immer darauf achtet, was in seinem Park so vor sich geht.

Ich mochte diesen Park und verbrachte jeden sonnigen Tag dort. In etwa 10 Metern Entfernung zu meinem Liegeplatz gab es eine ca. 50 Zentimeter hohe Hecke. Und so fiel mir am Sonntag ein Mann auf, der an der Hecke vor mir stand, ein Fahrrad in der Hand. Er machte, wie ich mir einbildete, mitunter merkwürdige Handbewegungen, aber wenn ich genauer hinschaute, konnte ich nichts Ungewöhnliches feststellen. Wahrscheinlich hatte ich mich geirrt. Aber dann sah ich noch einmal hin, und da war es dann klar, was er dort trieb. Ich griff wieder zu meinen Latschen und der Sonnencreme-Flasche und erhob mich, um zu ihm zu laufen. Auch dieser Tölpel hatte plötzlich Angst und wollte schnell verschwinden. Aber sein Fahrrad verheddderte sich in der Hecke, und fast hätte ich ihn erschlagen können, so nahe war ich bereits an ihn herangekommen, als es ihm dann doch noch gelang, sich in Sicherheit zu bringen, indem er schleunigst auf das gerade befreite Rad sprang und davonfuhr.

In meinem Zimmer schlief in dem Bett über mir ein Trampel. Jedes Mal, wenn der Trampel sich im Bett umdrehte, hatte ich Sorge, er könnte abstürzen und mich unter sich begraben. Und der Trampel hieß auch noch „Linda", die Schöne. Und an ihr war absolut nichts Schönes, nicht die Haare, nicht die Augen, nicht die Figur. Nicht einmal das Lachen, denn das erinnerte an meckernde Ziegen. Und Trampel-Linda lachte viel und gern. Sie arbeitete als Bibliothekarin in England, in einem Bauerndorf, nahm ich an. Sie erzählte, dass sie nur Großstädte besucht, und ihr Favorit sei Santiago. London fand sie auch schön, aber London war ihr zu teuer. Und sie jammerte über den teuren Lufthansa-Flug, 500,- englische Pfund musste sie bezahlen. Aber gibt es in England denn nicht andere Großstädte außer London???

Trampel-Linda war nicht nur hässlich, sie machte auch viel Krach. Am Abend packte sie ihre Sachen, um am nächsten Morgen pünktlich fertig zu sein zur Abreise. Sie überlegte und grübelte, packte aus und packte um. Am Morgen dann packte sie wieder aus und packte um und machte einen Riesenlärm, wie ihn nur Trampel veranstalten können. Wie blöde war das denn? Aber, was beklage ich mich über einen Trampel. ICH verlaufe mich, wo man sich nicht verlaufen kann. ICH bringe das fertig. Gibt es nur eine Straße, laufe ich garantiert in die falsche Richtung, und anstatt zuerst in die Karte zu schauen, laufe ich erst einmal ein paar Kilometer, bevor ich in der Karte nachschaue. Aber, um diesem Schwachsinn eine gute Seite abzugewinnen: Auf diese Weise laufe ich täglich meine Kilometer. Leider verliere ich außer den Nerven nicht an Gewicht. Aber ich sehe mehr von der Landschaft. Erstaunlich, dass ich bisher immer im richtigen Land und der Stadt angekommen bin, in die ich wollte ... Übrigens bin ich in Südamerika vielen von denen begegnet, die der Kellner in Nepal für typisch Deutsche hielt: Leute mit total zerfetzter Kleidung, die schon mittags harte Sachen trinken und am Abend Lärm machen.

Was es auch in Südamerika, besonders in Argentinien, gibt, sind Stolperfallen. Kaputte Wege, große Löcher, fehlende Wegplatten. Man darf gar nicht in die Auslagen schauen, sondern man muss immer schön den Blick auf den Boden gerichtet halten. Macht man in Deutschland die Hausbesitzer haftbar, wenn man stürzt und sich verletzt wegen zum Beispiel Schnee oder zu viele feuchte Blätter auf den Wegen, ist man in Südamerika selber Schuld, wenn einem dies passiert. Die Augen sind schließlich dazu da, hinzuschauen, wohin man tritt.

Wieder gab es eine lange Fahrt, die mehrere Stunden dauerte. Ich fuhr nach **Parana** im Norden. Mit einem Taxi ließ ich mich in ein ordentliches Hotel fahren und sah mir dann die Stadt an. Heiß war es in Parana, sehr heiß. Viel heißer als im Süden. In einem Park fand ich einen hübschen Kinderspielplatz, auf dem es auch eine Schaukel gab. Natürlich musste ich die ausprobieren. Ich konnte gut dort schaukeln, und die Seele lachte. Aber ich musste insgesamt mehr als drei Stunden laufen, und bei der Hitze taten dann auch mir, trotz aller Übung, die Füße weh. Ich hatte aber einen schönen Platz für den nächsten Tag entdeckt. Oberhalb des großen Flusses Parana gab es terrassenförmig angelegte breite Grünflächen, und dort machte ich es mir unter einem Baum bequem. Mein Sarong wurde ausgebreitet, meine Tasche darunter gelegt und ich mich obendrauf.

Nach einer Weile merkte ich, dass jemand vor mir stand. Ich erblickte einen jungen Mann, etwa 14 bis 16 Jahre alt, ungepflegt, unsympathisch. Sein gelbes T-Shirt hatte er um den Kopf gebunden. Er hatte eine sehr unsaubere, fleckige Haut. Er fragte mich nach der Zeit, und ich sagte ihm, dass ich keine Uhr dabei habe. Er ging ein paar Schritte, blieb stehen und sagte etwas, das ich nicht verstand. Dann kam er zurück und griff nach dem Henkel meiner Tasche, die ein kleines Stück unter dem Sarong hervorlugte. Er griff nach dem Henkel, ich griff ebenfalls zu. Er zog an der Tasche, und ich hielt meine Tasche fest. Dann plötzlich hatte ich das Gefühl, dass er meine Tasche in den Händen hatte. Aber die Mittelnaht der Tasche war entzwei gerissen, der Inhalt fiel auf den Boden, auf meinen Sarong. Der Junge lief mit der Hälfte meiner Tasche davon. Ich blickte ihm hinterher, um mir die Richtung zu merken. Er lief viele Treppenstufen nach oben.

Das Geld und die Visa-Karte hatte er nicht bekommen, auch sonst nicht viel. Nur meinen Pass. Und der war wichtiger als das Geld. Denn an diesem Abend wollte ich mit einem Bus weiterfahren. Ich zog mich an und ging die Treppenstufen hoch, die der Dieb gelaufen war und blickte mich überall um. Das Gelände war sehr steil außerhalb der Treppen. Dort entdeckte ich die andere Hälfte meiner Tasche und den gelben Zettel, den man damals bei der Einreise ins Land vom Zoll bekam und der sich im Pass befunden hatte. Das chilenische Geld, das sich noch in der einen Hälfte der Tasche befand, hatte er nicht genommen, auch nicht den kleinen Taschenrechner. Aber der Pass war nicht mehr in der Taschenhälfte. Als ich oben an der Straße ankam, standen dort zwei Polizei-Autos. Ich ging auf die Polizisten zu und berichtete von dem Raub. Sie beruhigten mich und wollten mich zum Revier fahren, als plötzlich noch andere Polizei-Fahrzeuge anhielten. Aber ich sagte ihnen, dass ich den gelben Zettel gefunden hatte, der im Pass gelegen hatte, und dass ich das Gefühl habe, der Pass liegt dort auch irgendwo. Dass ich aber auf dem steilen Gelände nicht laufen kann.

Da kamen vier Beamte mit mir und suchten auf dem steilen Abhang nach meinem Pass. Einer von ihnen rief schon nach relativ kurzer Zeit: El Pasaporte, el Pasaporte. Er hatte meinen Pass gefunden und hielt ihn in der Hand. Ich war so unglaublich froh, dass er meinen Pass gefunden hatte, dass ich ihn umarmen musste. Christian hieß der junge Polizist, und er nahm meine Umarmungen bereitwillig entgegen. Man fragte mich, wie der Typ ausgesehen hat, wie er gekleidet war, wie alt er war, ob er eine Waffe dabei hatte. Eine Waffe hatte ich nicht gesehen, aber ich sagte ihnen, was ich bemerkt hatte, zum Beispiel die sehr fleckige Haut, und dass er das gelbe Shirt über den Kopf gezogen trug. Ich fragte, was mit ihm passieren würde, wenn man ihn fände. Sie sagten mir, dass er dann eingesperrt werden würde. Mit ein paar „das darfst du aber nicht tun"-Worten wie in Deutschland ist es in Südamerika nicht getan.

Und dann brachten sie mich zu meinem Hotel. Das war ein nettes Haus gewesen, aber nach Parana will ich nie wieder zurückkehren. Allerdings musste ich noch einmal in die Stadt gehen, mir eine neue Tasche kaufen. Unglaublich viel Polizei war dort auf den Straßen. Die war anscheinend auch unbedingt nötig.

URUGUAY
2004

Während der Nachtfahrt nach **Montevideo** in einem guten Bus konnte ich sogar schlafen, und in Montevideo suchte ich mir eine Unterkunft. Ich fand sie in der Stadt nahe am Wasser, wo es neben der Promenade viele kleine Parks gibt, in denen man sich ausruhen kann. In einem Park habe ich vor einem Goethe-Denkmal gestanden, und hinter Goethe befand sich die Deutsche Botschaft. Im Anblick der Fahne meines Landes genoss ich die dortige Ruhe und die angenehme Wärme mit der kühlen Brise, die dort wehte. Eine weiße Frau und ein Farbiger saßen dort auf dem Rasen, und der Mann schaute mich lange an und nickte dann anerkennend. Ich musste lachen. In der Altstadt von Montevideo gibt es einige schöne alte Häuser und nette Geschäfte. In einem sollte zwei Tage später eine Versteigerung stattfinden, und da ich eine mittelgroße Christus-Figur aus Messing entdeckt hatte, blieb ich zwei Tage länger in der Stadt. Denn ich dachte, dieses Christus-Gesucht könnte meiner Freundin Hannelore in Köln gefallen, und so wollte ich es für sie ersteigern. Aber ich glaube, das leidende Jesus-Gesicht ist ihr zu traurig, um es oft anzusehen.

In zwei Jugendherbergen hatte ich für je 3 Nächte ein Bett gebucht, in **Piriapolis** und in **Punta del Este**. In der Herberge in Piriapolis befanden sich fast ausschließlich alte Leute, so ab 70, und die 80-Jährigen schielten nach den noch Älteren. Ich war eine der ganz Jungen. Und dachte, das ist keine Jugendherberge, das ist ein Alten-Erholungsheim. Die Herren waren teilweise bucklig und hatten dicke Bäuche, die Damen hatten Rettungs-Ringe um die Hüften und dicke Krampfadern an den Beinen, aber das hinderte sie nicht daran, in knappen Shorts zu laufen. Ich erinnerte mich daran, was ein alter Herr in einem Heidedorf einmal gesagt hatte, als er am FKK-Strand in Sylt gewesen war: Keiner ist so fett und hässlich, dass es nicht noch Fettere und Hässlichere dort gäbe.

In Punta del Este ist es natürlich noch schöner, denn es soll ja das St. Tropez von ganz Amerika sein. Im Januar und Februar, wenn in Südamerika die Kinder Ferien haben, treffen sich hier die Reichen und Schönen des Kontinents. Die Autos sind fast alle aus Deutschland: Porsche, Mercedez, BMW, Audi. Deren Besitzer kommen auch aus Brasilien und Argentinien, und hier wollen sie zeigen, was sie haben. Die Häuser sind schön, hübsche Parkanlagen, die jedoch fast alle einen Makel haben: Die Hunde der Reichen und Schönen werden von Angestellten im Dutzend spazieren geführt und verrichten ihre Geschäfte auf den Anlagen. Ich dachte mir: WIE passt das denn zusammen. Alles so gepflegt, nur den gepflegten Rasen kann man nicht betreten.

Ich lernte später eine nette Frau kennen, in deren Haus ich einige Zeit wohnte, Renata. Sie lebte mit ihrer Mutter in einem hübschen Haus am Meer. Die Mutter hieß Gloria, und Glorias verstorbener Mann war Maurer gewesen. Als er jünger war, wurde Punta del Este gerade errichtet. Es war ein kleines Fischerdorf gewesen, wo vermögende und vorausdenkende Menschen die ersten Hotels erbauen ließen. „Wie kann man auf die Idee kommen, in dem Kaff ein Hotel zu bauen", soll Renatas Vater gesagt haben. Ja, und heute ist es der teuerste Ort von Südamerika. Vor Jahren sah ich im hiesigen Fernsehen einen Bericht, in dem erwähnt wurde, wie viel ein Ehepaar mit zwei Kindern bezahlen muss, wenn es in ein Restaurant geht, um dort einen Hamburger mit Pommes Frites zu essen und je eine Coca-Cola zu trinken. Der Preis war umwerfend. Aber in den Jahren danach sah man im Fernsehen, dass die Buchungsraten teilweise bis zu 40 % geringer sind als im Vorjahr. Na bitte, da soll doch kein Vermieter von Wohnraum denken, er könne immer höhere Preise verlangen. Ob das auch für El Calafate gilt? Das würde mich freuen.

In der Herberge in Punta del Este hatte ich das 10-Bett-Zimmer nur für mich und eine junge Chilenin, die bei Lan Chile arbeitete. In dem Haus lernte ich Fernando kennen, er telefonierte mit der Herberge in **Villa Sierra** und gab mir Tipps. **Punta del Diablo** soll sehr schön sein, meinte er, und dass man in Brasilien die Augen offen halten soll, auch bei den Taxen. Lieber Geld geben als das Leben, sagte er. Fernando erzählte, dass er eine Tochter hat, die 11 Jahre alt ist und 100 Kilometer von

Rio entfernt lebt. Und er hat einen 5-jährigen Sohn in Montevideo. Als ich ihn fragte, wo er noch Kinder hat, sagte er: „I don't know". Der Schelm.

In Villa Sierra war ich einige Tage lang der einzige Gast in der Herberge. Das alte Haus hat eine Seele, die man spürt. Das Haus würde ich kaufen wollen. Die Frau, die sich um die Herberge kümmert, heißt Sonja und sie fragte in Montevideo nach. Doch: Der Preis ist zu hoch, denn man müsste noch allerlei Arbeiten am Haus machen lassen. Man zeigte mir ein anderes Haus, das sich noch im Bau befindet. Aber das soll auch zu teuer sein. Die Preise sind wohl so hoch, weil ich Deutsche bin. Da vermittelte mir Sonja eine Maklerin. Sie ist die Tochter von Sonjas Schwager. Sie wollte mir ein Grundstück verkaufen und fuhr am nächsten Tag mit mir nach **Minas** zu einer Notarin. Ich war so hin und weg und begeistert, mir hier ein Haus bauen zu lassen, dass ich wohl den halben Verstand verloren hatte. Und merkte nicht, welche Eile die beiden Damen an den Tag legten, um ihre je 100,- US$ einzukassieren. 100,- US$ waren zu der Zeit für viele ein Monatseinkommen.

Ich bezahlte 100,- US$ an für das Grundstück und 100.-- US$ für die Notarin. Sie telefonierte – angeblich – mit ihrer Bank, um festzulegen, bis wann ich das Geld für das Grundstück überweisen müsse und wie die Kontonummer lautet. Diese Konto-Nummer wollte sie mir per E-Mail übermitteln. Dann wurde ein Vertrag unterzeichnet, von dem ich natürlich nicht mehr als 20 % verstand. Meinen Namen, Adresse, Wohnort ... Am Abreisetag fegte ich noch meine Herberge aus und fand viele längliche Ködel. Fledermausködel. Vier Wochen vorher soll ein Mann dort 40 Fledermäuse entfernt haben. Ich hatte also mit Vampiren in einem Haus gewohnt. Dann ging ich noch einmal zu „meinem" Grundstück, und anschließend brachte mich der Maklerin Vater mit seiner Klapperkiste zur Landstraße, von wo aus ich den Bus nehmen konnte, um weiter zu fahren. Er erzählte von hochgiftigen Schlangen, die es hier geben soll. Er bezog sich damit augenscheinlich nicht nur auf tierische Giftschlangen.

Und weiter ging es nach **La Paloma**. Dieser Ort gefällt mir am besten in ganz Uruguay. Es sieht stellenweise aus wie auf den ostfriesischen Inseln. Schöne lange Stände, Dünen, Strandhafer. Hübsche Häuser, nette Jugendherberge mit freundlichem Personal. Es war nun Anfang März, die Ferienzeit ist dann vorbei und es gibt nur noch wenige Touristen. In der Herberge wohnte außer mir nur noch ein 19-jähriger Schweizer, dessen Reisen um die Welt von Papa finanziert werden. Papa ist Bänker, der weiß wie man an Geld kommt. Ich spendierte eine Flasche Rotwein, musste aber darum bitten, auch noch ein zweites Glas zu bekommen, weil der junge Nichtstuer den Wein sehr schnell trank. Wir kamen auf den Islam zu sprechen. Er sagte, dass der Islam die beste Religion der Welt ist. Und er schimpfte auf die Juden, die Kinder töten, Frauen vergewaltigen, die Menschen aus ihren Häusern werfen, Staatsterror begehen, usw. Und alle Moslems sind unschuldige Lämmer, die keinem Menschen etwas zu Leide tun. Ich dachte bei mir, Osama bin Laden kann nicht schlechter über Juden sprechen als dieser junge Schnösel. Und er sagte auch, dass das Land in Israel den Moslems gehört. Er ist zwar Schweizer und wahrscheinlich christlich erzogen worden, aber er weiß wohl nicht, dass schon in der Bibel geschrieben steht, dass zum Beispiel Jerusalem die Stadt König Davids ist, der ein Jude war. Ein Jude. Und wann lebte David? Um das Jahr 1000 VOR Christus. Also vor rund 3000 Jahren und lange bevor ein Analphabet aus Arabien von den Juden erstmals etwas erfuhr von Gott, Abraham, Moses und Jesus. Und wie sowohl Moses als auch Jesus Wunder vollbringen konnten. Und er erfuhr etwas über die Christen, und zwar wohl von einem abtrünnigen katholischen Priester. Und der Araber machte sich dann daran, eine neue Religion zu erfinden: Den Islam. Und wegen dieses Mannes hat es seitdem mehr Morde im Namen der Religion gegeben als in allen Kriegen dieser Welt zusammen. Wer nun sind die schlimmsten Menschen? Dieser junge Schweizer sagte mir noch, dass er noch nie jemandem begegnet sei, der „so fanatisch" die Juden verteidigt. Nicht fanatischer als er die Moslems. Ich hatte darauf hingewiesen, dass die Juden das Alte Testament haben wie wir Christen auch, und da steht in der Thora und in der Bibel unter anderem in den 10 Geboten **Du sollst nicht töten.**

Im Koran dagegen steht mindestens 17 Mal: **Tötet die Ungläubigen**

Hat Gott das gesagt? Den Juden und allen Menschen bis heute: Du sollst NICHT töten.

Und den Moslems, die es erst ab rund 600 Jahre nach Jesus gab: Töte töte töte alle, die nicht an DICH, Mohammed, glauben? Die, wenn sie zwar an Gott, aber nicht an Mohammed glauben, Ungläubige sind und getötet werden müssen.

Ich bestreite das! Denn ich glaube nicht, dass Gott heute hü und morgen hott sagt.

Es ging weiter nach **Cabo Polonia**. Ein Ort, in den man nicht mit einem motorisierten Fahrzeug kommt. An der Straße, an der man aus dem Bus etc. steigt, stehen Pferdewagen, die die Gäste in den Ort bringen. Der Ort ist am Meer gelegen und zwischen Dünen. Der Kutscher, mit dem ich in den Ort fuhr, empfahl mir einen Vermieter, und der geht mit mir zu seiner Cabana und zeigt sie mir. Wieder ist es ein Drecksloch. Wer sich auf die versiffte Matratze, die am Boden liegt, legt, holt sich mit Garantie eine Krankheit. Der Kühlschrank ist unbeschreiblich, alles, alles ist total verdreckt. Und der Mann will so viel Geld haben, dass es mich umhaut. „Nein", sage ich zu ihm, „hier kann ich nicht wohnen". „Macht nichts", antwortet mir der Vermieter, „wenn Sie es nicht mieten, kommen andere". Das ist ja vielleicht eine Denkweise, aber so denken wirklich viele Menschen in Uruguay und Argentinien, die Häuser oder Zimmer vermieten. In Deutschland würde man solche Unterkünfte von Amts wegen sperren. Und ich dachte mir: Lieber schlafe ich unter freiem Himmel am Stand als mir hier die Krätze zu holen.

Ich ging zurück in den Ort und fragte an einem Kiosk, vor dem zwei Frauen saßen, nach einer Unterkunft. Eine der beiden Frauen erhob sich und zeigte mir ein Haus, das direkt neben dem Kiosk stand. Und das war sauberer und hübscher. Eine Treppe führte auf den Boden, wo einige Matratzen lagen. Ein „Badezimmer" gab es zwar, aber was für eines. Da es kein fließendes Wasser gab, hatte der Inhaber unter der Decke eine Gießkanne angebracht, in die man das Wasser zum „Duschen" erst einfüllen musste, indem man auf einen Schemel stieg und mit einem Eimer das Wasser in die Kanne füllte. Und dann musste man die Kanne etwas zur Seite halten und konnte sich „duschen". Aber insgesamt war diese Unterkunft gar nicht schlecht.

Die Kinder der Einheimischen, meist Fischer, holten sich große Steine und legen sie vor die Fenster der vermieteten Buden, um in die Räume zu sehen und was die Touristen dort so treiben. An einigen Brunnen, aus denen man das Wasser schöpft, haben sich einige Menschen den Luxus gegönnt, neben dem Brunnen eine Holzbank aufzustellen, damit die Hausfrau es etwas leichter hat, wenn sie die Wäsche waschen muss. Das erinnerte mich an meine Mutter, die die Wäsche für 6 Personen auch an so einem Brunnen waschen musste. Nur dass das Wasser bei meiner Mutter zumindest im Winter eiskalt war und nicht warm wie in Cabo Polonia.

Das Wasser hier ist kostbar, man verschwendet es nicht. Und trotz der Hitze duscht hier niemand zwei Mal am Tag, eher stinkt man tagsüber. Und das tun hier viele. Deodorant ist bei den Fischern noch unbekannt, oder es wirkt einfach nicht. Aber ich habe Verständnis dafür. Ich begegnete einem echten Aussteigerpaar mit Kleinkind. Die langen Haare des Mannes waren total verfilzt, die Haare der Frau immerhin glatt. Ihr Körper war in Lumpen gehüllt, das Kind trug sie auf dem Arm. Fast wie in Indien ...

Am Strand kann man nicht liegen, es stinkt nach Fisch und es stören die vielen kleinen Strandfliegen. Außerdem liegen hier zwei verwesende Robben. Niemand kümmerte sich darum. Als ich dann an einem Tag morgens um 6.30 Uhr von einem Trecker abgeholt wurde, war ich der einzige Gast. Der Fahrer hatte Gummi-Latschen an, die zwischen den Zehen festgehalten wurden. Bald braucht er feste Schuhe, dachte ich, denn dort, wo seine Füße standen, gab es ein großes durchgerostetes Loch am Autoboden, und an der Stelle, an der sich die Kupplung befand, ebenfalls. Durchgerostet in 47 Jahren.

Der Busfahrer, mit dem ich weiterfuhr, war ein wahres Fahrgenie: Während der vollen Fahrt zieht er sich den Pullover aus, greift sich seine große Tasche, die er sich auf den Schoß legt, faltet den Pulli sorgfältig und legt ihn in der Tasche ab. Den Menschen, die an der rechten Straßenseite gingen, kam er beängstigend nahe. Und dann holte er seinen Mate- Becher und die Kanne und goss sich während der Fahrt das heiße Wasser in den Becher. Während dieser Tätigkeit fuhr er freihändig!!! Anschließend zündete er sich eine Zigarette an und plauderte mit einer Frau, die in der ersten Reihe saß.

In **Punta del Diablo** bekam ich eine einfache, offensichtlich selbst gezimmerte Cabana. Die dicken Ritzen in den Fenstern und Türen waren mit Papier abgedichtet, und im Bad stank es gewaltig. Das Toilettenrohr fiel steil nach unten und stand anscheinend direkt über der Grube. Alles war so simpel, dass es nicht mehr zu unterbieten ist. Ich muss wieder daran denken, wie die Asylanten in Deutschland untergebracht werden. Und hier in diesem Ort muss man noch richtiges, gutes Geld hinlegen, um diesen Dreck genießen zu können.

Deshalb ging es am nächsten Tag weiter, nach **Chuy**. In dieser Stadt steht man fast immer mit einem Bein in Uruguay und mit dem anderen in Brasilien. Eine Grenze gibt es nicht, rechts ist Uruguay und links Brasilien, oder umgekehrt. Man läuft also auf der Straße ständig zwischen den beiden Ländern hin und her. Ein Tag hier genügte mir, und es ging weiter nach **Puerto Alegre** in Brasilien. Dort bekam ich endlich wieder einmal ein sauberes Bett mit duftender, schneeweißer Wäsche.

BRASILIEN
2004

Brasilien schien mir ein sauberes und modernes Land zu sein. Und westlich. Gute Straßen, auch nachts sind die Begrenzungen gut zu sehen. Die Busse sind modern und sauber, die Chauffeure tragen Uniformen. Die Autos sind alle neu, viele VW sieht man. Die Landschaft ist ähnlich wie in Uruguay, aber die Sprache ist total verschieden. Ich verstehe nichts. Wenn man etwas liest, ist das anders. Dann kann man durchaus verstehen, was dort geschrieben steht. Aber die Aussprache …

Viel Polizei sieht man und Militär. Als ich einen Polizisten nach der Touristen-Information fragte, schaute der einen etwa 13-jährigen Straßenjungen an und scheuchte ihn fort. Auf den Plätzen und in den Parks liegen viele zerlumpte Gestalten, auf Schaumstoffmatratzen. Die übrigen Menschen sind alle gut gekleidet. Und sehr viele Farbige sah ich, mehr als sonst in Südamerika. Und die jungen Menschen sprechen oft Englisch, sodass ich sie fragen konnte.

Sie waren alle sehr freundlich, und wenn ich etwas nicht verstand, zeichneten sie es mir auf. Ganz lieb.

In Puerto Alegre gibt es einige schöne alte Gebäude, die anderen sind alle modern. Viele Hochhäuser stehen dort. Es ist eine sehr große Stadt.

Weiter ging es nach einem Tag nach **Blumenau**. Eine auch von deutschen Einwanderern gegründete Stadt. In der Touristen-Information fragte ich, ob hier jemand deutsch spricht. Es kam eine junge Frau, und die fragte ich nach einem Hotel. Sie empfahl mir ein Hotel. Dessen Inhaberin ist eine alte Dame, die gut deutsch spricht. Ihre beiden Söhne und die Tochter auch. Auf dem Frühstücksbüfett gab es viel selbst gebackenen Kuchen. „Der ist billiger als Käse und Wurst", verriet mir die Inhaberin. Da das Hotel in deutschen Reiseführern enthalten ist, steigen dort viele Deutsche ab.

Es ist ein altes Fachwerkhaus, und diese Häuser sieht man hier häufig. Offensichtlich kamen früher viele Deutsche auch aus dem Norden nach Blumenau, um sich hier niederzulassen. Auch hier sieht man viele gestickte Sprüche, wieder den „Eigener Herd ist Goldes wert" und Sprüche über die Tugenden und wer die Seele des Hauses ist. Das Hotel ist sauber, und die Stadt auch. Alles sehr gepflegt. Deutsch eben, dachte ich. Aber es gibt dort keine Parks, in denen man es sich gemütlich machen kann. Aber ich entdeckte am Ufer eines kleinen Flusses einen Biergarten. Viele ältere Leute saßen dort. Ihre Sprache hörte sich an, als kämen sie aus Österreich. Oder Bayern. Und über einen Lautsprecher wurde die Musik übertragen: Lilli Marleen; Du kannst nicht immer 17 sein; das Kufstein-Lied etc. Ich habe diese Lieder genossen, so schön auf Deutsch vorgesungen.

Und auf der Tageskarte wurde angeboten: Eisbein, Rollmops, Apfelstrudel und andere typisch deutsche Gerichte.

Eisbein, bei der Hitze ...

Mein Essen schmeckte sehr gut, und es wurde noch einmal das Kufstein-Lied gespielt.

Aber Mücken gab es dort. Man kann sich einhüllen wie man will, die Biester finden immer eine Stelle, wo sie zustechen können. Sei es nun ein Zeh oder ein Finger. Selbst wenn man Repelente benutzt, hilft das nicht, denn die Mücken finden immer eine unbefleckte Stelle. Und man hat hier eine ganze Woche lang das Vergnügen, sich an jedem einzelnen Stich erfreuen zu können. Blumenau liegt an einem kleinen Fluss, umgeben von hohen bewaldeten Hügeln, und es ist heiß hier. Das richtige Klima für die Monster.

Als ich in den Park ging, der weit nach oben führt, hatte ich ein kleines Handtuch mitgenommen. Damit musste ich mir alle paar Minuten den Schweiß abwischen. Aber er lief an allen Stellen herunter, am Rücken, an den Armen, am Bauch, an den Füßen. Nie habe ich so geschwitzt wie in Blumenau. Außer in Asuncion. Unterwegs begegnete ich einem Parkwächter, der mich anmotzte, weil ich eine Plastik-Flasche mit Wasser dabei hatte. Aber ich motzte zurück, dass ich ja wohl bei der Hitze etwas trinken können muss.

Eine Nacht lang bin ich mit dem Bus von Blumenau nach **Fox de Iguazu** gefahren, wobei ich mehrere Male den Bus wechseln musste. Aber ich kam im brasilianischen Teil von Fox de Iguazu an und fand ein schönes kleines Familienhotel. Das Zimmer war gut, und das Frühstück auch. Und es gab einen kleinen Pool, in dem man sich erfrischen konnte. Die Wasserfälle sind beeindruckend, und ganz nebenbei kann man unglaublich bunte Vögel und Schmetterlinge bewundern. Wie können Tiere SO bunt und schön sein? In einem hübschen Restaurant kann man die Fälle anschauen und einen guten Kaffee trinken.

PARAGUAY
2004

Von Fox de Iguazu ist es nicht weit zur Grenze nach Paraguay. Dort begegnet man sogleich bettelnden Kindern. Paraguay ist ein dunkles Land bei Nacht, die wenigen Lampen spenden nur spärliches Licht. Selbst Busse und LKW fuhren mit Standlicht, was den Vorteil hat, dass kein anderer Autofahrer geblendet wird. Und selbst der Mond und die Sterne haben dort auf Sparflamme geschaltet.

Angekommen im menschen- und verkehrsleeren **Asuncion** suchte für mich ein Taxifahrer alle im Guide angegebenen Hotels auf, aber keines existierte mehr. Und so fuhr er mich zu einem Hotel, das er kannte. Asuncion war teurer als alle anderen Städte in Südamerika, was mich gewundert hat. Und heiß ist es in Asuncion, wie in Blumenau. Viel Polizei und Militär war auf den Straßen. Ich fragte nach dem Grund, und man sagte mir, dass die Campesinos demonstrieren. Die Campesinos wollten verhindern, dass eine Bank privatisiert wird. Die hatten ganz bestimmt ihre guten Gründe für den Protest. Ein Wassertankwagen gab Wasser an die Demonstranten und andere Leute ab, aber nur literweise.

Viele schöne alte Gebäude sieht man in Asuncion, aber der Präsidenten-Palast, schneeweiß und schön, passt gar nicht in diese Gegend. Steht man vor dem Palast, der von Soldaten in alten Uniformen bewacht wird, beginnt gleich neben dem Palast das Armenviertel. Wirklich gleich, es sind keine 10 Meter, die ihn von dem stinkenden Armenviertel trennen. Nach Urin stinkt es, wie in Indien. Und Elendshütten sind es, die dort neben dem Prunk-Palast stehen. Ich sah viele Männer in Zivil neben vielen Polizisten und Soldaten stehen vor dem Präsidenten-Palast. Ich wollte den Palast fotografieren, aber ein Soldat ließ mich nicht einmal einen Meter auf den Rasen gehen.

Ich ging durch die Stadt, und an einer Straßenkreuzung sah ich einen noch jungen Mann, der vor einer schwarzen Plastik-Mülltüte hockte, immer hineingriff und sich eine handvoll dicker weißer Bohnen heraus holte und in den Mund steckte. Ich musste mich umdrehen, weil ich das nicht sehen konnte. Bei der Hitze steckten die gekochten Bohnen mittags in einem schwarzen Plastiksack, sie müssen sauer gewesen sein bei der Hitze. Ich sah in meine Tasche und holte Geld hervor, das ich dem Mann geben wollte, damit er sich ein richtiges Essen kaufen konnte. Aber als ich wieder in seine Richtung sah, war er verschwunden. Was für ein armer Mensch das war. Ein paar Schritte weiter putzte ein noch ganz kleines Mädchen einem Militär die Schuhe, um ein paar Pesos zu verdienen.

In **Ciudad del Este**, von wo aus man von Brasilien nach Paraguay gehen kann, ist es total verdreckt. Menschen schleppten Riesensäcke nach Paraguay. Dinge, die sie in Brasilien gekauft hatten und die sie in Paraguay verkaufen wollten.

Anne, eine Bekannte in Berlin, hatte mich gebeten, nach ihrer Cousine, Mari, in Asuncion zu suchen, nachdem sie erfahren hatte, dass ich in diese Stadt reisen würde. Sie hatte mir die Kopien einiger Fotos gegeben und den Namen der Cousine. Und zum Glück noch mitgeteilt, dass diese Cousine jüdischen Glaubens war. So war es leicht für mich, die jüdische Gemeinde aufzusuchen. Auch in Asuncion müssen die Juden sehr vorsichtig sein. Man kann die Gebäude nicht betreten, die Wachen, die davor ihre Stationen haben, verhandeln mit denen, die etwas wünschen, auf der Straße. So nahm man meinen Pass und kopierte ihn, und ich übergab zudem die Kopien der Fotos und den Namen der Person, nach der ich suchte.

Am nächsten Morgen ging ich wieder zu der jüdischen Schule, und ein junger Mann, der dort am Vortag Wache gehalten hatte, brachte mich zu einem Haus an der nächsten Ecke, wo dann eine ältere Dame erschien. Es war Mari, Annes Cousine. Sie freute sich sehr über meinen Besuch und die Kopien der Fotos sowie die Adresse ihrer Cousine, die ich ihr übergab.

Dann fuhr ich mit einem Bus, der für 58 Kilometer 2 Stunden Fahrtzeit brauchte, nach **San Bernardino,** ebenfalls einmal von Deutschen gegründet, und es ist wahrscheinlich der hübscheste Ort in ganz Paraguay. An einem großen See gelegen, auf einem riesigen Gelände, befindet sich seit über 100 Jahren das Hotel, das eine reiche deutsche Familie dort einst gebaut hatte. Diese Familie hatte in Deutschland eine große Fabrik besessen, und sie war reich. Aber sie wollten auswandern und verkauften ihr Hab und Gut und übersiedelten nach Paraguay. Nicht nur die Fabrikantenfamilie war ausgewandert, sondern mit ihr auch noch einige andere Handwerker, unter anderem Möbeltischler. Einer der Söhne der Familie war Architekt und baute für die Familie in San Bernardino ein schlossartiges Hotel. Man sah ihm noch immer an, dass es einmal ein Luxushotel gewesen sein musste. Schon vor über 1 00 Jahren gab es in jedem Zimmer, das schwarz-weiße Bodenfliesen hatte, ein gefliestes Bad. Die schönen Möbel hatte einer der begabten Möbeltischler gefertigt. Auf den Kommoden lagen Marmorplatten, und die Spiegel darüber befanden sich in ovalen Holzrahmen.

Es gab überall an den Balkonen Brüstungen, wie sie zu einem Schloss gehören. Ich konnte nicht aufhören, durch die Gänge und über die Terrassen zu gehen, und von dort oben auf die Umgebung zu schauen. An der einen Seite des Gartens befand sich eine riesige Terrasse, auf der man mir mein Frühstück servierte. Ich war während der Woche der einzige Gast und kam mir wie eine Schlossherrin vor. Man servierte mir ordentlichen Kaffee mit Milch und Zucker, leckeres Brot und Butter, Käse und Wurst und ein gekochtes Ei. Aber das leckerste von allem war die Marmelade. Eine Marmelade gefertigt aus Früchten, die ich noch nie gesehen und gegessen hatte. SO lecker. Den runden Pool, der sich unterhalb der Terrasse befand, eingebettet unter Bäumen und Büschen, mit etwas Blick auf den See, konnte ich alleine benutzen. Und da mich darin niemand anspritzen konnte, benutzte ich ihn sehr oft. Es war ein Luxus, dort die Nachmittage zu verbringen. Nur an einem Wochenende kamen einige wenige Gäste aus der Hauptstadt, und wieder war ich alleine und die Schlossherrin.

Im Hotel gab es kein Restaurant, also musste ich in den Ort gehen. Dort fand ich eine Bäckerei mit angegliedertem Lebensmittelgeschäft und kleinem Restaurant. Der ältere Inhaber war deutschstämmig. Er hatte gerade seine Ehefrau verloren und saß traurig an einem der Tische, die draußen standen. Ich setzte mich zu ihm, und er erzählte mir Geschichten, wie sie in Paraguay vorkommen können. So berichtete er von einem jungen Mann aus Deutschland, der sich dort ein Haus gebaut hatte. Er lebte alleine in dem Haus und hatte anscheinend einige Feinde. Oder Neider. Oder er war ein Gauner gewesen. Jedenfalls war er eines Tages von 20 Schrotkugeln getroffen und einigen Messerstichen verletzt auf einem Feld gefunden worden. Durch Zufall fand ihn dort ein anderer Mann, und der Verletzte bat diesen, die Polizei zu rufen und ihm zu helfen. Der Mann ging auch zur Polizei und berichtete. Aber die Polizei hatte kein Benzin, um mit dem einzigen Polizeifahrzeug zu der Stelle zu fahren, wo der Verletzte lag. Also musste sie sich von den Dorfbewohnern Benzin zusammensuchen. Als es für die Fahrt zu reichen schien, fuhr die Polizei los. Aber als sie an dem angegebenen Ort ankam, war der Verletzte schon tot.

Das sprach sich natürlich in Windeseile herum, und schon am nächsten Morgen hatte man alles, was nicht angeschweißt gewesen war, aus seinem Haus entfernt. Alles. Türen, Fenster, Kloschüssel, Möbel, alles. Selbst die Mauern hatte man angefangen abzureißen. Und die Polizei unternahm nichts, um den Täter zu finden, weil es keine Anzeige gab. Die Mutter des toten Deutschen erfuhr natürlich vom Tod ihres Sohnes und dass man nichts unternommen hatte, und reiste nach Paraguay, um sich der Sache anzunehmen. Ob man den Täter dann ermittelt und vor Gericht gestellt hat, konnte mir der Bäckerei-Besitzer nicht sagen.

Der alte Mann erzählte mir, dass es nach dem Krieg 1865 zwischen Brasilien, Argentinien und Uruguay gegen Paraguay nur noch 600 Männer im ganzen Land gegeben hatte, 9 von 10 Männern waren in diesem Krieg getötet worden. Und dass es ein Gesetz gab, wonach jeder überlebende Mann 6 Frauen gleichzeitig haben durfte.

Ich selbst hatte einmal gelesen, dass Paraguay, dem dieser Krieg von den Gegnern aufgezwungen worden war, einen großen Teil seiner Fläche an die Kriegsgegner verloren hatte. 50 % sollen es gewesen sein. Behalten durfte Paraguay nur eine kleine Fläche und den Chaco, wo es heiß ist wie in der Hölle und wo überwiegend Mennoniten leben. Die Frauen sind alle bis zum Hals bekleidet, arbeiten aber in der Hitze auf den Feldern. Sie kommen aus Deutschland und hatten sich schon damals das Recht erworben, ausschließlich Deutsch sprechen zu dürfen und ihre eigenen Schulen, Krankenhäuser etc. haben zu dürfen. Man gestand es ihnen zu, und sie sprechen wohl bis heute Plattdeutsch. Ich hätte große Lust, sie einmal zu besuchen. Und verständigen könnte ich mich auch mit ihnen, denn zumindest verstehe ich Plattdeutsch. Das spricht man in der Heide auch.

Vor dem Krieg soll Paraguay das fortschrittlichste Land in ganz Südamerika gewesen sein, und heute ist es bitterarm. Dabei wollten die Argentinier damals das ganze Land zwischen sich und Brasilien aufteilen, was aber daran scheiterte, dass Brasilien einen Puffer haben wollte zwischen sich und Argentinien. Andernfalls würde es das Land Paraguay heute gar nicht mehr geben.

Ich ging am nächsten Tag wieder in dieses Geschäft, denn das dort angebotene Essen war nicht schlecht. Und wieder unterhielt ich mich mit dem alten Herrn. Aber dann stellte ich fest, dass ich einem 100 %-igen Nazi gegenüber saß. Er erzählte, dass sein größter Schatz ein Brief gewesen sei, den ihm Adolf Hitler persönlich geschrieben hatte. Dieser junge deutschstämmige Paraguayer hatte nämlich damals an Hitler geschrieben und darum gebeten, dass dieser sich auch um die Angelegenheiten in Paraguay kümmern solle. Das hatte Hitler nun ablehnen müssen, aber er hatte die Ablehnung begründet und dem jungen Mann für dessen Vertrauen gedankt.

Diesen Brief bewahrte der damals noch junge Mann in einer besonderen Schatulle auf. Wie einen Goldschatz. Und dieser Goldschatz wurde ihm eines Tages gestohlen. Und so trauerte der inzwischen alte junge deutsche Mann seinem größten verlorenen Schatz nach. Ich suchte diesen Mann nie wieder auf. Der 3. April ist der Geburtstag meiner Mutter. Ich habe an sie gedacht. Und es war ein schöner Tag. Am Vortag und in der Nacht hatte es stark geregnet, und am Morgen war die Luft klar und frisch. Ich war wieder der einzige Gast im Hotel, und ich genoss den Pool und dachte an Mami. Ich war so oft im Wasser, wie zuvor nicht in mindestens 10 Jahren. Ich dankte dem Herrn für dieses Geschenk. Es kam das Wochenende, und aus Asuncion strömten die Touristen herbei, in eigenen Autos und in Bussen. Sie liefen alle zum See, wo die einheimischen Frauen ihre selbst hergestellten Decken, Ketten und anderes verkauften. Und ich genoss die Stille an meinem Pool. Ein großer Vogel mit grünem Bauch, schwarzem Rücken und Flügeln und Kopf und einem weißen Kreis auf dem Kopf kam mich besuchen. Er sah aus, als sollte an dem Kreis ein Brautschleier befestigt werden. Und dann erschien ein anderer Vogel, schwarz mit rotem Bauch, und beide flogen sie davon.

Und wieder saß ich auf meiner Terrasse und genoss das gute Frühstück. Und dann den Pool, und die Ruhe und die Stille. Es war so schön dort, ich wollte gar nicht fort, aber immer wiederkommen. Ich war so dankbar für dieses Gottesgeschenk. Ich saß im Paradies und ich musste an den jungen Mann denken, der in Asuncion die dicken weißen Bohnen aus dem Müll gegessen hatte, weil er sonst nichts hatte außer Hunger. Ich wollte gerne dieses Paradies teilen mit Veronika oder Hannelore. Mit Veronika habe ich es ein paar Jahre später noch einmal genießen können.

Auch das Paradies muss man irgendwann verlassen, und so buchte ich eine Fahrt mit einem Bus nach **Resistencia** in Argentinien. Vor meiner Abreise hatte ich der Frau, die das Hotel leitete, gesagt, wie gut es mir dort gefiel und dass ich ewig bleiben möchte. Und wie gut mir die Marmelade schmeckte. Diese Frau arbeitete auch einige Jahre später noch in dem Hotel und konnte sich gut an mich erinnern.

An der Grenze zwischen Paraguay und Argentinien stehen Männer, die das Gepäck der Reisenden die wenigen Meter vom Bus bis zum Zoll tragen und dafür gut bezahlt werden wollen. Mein Rucksack war klein – ich hatte einmal von dem Mann gelesen, der die meisten Länder der Welt bereist und es deshalb bis ins Guinness Buch der Rekorde geschafft hatte. Dieser Mann hatte gesagt: „Travel light", und ich hatte mich daran gehalten – und deshalb wollte ich meinen Rucksack nicht dem Mann überlassen. Aber er schnappte ihn mir aus der Hand und trug ihn zum Zoll. Und dann hielt er die Hand auf. Ich gab ihm das Kleingeld, das ich noch aus Paraguay hatte. Dieses Geld war nun aber so gut wie nichts wert, und das passte dem Banditen nicht. Das sollte ich noch zu spüren bekommen.

Ich fuhr mit einem Bus nach Resistencia. Die Fahrt dauerte 15 Stunden, denn unterwegs hatte der Bus eine Panne und wir mussten einige Stunden warten, bis er repariert war. Außerdem wurde eine Frau krank, die in ein Hospital gefahren und wieder abgeholt werden musste. Sie hatte Herzprobleme. Bei jedem Halt sprangen Männer und Frauen in den Bus und priesen ihre Waren an. Süßes, Brot, Zigaretten, Getränke, Uhren, Brillen, Spielsachen, Tee, Obst und eine Pflanze. Der Verkäufer pries diese südamerikanische Pflanze an und erklärte, was sie alles bewirken könne: Von gut für eine glatte Haut über eine schmerzstillende Wirkung bis hin zur Linderung von Monatsbeschwerden und zur Potenzsteigerung. Mitunter waren vier oder fünf Personen gleichzeitig im Bus, und jeder schrie lauter als der andere.

Auf der Fahrt in Richtung Resistencia, schon weit hinter Formosa, hielt der Bus an einer Polizei-Kontrollstelle. Ein Polizist hatte den Bus betreten und sagte etwas zu den Fahrgästen, das ich nicht verstand. Es war mitten in der Nacht und ich hatte geschlafen. Aber dann stand der Polizist vor mir und forderte mich auf, den Bus zu verlassen. Neben dem Bus stand mein Gepäckstück, und es wurde in die Kontrollstelle gebracht, wo ich das Schloss öffnen musste.

Ich war der einzige Fahrgast, der sein Gepäck zeigen sollte, und das machte mich wütend. Also fragte ich den – zugegebenermaßen sehr freundlichen Chef der Station – wieso NUR ich mein Gepäck zeigen soll. Da antwortete er mir: „Weil es so schwer ist". Woher wusste er, dass mein Gepäckstück so schwer war??? Ich öffnete den Rucksack, und er holte mehrere Bücher heraus. „Auch so, wegen der Bücher ist Ihr Gepäck so schwer", bekannte er. Da holte ich aus meiner Tasche, die ich bei mir führte, noch zwei weitere Bücher hervor, den Reiseführer und ein Buch, das ich gerade las, und knallte sie ihm auf den Tisch. „Hier sind noch mehr", sagte ich wütend zu ihm. Aber er lächelte mich an und ich durfte wieder in den Bus steigen und der Fahrer durfte weiterfahren.

Und dann fiel mir ein, weshalb nur ICH mein Gepäck zeigen musste. Ich bin sicher, dass der Mann, der von mir nur so wenig Geld bekommen hatte für das Tragen meines Gepäcks vom Bus einige Meter weiter zum Zoll, sauer gewesen war und mich deshalb angezeigt hatte. Vielleicht hatte er der Polizei gesagt, ich schmuggele vermutlich kiloweise Drogen oder Dollars oder Mate-Blätter nach Argentinien.

In Resistencia blieb ich nur einen Tag und fuhr dann weiter nach **Salta**. Salta, die „Schöne". Und es ist wirklich eine schöne Stadt. Wunderschöne Häuser aus der Kolonialzeit, besonders schön ist die Kirche. Von Weitem sieht es aus, als würden vor den Fenstern dicke weiße Stores hängen. Aber wenn man näher kommt, kann man sehen, das ist alles aus weißem Marmor gefertigt und es sind keine Stoffgardinen. An den Straßen gibt es viele Obstbäume mit Früchten daran, Orangen zum Beispiel.

Im nahen Nationalpark Molinos wachsen viele Kakteen, die aus der Ferne aussehen wie riesige Kreuze. Diese Kakteen blühen nur sehr selten. Aber ich hatte Glück und sah zwei, die gerade blühten. Der eine Kaktus blühte weiß und der andere rosa. Schön ist es hier, am Himmel schwebten Kondore vor den schneebedeckten Bergen und am blauen Himmel bei strahlender Sonne. Bewachsene Berge, die bald in nackte grüne und rote Felsen übergehen. Ein Mühlstein, der sich in einer Höhe von 3260 Metern befindet, wurde ummauert. Daneben steht eine kleine Kapelle in dieser menschenleeren Gegend.

Ich wollte weiter, und weil der nächste Bus erst in ein oder zwei Tagen fahren würde und es nur vier Passagiere gab, wurde ein Auto geholt. Eine junge Frau und ich durften vorne sitzen, die anderen hinten auf der Ladefläche. Der Fahrer kaute Kokablätter und stank aus dem Hals zum Gotterbarmen. Zum Glück waren die Fenster geöffnet, sodass der Gestank abziehen konnte. Bei geschlossener Kabine wäre ich wahrscheinlich nach fünf Minuten in Ohnmacht gefallen – der ersten Ohnmacht in meinem Leben!

Ich stieg in **Angostaco** aus und fand ein schönes und sauberes Haus, und billig war es dazu. In der Nacht ist es hier kalt, am Tage heiß. In schaute mir die Gegend an und landete an einem Fluss, der zwischen den bizarr geformten Felsen dahinplätschert. Die Felsen formten Weihnachtsmänner, Präsidentenköpfe wie in Mount Rashmour und ähnliche Gestalten. Es war ein idealer Ort zum Ausruhen. Keine Menschenseele weit und breit.

Viele Schweine werden in dem Ort gehalten. Sie leben außerhalb ihrer Verschläge, jedenfalls am Tage. Eine riesige Sau kam auf mich zu und grunzte gefährlich. Sie hatte wohl Angst, dass ich ihren Babys etwas antun könnte. Diese befanden sich in einem separaten Verschlag. Denn sie eilte zu ihnen, legte sich auf die Seite und wollte ihre Ferkel trinken lassen. Das war aber nicht möglich, denn die Querbalken des Verschlages hinderten die Ferkel daran, sich ihrer Mutter nah genug nähern zu können. Dass das niemand sah ...

Zum Essen musste ich in ein Restaurant mit Lebensmittelgeschäft gehen. Die Inhaberin wollte an dem Tag an die Jeans ihrer Tochter die abgeschnittenen Hosenbeine wieder annähen, wusste aber nicht, wie sie das bewerkstelligen sollte. Sie drehte die Hose um und wieder um und fand die Lösung nicht. Ich ging zu ihr, sah mir die Hose an und nahm die Arbeit in die Hand. Sie fragte mich, ob ich Schneiderin wäre. Ich hatte meine Sache gut gemacht, und die Hose passte ihrer Tochter Liz gut. Jedem, der in ihren Laden kam, erzählte sie die Geschichte. Und sie wollte alles von mir wissen, ob ich Familie habe, wo ich genau herkomme usw. Sie wollte auch gerne meine Adresse haben, um mir zu schreiben. „Die Deutschen haben schöne Augen, wie Du", sagte sie mir noch zum Schluss.

Am nächsten Morgen um 6.30 Uhr ging es weiter nach **Cafayete**, der Bus benötigte für diese Strecke 2,5 Stunden, dann brauchte ich weitere 3,5 Stunden, um nach Salta zu kommen und dann weitere 3 Stunden, um nach **Jujuy** zu gelangen. In Jujuy fand ich ein sehr schönes und sehr preisgünstiges Haus, in dem ich außerdem für ganz wenig Geld sehr gut gegessen habe.

Dort war es, von wo aus ich Perla in Uruguay anrief und ihr mitteilte, dass ich noch immer nicht die Bank-Kontonummer erhalten habe, die ich benötigte, um das Geld für das Grundstück überweisen zu können. Ich konnte hören, dass sie sehr überrascht war, dass ich mich noch immer in Südamerika befand. Sie erklärte mir, dass sie ihr Notizbuch verloren hatte, in dem meine E-Mail-Adresse notiert gewesen war. Ich wusste, dass sie log. Denn nicht sie, sondern die Notarin wollte mir die Kontonummer mitteilen. Als ich dann diese anrief, erzählte sie mir die gleiche Lügengeschichte wie Perla.

In Jujuy fragte ich bei der Polizei, ob es dort ein Waisenhaus gibt. Man nannte mir die Adresse, und ich suchte das Haus auf. Es war Mittagszeit, als ich dort ankam und durch ein Fenster schaute. Die Kinder, die am Mittagstisch saßen und aßen, bemerkten mich und riefen eine Tante. Diese kam nach draußen und fragte nach meinem Anliegen. Ich sagte ihr, dass ich daran denke, dem Waisenhaus Geld zu spenden, aber vorher möchte ich mir gerne das Haus ansehen. Sie nahm mich mit ins Haus und fragte, ob ich auch etwas essen möchte. Ja, ich wollte das Essen der Kinder gerne probieren. Und so gab sie mir eine Portion. Das Essen war einfach, aber es schmeckte gut. Und dann zeigte sie mir die Schlafräume und die Duschen und den Hof. Alles war einfach, aber sauber. Und dann fragte ich sie, was sie kaufen würde, wenn ich ihr 100,– US$ geben würde. Sie antwortete ohne Zögern: „Für die Hälfte Schulbücher und für die andere Hälfte Medikamente". Dann gab ich ihr das Geld. Außerdem gab ich ihr das Geld, das eine Berliner Freundin mir für einen solchen Zweck mitgegeben hatte.

Die Kinder kamen zu mir und ich konnte sehen, dass sie ihre Tanten liebten und Vertrauen zu ihnen hatten. Eine Polizistin gab es in dem Haus, was mich überraschte. Als Grund wurde mir genannt, dass es unter den Kindern einen Jungen gab, der immer ausbüxte. Er war schon einige Male ausgerissen und weggelaufen, und jetzt hatte er eben seine eigenen Leibwächter. Drei Polizisten täglich mussten über ihn wachen, jeweils 8 Stunden lang. Der Junge muss ungefähr sieben oder acht Jahre alt gewesen sein.

Dann fuhr ich nach **Purmamarca**. Das ist in der Quebrada, und dort gibt es den Cerro de los 7 colores. Die sieben verschiedenen Farben der Felsen. Ich sammelte Steine, und der Wind winkte den Steinen stark wehend zum Abschied nach. An den Straßenrändern reiften blaue Trauben, und ich pflückte natürlich einige. Sie waren zuckersüß.

Dann war **Cordoba** mein letztes Ziel in Argentinien. Ich hatte bereits beschlossen, noch am gleichen Tag nach Montevideo zu fahren. Also stellte ich mein Gepäck bei der Gepäckabgabe ab und sah mir die Stadt an. Einen wirklich schönen Rosengarten gibt es dort, wo man den Duft der Blumen gerne lange einatmen möchte. Von Cordoba aus rief ich noch einmal die Notarin an, die mir sagte, dass sie morgen die Daten abschicken will – die allerdings NIE bei mir angekommen sind. Die beiden Damen sind also Betrügerinnen.

Und so fuhr ich denn mit dem Bus von Cordoba nach Montevideo, eine ganze Nacht lang. Gegen 10.00 Uhr vormittags kam ich in Montevideo an, ging zu der kleinen Pension, in der ich schon früher gewohnt hatte, stellte mein Gepäck ab und begab mich zur Deutschen Botschaft. Dort, wo der alte Goethe steht. Die Botschaft hatte zu der Zeit, als ich dort ankam, bereits geschlossen. Aber ich klingelte und sagte dem Pförtner, dass ich eben erst aus Argentinien angekommen sei und es eine dringende Frage zu beantworten gäbe. Und so ließ mich der Pförtner ein.

Es erschien eine Frau mittleren Alters, und ich erzählte ihr die Geschichte und dass ich ein schlechtes Gefühl hätte. Ich übergab ihr den „Vertrag", und ich sah, wie sie beim Lesen die Stirn runzelte. Als sie das „Dokument" zu Ende gelesen hatte, sagte sie zu mir, dass dort geschrieben steht, dass ich 1.000,– US$ Strafe zahlen müsse, wenn ich das Geld für das von mir angezahlte Grundstück nicht bis zum 1. Mai des Jahres bezahlt hätte, EGAL aus welchen Gründen.

Nun konnte ich das Geld gar nicht überweisen, weil man mir nicht die Kontonummer und das Geldinstitut genannt hatte. Man wollte also, dass ich die „Strafe" von 1.000,- US$ zahle. Die Mitarbeiterin der Botschaft gab mir eine Liste mit den Namen und Adressen von Anwälten in Montevideo, und sie empfahl mir einen deutschstämmigen Anwalt. Außerdem gab sie mir die Adresse einer Organisation für Notare. Ich ging zunächst zum Anwalt, und der rief dann bei der Notarin und der „Maklerin" an und teilte denen mit, dass der von ihnen formulierte Vertrag rechtswidrig sei und sie ihn zurücknehmen müssen. Außerdem sollten sie mir das bereits gezahlte Geld erstatten.

Die Maklerin hatte sich stets als Repräsentantin einer Gesellschaft dargestellt, die Grundstücke in Villa Sierra verkauft. Und nun fand mein Anwalt heraus, dass das gelogen war. Die Dame war keineswegs befugt gewesen, mir das angebotene Grundstück zu verkaufen. Man drohte ihr Konsequenzen an, und das war dann der Grund dafür, dass sie und die Notarin MICH als böse und gefährliche Frau hinstellten.

Mein Anwalt sagte mir, dass ich vergessen solle, das Grundstück in Villa Sierra zu kaufen. Denn ich müsse damit rechnen, dass man mir das Haus anzündet, wenn ich in Deutschland bin. Einige Zeit benötigte ich, um mich an den Gedanken zu gewöhnen, auf dieses Grundstück zu verzichten. Aber ich sah ein, dass der Anwalt Recht hatte. Er kannte seine Landsleute!

Ich begab mich zu der Anschrift, wo ich die Vertretung der Notare finden würde. Ich musste sechs oder sieben Stockwerke hinauf laufen, weil der Fahrstuhl blockierte. Oben angekommen, fragte ich zunächst, ob es eine Person gäbe, die Englisch spreche. Ich konnte keinen einzigen Gedanken auf Spanisch formulieren. Und dann kam Sabrina. Sabrina war eine sehr nette blonde Notarin, und sie sprach Englisch.

Sabrina las den „Vertrag" und war wütend. Weil es eindeutig einen Betrug darstellte. Es war ein Papier, das niemals ein Notar so hätte unterzeichnen dürfen. Sie rief die Notarin an und drohte ihr, sie aus der Organisation hinauszuwerfen – was sie dann allerdings doch nicht tat. Aber ich traf Sabrina wieder. Sie arbeitete nach ihrer offiziellen Arbeit in der Organisation in ihrem eigenen kleinen Büro, und dort lernte ich auch eine Freundin von ihr kennen, die deutschstämmig war und deshalb auch Deutsch sprach. Es war Irene. Gemeinsam haben wir einige Male in einem Restaurant gegessen.

Ich lernte auch Sabrinas Tochter Caro und deren Verlobten Pepe kennen. Sie wollten kurze Zeit später heiraten und in einigen Monaten gemeinsam um die Welt reisen. Denn Pepe studierte Architektur und die Architekten in Uruguay reisen gewöhnlich nach Beendigung ihres Studiums um die Welt, um sich wichtige oder berühmte Gebäude anzuschauen. So kamen Caro und Pepe auch für eine Woche nach Berlin, und sie wohnten bei mir in meinem Apartment während dieser Zeit.

Die beiden Betrügerinnen mussten den rechtswidrigen Vertrag zurücknehmen, aber das Geld, das ich bereits bezahlt hatte, war für mich verloren. Ich hatte es mir aber in den Kopf gesetzt, mir hier in Südamerika ein Grundstück zu kaufen und ein kleines Häuschen zu bauen, in dem ich während des europäischen Winters wohnen könnte.

Natürlich flog ich wieder nach Buenos Aires und wohnte wie immer in meinem Hotel nahe an der Avenida de

Mayo. In der Gegend gibt es ein Hotel neben dem anderen. Ich hatte Glück, denn ich fand eines, das sauber ist und preiswert und das Personal ist freundlich und hilfsbereit. Wenn ich heute von Berlin aus anrufe, um ein Zimmer zu reservieren, erkennt man mich schon an der Stimme, und wenn ich ankomme im Hotel, werde ich wie eine alte Freundin begrüßt.

VENEZUELA
2004

Ich wollte nicht nur die Länder wiedersehen, die ich schon kannte. Immer versuche ich, auch ein mir noch unbekanntes Land zu besuchen, und so buchte ich einen Flug nach Venezuela. Es ging nach **Caracas**. Mit dem Flughafen-Bus war ich bis zur Endhaltestelle gefahren, eine dunkle und unheimliche Gegend. Aber es halfen mir ein Mann und eine Frau, die Englisch sprachen, ein Taxi zu bekommen, was gar nicht einfach war. Die beiden ersten, die vorbei kamen, lehnten das Fahrziel ab, weil die Gegend, in der sich mein bestelltes Hotel befand, zu unsicher sei. Das dritte Taxi brachte mich dann zu meinem Hotel, aber ich musste den doppelten Preis bezahlen. Dafür sprach der Fahrer Englisch. Er hatte zwei Jahre in London gearbeitet, um Geld zu verdienen. Von 1994 bis 1996. Von dem in England verdienten Geld hatte er sich in Caracas ein Haus gebaut, in dem jetzt allerdings seine geschiedene Frau mit den drei Töchtern lebte. Er selbst „wohnte" in einem Krishna-Tempel und wollte dort ein vegetarisches Restaurant aufbauen. Und nur nachts fährt er Taxi, um sich zusätzliches Geld zu verdienen. Er hatte einen Hindu-Namen und lebte hinduistisch.

Mein Hotel „Plaza Catedral" war ordentlich, ich hatte ein Zimmer im 3. Stock. Auf der Dachterrasse wurde das Frühstück serviert, das ebenfalls ordentlich war. Direkt neben dem Hotel steht die Kathedrale. Hier ist die historische Altstadt mit Sitz des Bischofs, dem Justizpalast, dem Parlament etc. Ich weiß nicht, weshalb die Taxen in der Nacht nicht in diese Gegend fahren wollten.

Ein kleiner und sauberer Platz befindet sich direkt vor der Kathedrale, und es ist sehr viel Polizei zu sehen. Und alle Fenster aller Häuser sind vergittert, von ganz unten bis ganz oben. Die Frau, die im Hotel arbeitet, ist hinter Gittertüren eingeschlossen, weil sonst die Gefahr von Überfällen besteht. Die Hauptstraße ist nicht weit entfernt, und überall vor den Geschäften stehen auf der Straße Verkaufsstände. Es gibt dort viele Schuhgeschäfte, schöne Schuhe, aber teuer. Und überall gibt es sehr laute Musik. Was es nicht gab, sind Wechselstuben. Man muss auf einer Bank wechseln, und die kassiert reichlich Gebühren. Touristen-Informationen gab es auch nicht. Zu meinem Glück stieg eine junge Frau aus Berlin für eine Nacht in dem Hotel ab, und sie lieh mir ihren Reiseführer. Die junge Frau arbeitete einige Monate in Caracas für eine Menschenrechtsorganisation.

Die Glocken der Kathedrale läuten jede halbe Stunde, sie haben einen schönen Klang. Ein Internet-Café suchte man lange, und hatte man eines gefunden, war plötzlich beim Schreiben mitten in einem Satz Schluss. Sozialismus eben ...

Ich ging lange Wege, um mir die Stadt anzusehen. In keinem anderen südamerikanischen Land habe ich so viele Moscheen gesehen, und deren Minarette reichten bis zum Himmel. Viele Moscheen stehen direkt neben einer Kirche, und die sieht im Verhältnis zur Moschee winzig aus. Ich kam am Denkmal von Bolivar vorbei, das wurde von vier Soldaten in roten Paradeuniformen bewacht. Die Wachablösung fand unter lautem Geschrei vieler Soldaten statt.

Auffallend viele Farbige leben in Caracas, und unglaublich viele Menschen sind auf den Straßen unterwegs. Die Frauen mit knapper Kleidung und hochgeschraubten Busen und ausladenden Hinterteilen. Am Samstag kam man kaum voran vor lauter Menschen. Es erinnerte mich an die Grüne Woche in Berlin, wenn Himmel und Menschen zur Ausstellung gehen.

Für ein paar Tage bin ich in einen Ort an der Küste gefahren. Ein netter Ort, ein schöner Strand. Nur mit dem Essen am Abend hatte man Schwierigkeiten. Das Frühstück wurde in der Unterkunft serviert, und das war in Ordnung. Der Inhaber hatte in seinem Garten einige Mango-Bäume, die gerade reife Früchte trugen. Ich durfte mir die herunter gefallenen aufheben und essen. Mangos pur ...

TRINIDAD UND TOBAGO 2004

Dann habe ich mir ein Weihnachtsgeschenk gegönnt und bin nach Trinidad gefahren mit einem Schiff. Heiß war es dort. Einen ganzen Tag bin ich herumgelaufen, um an

Informationsmaterial zu kommen. Zuvor hatte ich eine Unterkunft gesucht und gefunden, die ich von 45,- US$ auf 25,- US$ herunter gehandelt hatte. Schmutzig war es, in den Küchenschränken stank es, nichts funktionierte, nicht der Toaster, nicht der Herd, und Töpfe und Geschirr gab es auch nicht. Rita hieß die Inhaberin, und was in deren Prospekt stand, stand im krassen Widerspruch zur Wirklichkeit.

Auf dem Schiff von Venezuela nach Trinidad hatte ich einen Mann kennengelernt, Ivan, der auch bei Rita untergekommen war. Fett, schmierig, eklig. Vor dem musste ich mehrere Male fliehen, um meine Ruhe zu haben. Und so floh ich eines Tages nach Tobago. 20 Minuten dauerte der Flug. Und auf dem dortigen Flughafen sah man jede Menge verschleierte Frauen. Wie in Saudi-Arabien, dachte ich. Was machen so viele verschleierte Muslimas in der Karibik?

Ich fand ein Zimmer im Haus eines Soldaten und seiner Frau. Das Zimmer war nett, und das war auch gut so, denn es regnete zwei Tage lang. So hatte ich mir die Karibik nicht vorgestellt. Überhaupt, ich habe trotz intensiver Suche keinen Strand gefunden, der auch nur im Entferntesten denen in Reisebüro-Prospekten geglichen hätte.

Zurück in Trinidad und zurückgekehrt in das schmierige Haus mit den stinkenden Schränken. Immerhin hatte ich dort mein überflüssiges Gepäck deponieren können. Ivan der Dreckige saß auf einer Bank vor dem Haus und klatschte in die Hände, als ich mit einem Taxi ankam. Er rief mir zu, dass ich ihm einen Kuss geben müsse zur Begrüßung, aber ich drehte mich angewidert um. Am nächsten Morgen klopfte Ivan der Dreckige an meine Tür, aber ich antwortete ihm nicht. Er war der Meinung, dass ich mir ständig seine guten und wertvollen Ratschläge anhören müsse. Dabei hatte ich zu der Zeit bereits mehr als 40 Länder bereist, und zwar ohne ihn.

Rein zufällig wollte er am gleichen Tag abreisen wie ich. Ivan der Dreckige verhandelte mit dem Taxifahrer, der verlangte 45,- US$ bis zum Hafen. Ivan der Dreckige schnaufte vor Wut und drehte sich um. Dann sprach ich mit dem Taxifahrer, und von mir wollte er 25,- US$ haben. Das hörte Ivan der Dreckige und stieg ungefragt mit in das Taxi. Als es ans Bezahlen ging, hatte Ivan gerade nicht genügend Kleingeld dabei, sodass ich den größten Teil bezahlen musste.

Auf dem Schiff saß ich oben an Deck, und trotz des Windes war es seht heiß. Ivan hatte sich unter Deck eine Dame angelacht, mit der er sich angeregt unterhielt – oder sie voll quatschte. Kurz bevor wir im Hafen einliefen, wurden alle Reisenden aufgefordert, ihre Impfpässe bereitzuhalten. Offensichtlich hatte es in Venezuela eine Geldfieber-Epidemie gegeben, und wer nicht gegen Gelbfieber geimpft war, musste sich noch auf dem Schiff impfen lassen. Ich gehörte dazu. Als ich endlich das Schiff verlassen konnte, dauerte es eine Ewigkeit, bis ich endlich ein Taxi bekam. Als ich am Busbahnhof ankam, traf ich Ivan Dreckig wieder. Er verputzte das Essen, das er sich an Bord des Schiffes eingesteckt hatte.

Am 23. Dezember flog ich zurück nach Buenos Aires. Stundenlanges Warten im Flughafen, es gab keinerlei Informationen, auch kein Personal, das man hätte fragen können. Ich fragte die Wartenden in der Schlange, ob sie nach Buenos Aires fliegen. Man bejahte dies. Die Abflugzeit rückte bedenklich nahe, und als ich endlich an der Reihe war, sagte man mir, dass ich am falschen Schalter stehe. Eile zum British Airways-Schalter, und dort sagt man mir, dass das Flugzeug voll sei und alle Passagiere bereits eingecheckt hatten. Ich erklärte die Verspätung, und dann brachte mich ein alter Mann doch noch zum Flugzeug. Die Maschine hob pünktlich ab, und ich saß keuchend auf dem letzten freien Platz.

Die Maschine flog über Bogota, und alle Passagiere mussten von Bord. Man wurde gefilzt, von Polizei und Militär. Weshalb, weiß ich nicht. Und man musste auch noch 45,– US$ „Service-Gebühr" bezahlen. Sozialismus pur ...

Am 24. Dezember kam ich wieder in Buenos Aires an. Jetzt musste ich mich erst einmal von den Strapazen der Karibik-Reise erholen. Und das konnte ich am besten in **Gualeguaychu,** wohin ich mit dem Bus fuhr. 12 Tage blieb ich dort, es hat mir sehr gefallen. Und dann ging es weiter. Ich wohnte in einem kleinen Familien-Hotel, von wo aus ich zu Fuß in wenigen Minuten einen Fluss und eine Insel erreichen konnte.

Eines Tages fuhr ich nach **Punta de los Santos Honorables**. In meinem Reiseführer hatte ich gelesen, dass sich in diesem Ort seit der Kolonialzeit nichts geändert zu haben scheint. Das schien mir auch so.

Ich sah mir den Ort an, und dabei entdeckte ich ein Grundstück, dass zu verkaufen war. Es war nicht zu groß und nicht zu klein. Es liegt nahe am Fluss und nahe an der Hauptstraße, aber nicht so nahe, dass der Straßenlärm stört. Dennoch sehe ich mich weiter im Dorf um. Ich ging in die Richtung, in der sich der sogenannte Strand befinden soll. Es gibt dort einen Park, ungepflegt zwar, aber immerhin. Die dortigen Toiletten hätten mal eine Renovierung und eine Grundreinigung nötig, aber woher soll der Chef der Junta in dem Dorf das wissen? Einen Strand habe ich nicht gefunden, nur ein kleines Stückchen Sandstelle. Von dort aus gehen die ganz Mutigen ins Wasser. Bäume wachsen bis in den Fluss, und ich habe eine schwarze Wasserschlange – oder war es eine ganz normale? – dort gesehen.

Ich ging die Straße weiter und fand ein Haus, das zum Verkauf stand. Es steht heute noch dort, ziemlich verfallen inzwischen. Und es hat so gut wie kein Grundstück. Ich ging weiter. Und als ich zurückkam, arbeiteten zwei Männer an einem Haus neben dem, das zum Verkauf stand. Ein jüngerer und ein älterer. Ich sprach den älteren an. Er sagte, dass er mir für 2.000,- US$ ein 50-Quadratmeter großes Haus bauen würde. Das Grundstück, das ich nahe am Fluss gesehen hatte, stehe zwar zum Verkauf, aber es gäbe Schwierigkeiten, weil es eine Erbengemeinschaft gibt, denen das Haus gehört. Und mindestens eine der Personen will das Haus nicht verkaufen. Als er mir das sagte, wusste ich noch nicht, dass das gelogen war und er ein arger Lügner ist.

Der ältere Maurer kannte aber einen Mann, der in diesem Ort Grundstücke besitzt, und den solle ich anrufen. In einer Kneipe am Ende der Straße würde ich den Besitzer anrufen können. Das zumindest stimmte. Und ich rief den Grundstückseigentümer an und verabredete mich mit ihm.

Dieser Mann nannte mir einen Preis, der ziemlich hoch war, und als ich zwei weitere Male anrief, hatte er immer den Preis erhöht. Das gefiel mir nicht. Es war der Mann, mit dem ich später bei „Freunden" gegessen hatte, und dem meine Kräuterbutter so gut schmeckte.

Ich fuhr zu einer netten Frau, die ich zuvor in La Paloma kennengelernt hatte, und sie sprach mit dem Besitzer des anderen Grundstücks. Das, das angeblich wegen Unstimmigkeiten zwischen den Besitzern nicht zu verkaufen war. Nun war es aber in Wirklichkeit so, dass es nur einen Besitzer gab, und der wollte mir das Grundstück sogar sehr gerne verkaufen. Am 31. März 2005, also nur kurze Zeit nach dem ersten Gespräch, unterzeichneten wir den Kaufvertrag.

Ich teilte meiner Familie und meinen Freunden mit, dass ich mir tatsächlich in Südamerika ein Grundstück gekauft hatte und nun daran gehen würde, mir ein Häuschen zu bauen. Veronika schrieb mir: **„Du machst deine Träume wahr"**, und Ulrike schrieb mir einen Brief, in den sie einen Vers von Goethe gelegt hatte, in dem es heißt:

**Ich hab nicht viel hienieden, ich hab
nicht Geld noch Gut,
was vielen nicht beschieden, ist mein:
Der frische Mut.**

Und sie schrieb dazu, dass sie der Meinung ist, dass dieser Spruch 100 %-ig auf mich zutrifft. Mag sein, denn schon mein ehemaliger „schwieriger" Chef hatte einmal zu mir gesagt, dass er sich nicht trauen würde, derartige Reisen zu unternehmen, wie ich sie unternahm. Und ER sei ein Mann.

Ein paar Tage später fuhr ich in mein neues Dorf. Ich fragte eine meiner Nachbarinnen, ob sie einen guten Maurer kenne. Die Frau wiederum fragte ihren Partner, ob er einen guten Maurer kennt. Dieser meinte, ich solle in zwei Stunden wiederkommen. Das tat ich, und da stand dann ein Mann, der mein erstes kleines Häuschen bauen würde. Das Haus sollte ursprünglich eine Garage werden, mit einem kleinen Bad nebenan. Und weil ich dachte, dass ich während der Bauzeit des „richtigen" Hauses eine Unterkunft brauchte, sollte an einer Wand der Garage eine Küchenzeile eingebaut werden.

Der Maurer fuhr mit mir in den Nachbarort, wo die Materialien gekauft wurden. Und nachdem sie geliefert worden waren, begann der Maurer mit zwei Gehilfen, an dem Haus zu bauen. Ich hatte nur noch wenig Zeit, und in drei Wochen war das Häuschen natürlich noch nicht fertig. Aber alle Materialien waren vorhanden, und der Maurer sagte mir, dass ich ihn bezahlen könne, denn er würde während meiner Abwesenheit das Haus fertigstellen. Und ich müsse keine Sorgen haben, denn wenn er das nicht täte, würde seine Reputation leiden. Das klang für mich überzeugend, und so bezahlte ich ihn, um das Haus fertig zu stellen.

Bevor das Dach auf dem Haus fertig war, „feierten" wir ein Richtfest. Ohne Richtfest hat ein Haus kein Glück, glaubt man ja in Deutschland. In einem Haus in meiner Nähe fand die Feier statt. Es gab ein Asado, das die Menschen hier so lieben, dass sie dafür sterben würden – denke ich manchmal. Asado Asado. Dazu gab es Brot und Salat und natürlich Getränke.

Auf dem verwilderten Grundstück befanden sich viele Bäume mit Dornen, und das Gras war meterhoch. Einige Nachbarn hatten ihren Müll auf das Grundstück geworfen, und nun wurden die Bäume abgesägt und ein Feuer entfacht, um das Gras abzubrennen. „Wenn es hier Schlangen gegeben hat, dann sind die jetzt alle fort", sagte einer der Gehilfen zu mir. Allerdings kamen sie jedes Jahr zu Besuch. Manchmal häuteten sie sich auch auf meinem Gelände. Die gefällten Bäume waren in ca. 30 Zentimeter hohe Stücke geschnitten worden, die ich teilweise um die frisch gepflanzten Hibiskusse etc. stellte. Als ich im Herbst zurückkam, war nicht eines mehr vorhanden. Meine lieben neuen Nachbarn hatten sie sich geholt, um selbst kein Holz kaufen zu müssen.

Und dann hieß es Abschied nehmen. Aber ich würde ja im Herbst wiederkommen, das war versprochen. Und so war es dann auch. Im April war ich abgereist, und im November kehrte ich zurück. Ich hatte einen Satz der Schlüssel für die Türen bei mir, sodass ich mein Gepäck abstellen konnte. Das Haus hatte ein Dach und Fenster und Türen, aber keinen Putz, keine Küchenzeile und keinen Boden, und es hatte kein Bad. Ich begab mich zum Haus des Maurers und läutete an der Tür. Niemand öffnete. Dann fragte ich eine Nachbarin, ob der Herr Maurer wohl zu Hause sei. Sie wusste es nicht. Aber noch als ich mich mit ihr unterhielt, schaute der Maurer um die Ecke seines Hauses.

Dann bekam er etwas zu hören. Von wegen Reputation etc. Ich fragte ihn, wo ich denn nun schlafen solle. Da ging er mit mir zur Junta, vergleichbar einem kleinen Bezirksamt oder so –, denn die verfügte über Cabanas. Und er wollte die, in der ich wohnen würde, bezahlen. Die Leiterin der Junta schrieb mich in ein Buch und wollte von mir das Geld, aber ich sagte ihr, dass der Maurer bezahlt, denn ich sei eingeladen. Er hatte gedacht, dass das Haus in einer Woche fertig sein würde, aber es dauerte länger, obwohl er sich für die Putzarbeiten einen Fachmann besorgt hatte.

Für 10 Tage musste der Maurer bezahlen, die übrigen Tage bis zum „Einzug" in mein Haus bezahlte ich.

Inzwischen hatte ich auch bei den Elektrizitätswerken die Lieferung von Strom und bei den Wasserbetrieben die Lieferung von Wasser beantragt. Das Wasser wurde geliefert, der Strom nicht. Es wurde Weihnachten und somit Sommer, und ich saß im Dunkeln. Die Hitze kam, und ich hatte keinen Kühlschrank. Ich konnte keine Lebensmittel kaufen, weil Butter oder Käse oder Wurst bei den Temperaturen innerhalb eines Tages verdorben waren.

Bei Kerzenlicht nähte ich meine Gardinen und Vorhänge. Und ich konnte nicht duschen, weil es kein warmes Wasser gab. Kalt duschen ist nicht so meine Sache. Da sagte mir der Maurer, dass es im Nachbarort einen Notar gibt, der sich die Probleme anhört, die die Bürger mit Verwaltungen haben. Und so fuhr ich zu dem Notar mit der Bitte um Hilfe. Auf dem Weg zu ihm kam ich am Haus vorbei, wo die Elektrizitätswerke das Geld für den Stromverbrauch kassieren, einmal im Monat. Ich ging hinein und sagte zu dem Angestellten, dass ich auf dem Weg zum Notar bin, weil ich seit sechs Wochen vergeblich auf Strom warte. Er meckerte etwas in seinen Bart, aber das interessierte mich nicht. Als ich jedoch am Abend zurückkam, hatte ich STROM. Danke, lieber Notar.

Nun musste ich nicht mehr bei Kerzenlicht nähen, konnte warm duschen, und meinen Kühlschrank mit Gefrierfach einschalten. Die Butter floss nicht mehr wie Öl, und auch die sonstigen Nahrungsmittel hielten sich bei Außentemperaturen von weit über 30 Grad eine längere Zeit frisch. Und ich konnte das Fernsehgerät einschalten und die neuesten Nachrichten schauen.

Den Kühlschrank hatte man mir schon vor einiger Zeit geliefert und aufgestellt, aber ich hatte nicht bemerkt, dass man mir ein beschädigtes Gerät geliefert hatte. So wurde ich von Anfang an, vom ersten Tag in diesem Dorf der Heiligen Anständigen und noch darüber hinaus, belogen und betrogen. Veronika hat einmal zu mir gesagt; „Du setzt dich überall durch". Aber einfach war es nie, und ich konnte mich auch keineswegs immer durchsetzen. Und die Personen, die mich belogen und betrogen haben, mussten leider nur sehr selten die Konsequenzen tragen. Die Dumme, weil die Betrogene und Bestohlene, war immer ich. Zum Glück hatte ich immer relativ schnell gemerkt, wenn etwas im Argen lag, und so fielen die Verluste nie zu hoch aus. Dennoch sind es insgesamt einige Tausend Euro gewesen, die ich an bösartige, verlogene, betrügerische, diebische Personen verloren habe bzw. was ich bezahlte für Geschenke für diese Leute. Aber das ist nichts im Vergleich mit Jorge aus Hamburg. Der hat wegen skrupelloser betrügerischer Argentinier mehr als 200.000,– US$ verloren.

Als meine kleine Hütte fertig war und ich mich daran machte, das „große" Haus bauen zu lassen, hatte mir der Maurer geraten, das nächste Haus auf einem erhöhten Untergrund zu bauen, damit es bei einer „normalen" Überschwemmung nicht sogleich unter Wasser steht. Das nämlich war mir mit dem „kleinen" Haus passiert. Und so wurde ein Firmeninhaber gebeten, mir mit seinem LKW den Sand zu liefern, der den erhöhten Untergrund bilden sollte. Dazu wurde ein Mann beauftragt, mit seinem Gerät den Sand auf den LKW zu verladen. Dieser Mann erzählte mir, dass es im Nachbardorf einen Deutschen gäbe, der gegenüber von der Junta einen kleinen Laden betreibt. Und als ich das nächste Mal in dem Ort weilte, suchte ich diesen Laden auf. Ich betrat das Geschäft, und dort saß gleich neben der Tür an einem Tisch ein Mann.

Diesem Mann sagte ich: „Hier soll es einen Deutschen geben?" „Ja, das bin ich", rief mir aus dem hinteren Teil des Geschäftes ein Mann zu. Es war Jorge. Und so gewann ich einen Freund aus Deutschland, aus Hamburg noch dazu. Ich selbst bin in der Nähe von Hamburg aufgewachsen, wir waren also so etwas wie Landsleute aus der gleichen Gegend.

Einmal in den sechs Monaten, die ich jedes Jahr dort verbrachte, lud ich Jorge und seine Frau zum „Königsberger Klops-Essen" ein. Aber Jorge kam immer mit einer seiner Töchter zu mir. Seine Frau wollte lieber bei ihrer Mutter im Nachbardorf bleiben. Und sie bereitete dieses Essen nie für Jorge zu, vielleicht, weil es ihr zu umständlich zuzubereiten war. Und Jorge liebte die Königsberger Klopse. Aus Deutschland brachte ich mir immer Kapern für die Soße mit, und die schmeckte Jorge so gut, dass er sie zum Schluss mit einem Löffel aß. „Entschuldige, wenn ich die Soße so esse, aber sie schmeckt mir so gut. Du machst sie so wie meine Mutter sie immer zubereitet hat", sagte er einmal zu mir.

Jorge hatte viele Jahre bei einer großen Firma in Deutschland gearbeitet, von wo aus er nach Südamerika beordert worden war. Hier hatte er seine Frau kennengelernt, die aus einer kleinen Stadt stammte. Mit ihr hatte er mehrere Töchter, und die Familie wohnte weiter entfernt in einer großen Stadt. Aber als Jorge pensioniert wurde, errichtete er ein Geschäft in dem Ort, in dem die Schwiegermutter lebte. Er war es, der mir die besten Ratschläge gab, um das von einem anderen Maurer nicht gerade solide erbaute 2. Haus zu verbessern. Der erste Maurer hatte mich ebenfalls betrogen. Ich selbst hatte das gar nicht bemerkt, aber eines Tages kam eine Frau angeradelt, die mich fragte, ob ich mit diesem Maurer Probleme habe. Nein, hatte ich nicht. Aber sie erzählte mir eine Geschichte, die ich nachprüfen und für wahr ansehen konnte.

Ausgemacht war ein bestimmter Betrag. Für einen LKW-Fahrer, der den Sand lieferte. Aber am Tag der Sand-Lieferung hatte es ein Problem gegeben. Als es nun ans Bezahlen ging, wurde mir ein erheblich höherer Betrag genannt. Ich fragte nicht nach, weil ich davon ausging, dass das aufgrund der unvorhergesehenen besonderen Arbeit geschehen sei. Und dann erfuhr ich also, dass mich dieser Maurer, mit dem ich mich durchaus gut verstand, betrogen hatte. Als ich danach einmal seine Frau auf der Straße traf und sie darauf ansprach, leugnete sie natürlich. Aber ich traf den LKW-Besitzer wieder und befragte ihn, und der bestätigte mir den von der angeradelt gekommenen Frau vorgetragenen Verdacht. Und ich hatte damals gedacht, als es einmal eine längere Pause gab, in der kein Sand geliefert wurde, dass der Fahrer eine Mittagspause eingelegt hatte.

Ich bezahlte also den verlangten Betrag und gab noch ein Trinkgeld obendrein. Auch an den Maurer, der mich belogen und betrogen hatte! So bin ich ...

Dieser Maurer hatte nun begonnen, das „große" Haus zu errichten. Und dann besuchte mich Veronika. Ich hatte ihr gut beschrieben – und aufgeschrieben – wie sie vom Flughafen nach Buenos Aires und von dort mit der Bahn weiterkommt. Wir hatten verabredet, dass ich sie an einem bestimmten Ort abhole. Aber als ich an ihrem Anreisetag dort erschien, fand ich keine Veronika vor. Ich fragte zwei Männer, die dort herum saßen, ob sie eine

Frau mit rötlichen Haaren gesehen hätten. Ja, hatten sie. Die Dame war in ein Taxi gestiegen und abgefahren. Oh je, warum hatte sie nicht hier gewartet, wie es verabredet gewesen war??? Wo war sie hingefahren??? Es kann nur die Reise-Agencia gewesen sein. Also begab ich mich zum Büro der Agencia. Das ist ein Reisebus-Unternehmen. Und als ich dort ankam und den Raum betrat, sah ich Veronika dort niedergeschlagen sitzen. Als sie mich erblickte, fing sie fast an zu weinen. „Ich war so heilfroh, als ich dich sah", gestand sie mir später. Was hätte sie auch 6 Wochen lang in einem fremden Land anfangen sollen, dessen Sprache sie nicht sprach und das sie ohne mein Dazu-Tun gar nicht besucht hätte? Aber nun war ich ja da ...

Wir verbrachten nur ein paar Tage in meinem Dorf der Heiligen Anständigen, um dann weiterzuziehen. Ich wollte ihr etwas von Uruguay, Brasilien, Paraguay und Argentinien zeigen. Während wir unterwegs waren, sollte der Maurer mir noch einen kleinen Anbau am 1. Haus errichten. Dort sollte dann später die Küche sein. Außerdem sollte er an dem zweiten Haus weiter arbeiten.

Als ich mit Veronika nach unserer Rundreise wieder in meinem Dorf der Heiligen Anständigen eintraf, bestand der Neubau aus einem Betonboden und vier Mauern, und auf den Terrassen standen die Säulen, die das Dach halten sollten. Aber das kleine Haus hatte nun eine kleine Küche, und das Bad befand sich nun ebenfalls innerhalb des Gebäudes.

Veronika und ich waren von dem Dorf der Heiligen Anständigen aus zum Nachbarort gefahren. Dort schauten wir uns die Stadt an und buchten dann eine Fahrt direkt nach **Torres** in Brasilien. Auf dem dortigen Busbahnhof sprach uns ein Mann an, der seine zu vermietende Ferienwohnung anbot. Wir sahen sie uns an, handelten den Preis ein wenig herunter und buchten das Haus für ein paar Tage. Wir bezahlten sofort für den gesamten Aufenthalt, und als die gebuchten Tage vergangen waren, erwartete der Eigentümer uns am Morgen vor der Tür. Weil uns der Ort gut gefiel, buchten wir zwei weitere Tage, und danach nochmals zwei Tage. Es hat uns gut gefallen in Torres. Mich erinnerte der Strand sehr an die Nordsee. Kilometerlange weite Sandstrände, die Wellen des Atlantiks, die auch die Ostfriesischen Inseln umspülen, klatschten auf den Strand. In einem Lokal, das wir ausfindig gemacht hatten, schmeckte uns auch das Essen besonders gut. Allerdings waren die Preise in Brasilien damals schon sehr happig. Wir kauften uns einmal in einem Geschäft ein dänisches Eis, ohne nach dem Preis zu fragen. Und an der Kasse wurden wir dann fast von der Höhe der zu bezahlenden Waren-Preise erschlagen.

Anschließend wollten wir nach **Florianopolis** in Brasilien und begaben uns zu der dortigen Jugendherberge. Die gefiel uns überhaupt nicht, und so nannte man uns eine Adresse, wo in einem Hochhaus Apartments vermietet wurden. Wie mieteten eines, ohne es uns vorher anzuschauen, denn es war bereits in der Nacht. Besser hätten wir weiter gesucht, als dort zu bleiben. Die Betten waren versifft, es gab keine Bestecke, kein Geschirr, keine Töpfe. Alles verdreckt. Und dafür musste man viel Geld bezahlen. Alles erinnerte mich an die schlimmsten versifften Häuser in Uruguay. Wir blieben auch nur eine Nacht dort, und ohne uns den dortigen Strand angesehen zu haben, der so schön sein soll, reisten wir weiter. Nach **Curitiba.**

Es gibt dort einen Park, in dem Künstler ihre Werke anbieten. Ich sah ein großes Gemälde, das mir auf Anhieb gefiel. Es zeigt Jesus und seine Jünger beim letzten Abendmahl. Ich kaufte das Bild, das der Künstler mir in einer Papprolle sicher verstaute, und das ich so durch vier Länder transportierte bis zu meinem neuen Haus. 100,- US$ bezahlte ich dafür, das war sicher viel Geld für den jungen Mann. Aber das Gemälde ist schön. Nur hat die „Meisterin", die das Bild später rahmen sollte und der ich leider schon vor dem Rahmen viel Geld bezahlt hatte, das Bild auf Pappe geklebt, und zwar sehr unschön. Jorge hatte es mir eingewickelt mitgebracht, als er mich besuchte. Als wir es auspackten, traf uns der Schlag. Es war natürlich nichts mehr zu retten, aber die „Meisterin", die das Bild eigenhändig „bestens und sorgfältig" geklebt haben will, konnte sich eine schöne Standpauke – eigentlich viel mehr – von mir anhören. Wie diese Person, die selber angeblich malte und ihre Bilder verkaufte, auf den Gedanken kommen konnte, meines zu kleben, verstehe ich bis heute nicht. Vielleicht tat sie es mit Absicht, das wäre dann nicht das einzige Mal gewesen, dass jemand das tat. Und zwar, um mir bewusst zu schaden. Der Neid vieler Südamerikaner auf „reiche Europäer" scheint sehr groß zu sein.

In Curitiba haben wir den schlimmsten Regenschauer unseres Lebens erlebt. Wir befanden uns in einem Lokal, wo wir zu Mittag gegessen hatten. Eigentlich wollte der Inhaber schließen, als es anfing zu schütten wie aus Eimern. Innerhalb kürzester Zeit stand die Straße kniehoch unter Wasser, es konnte kein Bus und kein Auto mehr fahren, das Leben stand still. Und so gewährte uns der Gaststätteninhaber noch eine Weile Asyl.

Von Curitiba aus fuhren wir nach **Foz de Iguazu.** Ich kannte die Fälle bereits, aber für Veronika war es eine neue Erfahrung. Ein großer Schmetterling hatte es auf Veronika abgesehen, er folgte ihr auf Schritt und Tritt. Und als wir in einen Laden gingen, weil wir uns etwas anschauen wollten, hatten die Angestellten dort drinnen es auf den Schmetterling abgesehen. Veronika, eine Seele von einem Menschen, hatte alle Mühe, das Tierchen vor dem sicheren Tode zu retten. Ein paar junge Männer, die wir nach einer Unterkunft in Foz de Iguazu fragten, hatten uns ein sehr schönes Haus empfohlen. Sauber war es dort, und es gab einen kleinen Pool, ein wunderbares Frühstück, einen Raum, in dem man seine E-Mails schreiben und abrufen konnte, und einen netten Aufenthaltsraum. Und, obwohl ich nur auf Spanisch fragen konnte, verstanden mich alle. Wohingegen ich überhaupt kein Wort Portugiesisch verstand, außer obregado.

Weiter ging es nach Paraguay. An der Grenzstation hätte ich beinahe Veronika zurücklassen müssen, denn sie fand ihren Einreisebeleg von der brasilianischen Grenzstelle nicht. Erst nachdem jedes einzelne Stück ihrer Ausrüstung am Boden lag, machte sich das Papier bemerkbar. Übrigens hätte sie sich fast in Curitiba das Leben genommen. Nach dem großen Regenschauer stand auch unser Badezimmer unter Wasser, und sie hatte sich die Haare gewaschen und wollte sie sich, knöchelhoch im Wasser stehend, mit einem elektrischen Haartrockner föhnen. NEIN ...

Und dann fuhren wir nach Asuncion, und von dort aus nach San Bernardino und in mein Lieblings-Schloss-Hotel. Jetzt konnte auch Veronika den Luxus, die Einzigartigkeit, den himmlischen Frieden auf Erden genießen. Auch mit ihr verbrachte ich fast den ganzen Tag am Pool, und wieder waren fast nur wir zwei die einzigen Gäste. An den Abenden spielten wir unser Kartenspiel auf einer der Terrassen, und als Veronika einmal – was in hundert Jahren auch nur einmal vorkommt – an einem Tag häufig verlor, fegte sie schließlich entnervt mit einer einzigen Handbewegung alle Karten vom Tisch. Ich bin ihr sehr dankbar dafür, bis heute. So weiß ich doch, dass auch andere sich ärgern, wenn sie ständig verlieren ...

Abends gingen wir immer in ein Restaurant zum Essen, was gar nicht so einfach war. Die Saison war vorbei, die Angestellten und Inhaber waren müde und hatten keine Lust mehr zu arbeiten. Und so fanden wir mitunter keine Möglichkeit, warm zu essen. Aber dann entdeckten wir ein Restaurant, das von einem französischen Ehepaar geführt wurde. Wir bestellten uns für den zweiten Tag ein Fleisch-Fondue. Und als wir es dann mit Freude verspeisten, schauten der Mann und die Frau immer in unsere Richtung. Offensichtlich gefiel es ihnen, dass zwei Touristinnen wussten, wie man ein Fondue isst und die ihr Fondue genossen. Für den nächsten Tag bestellten wir uns ein Käsefondue, aber das schmeckte uns dann weniger gut.

Als wir abreisen mussten und an der Rezeption standen, sagte plötzlich eine männliche Stimme hinter uns: „Und Ihnen gefällt es hier so gut?!" Der Mann hatte es auf Deutsch gesagt, und wir drehten uns erstaunt um. Es war einer der deutschstämmigen Besitzer, ein Nachfahre der Fabrikantenfamilie aus Deutschland. Die Frau, die in dem Hotel arbeitete und sich an mich erinnerte und der ich erzählt hatte, dass mir dieses Hotel so gefällt, hatte es ihrem Chef berichtet. Und dass mir die Marmelade so gut schmeckte. Er trug ihr auf, mir ein großes Glas dieser Marmelade zu bringen. Und sie brachte mir ein wirklich GROSSES Glas. Und dann fuhr er uns nach Asuncion. Er und seine Familie haben in Asuncion ebenfalls ein Hotel, und er kommt immer nach San Bernardino, um die Wäsche abzuholen und nach dem Waschen zurückzubringen. Zur Osterzeit, wenn es viele Touristen gibt, bringt er auch kleine Fernsehgeräte in das Hotel.

Während der Fahrt um den See zeigte und nannte er uns die Orte, an denen deutsche Familien leben. Und er nannte uns eine der wenigen Sehenswürdigkeiten, die man in der Umgebung bestaunen könnte. Leider war es das letzte Mal, dass ich dieses Hotel besuchte. Im Internet las ich allerdings kürzlich, dass die Preise erstaunlich in die Höhe geschossen sind. Wahrscheinlich ist dieses Hotel ein Renner, und das spricht sich herum. Einer der Besucher des Hotels schreibt im Internet, dass er einen Tag bleiben wollte und eine ganze Woche geblieben ist, und dass das ja wohl alles sage. Stimmt, stimmt genau.

An der Grenze zwischen Paraguay und Argentinien scheinen die Zöllner, wie an allen anderen kleinen Grenzübergängen auch, besonders genau hinzuschauen. So entdeckte der Zöllner mein Marmeladenglas, das keinen Schraubverschluss hatte, sondern nur mit einer Folie abgedeckt war. Und er beschlagnahmte meine tolle Marmelade. Als ich früher einmal in Chile einen riesigen Tannen-Zapfen gefunden hatte, den ich mit nach Berlin nehmen wollte, betrachtete der Zöllner den Zapfen auch von vorne und hinten und von oben bis unten und sagte dann, dass ich den nicht mitnehmen darf, weil er Samen enthält. Meinen Hinweis, dass der Wind auch den Samen der Zapfen von den in der Nähe stehenden Bäumen nach Argentinien weht, ließ er nicht gelten.

In den ersten Jahren fuhr ich immer mit dem Bus von Buenos Aires nach Uruguay, wenn ich dort hin wollte. Und an einem Anreisetag saß auf dem Sitz neben mir ein Uruguayer, der in seinen beiden großen karierten Kunststofftaschen Herrensocken und Herrenunterwäsche mit sich führte. Damals war in Argentinien alles sehr viel preiswerter als in Uruguay, und der Mann wollte sicher seine Geschäfte machen. Ich saß an der Fensterseite und konnte die Zöllner und die Reisenden beobachten, und so sah ich, wie sie mit dem letzten Passagier aus meinem Bus verhandelten. Sie sahen sich jede Socke und jedes Baumwolldessous genau an und entschieden dann, dass rund dreiviertel der Waren des Mannes nicht über die Grenze durften.

Der Mann, der als letzter wieder den Bus bestieg, schien verzweifelt und war den Tränen nahe. Er setzte sich auf seinen Platz neben mir, und er tat mir so leid. Da holte ich aus meiner Geldbörse einen 20,- EURO-Schein und drückte ihn dem Mann in die Hand. Er ließ das geschehen, aber ich hatte den Eindruck, dass er noch gar nicht realisiert hatte, dass diese 20,- EURO wahrscheinlich den gesamten Verlust ausgeglichen hatten.

Auf der rechten Seite neben dem Gang saß eine Frau, die ebenfalls das Geschehen beobachtet hatte und auch, dass ich dem Mann Geld gegeben hatte. Sie zog aus ihrer Tasche eine Ansichtskarte und schrieb etwas darauf. Dann gab sie mir die Karte. Und sie erhob sich und berichtete den anderen Fahrgästen mit lauter Stimme, was geschehen war. Und die Fahrgäste applaudierten mir.

Aber kein einziger von denen gab dem armen Mann neben mir auch nur einen einzigen Peso.

Wenn nun heute jemand mir sagt, was für eine schlechte Person ich sei – wie zum Beispiel alle diese Leute, die mich in meinem Ort belogen, betrogen und bestohlen haben, dann hole ich diese Karte hervor und lese, was die Frau darauf am 12. Oktober 2007 schwarz auf weiß bestätigt hat: Dass ich eine Person mit einem großen Herzen bin.

Mit Veronika fuhr ich dann in einem Zuge mit Bussen von Asuncion nach Uruguay, es ging nach **Colonia del Sacramento.**

Dort sahen wir uns die Altstadt an, die zum Weltkulturerbe gehört. Es ist wirklich schön dort. Aus Montevideo und Buenos Aires kommen die Gäste, um sich die schöne Stadt anzusehen. Aber viele bleiben nur einen Tag, und das wissen auch die Restaurant-Besitzer. Dort kann man kein ordentliches Essen bekommen, jedenfalls nicht, als wir dort waren. Es wurde für viel Geld eine ungenießbare Pampe serviert. Aber gut, wir blieben auch nur einen Tag und reisten dann mit einem Schiff nach Buenos Aires. Und von dort ein paar Tage später wieder zurück nach Deutschland, allerdings probierten und genossen wir in Buenos Aires noch das gute argentinische Rindfleisch in einem der zahlreichen Restaurants, die übrigens immer gut besucht sind, trotz des fehlenden Geldes der Bewohner. Kürzlich sagte eine Besucherin meines Hauses zu mir, dass die Argentinier in ein Restaurant zum Frühstücken gehen, obwohl sie eigentlich kein Geld haben. Aber eher verzichten sie auf etwas anders als auf einen Restaurantbesuch. Das kann ich gut glauben.

Im Oktober ging es dann wieder zurück nach Südamerika. Meine lieben (Ex)-1. Freunde sprachen schlecht über den Maurer, der mir das erste kleine Haus gebaut hatte – das in Wahrheit noch das am besten gebaute ist – und den Anfang des großen Hauses. Sie empfahlen mir einen anderen Maurer, der sich allerdings als der miseste Maurer von ganz Südamerika herausstellte. Aber das habe ich natürlich auch nicht schon am ersten Tag bemerkt. Erst als seine Unfähigkeit und seine schändliche vorsätzliche Niederträchtigkeit in Bezug auf seine Arbeiten unübersehbar waren, stellte ich ihn zur Rede. Und weil ich ihm dummerweise bereits alles Geld, das er für die Fertigstellung des Hauses verlangt hatte, übergeben hatte, sagte er zu seinem Sohn: „Pack die Sachen zusammen, wir gehen". So musste ich einen anderen Maurer bitten, die noch fehlenden Arbeiten zu vollenden und den Arbeiter natürlich nochmals bezahlen. In der nächsten Zeit, wenn ich dem Fiesling auf der Straße begegnete, zeigte er mir durch Handzeichen, dass er mir die Kehle durchschneiden wollte. Gerade zu der Zeit war eine Frau von ihrem Ex-Partner umgebracht worden, der sie zuvor mehrmals bedroht hatte. Sie hatte ihn angezeigt, aber die Polizei wollte nichts gegen den Mann unternehmen, denn es sei ja noch nichts passiert. Mit diesem Zeitungsausschnitt ging ich dann zur Polizei und zeigte ihn wegen Morddrohungen an. Auch sprach ich mit meiner Anwältin, die ihn zu sich zitierte. Er stritt dort natürlich alles ab, aber er zeigte mir diese mörderische Handbewegung nicht mehr. Meine Anwältin hatte ihm gesagt, dass er vorsichtig sein solle, weil es bereits eine Anzeige gäbe. Der gute böse Mann hat dann kurze Zeit später die Rechnung erhalten für seine miesen Handlungen: Seine Frau trennte sich von ihm, der kleine Sohn blieb ebenso bei der Mutter wie der ältere, und niemand mehr im Ort gab ihm einen

Auftrag für einen Bau, weil es sich sehr schnell herumgesprochen hatte, wie schlecht seine Arbeit war. Er ging zurück ins Haus seiner Mama in einer anderen Stadt.

Bevor er sein Geld als Maurer verdiente, hatte er – nach seinen Angaben – in einem Büro gearbeitet. Das konnte ich kaum glauben, denn, obwohl ich nur schlecht Spanisch spreche, konnte ich doch schon am Anfang meiner Zeit in Südamerika die vielen Rechtschreibfehler sehen, die er begangen hatte. Und so, wie er seine Bösartigkeit zur Schau stellte, kann man wohl mit Fug und Recht davon ausgehen, dass er während der Zeit der Militärdiktaturen in einigen Ländern in Südamerika mit Vergnügen diese seine Bösartigkeit an anderen, hilflosen Menschen ausgetobt hatte.

Eine Nachbarin erzählte mir zu der Zeit, dass dieser Typ auch für ihre Cousine in dem Nachbarort ein kleines Haus gebaut hatte. Die Cousine war Krankenschwester und lebte mit ihrer Tochter alleine. Und der Bösartige hatte auch bei ihr vorsätzlich äußerst schlecht gearbeitet, um der Frau, die nun wirklich nicht zu den Reichen gehörte, zu schaden. So stellte sie nach „Fertigstellung" ihres Hauses fest, dass das warme Wasser für die Dusche und das Waschbecken nicht dahin floss, wohin das warme Wasser hätten fließen müssen, sondern in den Spülkasten der Toilette. Kann man sich so viel widerwärtige Boshaftigkeit vorstellen???

Nun schaltete sich Jorge ein. Er fuhr zu dem miesen Fiesling und stellte ihn zur Rede. Das brachte zwar auch nichts, aber immerhin hatte ihm mal jemand kräftig die Meinung gesagt. Und Jorge riet mir, zunächst das sehr unfachmännisch gebaute Dach, besser gesagt, das vorsätzlich derartig schlecht erbaute Dach in Ordnung zu bringen, damit es nicht ins Haus regnen kann. Dann mussten die Fliesen der Terrassen, insgesamt rund 50 Quadratmeter, abgetragen und anschließend die neu gekauften Fliesen ordentlich verlegt worden. Die ursprünglichen Fliesen hatte der Fiesling mit dem Gefälle in Richtung Haus verlegt, sodass ich bei Regen im Wohnzimmer einen See hatte. Der Fiesling hatte so gearbeitet, dass das Wasser nicht nach außen abfloss, sondern ins Haus gelangte. Die Holzpaneele für die Decken, die sich im Haus auf dem Boden befunden hatten, waren bereits bei einem starken Regen „eingeweicht" worden. Ich hatte dem Fiesling ausdrücklich gesagt, dass er die schimmeligen Paneele keinesfalls anbringen dürfe, weil sie krebserregend seien. Er hatte sie natürlich trotzdem angebracht. Und so hatten mein nächster Maurer und ich die schimmeligen Paneele schließlich entfernt und anschließend saubere angebracht.

Als nun diese Deckenpaneele entfernt waren, konnten wir vom Schlafzimmer aus den Himmel sehen. Denn der Fiesling hatte an mehreren Stellen absichtlich das Dachblech durchbohrt, sodass bei Regen das Wasser ungehindert ins Haus fließen konnte. Wie ein Mensch derart bösartig sein kann, ist mir unerklärlich.

Anschließend wurde das ganze Dach nach „Löchern" abgesucht, und die gefundenen wurden verschlossen. Um das ganze große Haus herum baute mein neuer Maurer eine Mauer aus Ziegelsteinen. Er sagte: „Wenn der Fiesling alles schlecht gemacht hat, dann machen wir jetzt alles gut". Er hat gut gearbeitet, mein neuer Maurer, wenn er auch sehr teuer war. Der Fiesling hatte mir noch kurz vor seinem Abgang gesagt, dass es dieses Haus in einem Jahr nicht mehr gäbe. Ja, weil ER vorsätzlich so schlecht und desaströs gearbeitet hatte, dass es nicht länger als ein Jahr gehalten hätte. Aber andere Arbeiter haben es „ausgebessert", und ich habe alles ein weiteres Mal bezahlen müssen. Aber das Haus steht inzwischen schon viele Jahre, und es ist immer noch schön.

Als Jorge mich einmal zum Essen in das Dorf seiner Schwiegermutter eingeladen hatte, an dem neben ihm noch seine Frau und deren Bruder teilgenommen hatten, erzählte der Bruder, dass ihm vor einiger Zeit ein älterer Mann aus dem Dorf der Heiligen Anständigen berichtet hatte, dass der Fiesling – noch bevor ich ihn überhaupt kennengelernt hatte – gesagt hatte, dass er mich, sollte ich ihn bitten, mein Haus fertigzustellen, betrügen wolle. Er hat also ganz bewusst und vorsätzlich so „gearbeitet", dass ich großen Schaden davontragen sollte.

An Weihnachten 2006 konnte ich dann in mein Haus ziehen. Es wurde von vielen Menschen hier als groß und schön und luxuriös bezeichnet. Aber was sollte nun mit der „kleinen Hütte" geschehen? Ein Ehepaar, das ich kennengelernt hatte, besuchte mich hin und wieder. Und diese Leute sagten zu mir, ich solle das Häuschen vermieten. Oh ja, das war eine gute Idee. Ich richtete das Haus so ein, dass zwei Personen gut darin wohnen können. Es ist wie ein Hotelzimmer für zwei Gäste, mit einem kleinen Bad und einer kleinen Küche, in der sich allerdings alles befindet, was zwei Personen benötigen. Und so kam ich zu meinen ersten Gästen.

Noch bevor die vielen Gäste kamen, hatte ich anderen Besuch: So kamen zu mir viele Schlangen, die ich aber versuchte zu töten, wenn sie es wagten, sich auf mein Gebiet zu begeben. Die vielen Mücken und Ameisen meine ich auch nicht, sondern andere Tiere, die sich zu mir gesellten. So weideten auf der Wiese neben meinem Gartenzaun auf der Seite zum Fluss eine weiße Stute mit ihrem Fohlen und einem zweiten, wahrscheinlich verwaisten Fohlen. Nach einiger Zeit waren die Stute und ihr Junges verschwunden, und zurück geblieben war das einsame Fohlen. „Kleine" nannte ich es und rief es immer so und gab ihm zu trinken. Ich hatte eine harte Bürste gekauft und Kleine kam an den Zaun und ließ sich immer gerne striegeln. Sie bevorzugte die Hinterseite, die sie mir immer anbot und die ich striegeln sollte. Wenn ich morgens die Terrasse betrat, graste Kleine auf der Wiese. Und dann rief ich ihr immer zu „Kleine", und sie antwortete mir, indem sie wieherte. Wenn ich die Terrasse betrat, ohne sie zu rufen, dann forderte sie mich auf, indem sie zuerst wieherte und ich ihr dann antwortete. Sie befand sich lange Zeit auf der Wiese, und als einmal zwei Arbeiter kamen, die damals noch per Hand das Gras mähten, versuchten sie, Kleine einzufangen. Das gelang ihnen natürlich nicht, denn sie war schneller. Aber sie hatte Angst vor den Männern, und so ging ich auf die Wiese und sagte zu ihr – auf Deutsch – : Komm, Kleine, komm zu mir. Und sie kam zu mir und ging neben mir her, als ich sie bis ans Haus ihrer Besitzerin führte. Die beiden Männer schauten mir nach. Sie waren mit Sicherheit erstaunt darüber, dass das Fohlen meiner auf Deutsch vorgebrachten Aufforderung bereitwillig nachkam.

Einige Zeit später war sie verschwunden. Meine Kleine war nicht mehr da. Aber als ich in den Ort ging, um etwas einzukaufen, wieherte an einer Straße plötzlich ein Pferd. Es war meine Kleine, die mich erkannt hatte und mich anrief.

Ein Jahr später im Januar pflückte ich meine Bohnen, die am Maschendrahtzaun wuchsen, als plötzlich ein Pferd seinen Kopf über den Zaun hielt und mich berühren wollte. Ich wusste nicht, dass dieses große Pferd meine Kleine war. Deren Besitzerin fragte mich, ob ich denn nicht gesehen hätte, dass Kleine mich suchte. Nein, das hatte ich nicht. Und als ich wiederum einige Zeit später vom Sonntagsbesuch bei den 2. Freuden nach Hause ging, stand angebunden an einem Pfahl an der Ecke zu meinem Haus ein schönes Pferd, dass mich liebevoll anschaute. Ich ging zu dem Pferd, streichelte es und sagte zu ihm: „Bist du aber ein schönes Pferd. Mit dir möchte ich gerne um die Welt reiten". Das Pferd, so schien mir, lächelte mich voller Liebe an. Und später erfuhr ich, dass das auch meine Kleine gewesen war. In Berlin fragte ich Reiter, denen ich begegnete, ob Pferde lächeln können. Man fragte mich: „Mit dem Maul?" „Nein", war meine Antwort, „mit den Augen". „Ja", war die einhellige Meinung. Pferde können mit den Augen lächeln. Und sie vergessen nie, wer gut zu ihnen gewesen ist. Eines von Kleines späteren Fohlen wurde übrigens auf den Namen „Gisele" getauft. Das hat mich sehr gefreut.

Neben meiner Kleinen besuchte mich auch ein Cardinal, ein Vogel mit einem feuerroten Kamm. Ich hatte auf dem Gelände Kartoffeln gepflanzt und holte sie jetzt aus der Erde, als der Cardinal mir „helfen" wollte bei der Ernte. Er muss ein zahmer Vogel gewesen sein, der ausgebüxt war. Ein anderes Mal besuchte mich ein kleiner grüner Papagei, den ich aber nicht behalten konnte, weil ich inzwischen meine Susi hatte, und Susi war scharf auf Vögel, wenn sie auch nie einen gefangen hat. Und zweimal wohnte jeweils ein Leguan auf meinem Grundstück.

Die Hunde meines Nachbarn, die überall nach Fressbarem suchen müssen, weil ihr Herrchen ihnen nicht viel zu Futtern gibt, müssen draußen bleiben, weil es mir nicht gefällt, dass sie ihre Exkremente neben meiner Petersilie abladen. Aber wenn ihr Hunger zu groß ist, springen sie doch über den Zaun. Und das, obwohl ich ihn im Laufe der Zeit immer weiter nach oben erhöht habe.

Und die Kater, die meine Susi besuchen wollten. Unzählige Male haben sie in der Nacht den Alarm ausgelöst, wenn sie über die Terrasse liefen. Eine Zeit lang hatte ich neben das offene Fenster, an dem sie auch mitunter erschienen, eine Kasserolle mit Wasser gestellt, das ich ihnen über den Kopf zu schütten versuchte. Nicht immer gelang es, und wenn doch, so ließen sich die Kater nicht lange abschütteln. Meine Susi war eben eine bezaubernde, unvergessliche Schönheit.

Es kamen einmal zwei junge Fischer, um mein kleines Haus zu mieten. Sie kamen nicht nur einmal, sondern mehrere Male. Einer von ihnen, der kommunikativer war als der andere, war im Zeichen des Löwen geboren, weshalb ich ihn bis heute Leon nenne. Leon unterhielt sich gerne mit mir, und eines Tages, als ich auf der Terrasse saß, setzte er sich auf die niedrige Ziegelsteinmauer, die die Terrasse einfasste und die auch dazu diente, mit dem Stuhl nicht versehentlich beim Zurückrücken von der Terrasse zu fallen, die schließlich ungefähr 50 Zentimeter hoch ist. Leon gab sehr deutlich zu erkennen, dass er an einer Liaison mit mir interessiert war. Ich lehnte dankend ab und sagte ihm, er solle sich besser eine Freundin in seinem Alter suchen (Leon war damals etwa 32 Jahre alt). Zum Beispiel eine junge Frau wie meine Tochter (wobei ich unterschlug, dass diese eigentlich auch schon zu alt für ihn sei). Nein, sagte Leon, die Tochter interessiere ihn nicht, ihn interessiere die Mutter. No, antwortete ich ihm, die Mutter ist tabu.

Leon fand dann doch noch nach kurzer Zeit eine passende Frau, nämlich die hübsche Tochter eines Nachbarn. Sie passt altersmäßig gut zu ihm, sieht gut aus, und hat von den Eltern ein beträchtliches Vermögen zu erben, was hier im Land überhaupt nicht zu verachten ist. Leon wohnt schon seit Jahren in deren Haus, zusammen mit der Freundin, deren kleiner Tochter und den Schwiegereltern. Er betätigt sich im Garten, indem er den Rasen mäht oder Vernichtungsmittel gegen Ameisen und Mücken versprüht. Und er ist oft mit der Freundin und deren Tochter in seinem großen schönen Auto unterwegs. Die Freundin fährt das Auto auch hin und wieder, weil sie inzwischen den Führerschein gemacht hat. Leon hat also alles, was sich ein Mann so wünschen kann. Das sollte ihn glücklich und zufrieden machen.

Es gibt viele alleinstehende Männer hier in diesem schönen Ort, in Punta de los Santos Honorables, das Dorf der Heiligen Anständigen! Fast alle sind jünger bis mittelalterig, manche waren noch nie verheiratet, andere sind geschieden. Fast alle haben eines gemeinsam: ihnen fehlen viele Zähne. Man stelle sich das Küssen vor: da stört plötzlich ein einzelner hervorstehender Zahn … Wahre Schönheiten sind diese Männer alle nicht, aber alle sind anscheinend davon überzeugt, dass eine ältere alleinstehende Frau aus der ersten Welt in dieses Dorf kommt, um sich hier einen Liebhaber zu suchen. Einen, der vielleicht nie über das nächstgrößere Dorf hinausgekommen ist, sich höchstens für Fußball interessiert, natürlich noch nie ein Buch gelesen hat, nicht erklären kann, was Kultur bedeutet. Dafür aber selbstverständlich erwartet, dass man ihm täglich ein gutes Essen vorsetzt (das ihm aber nicht in Rechnung gestellt wird), der dazu gehörende Wein oder das Bier muss auch gratis sein; Frau alleine den Abwasch macht; vielleicht noch seine Wäsche wäscht, weil sich das ja für eine anständige Frau so gehört! Vielleicht sollte sie ihm auch ein neues Auto kaufen, denn das alte – wenn er denn eines hat – tut's nicht mehr. Und natürlich muss sie ihm sonst noch geben, was Macho so erwartet ... Dafür werden in diesem Land mit rund 3 Millionen Einwohnern mehr Frauen von ihren Partnern oder Ex-Partnern umgebracht als im 80-Millionen-Land Deutschland. Und auch in diesem Dorf gehört es zur Tradition, dass einige Männer ihre Frauen verprügeln.

Bei einem dieser Herren kaufe ich manchmal einen Liter Milch. Er sieht ich weiß nicht wie zu erklären aus, nicht wie Robert Redford mit 50, nicht mal wie Mick Jagger, lebt alleine in seinem großen Haus, und rechnet mir vor, wann er mich erwartet, um wieder Milch zu kaufen. Er ruft auch an, um mir zu sagen, dass er Milch hat. Darüber nachdenken, wie hygienisch er mit der Milch umgeht, wie sauber oder unsauber die Flasche ist, in die er die Milch füllt, möchte ich lieber nicht. Ich habe gesehen, wie der ehemals weiße und nun gelblichbraune Plastikbecher aussieht und kann mir vorstellen, nein, eigentlich kann ich mir nicht vorstellen, w i e v i e l e Bakterien sich in dem Becher tummeln. Lieber nicht daran denken ... Und ich sage mir, die Milch wird ja abgekocht, dann sterben die Bakterien ab, und den Schluck frische Milch, den ich im Kaffee zu mir nehme, der regt die Widerstandskräfte an. So dachte ich auch in Indien oder Ägypten oder der Türkei, wenn ich mir mit dem Wasser aus dem Hahn die Zähne putzte. Nicht einen Schluck habe ich von dem Wasser getrunken, und die Keime, die sich im Wasser zum Mundausspülen befanden, regten auch die Widerstandskräfte an. Nie hatte ich auf meinen Reisen um die Welt Probleme mit dem Magen oder dem Darm. Wohl wegen der aktivierten körpereigenen Abwehrpolizei. Nein, einmal hatte ich doch Probleme, und zwar etliche Tage lang. Das war, als eine Cousine meines Freundes in Indien Eis servierte. Eine halbe Stunde später ging es mir schlecht, und Besserung stellte sich erst nach Tagen ein, als ich aus Deutschland mitgebrachten Kamillentee getrunken hatte.

Immer möchte der Herr der Milch, na klar, dass ich Platz nehme und ihm Gesellschaft leiste. Zum Glück kann ich mich immer mit zu erwartenden Gästen und viel Arbeit herauswimmeln, und nie lege ich mich fest, wann ich wieder Milch brauche. Aber vielleicht ist ER ja ein anständiger Mensch, was man nicht sehen kann. Was mir immer gefallen hat ist, dass er mich immer freundlich grüßt auf der Straße mit „Buenos dias senora". Das Innere seines Hauses sieht übrigens auch aus wie er.

Ein anderer Jüngling, ein ziemlich frecher, auch mal gerade so Anfang 30, kommt einige Male pro Woche ins Dorf zur Arbeit. Seine Arbeitsstelle ist in der Nähe, und so sieht man sich öfter. Er fragte mal, wie viel für ihn abspringt, wenn er mir Gäste schickt. Ich war ziemlich sauer und fragte ihn, wie viel er denn zum gerade stattfindenden Anbau des letzten Hauses beisteuert, denn der Anbau würde mich mindestens rund 300.000,– Pesos kosten. Da war er baff und fragte dann, ob er denn Rabatt bekäme, wenn er mal eines meiner Häuser mieten würde. Ja, das ja, sagte ich ihm. Wobei ich damals nicht wusste, dass er niemals eines meiner Häuser mieten könnte, weil er nie Geld hat.

Der hübsche Frechling sandte mir einmal einen Kollegen, der mit seiner Familie das große Haus für eine Woche gemietet hatte. Frechling hatte ich versprochen, ihn zu Kaffee und Kuchen einzuladen, wenn er mir Gäste schickt (Vergütung anstelle von Pesos!), und so forderte er das Versprechen ein. Du kannst kommen, wenn dein Kollege hier ist, sagte ich ihm. Er jedoch wollte nicht so lange warten, denn der käme ja erst in einem Monat. Na schön, ich bin ja ein gutmütiger Mensch. Frechling kam also eines Nachmittags zum Kaffee (wobei Kaffee trinken und Kuchen essen nicht so deren Ding ist; hier trinkt man Mate, und zwar zu jeder Zeit und jeder Gelegenheit. Manchmal kann ich die Leute mit ihrer Wasserkanne und dem Mate Becher nicht mehr sehen). Frechling war ja auch weniger an Kaffee und Kuchen interessiert, sondern hatte ganz andere Ideen. Eher solche wie Leon und die hässlichen Prügelmachos.

Er war sehr interessiert und fiel fast um vor Bewunderung, als ich die Sonnenbrille einmal abnahm und er meine hellen Augen sah. „Que ojos", bewunderte er sie. Was so viel heißt wie: was für Augen. Die Oma aus der ersten Welt, die mindestens sechs Monate im Jahr unter südlicher Sonne verweilte, ohne sich von einem heißblütigen südamerikanischen Macho beglücken zu lassen, musste doch zu beeindrucken und zu knacken sein. Auf meine Frage, ob er denn nicht verheiratet sei, so ein hübsches Bürschchen, lächelte er beglückt mit schräg gelegtem Kopf ob des Lobes und verzog dann das Gesicht hinsichtlich der Frage nach der Ehe. „Ne, nein, verheiratet!" Das sei nichts für ihn. Ja, und hast du Kinder? „Ja." Wie viele Kinder? „Fünf" Oh ... Fünf Kinder von vier verschiedenen Frauen. Das spricht für sich! Wobei Frechling gar nichts Schlimmes dabei zu empfinden schien. Ist ja vielleicht normal unter südlicher Sonne ...

Frechlings Kontakt zur Oma aus der ersten Welt war hergestellt. Die erste Etappe war gewonnen. Von nun an kamen sie, die täglichen SMS. „Hola, Bonita" (Schöne)." Hola, Guapa (Hübsche). „Hola, hast du keine Erfrischung für mich, Bonita?" Und dann wurde er frecher und frecher, weshalb er ja auch Frechling heißt. Ich ermahnte ihn, aber er ließ nicht locker. „Du hast nur Angst davor, was die Leute sagen", meinte er einmal. Nun, wenn ich Angst hätte, würde ich nicht alleine in einem Dorf am anderen Ende der Welt leben. „Ich halte es nicht mehr aus, mein Liebling, ich will mit dir Liebe machen"! Da war das Maß dann voll. Er saß auf einer Bank vor dem Haus, in dem er beschäftigt war. Ich marschierte auf ihn zu. Von wegen Angst. Da wollen wir doch mal sehen, WER hier Angst hat! Als er nämlich sah, dass ich direkt auf ihn zukommen würde, rief er schnell nach seinem Kollegen, der dann auch auf der Bildfläche erschien. Macht nichts, Frechling. Ich komme trotzdem. Mir fiel eine gute Frage ein, die ich beiden stellte. Dann klingelte das Telefon und Frechlings Kollege verließ den Schauplatz der Angst, um sich der anstehenden Aufgaben zu widmen. Nun konnte ich Frechling sagen, dass er gefälligst aufhören soll mit seinen Mitteilungen und dass er ja wohl verrückt sei. „Wenn DU mich verrückt machst", war die leise Antwort. Ich ihn verrückt machen? Ja wie denn? „Durch die Art, wie du gehst; durch die Art, wie du deine Tasche über der Schulter trägst" und „wie du gekleidet bist".

Nun ist es ja heute keine Seltenheit mehr, dass ältere moderne Frauen sich mit jüngeren Männern zusammentun. Warum sollte es auch ein Problem sein? Alte Männer geben sich auch mit ganz jungen Frauen ab, und das scheint normal zu sein. Ich tat diese Kommentare und Komplimente lange Zeit als unverschämt ab, bis ich eines Tages dachte: Was ist eigentlich besser: ein zahnloser Alter oder ein appetitlicher Junger? Na klar, ein appetitlicher Junger. Und ich dachte: das würde mit Sicherheit die letzte Romanze meines Lebens sein. Und ich dachte: ich bin eine moderne Frau. Und was die Figur angeht: so manches junge Mädchen wäre glücklich mit so einer Figur, mit diesen Rundungen. Nur die Cellulitis, die ist nicht schön. Dafür habe ich keine Schwangerschaftsstreifen, und das, obwohl ich ein 56 Zentimeter großes und fast vier Kilogramm schweres Kind auf die Welt gebracht habe. „Kein Mensch sieht Ihnen an, dass Sie ein Kind geboren haben", sagte damals mein Arzt zu mir. Ich glaube, er war es, der mir den Tipp zur Vermeidung dieser unschönen Streifen gegeben hatte. Man lege sich auf den Boden, halte die Füße unter einen Schrank – oder eine Kommode –, verschränke die Arme hinter dem Kopf und erhebe sich mit dem Oberkörper nach vorne. Das macht man 20 bis 30 Mal, morgens und abends. Das stärkt die Bauchmuskulatur und das Gewebe, und Schwangerschaftsstreifen haben keine Chance.

Also hatte ich nichts dagegen, als Frechling das nächste Mal kam, um seinen Kaffee einzufordern – nur dass er dieses Mal abends kam und ein Glas Wein trinken durfte –, und dann lange meine schrumpelige verarbeitete Hand hielt. Er hatte sich ein Abendessen erhofft und sagte dies auch.

Aber ich, ganz moderne Frau, erklärte ihm, dass i c h nicht für Männer koche! Männer dürfen für mich kochen! Er blickte ein wenig ratlos um sich. So etwas hatte ihm wohl noch keine Frau gesagt. Nun ja, die Damen auf dem Lande in Südamerika sind auch nicht sonderlich modern.

Er wollte dann ein bisschen fummeln, aber ich sagte ihm das, was wir früher in Norddeutschland als junge Mädchen den jungen Burschen, die auch fummeln wollten, gesagt haben: „Fasst' mich an, musst mich heiraten!" „Jaaa", antwortete Frechling. Sieh mal einer an! Noch vor ein paar Tagen wollte er von Heiraten nichts wissen und tat das als überflüssig und unmodern ab, obwohl er von vier Frauen Kinder hat. Und nun plötzlich wollte er eine Frau, die seine Großmutter hätte sein können, heiraten? Er schien es ernst zu meinen und stellte sich schon vor, ganz in dieses Dorf zu ziehen (und bei mir zu wohnen, zu essen, gepflegt und umhegt zu werden). „Nein", sagte ich ihm, „ich habe keine Lust, ein paar Tage nach der Hochzeit an einer Vergiftung zu sterben". Ups, wie schaute der denn?

Entweder war er überrascht, dass ich seine Gedanken lesen konnte, oder er sah so bedebbert aus, weil ich ihn auf eine Idee gebracht hatte. Das hätte ihm so passen können, worauf schon andere gehofft hatten: sich ins schöne, saubere, gepflegte, luxuriöse Nest zu setzen und den wohlhabenden Hausbesitzer zu markieren. Ne, Chico, nicht mit mir.

Nachdem er den Schock über die Zurückweisung verkraftet hatte, streichelte er wieder die schrumpelige Haut. Dann fragte er nach dem Bad. In Wahrheit wollte er nur auskundschaften, wo sich das Schlafgemach befand. Nachdem er vom Erkundungsgang zurückgekommen war, wurde er dann zielgerichteter. Er zog mich ins Schlafgemach und eilte zur Sache. Die elegante schwarze Hose schaffte er noch auszuziehen; die Strickjacke und den Pullover (im April ist es abends schon richtig kühl!) nicht mehr.

Er hatte auch etwas mitgebracht, was ein vorsichtiger Mann, der keine weiteren Kinder mehr haben will, nicht vergessen sollte. Aber er schaffte es nur, das Eingewickelte auf die Kommode zu legen. Ich hatte den Eindruck, dass er großen Hunger hatte. Geld verdient er nicht viel, und mindestens die Hälfte davon muss er für den zahlreichen Nachwuchs bezahlen. Da bleibt nichts übrig, um junge Damen ins Kino oder auf eine Limo einzuladen. Und welches junge Mädchen möchte nicht auch mal eingeladen werden? Andere, die sich nicht einladen lassen müssen oder möchten, erwarten dann aber vielleicht zumindest eine interessante Unterhaltung. Aber worüber kann man mit einem Jüngling sprechen, der sich für nichts sonst als Fußball interessiert und von nichts sonst eine Ahnung hat? Da kann man sich doch vorstellen, dass sich so etwas im Dorf und in der Kleinstadt herumspricht. Und dann hat so ein armer Teufel das Nachsehen und findet kein Weibchen.

Kein Wunder also, dass man dann, wenn man zum Zuge kommen kann durch einen unglaublichen Glückstreffer, alle Vorsichtsmaßnahmen und guten Vorsätze vergisst. Aber, das war nicht alles! Der Jüngling hatte Probleme mit dem Einstöpseln des Einzustöpselnden! Es flutschte immer wieder raus, das lütte Ding. Ich musste mich sehr zusammennehmen, um nicht laut loszulachen. Eine Bemerkung darüber habe ich nicht gemacht – nicht an diesem Abend. Die Benotung erfolgte später. Auch erwähnte ich nicht, dass ich einen neuen Namen für ihn gefunden hatte: Cosa corta! Kurzes Ding.

Das Ganze fand nur wenige Tage vor meiner Abreise statt, und Cosa corta fragte nach meiner Internetadresse, die ich ihm auch gab. Allerdings erhielt ich nie eine Mail.

Als ich im Herbst in das Dorf zurückkam, fragte er per SMS – und ohne Namensnennung –, wie es mir ginge und wann ich zurückgekommen sei. Zwei Monate später, am 24. Dezember, einem sehr heißen Tag, saß ich im Schatten eines Baumes und las. Da kam eine SMS, und Cosa corta fragte, ob ich ihn denn vergessen hätte. Ich wünschte ihm Frohe Weihnachten.

Wiederum einen Monat später, es war sehr heiß, saß er während seiner Arbeitszeit im Schatten eines Strauches und blickte immer zu mir herüber. Dann kam eine SMS: „Hallo Bonita, hast du nichts Kühles, um mich einzuladen?" Antwort: „Ja, eine kalte Dusche." „Gut, aber wir duschen zusammen, und dann machst du mir ein Abendessen". Antwort: „Hast du Alzheimer? Weißt du was das ist?" „Nein, keine Idee. Was ist das?" „Das ist eine Erkrankung, und die Menschen, die daran leiden, können sich nicht an andere Personen und an Gesagtes erinnern." Antwort: „Nein, ich habe mich immer an dich erinnert."

Es stellte sich heraus, dass Cosa corta nicht richtig lesen konnte. Anstatt GMX in der Internetadresse zu schreiben, schrieb er Gmail. Lange Rede, kurzer Sinn: Die SMS kamen immer häufiger. Und immer war die Anrede „Amor", „mi Amor" etc. etc. Nicht dass mir das nicht gefallen hätte. Wer nennt einen schon täglich „Amor"?

Man traf sich also wieder zum Glas Wein, auch wenn es immer mein Wein war. Egal, es war eine Zeit, in der ich mich jung fühlte, und das war gut für die Seele. Ich hatte mir ein weiteres Häuschen bauen lassen, ein kleines Zimmer mit Bad. Es befanden sich nur wenige Möbelstücke in dem Häuschen: Ein doppelstöckiges Bett, ein Tisch, zwei Stühle, eine Kommode, ein Fernsehgerät, ein Herd. An dem einzigen Raum befand sich ein Bad, das von der kleinen Terrasse aus erreichbar war. Die Küche befand sich am großen Haus, wenige Meter entfernt. Angler, die nur ein Dach über dem Kopf und eine Waschgelegenheit und dafür einen niedrigen Preis suchten, übernachteten dort gerne, denn es war billig. Aber es gab immer mehr Touristen, die das Dorf besuchten, und jungen Paaren gefiel das Hochbett nicht. Also wurde umgebaut. Die Mauer wurde abgetragen und eine neue am Rande der Terrasse gebaut. So wurde der Raum größer, und es gab nun ein Sofa darin, das man aufklappen konnte. Es bietet Platz für zwei schlanke Personen. Das Häuschen war nett und gemütlich.

Aber auch jetzt war das Haus noch zu klein. Also wurde wieder angebaut. Ein relativ großes Schlafzimmer mit Doppelbett – für Paare –, das Doppelstockbett, ein Schrank, ein Schreibtisch, ein Sessel, ein Nachttisch. In dem früheren Raum wurde an der Seite zum Bad – das jetzt vom Raum aus zu erreichen ist – eine Küchenzeile eingebaut, mit Kühlschrank, Waschbecken, Arbeitsplatz, kleinem zweiflammigem Gasherd mit Bratröhre. Niemand hier im Ort vermietet ein Ferienhaus mit einem solchen Herd – verbraucht viel zu viel Gas! –. Das Sofa steht darin, davor ein Tisch mit drei Stühlen sowie die Kommode mit TV, und der Herd ist geblieben. In der kalten Jahreszeit wohne ich gerne darin, denn es ist sehr gemütlich, und weil der Raum klein ist, ist er in fünf Minuten warm, wenn man mit Holz heizt.

Einige Meter vom Haus entfernt stand der unverzichtbare Grill. Ein Haus ohne Grill ist kein Haus in Südamerika. Das ist so, als würde man kein Bad haben. Bei Regen war das natürlich unangenehm, man konnte nicht grillen. Also wurde umgebaut. Es wurde eine große Terrasse gebaut, so lang wie das gesamte Haus, neun Meter lang und 3,4 Meter breit. Die Terrasse ist von einer einen Meter hohen Mauer umgeben und der Grill wurde integriert. Nun kann man auch bei Regen und Sturm grillen, und auf der Terrasse gibt es viel Platz. Meine Gäste, die früher in dem ersten, kleinen Haus wohnten, wohnen nun gerne in dem kleinen neuen Häuschen. Es bietet jetzt Platz für vier Personen.

Von meinen Häusern aus kann ich jeden sehen, der auf der Straße geht. Die Straße ist weit genug entfernt, um vom Verkehrslärm verschont zu sein, aber nah genug, um jeden zu erkennen, der dort läuft. Und so sah ich denn eines Tages Cosa corta, der morgens mit dem Bus von seinem Dorf gekommen war und zur Arbeitsstelle ging. Er schien unter einer zentnerschweren Last zu laufen, und weil ich – bis vor Kurzem – an einem Helfersyndrom gelitten habe, fragte ich ihn per SMS, ob er Probleme habe und ich helfen könne.

Hatte er sich früher oft wochenlang nicht gemeldet, schickte er mir an dem Tag gleich mehrere SMS. Es kam zu einem Gespräch, in dem er mir erzählte, dass er seit seinem 13. Lebensjahr Karten spielt. Er geht in Bars in seiner Stadt oder in dem nächsten Ort, und spielt dort Karten. Manchmal hat er viel gewonnen, aber noch viel öfter hat er verloren. Er erzählte, dass er eine Schuldenlast von über 30.000,– Pesos habe. Das sind ungefähr 1.000,– Euro. Viel Geld für hiesige Verhältnisse.

Und Geld, das er sich von Freunden geliehen hatte. Ich riet ihm, sofort mit dem Spielen aufzuhören. „Ich kann nicht", sagte er.

Nun war er in der vergangenen Nacht in einer Bar im Nachbarort gewesen und hatte gespielt und verloren. Das Geld, das für den ganzen Monat reichen musste, war futsch. Und andere Geldgeber, die ihm wohl auch schon früher Kredit zum Spielen gegeben hatten, verlangten jetzt ihr Geld zurück, oder sie würden ihm etwas antun. Geld, das er nicht hatte. „Sollen sie mich doch umbringen", sagte er, „aber mein Haus bekommen sie nicht." Aber was, wenn sie der Tochter etwas antun? An der ältesten Tochter Elli scheint er zu hängen. Das hinderte ihn aber nicht daran, das wenige Geld zu verspielen. Elli hatte zu der Zeit Geburtstag, wohl den 12. Ich fragte, was sie denn von Papa geschenkt bekommen habe. „Feliz Cumpleanos", erwiderte er. Herzlichen Glückwunsch zum Geburtstag. Kein Geschenk, nicht einmal ein paar Bonbons. Jetzt ist Elli inzwischen wohl erwachsen, da kann man davon ausgehen, dass Cosa schon Opa ist – bei den Fortpflanzungsgenen ... Cosas Mutter war auch erst 17, als dieser stramme Held geboren wurde. Dann ist Cosas Mama Anfang 50, wenn sie Urgroßmutter wird. Der Bundesstaat, in dem er lebt, nennt sich „fertil" = fruchtbar. Sehr passend.

Einer seiner Kollegen geht wie ein Gorilla, weshalb ich ihn Gorilla nenne. Einmal fragte ich Cosa, ob Gorilla Kinder habe. Nein, war die Antwort. Der will keine Verantwortung übernehmen. Allerdings frage ich mich, wie denn Cosas Verantwortung seinen Kindern gegenüber aussieht. Traurig wohl.

Cosa hatte kurz vorher Eva, Ellis Mutter, wiedergetroffen und sich erneut in sie verliebt – sagte er –, und sie war mit Elli bei ihm eingezogen. Sie arbeitet als Zimmermädchen in einem Hotel. Ich glaube allerdings vielmehr, dass er sie in sein Haus geholt hat, um seine Tochter bei sich zu haben und immer ein warmes Essen. Wenn er nämlich so verliebt gewesen wäre, wie er sagte, hätte er nicht wieder Mitteilungen an mich geschrieben, wie er sie geschrieben hat. Sie lauteten ähnlich wie eine der ersten SMS, die ich beanstandet hatte. Und welche Frau hat außer mir noch SMS erhalten?

Ich fragte ihn, ob die Mutter seiner Tochter, die ihm doch noch immer so gut gefiel, ihm den Laufpass gegeben habe. Nein, antwortete er, aber heute wolle er mit mir Liebe machen ... Und ich dachte, er wolle in Zukunft treu sein ... ich half ihm dabei.

Mein mitfühlendes Herz aber brachte es nicht über sich, ihn sich selbst zu überlassen in seinem Kummer und seinen Sorgen. Also kam er und wir sprachen. Er wolle nebenbei arbeiten, egal was. Als Bauarbeiter vielleicht, denn sein Vater sei Maurer und er, Cosa, könne diese Arbeit auch machen. Er hatte mir Fotos gezeigt. Wie er einen Raum für die Tochter angebaut hatte und den Boden gefliest.

Meine neue Terrasse vor dem Häuschen könnte einen gefliesten Boden gebrauchen, dachte ich. Der nackte Zementboden ist nicht so schön. Also machte ich ihm das Angebot, sich das Geld zu verdienen, das er in der letzten Nacht beim Kartenspielen verloren hatte. 5.000,– Pesos. Ja, er wollte. Er wollte unbedingt. Er wollte auch bei Barbara, einer Freundin, die auch Bauarbeiten zu erledigen hatte, arbeiten. Also gab ich ihm die 5.000,– Pesos, um seine Schulden zu bezahlen. In Wahrheit hatte er, wie er sagte, noch mehr Schulden, ungefähr gut 30.000,– Pesos.

Nun, so viel wollte ich für das Fliesen der Terrasse nicht bezahlen. Er nahm sie dankbar an, die 5.000,- Pesos. Und ein paar Tage später borgte er sich nochmals 1.000,- Pesos. Ha, jetzt schien die Kasse geöffnet zu sein: ein Auto hätte er ja auch gerne ...

Ich kaufte die Fliesen, sehr schöne Fliesen, und das übrige Material zum Verfugen etc. und dann kam Cosa und begann mit der Arbeit. Er sagte vor Beginn der Arbeiten, an einem Tag würde er den Boden gefliest haben. Tja, wenn die Augen größer sind als der Magen, oder, in diesem Fall, wenn der Größenwahn größer ist als die Tatkraft. Nachdem er die erste Reihe Fliesen gelegt hatte, schaute ich mal hin. Da hockte er, der Alleskönner, und wusste nicht, wie er die nächste Fliesenreihe legen sollte, wegen des Musters auf den Fliesen. „Ist doch ganz einfach", sagte ich, „du musst nur diesen Halbkreis immer nach unten legen, dann kannst du gar nichts falsch machen". O.K., das hatte er begriffen. Aber wie verteilte er denn den Kleber? Die Hälfte davon landete immer auf der oberen Seite der Fliese, wo sie nichts zu suchen hatte. Und später nicht mehr zu entfernen war.

Ich hatte mir vor Jahren einmal in Berlin das Bad fliesen lassen, von einem Fachmann. Dem hatte ich einige Minuten lang zugeschaut und deshalb erinnerte ich mich jetzt, wie der den Kleber auf der Wand verteilt und dann die Fliesen daran gedrückt hatte. Das ging ganz fix. Also sagte ich Cosa, er solle den Kleber auf dem Boden verstreichen und dann die Fliesen darauf legen, immer schön eine Reihe nach der anderen. Cosa corta hatte nämlich jede Fliese in die Hand genommen und die Unterseite mit Kleber bestrichen. Der hatte ja wohl zuvor noch nicht einmal einem Fachmann zugesehen ... Auch sagte ich Cosa hin und wieder, diese Fliese da musst du ein wenig mehr nach oben legen oder jene Fliese mehr nach rechts etc. „Si, patrona", sagte er dann immer mit einem besonderen Unterton, was bedeutete: Ja, Chefin. Wenn man sich den Boden ansieht, kann man erkennen, dass der Bursche Null Ahnung und keine Augen im Kopf hat.

Natürlich hatte Cosa corta an einem Tag nicht alle Fliesen legen können, sodass er noch einmal kommen musste. An diesem zweiten Tag kam einer seiner Bekannten, um das Wunderwerk zu begutachten. Dieser Mann versteht was vom Fliesenlegen, denn er hat in einem anderen Haus diese Arbeit verrichtet, und ich muss sagen, seine Arbeit ist gut. Dieser Mann besah sich das Werk und schüttelte den Kopf. Cosa berichtete mir später auf meine Frage, wie der Bekannte seine Arbeit bewertet habe, mit: „Sehr schlecht". Tja, Cosa, so ist das, wenn man seine Fähigkeiten überschätzt, und zwar auch auf dem Gebiet des Fliesenlegens!

Der Bekannte stand längere Zeit bei Cosa, also ging ich hinaus und fragte ihn nach der Note für die Arbeit. Er druckste ein bisschen herum, schaute auf die besonders hässliche Stelle, und ich sagte: „Auf die schlimmste Stelle stelle ich später den Tisch und die Stühle, dann sieht man sie nicht mehr so." Der Mann lachte; Cosa holte gerade aus der einige Meter entfernt stehenden Wassertonne neue Fliesen und war beleidigt, weil der Mann und ich lachten.

Ich fragte den Bekannten, ob er mein Haus – ich meinte das, vor dem Cosa gerade den Boden flieste – kennt. Nein, tat er nicht. Also sagte ich, er solle hineingehen und sich umschauen. Er ging herum und nickte anerkennend. Und in der Tat, meine Häuser sind zwar nicht sehr groß und nicht für sehr viele Menschen gleichzeitig gedacht – wie in einer Herberge –, aber sie sind alle sehr sauber und hübsch eingerichtet, mit Dekorationen, richtigen Gardinen – und nicht nur mit einem Stück Lappen vor dem Fenster, der dieses mal eben so bedeckt –, und ohne Wasser- und Stockflecken an den Wänden.

Cosa gefiel dieses Haus auch besonders gut. Er nannte es „mein Haus", und ich sagte manchmal aus Spaß auch „dein Haus". Deshalb war er zutiefst beleidigt, dass ich zu seinem Bekannten gesagt hatte: „Kennen Sie mein Haus?" Ich weiß bis heute nicht, wie er darauf gekommen ist, ich könnte ihm allen Ernstes eines meiner Häuser schenken? Wofür? Für freche und dreiste Mitteilungen? Nein, so weit geht meine Gutmütigkeit denn doch nicht.

Cosa hatte nach dem zweiten Arbeitstag fast alle Fliesen gelegt. Es fehlten noch einige halbe am Eingang und an der einen und anderen Stelle an den Seiten. Er musste also noch einmal kommen, um die restlichen Fliesen zu legen und alles zu verfugen. Da er die ausgeborgte Fliesen-Schneidemaschine zurückgeben musste, schnitt er die restlichen Fliesen zu.

Er wollte am nächsten Tag, einem Sonntag, kommen und die Restarbeit erledigen. Normalerweise hätte er mindesten gegen 9.00 Uhr anfangen müssen mit der Arbeit, denn dann hätte er seinen lebensnotwendigen Mate getrunken haben können. Aber er kam nicht. Nicht um 9.30, nicht um 10.00, auch nicht um 11.00 Uhr. Ich dachte, es ist vielleicht etwas passiert mit seiner Tochter, sodass er auch vergessen hatte anzurufen oder eine SMS zu schicken. Aber nein, es war ganz anders.

Barbara, eine Freundin, hatte an diesem Tag Geburtstag, und ich hatte gesagt, ich könne erst am Nachmittag kommen, weil vormittags der Handwerker da ist. Sie hatte aber schon für den Vormittag eingeladen. Also dachte ich gegen 11,30 Uhr, der Cosa kommt nicht. Und ich wurde zunehmend saurer, dass er nicht mal eine Minute Zeit gehabt hatte, eine SMS zu schicken. Also entschied ich, doch schon mittags zu Barbara zu gehen. Ich wickelte ihr Geschenk ein, zog mich um, und kurz vor 12.00 Uhr ging ich los. An der Hauptstraße in der Nähe meines Hauses gibt es einen kleinen Lebensmittelladen, an dem ich vorbei kam. Und wer kam aus dem Laden, gerade als ich ihn passierte? Cosa corta. Er grüßte unbedarft, ich grüßte zögernd zurück und blieb dann stehen, um ihn zu fragen, weshalb er nicht zur Arbeit gekommen sei. „Es ist feucht heute und wird regnen", sagte er, ohne zu bedenken, dass Feuchtigkeit dem Fliesenlegen keinen Abbruch tun kann, zumal er ja jede einzelne Fliese lange in die Regentonne voller Wasser legt! „Bis jetzt hat es noch nicht geregnet", erwiderte ich. „Ich komme heute Nachmittag für ein Weilchen", sagte er. „Nein, komm und bezahl deine Schulden und basta", war meine Antwort. „Gut", sagte er. Dann schickte er mir eine SMS und fragte, wann ich im Hause wäre, um mir das Geld zu bringen. Ich teilte ihm eine Zeit am Nachmittag mit.

Gegen 18.00 Uhr sah ich ihn auf mein Haus zukommen. Er läutete an der Gartentür und wartete. Ich gab ihm ein Zeichen näherzukommen, doch er lehnte ab. Also ging ich zum Tor, und er reichte mir 1.000,– Pesos. Ich fragte nach den anderen 5.000,– Pesos, woraufhin er meinte, die wären für seine Arbeit. „Die Arbeit ist ja noch nicht mal fertig", sagte ich, und er meinte, das, was er getan hätte, würde 5.000,– Pesos wert sein. „Unverschämter Idiot", war alles, was ich hervorbringen konnte.

In den nächsten Tagen sandte ich Mitteilungen wegen des Betrages, den er wegen der nicht vollbrachten Leistungen zurückzuzahlen habe, und er meinte, ich könne ihn ja verklagen. So blieb das dann. Ich schrieb das Geld als Fehlinvestition ab bzw. als Ausgabe für moderne Fliesenleger-Kunst, rührte Zement mit Sand an und klebte so die restlichen Fliesen fest. Die von ihm zugeschnittenen Fliesen konnte ich nicht verwenden, weil sie an einer Seite wesentlich länger waren als an der anderen. Sie zu legen, hätte den Boden noch mehr verschandelt. Also glich ich die 15 Zentimeter, die am Eingang der Terrasse fehlten, mit Zement aus; und das sieht gar nicht schlecht aus. Auch das Verfugen habe ich selbst übernommen. Allerdings musste ich die vierfache Menge an Fugenmasse kaufen, weil die Fugen zwischen einem halben Millimeter und einem guten Zentimeter betragen. Na ja, Cosa hat eben nur Augen für weibliche Wesen und Karten ... nein, stimmt nicht. Denn wenn er Augen für Karten hätte, hätte er nicht so viel Geld verloren beim Kartenspielen.

Heute sieht die Terrasse nach dem Verfugen gar nicht schlecht aus. Man darf nur nicht zu genau hinsehen. Und auf der schlimmsten Stelle stehen ein Tisch und vier Stühle.

In der folgenden Zeit, wenn ich in den Nachbarort fuhr und er an dem einen oder anderen Tag ebenfalls denselben Bus nehmen musste, stieg er immer schon vor dem Erreichen des Busbahnhofs aus und ging das letzte Stück zu Fuß oder er fuhr überhaupt nicht mit dem Bus, sondern per Anhalter. Vor lauter Angst, ich könnte ihm eine Szene machen und jemand bekäme es mit.

Einen Tag vor meiner Abreise erlaubte ich mir den Spaß und schrieb ihm einen letzten Gruß: Du bist nichts, du weißt nichts, du hast nichts. Nur eine große Klappe und weiter nichts. Ich schrieb noch einen Satz mehr, aber den kann ich hier nicht wiedergeben.

Ich sah Cosa an dem Nachmittag lange auf der Terrasse stehen, wie er – der sonst nicht raucht – eine Zigarette nach der anderen rauchte und immer wieder in Richtung meines Hauses sah. Ich vermute, ich hatte ihm einen unvergesslichen Tiefschlag verpasst, den er so schnell nicht würde vergessen können.

Ich habe ihn nie mehr aus der Nähe gesehen. Nur ab und zu, wenn er morgens zur Arbeit geht. Und hin und wieder scheint er eine sehr schwere Last zu tragen. Und niemand hilft ihm mit Pesos aus.

Zuvor war ein anderer Kandidat auf der Bildfläche erschienen, und das kam so: Ich ging eines Tages die Hauptstraße entlang nach Hause, als ich im Garten eines Hauses einen großen Birnbaum sah, dessen Früchte zum großen Teil am Boden lagen. Ein Mann war im Garten zugange und ich sprach ihn an und fragte, ob er denn nicht die Birnen essen würde. Nein, die esse ich nicht, sagte er. Ich fragte, ob ich sie kaufen könnte. Er packte die am Boden liegenden Birnen in eine Plastiktüte und gab sie mir. Bezahlt haben wollte er sie nicht. Ich nahm sie und bedankte mich und wollte Birnenkompott kochen, das ist eine leckere Sache.

Ja, so billig sollte ich aber nicht davonkommen. Nachbar Birne tauchte noch am selben Tage auf. Ich stellte ihn auf der Terrasse, wo er mich in ein langes Gespräch verwickelte. Ein so langes Gespräch, dass es draußen kühl wurde. Da streichelte er meinen Arm – zum warm werden! Zuerst tat ich so, als bemerkte ich das Streicheln nicht.

Als es heftiger wurde, schaute ich auf meinen Arm mit gerunzelter Stirn. Ich kann sehr merkwürdig schauen, hat man mir oft bestätigt! In Indien fuhr ich zum Beispiel mit einer Freundin in einem Zug, der oft überfallen wurde. Zur Sicherheit der Fahrgäste stiegen an einer bestimmten Stelle Militärangehörige mit Gewehren und Bajonetten in den Zug. In das Abteil, in dem Anne und ich und ein älterer Inder saßen, kamen fünf indische Militärs. Ein junger Soldat setzte sich neben mich und rückte im Laufe der Zeit immer näher, bis er fast auf meinem Schoß saß. Da schaute ich auch mit meinem gefürchteten Blick auf seinen mich bedrängenden Körper, und er rückte wie von Zauberhand bewegt von mir fort. Sagen musste ich hier wie dort nicht ein Wort. Gibt es nicht die Formel: Ohne Worte!? Eben. Aber, an diese und andere Begebenheiten muss ich heute denken, wenn ich von den vielen Vergewaltigungen in Indien lese. Wie gut, dass ich davon damals nichts wusste.

Auch Birne ließ von seinen Streicheleinheiten ab, sagte noch, ich könne jederzeit seinen Nachbarn fragen, der würde mir die Birnen aufsammeln. Birne arbeitete und wohnte wochentags nämlich außerhalb. Ich verzichtete in der Zukunft allerdings auf das Fallobst. Heute steht Birnes Haus zum Verkauf. Er hat vielleicht auswärts eine Zukünftige gefunden, die ein schöneres Eigenheim besitzt. Übrigens soll Birne seine frühere Ehefrau regelmäßig verhauen haben ...

Einen weiteren Galan lernte ich im Nachbardorf am Busbahnhof kennen. Wir standen nebeneinander und irgendwann redeten wir über belangloses Zeug: Wieder heiß heute. Der Bus kommt aber spät heute. Die Kinder haben ja bald Ferien; und so weiter. Im Bus wollte er, dass ich mich neben ihn setze, aber ich wählte einen anderen Sitz. Er stieg im Dorf früher aus als ich, aber nur eine knappe halbe Stunde nach meiner Ankunft in meinem Haus fand er sich auf meiner Terrasse ein, frisch gewaschen und gestriegelt und im frischen blau-weißgestreiften Ausgehhemd. Er bewunderte meine Fenstergitter – hier haben alle Häuser vergitterte Fenster und Türen – und es war ihm anzumerken, wie er immer in Richtung Eingangstür schaute, dass er überaus gerne eine Einladung zum Betreten und Beschauen des Hauses angenommen hätte. Nur lade ich aber höchst selten Zahnlose ein, mein Haus zu besichtigen.

Es gab nicht mehr viel zu erzählen, weil ich auch noch so viel zu tun hatte, sodass er sich verabschiedete. Hier im Lande ist es üblich, sich mit Wangen-Küsschen zu begrüßen und zu verabschieden – ich weigere mich allerdings bei einigen Leuten beharrlich, diesem Brauch zu entsprechen. Gestreiftes Hemd verabschiedete sich an jenem Tag mindestens zehn Mal, und jedes Mal gab es ein Küsschen. So kommt man auch auf eine schöne Anzahl von Küsschen.

Da ich nun wusste, um welche Uhrzeit Gestreiftes Hemd normalerweise von der Arbeit kommt, blieb ich zu der besagten Zeit besser im Haus. Von dort aus konnte ich sehen, wie er auf seinem Moped am Haus vorbeifuhr und sich dabei so lange den Hals verdrehte, um nach mir Ausschau zu halten, dass ich befürchtete, er könne sich bei einem Sturz denselben brechen. Diese halsbrecherischen Erkundungsfahrten dauerten ungefähr zwei Wochen, dann gab er auf oder er hatte sich andernorts den Hals verrenkt. Auf den Namen „Gestreiftes Hemd" kam ich übrigens folgendermaßen:

Während einer Urlaubsreise zum Nordkap mit einem Berliner Busunternehmen lernte ich unter anderem ein Ehepaar aus dem Osten Berlins kennen. Den Namen der Frau und den des Mannes habe ich längst vergessen; schon deshalb, weil ich den Mann nur „Kaputter Rücken" nannte. Weshalb? Nun, dieser Mann konnte sehr gut Witze erzählen; man hatte immer etwas zum Lachen. Er aber litt häufig unter Rückenschmerzen, eben, weil dieser „kaputt" war.

Nun war es so, dass er eines Tages während der Fahrt folgenden Witz erzählte:

Ein Indianer ging mit seinem kleinen Sohn spazieren. Da fragte der Steppke den Vater: „Vater, warum heißt meine Schwester Abendröte Abendröte?" „Nun", sagte der Vater, „das war so: Deine Mutter und ich gingen eines Tages während der Abendröte spazieren, und dann war ihr so und dann war mir so und dann wurde deine Schwester neun Monate später geboren, und darum heißt sie Abendröte". Der Steppke schaute in die Prärie und dachte nach, und dann fragte er den Vater: „Aber, Vater, warum heißt meine Schwester Morgenröte Morgenröte?" „Ja", sagte der Vater, „das war so: eines Tages gingen deine Mutter und ich in der Morgenröte spazieren, und dann war ihr so, und dann war mir so, und neun Monate später wurde Morgenröte geboren."

Der Steppke schwieg und dachte nach, während er über die Prärie schaute. Da fragte der Vater: „Aber warum willst du das alles wissen, geplatzter Gummi, mein Sohn?"

Erst wenn man sich längere Zeit in diesem Dorf aufgehalten hat und mit vielen Menschen Kontakt hatte, erkennt man, dass wohl fast alle nur scheinbar Freundschaften schließen; in Wahrheit, zu der Überzeugung bin ich gekommen, sind sie nur nach außen hin freundlich, im inneren berechnen sie, ob die Freundlichkeit sich lohnt oder nicht. Hat man festgestellt oder es hat sich so entwickelt, dass die Freundschaft nichts mehr einbringt, ist sie dahin. Wahre Freundschaft, wie ich sie aus Deutschland kenne oder aus Amerika oder selbst aus Indien, kennt und praktiziert man hier nicht. Wenn, dann gibt es Freundschaft nur unter Verwandten, und das ist auch nicht immer so.

Freundschaften schließt man hier schnell. Du redest ein oder zweimal mit jemandem, und schon bist du sein Freund. Mit Ausländern schließt man besonders gerne Freundschaft, denn die Fremden gibt es nicht so häufig hier und dann kann man mit ihnen angeben. Und so fand ich die ersten Freunde.

Die erste Freundschaft entstand, weil ich mit dem Fahrzeug der neuen Freunde in die nächste Stadt fuhr. Sie waren – wie alle Leute hier –, sehr freundlich. Manchmal kamen sie am Abend und brachten mir ein kleines Geschenk mit: Mal einen Hibiskus-Ableger, mal eine dünne Weihnachtsfigur aus China für die Tür – die entsprechend der chinesischen Qualität nicht lange hielt – oder eine ebenfalls aus chinesischer Produktion stammende Küchenuhr. Alle diese wunderbaren Geschenke sind längst dahin; das einzige noch existierende Geschenk – außer den Pflanzen –, das ich zwar nicht benutze, es aber noch auf dem Küchenschrank stehen habe, ist eine sehr schlanke Vase. Würde man Wasser und eine Blume hineintun, würde der nächste Windstoß sie umstoßen. Also dient sie nur als „Zierde".

Ich war ja immer eine großzügige Person, wenn ich nicht gerade selber in finanziellen Nöten war. So war ich auch, wie es sich gehört, außerordentlich dankbar und beschenkte meine lieben Freunde ebenfalls. Der Unterschied bestand einzig darin, dass ich sieben bis neun Personen beschenkte, während ich allein war. Da gab es Vater und Mutter, meine Freunde Nr. 1. Da gab es die Tochter mit Freund und den Sohn mit Freundin, und einige Zeit wohnte auch die Tochter eines Bruders der Freundin in deren Haus. Und die Tante, die in der Nähe wohnte und oft zu Besuch kam oder besucht wurde, erhielt auch ein Geschenk. Ebenso wie ihr sehr netter Sohn, der zu den Fest- und Feiertagen anreiste.

Hin und wieder wurde ich auch außer zu Weihnachten zum Essen eingeladen. Und da besonders Mutter und Tochter viele Dinge in meinem Haus gefielen – wie zum Beispiel hübsche Platzsets aus Bast –, brachte ich immer etwas als Gastgeschenk mit, bis ein jeder im Hause der Freunde über ein eigenes Set oder etwas entsprechendes verfügte.

Natürlich wollte ich mich für die Einladungen zum Essen auch anderweitig bedanken und lud deshalb Vater und Mutter ins Restaurant ein. Und weil die Mutter am 26. Dezember Geburtstag hat, lud ich die ganze Familie zum deutschen Braten-Essen ein. Ich erinnere mich, dass fast ausschließlich Fleisch gegessen wurde; Soße, wie sie in Deutschland unverzichtbar ist: Nein danke. Gemüse: Nein danke. Noch etwas Fleisch? Ja bitte. Ein Pfund Fleisch hat jeder Einzelne von ihnen verspeist. Und dabei dachte ich, dass ich noch ein paar Portionen für mich einfrieren könnte. Tja, jedes Jahr um Weihnachten herum habe ich auch ein Grillfest veranstaltet. Natürlich waren Vater und Mutter 1. Freunde dazu immer eingeladen. Gefallen haben meine Grillfeste bisher jedem, auch wenn es nicht nur das wie hier üblich gegrillte Knochen-Fleisch-Fett-Gemisch gab, sondern auch deutschen Kartoffelsalat, wie in Deutschland angemachten Bohnensalat, Rotkohlsalat – den hier zuvor noch keiner je gegessen hatte – und so weiter. Tiramisu zum Nachtisch, den passenden Wein und Bier zum Essen natürlich und eine hübsche Tischdekoration, eben alles wie man es aus der 1. Welt kennt.

Kam ich aus Deutschland wieder im Dorf der Heiligen Anständigen an, wurde wieder jeder Einzelne in der Familie beschenkt. Man bringt ja aus der Ferne etwas mit, wenn man nach Hause kommt, oder? Nur, als ich an Weihnachten mal wieder viele Personen beschenkt hatte und dann mein Geschenk erhielt, musste ich mir doch eine Bemerkung unterdrücken. Hatte ich zwischendurch einfach so jedem Familienmitglied etwas geschenkt, bekam ich ein Weihnachtsgeschenk, das eindeutig aus billiger chinesischer Produktion stammte: ein Billig-Set! Ich hatte genügend gute Sets und brauchte kein weiteres, und so ein Ding erst recht nicht. Aber gut, die Geschmäcker sind halt verschieden und die Lust am Geldausgeben für andere auch.

Anne, eine Deutschstämmige, die sich hier im Ort hin und wieder aufhält und mit der ich mich angefreundet habe, und die ich auch hin und wieder einlade und selbst auch eingeladen wurde, hat mir einige wirklich hübsche Dinge geschenkt. Die hat ja auch noch echtes deutsches Blut in den Adern. Ihre Eltern lebten vor der Übersiedlung nach Südamerika in der Nähe von Straußberg, und sie sprachen mit ihren Kindern Deutsch. Also spreche ich mit Anne auch Deutsch, wenn wir alleine sind. Und, Annes Eltern haben ihren Kindern, als sie klein waren, verboten, schlecht zu sprechen und Schlechtes zu tun. Und der Tisch war bei denen auch immer nett gedeckt, denn Anne besitzt noch wunderbare gestickte Tischdecken, die sie von ihren Eltern geerbt hat. Und hübsches Porzellan und richtige Gläser und keine Plastikbecher und so weiter. Sie lebt die erlebte und anerzogene Kultur ihrer Eltern weiter.

Vater und Mutter 1. Freunde gehören hier zu den Reichen, haben sie doch ein Unternehmen, das Vater 1. Freunde von seinem Vater geerbt hat und nun an den Sohn weitervererben wird. Man legt hier Wert darauf, dass einem angesehen wird, dass man was hat. Also müssen die Damen des Unternehmens jede Woche eine neue Klamotte anhaben – auch wenn sie Billigware aus China ist. Bis zum Ende des ersten Tragetages sieht das ja keiner, und nach der ersten Wäsche, wenn der Fummel aus dem Leim geht, dann zeigt man eben das nächste Fummelchen. So hört man dann die Armen des Dorfes raunen: O, die hat schon wieder was Neues ...

Freundes Haus ist auch ganz nett, auch wenn die einzelnen Räume klein sind. Die Möblierung ist auch gut, und die elektrischen Geräte sind modern. Der große Garten wird von Armen gemäht: Sohnemann könnte das ja tun, weil er sonst nicht viel tut außer Fernsehen. Aber das würde nicht ins Bild der reichen Unternehmerfamilie passen. Ein Auto haben sie selbstverständlich auch, auch ein Boot. Sie haben auch für den Erbprinzen ein schönes Haus gebaut – der muss ja fürs Nichtstun belohnt werden, und aus eigener Kraft würde er es nicht schaffen, sich ein Haus zu bauen. Und für die Tochter ist ebenfalls ein Haus besorgt worden. Allerdings ist die Tochter noch die Tüchtigste in der Familie. Ständig hat sie gekocht, gebraten, genäht, sich um die Blumen gekümmert. Das liegt wohl an dem deutschen Blut in ihren Adern. Die Großmutter hatte einen deutschen Vater.

Aber hochanständig ist die noch junge Tochter auch nicht.

Vater und Mutter 1. Freunde kenne ich vom ersten Tag im Dorf an. Sie kamen dann oft in der ersten Zeit mit kleinen Freundlichkeiten, die ich erwiderte. Es war auch nett für mich, abends zu ihnen zu gehen und zu plaudern. Manchmal lud ich sie spontan ins Restaurant ein, oder wir gingen durchs Dorf. Mutter 1. Freunde erzählte mir, dass sie nie eine Freundin gehabt habe; die einzige Frau, mit der sie sich privat unterhalten könne, sei die Mutter des Cousins. Ich dachte damals: Das ist komisch. Sie kommt von hier und hatte noch nie eine Freundin? Seltsam ...

Sibilla, eine Bekannte, erzählte mir einmal, dass sie sich mit Mutter 1. Freunde angefreundet hatte. Aber als sie bemerkte, dass die neue Freundin eine Intrigantin sei, habe sie die Freundschaft beendet. Wem gefällt auch eine Intrigantin? Ich bemerkte anfangs nichts. Ging ich in der Nacht nach meinen Besuchen bei ihnen zurück in mein Haus, begleitete Mutter 1. Freunde mich auf der halben Strecke. Dann fing insbesondere Vater 1. Freunde an, Vorschläge zu machen, wie ich was am besten tun oder lassen sollte. Zum Beispiel gibt es um mein „großes" Haus herum eine Terrasse, aber nur die Längsseiten waren überdacht. Also wollte ich auch die beiden restlichen Seiten überdachen lassen und zugleich an der Rückseite des Hauses eine Überdachung für ein Auto anbringen lassen. Nun begannen Vater und Tochter 1. Freunde, ein entsprechendes

Modell aus Pappe anzufertigen, und er sagte mir auch, wie das Dach auszusehen habe. Ich hatte dagegen andere Pläne, und schließlich wurden das Dach und die Überdachung für ein Auto so gebaut, wie ich es wollte. Vater 1. Freunde musste zugeben, dass alles gut aussah. Aber er meinte, das Dach für das Auto hätte länger sein müssen. Ja, gab ich zu, lang genug für einen Bus – oder ein Boot. Das hätten sie dann im Winter hier gut abstellen können.

In einem besonders heißen Sommer luden sie mich an zwei Sonntagen ein, mit ihnen auf dem Boot auf den Fluss Uruguay zu fahren. Es war nett, hübsche kleine Stände, viel Ruhe, Zeit um Entspannen. „Wir fahren immer hierher, wenn wir etwas Erholung brauchen", sagte Vater 1. Freunde. Ja, musste ich zugeben, es war schön dort draußen.

Dann eines Tages kamen sie zu mir und erzählten, dass es im Nachbarort ein hübsches Boot zu kaufen gäbe für 6.000,– US-Dollar. Ob ich nicht Lust hätte, mich an dem Boot zu beteiligen. Die Hälfte sollte ich bezahlen, die andere Hälfte würden sie übernehmen. Und ich könnte dann immer in der Woche mit dem Boot hinausfahren.

Dass ich erstens nicht viel für Schwimmen und sich im Wasser tummeln übrig habe, ist eine Sache. Die andere ist, dass man ja auch so ein Boot führen müssen kann und außerdem die Regeln für Wassersport auf einem großen Fluss beherrschen muss. Ich hätte ja erst einen Bootsführerschein machen müssen, was ich gar nicht wollte. Und ganz alleine mit dem Boot rausfahren? Nein. Und wie hätte ich das Boot von deren Haus ins Wasser bekommen?

Zudem wollte ich erst einmal das Boot sehen. Also fuhren wir eines Tages in den Nachbarort und sie zeigten mir das Prachtstück. „Was, für diese Rostlaube 6.000,– US-Dollar? Nein"

Damit war das Thema erledigt. Ich fand dann später in der Zeitung Anzeigen. „Verkaufe Boot", soundsoviele Meter lang, 2.000,– US-Dollar. Oder: 4.000,– US-Dollar. Ach so, dachte ich. Die wollten, dass ich ihnen das Boot bezahle. Dann verkaufen sie ihr altes und verdienen noch daran, und ich würde sowieso nie alleine mit dem Boot fahren. Aha, so ist das ...

Dann fragte Mutter 1. Freunde mich, ob ich nicht Restfarbe für Türen und Fenster hätte. Egal welche Farbe. Ihr – armer – Bruder wäre in ein altes Haus gezogen und müsste Türen und Fenster streichen. Als gute Freundin hilft man, und so gab ich ihr Restfarbe für den Bruder, den ich übrigens nicht kenne. Im vorletzten Jahr der Freundschaft hatten wir vereinbart, dass der Sohnemann in dem großen Haus übernachtet – obwohl er ein Faible für das kleine hatte. Nach dem ersten Jahr wunderte ich mich über die in einigen Wintermonaten besonders hohen Stromrechnungen, und ich fragte Mutter 1. Freunde, wie das denn möglich sei. Keine Ahnung, sagte sie. Dann ein paar Tage später meinte sie, der hohe Stromverbrauch an besagten Monaten sei dadurch zustande gekommen, weil Sohnemann ein Auto unter dem neuen Dach abgestellt hatte und deshalb nachts das Licht angeschaltet hatte. Ha, in der Nacht ist immer das Licht automatisch eingeschaltet. Und es gibt nur Sparglühbirnen, die haben einen sehr niedrigen Verbrauch. Das kann jedenfalls nicht dazu führen, dass der Stromverbrauch hin und wieder um ein Vielfaches höher ausfällt. Nein. „Sie haben das kleine Haus vermietet und wollen nicht die Einnahmen abgeben bzw. teilen", dachte ich, und so war es. Den größten Stromverbrauch gibt es nur, wenn der große Wasserboiler im Bad eingeschaltet ist. Sohnemann hat nie im Haus übernachtet, und der Wasserboiler wurde nur aktiviert, wenn zahlende Gäste im Haus waren (kleines oder großes, das weiß ich nicht)

Dann fragte Vater 1. Freunde im letzten Jahr der Freundschaft vor meiner Abreise, ob seine Tochter während der Zeit der Renovierung ihres Zimmers im Elternhaus vielleicht in meinem Haus übernachten könne. Aber selbstverständlich kann sie in meinem Haus übernachten, wenn ihr Zimmer gestrichen und aufpoliert wird.

Ich hatte in den Jahren zuvor immer rechtzeitig Bescheid gegeben, wann ich wieder nach Südamerika und ins Dorf der Heiligen Anständigen zurückkehren würde. So hatten sie immer Zeit gehabt, alles in Ordnung zu bringen und Verdächtiges zu beseitigen. Das hatte ich ja inzwischen begriffen. Also sagte ich im letzten Jahr der Freundschaft nicht, wann genau ich zurückkommen würde, ich hatte das Datum offen gelassen. Denn ich dachte mir, wenn sie wissen, wann ich komme, finde ich keine Beweise für meine Vermutung. Und ich wollte wissen, ob ich Recht hatte mit meiner Vermutung oder nicht.

Es kam alles viel schlimmer als gedacht.

Weil ich vermutete, dass die lieben Freunde mich betrogen, indem sie das kleine Haus vermieteten und das Geld für sich behielten, anstatt es mit mir zu teilen, und ich dazu noch den Strom, das Wasser, Gas und Kabelfernsehen bezahlen musste, kam ich an einem Sonntag um 16.00 Uhr mit dem Taxi unangemeldet und unerwartet angefahren. Auf dem eingezäunten Grundstück war ein Hund angebunden, ein zweiter lief frei herum und kläffte mich an. Da stand ich auf der anderen Seite des Zaunes und traute mich nicht hineinzugehen, weil ich die Hunde nicht kannte. Dann kam ein Mann aus dem kleinen Haus, und ich fragte ihn, ob die Hunde gefährlich sind und wem sie gehören. „Die gehören dem Besitzer", sagte der Mann. „Oh, aber die Eigentümerin dieses Grundstücks und der Häuser bin ich. Und wer sind Sie, bitte?" „Ich habe dieses Haus für zwei Tage gemietet." „Ach so, ja, und haben Sie schon bezahlt?" „Nein, noch nicht." „Wie viel verlangt der „Besitzer" denn von Ihnen?"

„200,00 Pesos." Das waren ungefähr 10,- Euro für 2 Personen. „Ha, nein, das Haus kostet 400,00 Pesos." „Aber der junge Mann hat es mir für 200,00 Pesos vermietet." „Na gut, Sie können ja nichts dafür. Aber nun bezahlen Sie die insgesamt 400,00 Pesos bitte bei mir."

Nun traute ich mich, ins Haus zu gehen. Was ich sah, verschlug mir die Sprache. Die Tochter der Freunde war nicht nur vorübergehend während der Renovierungsarbeiten in ihrem eigenen Zimmer zum Schlafen in mein Haus gekommen, nein, sie hatte die ganze Zeit mit ihrem Freund in meinem Haus gelebt, ohne Genehmigung. Dazu sah es aus wie in einem Schweinestall.

Auf dem Boden lagen Knochen, die man den Hunden hingeworfen hatte. Der Herd war von Übergelaufenem übersät, diese Reste waren angebrannt. Schmutziges Geschirr stand überall herum; Essensreste waren in Schüsseln und auf Tellern am Schimmeln. Aus meinem schönen Wohnzimmer hatte man eine Rumpelkammer gemacht; auf dem Sofa lagen Matratzen und anderes Zeug. Die Möbel im Schlafzimmer hatte man teilweise umgestellt; in die Schubladen der Kommode derart viele Kleidungsstücke gepresst, dass die Schubladen sich nicht mehr schließen ließen, sodass Wäschestücke hervorquollen.

Das Bett war nicht gemacht; die Unterhosen des Boyfriends der Tochter lagen auf dem Boden. Kartons standen in Hülle und Fülle herum. Ebenso im Flur. Das Bad war anscheinend selten gelüftet worden, sodass der Duschvorhang, den ich aus Deutschland mitgebracht hatte, zu einem Drittel total mit Stockflecken übersät war, die bis heute nicht zu entfernen waren.

Nein, dachte ich mir, wenn ich das Haus saubergemacht habe, glaubt mir kein Mensch, wie das bei meiner Rückkehr ausgesehen hat. Also fotografierte ich die Schweinerei. Außerdem stellte ich fest, dass viele Dinge fehlten. Zum Beispiel der große Fernseher, den ich gerade kurz vor meiner Abreise nach Deutschland gekauft hatte. Decken, die auf dem Sofa gelegen hatten, fehlten. Andere Dinge, die ebenfalls Beine bekommen und das Weite gesucht hatten, fehlten ebenfalls, nur das bemerkte ich erst, als ich das Haus in einen menschenwürdigen Zustand gebracht hatte.

Mein Handy mit meiner Telefonnummer hatte ich Mutter 1. Freunde übergeben, für den Fall, dass Touristen das Haus mieten wollten. Daher konnte ich sie jetzt nicht anrufen, sodass ich mich zu Fuß auf den Weg zu ihnen machen musste. Dabei kam ich an dem Haus vorbei, in dem zuvor der Freund von Tochter 1. Freunde bei seinen Eltern gelebt hatte. Mutter Boyfriend, den ich dann später aus gegebenem Anlass Mentiroso (Lügner) nannte, stand vor dem Haus, sodass ich sie bitten konnte, bei Familie 1. Freunde anzurufen und Bescheid zu geben, dass ich mich in meinem Haus befinde. Etwa 10 Minuten später kam Tochter 1. Freunde mit Boyfriend angefahren. Sie hatten einen Anhänger angebracht, um ihre bei mit gelagerten Klamotten nach Hause zu transportieren. Zweimal musste Tochter 1. Freunde fahren, um ihr Zeug wegzuschaffen. Es war ihr anzumerken, dass es ihr äußerst peinlich war, dass ich diesen Dreckszustand vorgefunden hatte. Was ich auch klar zum Ausdruck brachte, nämlich dass ich nie im Leben gedacht hätte, dass sie derart dreckig sein kann.

Zwei Tage später, ich hatte noch nicht beide Häuser reinigen und mir einen genauen Überblick beschaffen können, standen plötzlich zwei Kartons auf der Terrasse. Inhalt: Utensilien zum Renovieren. Ich hatte noch gar nicht bemerkt, dass Familie 1. Freunde im ganzen Haus nebst Abstellräumen herumgeschnüffelt und alles, was sie gebrauchen konnten, mitgenommen hatten. Natürlich stillschweigend, denn per E-Mail hatte mich niemand gefragt, und vor meiner Abreise war davon auch keine Rede gewesen. Die Häuser hier sind nicht so stabil gebaut wie in Deutschland bzw. Europa, wo es im Winter sehr kalt werden kann. Hier kennt man keinen Schnee und Frost gibt es auch selten. Deshalb bezeichne ich die Häuser, abgesehen von sehr alten, die anders gebaut wurden, als Leichtbauweise. Fenster und Türen sind normalerweise auch nicht so dick und stabil wie in Europa, und deshalb wird es in den Häusern im Winter, wenn nicht ständig geheizt wird, feucht und klamm. Deshalb habe ich alles, von Kleidung über Wäsche bis zu Elektrogeräten – wie Föhn oder Radio – und noch vorhandene Toilettenartikel wie Wattestäbchen zum Reinigen der Gehörgänge in Plastiktüten luftdicht verpackt. Nun, beim Einräumen aller meiner Sachen musste ich feststellen, dass die ehrbaren Freunde aber auch alles ausgepackt und benutzt und verbraucht hatten. Musste sich ja lohnen, der Aufenthalt im fremden Haus. Ich war im Nachhinein riesenfroh, dass ich nicht auch Geld schimmelsicher verpackt und verstaut hatte, denn das wäre auch davongelaufen.

Ich rechnete aus, wie viel Geld ich ausgeben müsste, würde ich alle die Dinge, die fehlten, neu kaufen. Ich kam auf die Summe von rund 1.000,– US$ mindestens, was zu der Zeit viel Geld war. So hatte ich – neben dem neuen Fernsehgerät – drei Eimer mit Farbe gekauft. Die Preise hier schnellen derart in die Höhe, dass man in jeweils sechs Monaten mit einer Erhöhung von bis zu 25 % je Artikel rechnen muss. Ich halte meine Häuser nicht nur sauber, ich streiche sie auch regelmäßig innen wie außen. Es handelte sich um einen 20-Liter-Eimer weiße Farbe für innen und außen, einen drei-Liter-Eimer blaue Farbe für Fußböden und Metall und einen drei-Liter-Eimer Holzschutzmittel. Der weiße-Farbe-Eimer war unbeschädigt, aber der Holzschutzmittel-Eimer war nur noch knapp halb voll und der Eimer mit der besonders teuren blauen Farbe war fast leer.

Ich begab mich nun also nach einigen Tagen zum hübschen Haus der Familie 1. Freunde, um darüber zu reden, wer denn nun wann die fehlenden Dinge zurückbringt bzw. neu kauft. Vater 1. Freunde öffnete die Tür, bat mich aber nicht herein. Ich sagte ihm, dass Dinge für rund 1.000,– Dollar fehlen, die ich gerne wiederhaben möchte. Er wollte wissen, um welche Dinge es sich handelt. Na, zum Beispiel das Fernsehgerät, eine große Gasflasche, Wolldecken, Handtücher, zwei Eimer mit Farbe; blauer zum Beispiel. „Siehst du hier blaue Farbe im Haus?", fragte er. „Nein, aber vielleicht im Haus deines Schwagers". Der, der jeden Rest von Farbe gerne haben wollte.

Vater 1. Freunde, jetzt Vater Ex-1. Freunde, wusste nicht, wo die fehlenden Sachen sein könnten, er jedenfalls habe sie nicht.

Ich ging also unverrichteter Dinge zurück. Dabei hatte ich vor meiner Abreise eine Liste geschrieben mit den Personen, die mein Haus während meiner Abwesenheit betreten durften, weil ich befürchtete, dass Boyfriend allen Boyfriends und Girlfriends Eintritt gewähren würde, um alles wie in einem Museum zu bestaunen. Aber, natürlich hatten diese ehrenwerten Leute sich nicht daran gehalten. Wieso denn auch. Die Alemana ist weit weg und sieht nichts, und wenn sie später was bemerken sollte, wird einfach alles abgestritten. Basta, so macht man das im Dorf der Heiligen Anständigen.

Auf dem Weg zurück in mein Haus kam ich am Haus der Tante, der einzigen Frau, mit der sich Mutter Ex- 1. Freunde unterhalten konnte, vorbei. Ich sah den Motorroller der Ex-Freundin und klingelte. Die Tante ließ mich hinein, und sie verließ das Zimmer, als sie merkte, dass es Spannung gab. Die Ex-Freundin war sich auch keiner Schuld bewusst, im Gegenteil, sie beklagte sich, dass der Vorschuss für Strom, den ich vor der Heimreise bezahlt hatte, nicht ausgereicht habe. Na so was. Immerhin kam Boyfriend eines Tages und brachte mir einen neuen Duschvorhang, den Mutter Ex-1. Freunde für den verdorbenen gekauft hatte.

So anständig war sie denn doch. Ich hatte den mit Stockflecken befallenen und nicht zu reinigenden zu der Unterredung mitgenommen, um ihn zu zeigen. Das hatte die Mutter wohl beeindruckt.

Ich ging noch ein weiteres Mal zu ihnen, weil ich alles im Guten erledigen wollte. Es war nicht möglich. Also sagte ich Vater Ex-1. Freunde, wenn ich nicht innerhalb einer Woche alle meine Sachen bei mir im Hause habe, muss ich Anzeige erstatten.

Das glaubten die ja nie. Die Alemana, die doch immer so gutmütig und nachsichtig ist, die will uns anzeigen? Nie. Doch doch, meine Lieben. Wenn ich mit Sicherheit weiß, dass man mich ausnimmt, ist Schluss mit lustig. Dann gibt es aber auch keinen Krümel mehr. Und so war es.

Ich ging zur Polizei und erstattete Anzeige. Gleichzeitig sprach ich mit meiner Anwältin Estela. Sie war – leider muss ich sagen: sie war! Denn sie ist inzwischen verstorben – eine elegante, sehr intelligente Anwältin, die für ihre Klienten, wenn sie an die glaubte, wie eine Löwin kämpfte. Ich war bei ihrer Beerdigung und sah ihr Grab: Ihr schöner Sarg in der staubigen, schmutzigen Erde. Diese tolle Frau, alleine in diesem schrecklichen Grab. Was für ein Ende. In Deutschland können – und sind – Friedhöfe oft ein schöner Ort. Mit vielen Bäumen, parkähnliche Flächen, blumengeschmückte und gepflegte Gräber. Hier: trostlose Grabstätten. Ich bedauere zutiefst diesen Verlust, bis heute.

Zwei Wochen nach meiner Anzeige bekam ich Besuch von der Polizei. Sie brachte mir ein amtliches Papier, dessen Erhalt ich quittieren musste. Richtig lesen konnte ich das Papier nicht, denn es war eine sehr schlechte Kopie. Aber ich erkannte, dass ich am 10. Dezember in dem Nachbarort beim Gericht erscheinen müsse. Der Mann, der mich verklagen wollte, war Boyfriend. Er verlangte, dass ich ihm – für welche Zeit war nicht ersichtlich – sein Gehalt zahlen müsse. Dazu Weihnachtsgeld und Urlaubsgeld. Denn er sei mein Angestellter gewesen. Ja. Davon wusste ich zwar nichts, und ein entsprechendes Papier existierte auch nicht. Aber, wie ich erfuhr, ist es in dem Land nichts Unübliches, dass die Gerichte glauben, was die „Angestellten" erzählen.

„Ich würde lieber 1.000,- US-Dollar an einen Anwalt zahlen als an diesen Lügner", sagte Freund Nr. 2 – nennen wir ihn Ansgar –, den ich auch vom ersten Tag in diesem Dorf an kenne, zu mir. Und dass diese Idee nicht von Boyfriend stamme, sondern von Vater Ex-1.- Freunde. Klar, der wollte ein Druckmittel gegen mich haben, damit ich die Anzeige gegen Mutter Ex-1. Freunde zurücknehme. Meine Anzeige war gegen Mutter Ex-1. Freunde gerichtet, weil ich ihr die Schlüssel und die Verantwortung für die Häuser übergeben hatte.

Es kam der Tag, an dem ich im Dorf der Heiligen Anständigen zur sogenannten Friedensrichterin gehen musste. Meine Anwältin erschien ebenfalls. Mutter Ex-1. Freunde, die auch geladen war, war laut Attest, das Vater Ex-1. Freunde brachte, aus gesundheitlichen Gründen nicht in der Lage zu erscheinen. Dafür hat man sie im Nachbarort gesehen, gar nicht angeschlagen. Lag wohl an der Luftveränderung!

Vater Ex-1. Freunde war sehr aufgebracht ob meiner Anzeige und bemängelte insbesondere, dass ich, anders als im Vorjahr, meine Rückkehr nicht angekündigt hatte, sondern urplötzlich aufgetaucht sei. „Es ist ihr Haus und sie muss sich nicht ankündigen", antwortete ihm meine Anwältin. Sie hatte zum Schluss der Sitzung den gegnerischen Anwalt eindringlich aufgefordert, die Anzeige wegen Nichtbezahlung von Arbeit zurückzunehmen, weil der Vorwurf nicht den Tatsachen entsprach. Allerdings kamen eines Tages ein Polizist und die Friedensrichterin vorgefahren. Der Polizist trug mein Fernsehgerät ins

Haus. Das Gerät, das man sich ausgeliehen hatte und von dem 1. Freund nicht wusste, wo es wohl war.

Beim Termin am 10. Dezember wegen des „Arbeitsverhältnisses" erschien dann auch Boyfriend alias Mentiroso, in Begleitung seiner Liebsten, und beide vermieden es, mich anzusehen. Sie standen nur einen Meter von mir entfernt, und ich betrachtete sie und dachte:

Ihr seid noch so jung und schon so verlogen und kriminell. Was soll aus euch werden, wenn ihr älter seid?

Nach kurzer Zeit kam meine Anwältin zu mir und sagte, dass Mentiroso die Anzeige zurücknehmen würde, wenn ich ebenfalls die Anzeige gegen Mutter Ex- 1. Freunde zurücknähme. Ich sagte meiner Anwältin, dass die Anzeige gegen mich zwar frei erfunden ist, ich aber in Frieden leben will und deshalb zustimme. Allerdings verlangte ich, dass schriftlich festgehalten wird, dass Mentiroso niemals für mich gearbeitet hat.

Wir gingen alle zum Büro meiner Anwältin; die beiden Lügner mussten im Vorzimmer warten. Ich hatte meinen Laptop mitgenommen, um gegebenenfalls die Aufnahmen vom verdreckt vorgefundenen Haus zeigen zu können. Meine Anwältin schrieb den Vergleich, und ich zeigte dem Gegenanwalt einige Fotos. Er ging ins Vorzimmer, um den Lügnern zu berichten, und kam zurück und forderte, dass ich niemandem die Fotos zeigen dürfe. „Zu spät", sagte ich, „ich habe sie schon einigen Leuten gezeigt." Da zuckte er nur mit der Schulter. Aha, dachte ich, niemand im Dorf soll sehen, wie die beiden Verlogenen mit meinem Haus umgegangen sind.

Ich musste meiner Anwältin keinen Peso bezahlen, nur ein paar für die amtlichen Marken. „Bring mir Schokolade mit, wenn du wiederkommst", hatte sie gesagt.

Und das habe ich all die letzten Jahre getan. „Was für leckere Schokolade haben die Deutschen", hatte der Mann meiner Anwältin gesagt, mit dem sie natürlich die Köstlichkeiten geteilt hatte. Sie hatte mir gezeigt, wie sie abends auf dem Sofa vor dem Fernseher sitzt und Akten liest und dann immer nach links zum Beistelltischchen greift, auf dem die Süßigkeiten zum Verzehr bereit stehen. Ich habe ihr aber auch andere Dinge mitgebracht, zum Beispiel eine goldene Brosche in Form eines Salamanders, besetzt mit Diamantsplittern. Die passte sehr gut zu ihren dunklen Jacketts. Oder eine Perlenkette. Sie hat anderen Mandanten oder Freunden gerne diesen Schmuck gezeigt und erzählt, dass sie ihn von mir, ihrer deutschen Mandantin, geschenkt bekommen hat.

Übrigens hat der Anwalt von Familie Ex-1. Freunde diesen für die Vertretung am Gerichtstag sage und schreibe 1.000,– US-Dollar abgeknöpft, wie er meiner Anwältin erzählte. Sehr nett, der Mann.

Die 2. Freunde standen mir, moralisch gesehen, nach dem Desaster mit den ersten Freunden bei. Vater Ansgar, den ich auch schon am 1. Tag meines ersten Besuches im Dorf der Heiligen Anständigen zufällig kennengelernt und mit ihm gesprochen hatte, war mir besonders sympathisch.

Er war ein netter kleiner Mann, und er sprach langsam, sodass ich ihn gut verstehen konnte. Heute weiß ich zwar, was für ein Mensch er in Wirklichkeit ist, aber dennoch ist er mir irgendwie immer noch sympathisch. Die gesamte Familie ließ an Familie 1. Freunde, besonders an Vater Serafin und Mutter Amistad, kein gutes Haar. Dabei weiß ich heute, dass beide Frauen einmal ziemlich eng befreundet gewesen waren und gemeinsam auf den Straßen unterwegs waren. Es muss da ja etwas Schwerwiegendes passiert sein, was zu der Feindschaft zwischen den beiden Frauen geführt hat.

Ansgar erzählte mir nach dem ersten gemeinsamen Essen, an dem Ansgar und Gattin Medusa und Ex-1. Freunde Serafin mit Gattin Amistad – neben anderen – teilgenommen hatten, dass Medusa zuerst nicht hatte mitkommen wollen, um nicht mit Amistad zusammentreffen zu müssen. Aber Ansgar hatte Medusa überreden können, doch mitzukommen. Medusa sieht auf Fotos übrigens immer aus wie eine, die kein Wässerchen trüben kann; eine, die nichts Böses tut, nicht einmal lachen. Und dasitzt wie eine Heilige. Weshalb sie für mich eben „die Heilige Medusa" ist.

Ansgar und seine Familie boten mir wiederholt an, jederzeit zu ihnen kommen zu können, was ich sehr nett fand. Die alte Großmutter nannte mich immer „Sympatica", was auch nett war. Ich nahm deren Angebot an und erschien häufig bei ihnen, immer dann, wenn ich Lust hatte, mit jemandem zu sprechen. Die Freundschaft verfestigte sich, und bald war es normal, dass ich sonntags dort erschien. Samstags wurde ich per SMS eingeladen zum Essen, und sonntags vormittags erhielt ich oft eine weitere mit dem Inhalt: Erwarten dich früher; haben Bohnen, und du kannst den Salat besser zubereiten als wir.

Bei mir hatten sie bei einem Abendessen mit Anne und Mann Schweinebraten mit Rotkohl kennengelernt, und das hatte ihnen geschmeckt. Nun musste ich auch für sie hin und wieder Rotkohl kochen. Frau Medusa erschien mit Tochter, um mir einen großen Kopf Rotkohl zu übergeben, den sie bitteschön morgen Abend gekocht und abgeschmeckt brauchen.

Nett, dachte ich. Wenn ich Ansgars Hilfe, für die ich immer bezahlte, benötige, muss ich ihn oft mehrmals bitten – einige Male bat ich ihn so oft, ohne dass er erschien, sodass ich die gewünschte Arbeit schließlich selber tat. Ich bin nämlich inzwischen durch Zuschauen, Beobachten und Probieren ein nicht schlechter Maurer geworden. Aber bitte, es gibt ja Freunde, die fast alles mit sich machen lassen. Wie ich mit mir!

Die Auswahl an Salaten wurde größer und größer. Gab es früher im Hause der Heiligen Medusa und Mann bis zum Verfallen ohne Salz gekochte Bohnen, so gab es nun Bohnensalat, der nach Bohnen schmeckte. Oder der Rote Beete Salat; und der rohe Rotkohlsalat, was war der begehrt. Medusa bewirtete mitunter auch Bekannte aus Buenos Aires, die oft hier im Dorf der Heiligen Anständigen sind, weil sie hier ein Boot liegen haben. Der eine Sohn – der wie ich die damalige argentinische Präsidentin Cristina zum Kotzen findet – wünschte sich, wenn er eingeladen wurde, immer die Salate der Alemana und besonders den Rotkohlsalat. Den hat er in Mengen verspeist, dass ich immer befürchtete, am nächsten Tag müsste er ja dolle Magenschmerzen haben. Auch die Kräuterbutter – die hier früher auch keiner kannte – wurde löffelweise eingeschoben. Was, frage ich mich heute, sagt man dem argentinischen Liebhaber deutscher Küche, wenn es keine Salate a là Gisela mehr gibt? Dass die nicht mehr kommt, weil man sie belogen, betrogen und bestohlen hat? Nein, die Wahrheit sagt man bestimmt nicht. Aber Medusa wäre nicht die Heilige Medusa, wenn ihr nicht eine Ausrede einfiele. Vielleicht, argentinischer Rohkost-Liebhaber, liest du ja eines Tages diese Zeilen, dann kennst du die ganze Wahrheit.

Einmal, vor Jahren, lagen hier eine Deutsche und ihr Freund mit dessen selbst gebautem Schiff an der Mole. Wir freundeten uns an, wie das so üblich ist, wenn Menschen eines Landes sich in einem weit entfernten fremden Land begegnen. Beide waren sehr nett, besonders Vera. Und man muss nett sein, wenn man andere ausnutzen will. Man kommt ja auch nicht so schnell dahinter, was diese Nettigkeit bedeutet. Außer wenn man des öfteren schlechte Erfahrungen gemacht hat, dann wird man bei so viel Nettigkeit misstrauisch. Und wenn man aus gleichem Holz geschnitzt ist, weiß man auch Bescheid. Ich mit meinem Helfersyndrom kam immer zu spät dahinter. Erst dann, wenn ich die Augen einfach nicht mehr verschließen konnte vor dem Ausgenommenwerden. Viele Male erzählte man mir, wie sehr man mich möge, ja liebe wie ein Familienmitglied. Heute klingeln alle Alarmglocken, wenn mir jemand so etwas sagt. Nun, Vera kam bei jedermann hier gut an. Was für eine tolle Frau. Oh wie nett, oh wie lieb, oh wie müssen wir ihr unsere Dankbarkeit zeigen, dass sie uns mit ihrer Freundlichkeit beschenkt. Und so schenkte ihr der Fischer frische Fische, die sie an der Mole so bewunderte.

Auch Ansgar und Medusa fanden sie so nett, wenn sie hin und wieder ein Bier in deren Spelunke trank. „Kaufst du manchmal was bei Ansgar und Medusa?", fragte Vera mich einmal. „Kauf da bloß nichts. Hast du mal gesehen, WIE schmutzig es da ist?" Ja, natürlich hatte ich den Schmutz und die Jahrhunderte alten Spinnweben in den Ecken und an den Decken gesehen. Ich war ja oft genug bei denen, auch in den Privaträumen. Die Schränke aus Sperrholz waren innen und außen und oben und unten seit dem Aufstellen vor Jahrzehnten mit Sicherheit nie abgestaubt noch abgewaschen worden. Wozu auch, sie stauben ja morgen wieder ein. Das Schlimmste allerdings war das Bad. An einigen Stellen sah man den dunkelroten Fliesen noch an, wie sie einmal ausgesehen haben. Aber dort, wo jahrelang das Duschwasser hingespritzt und abgeflossen war, befand sich eine dicke Wassersteinschicht. Dass man ein Bad nicht nur zum Duschen und sich Waschen benutzt, sondern dass das auch mal selbst gereinigt werden will, auf diese absurde Idee kommt keiner in der Familie der Heiligen Medusa. Und das Waschbecken ... Aber, bitte, was tut man, wenn man die Toilette benutzen MUSS ... Nur nicht dran kleben bleiben ... Und immer denken: „Nein, nein, ich ekele mich nicht ...".

Zum Essen saß die Oma immer neben mir; ich an einer Stirnseite des Tisches, und sie links von mir. Neben meinem Teller, etwa 10 Zentimeter entfernt, stand ihr orangefarbenes Plastikschüsselchen, in das sie immer ihren Auswurf spuckte! Heimlich schob ich immer die Schüssel ein paar Zentimeter weiter zu ihr hin und hoffte, niemand würde es sehen. Und immer betete ich still die viel gebrauchten Worte: „Nein, nein, ich ekele mich nicht ...".

Normalerweise bekam ich früher immer Grieben, wenn ich mich ekelte. Aber, wie ich schon sagte, beten hilft – manchmal. Und Einbildung! Ich bildete mir ein, mich nicht zu ekeln. Und siehe da, es half. Ich bekomme nur noch sehr selten Grieben. Das orangefarbene Schüsselchen, das mit Sicherheit viel benutzt, aber nie nie nie ausgewaschen wurde, wird jetzt anderweitig verwendet: die Oma ist tot und benötigt es nicht mehr. Vielleicht kommt da ja jetzt der Obstsalat rein ... oder die Kräuterbutter. Die konnte ich sowieso nie essen, nachdem andere mit ihrem abgeleckten Messer oder Teelöffel erneut und erneut in die Butter stachen. Schon mal was von Esskultur gehört? Ne, keine Ahnung. Was ist das?

Jürgen, der leider viel zu früh verstorben ist, sagte einmal: „Kultur gibt es hier nicht, jedenfalls nicht in den Dörfern". Vera fand den Dreckstall auch abstoßend, was sie aber auch nicht hinderte, eine Einladung zum Essen anzunehmen. Und sie hatte das Glück, bei Tisch nicht das orangefarbene Auswurf-Aufbewahrungsgefäß neben sich stehen zu haben.

Es gab an dem Tag auch keine Kräuterbutter, in die ein gewisser Dicker mit blauen Beinen, großem Kopf, hervorquellenden Augen, gewaltigem Leibesumfang und schwülstigen Lippen seinen Löffel stach, um die daran klebende Butter abzulecken, um das Ganze dann wieder und wieder zu wiederholen. Er hätte sich eigentlich wegen seines hohen Cholesterin-Spiegels Butter verkneifen müssen, aber sie schmeckte ihm zu gut. Vera, nehme ich an, hätte sich dann jedenfalls nach dem Abschmecken durch Senor aus der Großstadt auch die leckere Butter verkniffen.

Senor aus der Großstadt sah so aus, dass man ihm am liebsten nicht zu nahe kam. Da aber Küsschen hier und Küsschen zum Abschied Pflicht und nicht Kür sind, muss man mitunter da durch. Und so konnte ich feststellen, dass der Senor ein ganz Zarter zu sein scheint. Manchmal täuschen eben die Äußerlichkeiten, wie ich im Leben wiederholt feststellen musste. Senor aus der Großstadt war bei Ansgar und Medusa sehr hoch angesehen. Er hatte ihnen nämlich, als es ihnen finanziell sehr schlecht oder jedenfalls nicht zu gut ging, eine beträchtliche Menge Dollars geliehen, ohne Zinsen zu nehmen.

Und das vergaßen sie ihm nicht. Ist ja ein guter Charakterzug, nicht zu vergessen, wer einem mal Gutes getan hatte. Aber bei mir klappte das dann später nicht.

Ich hatte nun also neue Freunde. Und ich vertraute ihnen. Wussten sie doch sehr gut, was ich von den „alten" Freunden hielt, von Menschen wie denen. Von Menschen, die andere nur ausnutzen, die intrigant und verlogen sind, keine Skrupel haben und keine Moral und kein Gewissen. Menschen, die andere ausbeuten, nur um selbst ein paar Pesos mehr in der Tasche zu haben. Menschen, die unentwegt andere anzeigen, weil sie glauben, dass durch deren Tätigkeit ihnen selbst ein paar Pesos entgehen. Wen haben die Ex.- 1. Freunde nicht alles angezeigt: Die kleinen Ladeninhaber, die Fleisch verkaufen, das sie, die Ex -1. Freunde, mit ihren Fahrzeugen auch noch gegen Gebühr angeliefert haben. Die Autobesitzer, die andere Personen gegen Entgelt befördert haben, ohne dafür Steuern zu bezahlen, und die das Geld kassiert haben, das den Ex-1. Freunden dadurch entgangen ist. „Ich muss Steuern bezahlen, und die nicht", sagte Vater Ex - 1. Freunde mir einmal. Sie selbst haben Menschen mit ihrem Auto befördert, und ich bin sicher, sie haben nicht immer alle Steuern bezahlt auf die Einnahmen. Sie haben ein Geschäft eröffnet, in dem sie Fleisch verkaufen, das auch nicht mit den entsprechend ausgerüsteten Fahrzeugen angeliefert wird. Wie man hört, sollen sie sogar das Fleisch von auf der Weide verendeten Tieren, die heimlich auf einen Hof gebracht und dort ausgeweidet worden sein sollen, ohne dass ein Veterinär sich das verendete Tier angesehen haben soll, in ihrem Laden verkauft haben.

Einmal hatte ich Besucher, die in dem Laden Fleisch gekauft hatten und nach dem Verzehr dieses Fleisches

Magen-Darm-Beschwerden hatten. Ich hatte auch von dem Fleisch gegessen und entsprechende Beschwerden, die ich mir nicht erklären konnte. Erst später, als man mir erzählte, dass das Fleisch kranker und verendeter Tiere von besagten Freunden verkauft worden sein soll, hatte ich die Erklärung. Ich bin daraufhin bei der zuständigen Stelle vorstellig geworden, um das unglaubliche Geschehen anzuzeigen. Ich habe die gesundheitlichen Beschwerden überstanden, aber was, wenn ein kleines Kind oder eine gesundheitlich geschwächte und anfällige Person dieses Fleisch isst? Was aus meiner Anzeige geworden ist, weiß ich nicht, weil ich kurz darauf ausgereist bin. Wahrscheinlich ist nichts geschehen. Vielleicht ist es normal in diesem Land, dass Tiere verenden und man trotzdem unbesehen deren Fleisch isst.

Die Mutter dieses tollen 1. Freundes wurde krank, sie hatte Demenz. Eine Frau kümmerte sich sieben Tage die Woche mal 12 Stunden am Tag für sehr wenig Geld um sie. Ihre Bitte um „Gehaltserhöhung" wurde von Freund Serafin abgelehnt. Und selbstverständlich durfte die Pflegerin weder von dem Essen der Mutter etwas abhaben noch von den Getränken. Die Mutter hat mindestens einmal ihre Pflegerin angegriffen und gebissen. Diese Attacken der kranken Mutter waren im Preis inbegriffen. Und die Mutter hatte kräftig zugebissen.

Später zog die Pflegerin vor Gericht, und es erfolgte, nach Aussagen von Barbara, folgendes Urteil: Serafin musste der Pflegerin 100.000,- Pesos in fünf Raten à 20.000,- Pesos nachzahlen. Oh wie muss ihn das geschmerzt haben. 100.000,- Pesos, das waren rund 5.000,- US$, eine Menge Geld für hiesige Verhältnisse.

Dies alles war auch Ansgar und Medusa bekannt, natürlich. Sie kannten meine Kommentare und Ansichten hinsichtlich dieser Geschehnisse, und wie angeekelt ich war von dem Verhalten dieser Menschen, die doch angeblich meine Freunde waren. Auch sie fanden die Vorgehensweise und Handlungsweise der 1. Freunde nicht in Ordnung. Aber das hinderte sie schließlich nicht daran, selbst ähnlich vorzugehen. Man lernt ja auch von anderen, manchmal! Ich bin allerdings überzeugt, dass Ansgar und Medusa anfangs nicht so geldgierig und skrupellos waren, wie sie sich am Ende unserer Freundschaft und besonders danach herausstellten. Danach sind sie, wie jeder im Dorf erzählt, in unglaublich krimineller, zumindest hinterhältiger Weise vorgegangen, um sich Geld und Eigentum anderer Menschen anzueignen. Haben sie bei mir nur „Kleinigkeiten" mitgenommen, wie PVC-Rohre für Regenwasserabläufe, die für die Häuser anderer Hausbesitzer benötigt wurden und die diese Leute dann bezahlten, während mir kein Ersatz gebracht wurde, sodass ich mir erneut die weggebrachten Regenwasserrohre kaufen musste. Bettdecken, Eimer, Handtücher, Töpfe, Besteckteile, und „ausgeborgt" (wie die 1. Freunde!) ein Fernsehgerät. Man hatte sie wohl beim Abtransport des Gerätes beobachtet, so war es besser, sich eine Ausrede einfallen zu lassen und es zuzugeben, bevor ich von anderer Seite davon Kenntnis erhielt.

Handtücher und Decken, Mülleimer und Töpfe, verschiedene Dinge musste ich im Hause von Ansgar und Medusa suchen lassen, weil sie bei mir fehlten. Eine Decke allerdings blieb verschollen bis heute. Eine andere, weniger hübsche, wurde gesucht und gesucht, aber nicht gefunden. Die hat wohl ein raffgieriger Tourist mitgenommen. Ach so, ja. Komisch nur, dass ausgerechnet diese weniger tolle Decke im folgenden Jahr dann plötzlich wieder an ihrem alten Ort lag. Der Tourist war wohl unzufrieden gewesen mit dem Beutestück und hatte es, ganz ehrlicher Mensch, zurückgebracht. Andere Teile fehlen bis heute; einiges fiel mir erst viel später auf, zufällig sozusagen. Und ich kann mir beim besten Willen nicht vorstellen, dass Touristen diese Dinge haben mitgehen lassen. Zum Beispiel ein kleiner Topf, den ich kaufte, als sich Gäste mit Baby angemeldet hatten und ich keinen kleinen Topf zum Milcherwärmen hatte. Diesen Topf hatten dann die Gäste fallenlassen, sodass der Griff abfiel. Und ausgerechnet diesen Topf haben dann später andere Gäste mitgenommen? Wenn man allerdings die Pötte im Hause der Heiligen Medusa kennt, kann man sich vorstellen, dass der Grifflose dort zu den besseren gehört. Sie hat welche, die sehen aus, als hätten mehrere Mannschaften damit Fußball gespielt.

Wie bei den 1. Freunden brachte ich häufig, nicht nur zur Rückkehr ins Dorf, kleine Geschenke mit. Als Nachtisch gab es bei Medusa oft Kuchen oder Torte. Dieses Gebäck wurde am Tisch verteilt, und zwar nicht auf Teller oder Kompottschüsseln, nein, das Tortenstück wurde auf eine Art Serviette aus hartem Pergamentpapier, 10 mal 10 Zentimeter groß, gelegt. Dann aß man es mit einem Löffelchen aus der Hand. Das war auch dann der Fall, wenn „akademische" Gäste, wie die Argentinier oder Anne und ihr Mann, zum Essen eingeladen waren. Offensichtlich dachte man sich überhaupt nichts dabei, den Gästen derart zu servieren. So wird bei vielen Menschen die Torte gegessen. Ja, wenn man es auch nicht anders kennt ...Ich brachte also für jedes Familienmitglied eine Glasschale mit, je nachdem für Torte oder Eis oder Obstsalat zu gebrauchen. Auch für den kleinen runden Eisentisch, der bei Bedarf an den großen Esstisch gestellt wurde, gab es hübsche Tischdecken, die von den anderen Gästen bewundert wurden.

Medusa und Mann haben etliche Male bei mir gegessen, und dann war der Tisch immer gedeckt wie in einem normalen Haushalt in Deutschland, wenn es dort ein Abendessen gibt. Mit Tischdecke und Servietten, mit ordentlichem Geschirr und Gläsern statt zusammengesuchten Tellern und Gläsern, angeschlagen oder aus Plastik. Und das Brot, zum Beispiel wenn es Fondue gab oder Asado – Gegrilltes –, befand sich bei mir in einem Brotkorb.

Medusa und Familie hatten viele Hunde, von denen regelmäßig drei bis vier sich ständig im Wohnhaus aufhielten. Als Schlafplatz wurde manchmal der Tisch gewählt, und wenn Hund dort nicht schlief, dann lief er über den Tisch. Auf diese Tischplatte wurden dann die Brotscheiben geworfen. Und weil mir das nicht gefiel, verschenkte ich in einem Jahr die mitgebrachten Süßigkeiten dargeboten in einem Brotkorb. Dieser Brotkorb verschwand in einem Schrank. Wieso auch die Handbewegung „Brotkorb herausholen" machen, wenn man das Brot auch von der nach Hund riechenden Tischplatte nehmen kann. Wenn ich sonntags dort war und den Tisch deckte – nach dem Abwischen! –, nahm ich immer den Korb aus dem Schrank. Da ich inzwischen seit langer Zeit nicht mehr in dem Haus war, ist er wohl inzwischen vollgestaubt; oder verschenkt.

Auch die feinen Decken, die ich für den kleinen runden Tisch mitgebracht hatte, sind im Apartment der

Tochter untergekommen. Ich habe mich hundertmal gefragt, ob man auf der Uni als angehende Akademikerin wohl auch mal etwas zum Thema Hygiene lernt? Wohl kaum, wie es scheint. Dabei wurde sogar in dem absoluten Käseblatt, das es hier gibt und das sich Zeitung nennt – die ich mangels anderer Presseartikel abonniert hatte –, wiederholt auf das Thema Sauberkeit hingewiesen. Dass man sich zum Beispiel die Hände waschen soll, wenn man Tiere angefasst hatte. Ziemlich häufig wurde das Thema Händewaschen hier behandelt. Und es wurde sogar der „Welt-Händewaschtag" erwähnt. Da sage noch einer, man weiß hier im Land nichts von Sauberkeit ...

Anne und ihr Mann waren ebenfalls in dem Spelunkenhaus zum Essen eingeladen, und Anne hatte ein hübsches Gastgeschenk mitgebracht. Sehr hübsch gemacht, ich habe auch ein solches Geschenk bekommen und benutze es noch heute. Anne vermisste im Spelunkenhaus bei ihrem nächsten Besuch dort ihr Geschenk, und ich sagte ihr, dass das mit hoher Wahrscheinlichkeit im Apartment der Tochter gelandet ist. Im Spelunkenhaus weiß man mit solchen Dekorationsgegenständen nichts anzufangen.

Nachdem ich mich mit Anne angefreundet hatte, lud ich sie zusammen mit Ansgar und Medusa einmal im Jahr zum Essen ein. Anfangs gab es typisch deutsches Essen wie Schweinebraten mit Rotkohl oder Rouladen. Annes Mann wünschte sich deutsches Essen und nicht das hier übliche, weil er nämlich wissbegierig ist. Er hat französische Vorfahren, und so machte ich in einem anderen Jahr ein Fleischfondue. Dazu gab es selbst gemachte Soßen, deren Zutaten ich zum Teil aus Deutschland mitgebracht hatte, weil es diese Dinge hier nicht oder nicht so gut gibt. Zum Beispiel sucht man hier vergebens Preiselbeeren, aus denen man eine sehr leckere Soße machen kann. Die wurde die Lieblingssoße von Annes Mann.

Nach dem Fondue-Essen – mit Tiramisu als Nachtisch, serviert in Kompottgläsern – wurde mir von allen gesagt, dass sie im nächsten Jahr auch wieder ein Fondue essen möchten und kein sonstiges typisch deutsches Gericht. Euer Wunsch ist mir Befehl, meine lieben Freunde. Ansgar meinte einmal, ihm würde es auch genügen, wenn er die Soßen ohne Fleisch essen könnte, weil sie so gut schmecken. Fondue-Soßen ohne Fleisch ... Nein, kommt nicht in Frage, nicht bei mir.

Ansgar sagte auch einmal, ihm mache es nichts aus, in einem schmutzigen Haus zu wohnen. Oh, dachte ich, wie ist das möglich. Denn er ist sehr genau mit dem, was er herstellt. Egal, ist es eine Hausmauer, etwas aus Holz, etwas aus Eisen. Alles muss genau stimmen. Aber Sauberkeit im Haus kann fehlen? Ich dachte mir, vielleicht hat er am Anfang seiner Ehe auf Sauberkeit aufmerksam gemacht, und da sie sich nicht einstellte oder er selbst nach seiner harten Arbeit hätte für Sauberkeit sorgen müssen, gab er die Hoffnung auf und gewöhnte sich an Staub und Schmutz. Ich hatte ihm geantwortet, dass ich aber nicht im Müll leben möchte.

Ansgar und Medusa hatten mir nach dem Bruch der 1. Freundschaft geraten, eine Alarmanlage einbauen zu lassen, was auch geschah. Sie hatten sich auch bereit erklärt, sich um meine Häuser zu kümmern und diese auch zu vermieten. Ansgar hatte nach dem ersten Jahr gesagt, dass er und die Tochter meine Häuser saubermachen, und wenn die Tochter nicht zu Hause ist, macht er die Reinigungsarbeiten. Nur die Bäder würde Frau Medusa reinigen, weil die das besser könne. Ich habe bis heute meine Zweifel an dieser Aussage, wenn ich nur an deren heimisches Bad denke – wie zuvor beschrieben.

Es gibt bei ihnen noch eine weitere Toilette, für die Gäste, die dort ihr Bier trinken. Hier gibt es viele Orte, an denen man etwas trinken kann. Diese Toilette jedoch soll – ich habe mir eine persönliche Inaugenscheinnahme verkniffen – nur mit Stiefeln zu betreten sein, und es soll bis weit auf die Straße hin stinken. Zumindest im Sommer. Das erinnert mich an Indien: Für die Herren der Schöpfung gibt es da an einer Seite offene „Pinkelbuden". Und oft strömt diese, durch die Benutzung hunderter männlicher Pinkelnder verursachte, Brühe dann über die Straßen. In der indischen Hitze entsteht dann ein ziemlicher „Duft", an dem man nicht schnell genug vorbei kommt, sodass man unweigerlich eine Prise Duft einatmen muss. Oder, wenn man den Ort kennt, hält man ein paar Sekunden lang den Atem an und eilt vorüber.

Nach dem ersten Halbjahr, in dem sich die Freunde um meine Häuser inklusive Vermietung gekümmert hatten, gab Medusa mir alles Geld, das sie durch die Vermietung meiner Häuser eingenommen hatte. Abzüglich der Dinge, die sie gekauft hatten; zum Beispiel zwei Bäume oder eine Flasche Gas. Einblick in ihre Buchführung habe ich nicht genommen: ich vertraute den beiden. In Gesprächen hatte Medusa oft gesagt: ich bin reich; ich habe deine Freundschaft, ich habe dein Vertrauen. Ja.

Es gab Gerüchte, schon im ersten Jahr. Da fragte zum Beispiel der Onkel von Barbara, ob ich sicher sei, dass Medusa richtig abgerechnet hat. „Und wenn sie eine oder zwei Übernachtungen nicht abgerechnet hat, ist das auch egal", antwortete ich ihm. Ich war im Großen und Ganzen zufrieden damit, wie Medusa und Ansgar mit meinen Häusern umgingen. Sie wohnen in der Nähe, sind schnell am Ort, wenn es sein muss, und Ansgar konnte im Notfall kleine Reparaturen durchführen. Auch mit der Alarmanlage kannte er sich aus. Und ich hatte 100 % Vertrauen. Dann wurde das Verhältnis zu Barbara enger. Ich lud sie, nachdem sie einmal bei meinem Einkauf von Fleisch, Wein, Bier und anderen Dingen für das obligatorische Grillfest bei mir eine entsprechende Bemerkung gemacht hatte, und ihren Mann gemeinsam mit anderen Gästen ein, wiederholt. Ich lud beide ins Restaurant ein. Wiederholt. Als die Ehe der beiden in die Brüche ging, lud ich Barbara und eine Freundin von ihr zum Essen ins Restaurant ein, und ihre jüngste Tochter gesellte sich uneingeladen dazu. Und natürlich bezahlte ich auch für sie.

Es wurde berichtet, dass Medusa gestohlen haben soll; in einem großen Kaufhaus im Nachbarort. Und ein Polizist, der genau von dem Diebstahl wusste, wurde auch erwähnt. Und dass eine Verwandte, ebenfalls Polizeibeamtin, zu der Diebstahlsanzeige gerufen wurde, die dann dafür sorgte, dass Medusa einen beträchtlichen Betrag an das Unternehmen zahlte und somit einer Anzeige entging. Es muss sich tatsächlich so zugetragen haben, denn ein anderer Polizeibeamter bestätigte in meiner Gegenwart später, dass die Diebin Kleidung und Kosmetik gestohlen haben soll. Und die Tochter von Nachbarn hatte zu der Zeit als Verkäuferin in dem Kaufhaus gearbeitet und ebenfalls alles mitbekommen.

Langsam trug die Saat Früchte. Zumal Barbaras Onkel berichtete, dass ein inzwischen verstorbener bester Freund von Medusas Vater, der sich gerne im Dorf aufhielt, während einer starken Erkrankung nicht im Winter in einem Zelt verweilen konnte und so in einem meiner Häuser untergekommen war, und zwar für eine längere Zeit. Medusa hatte ihn in einem meiner Häuser untergebracht, nicht etwa in einem der ihren.

Da inzwischen Zweifel an der Redlichkeit und Ehrlichkeit von Medusa und Mann geweckt worden waren, wurde ich misstrauischer. In den ersten Jahren gab Medusa mir das gesamte Geld, das sie durch die Vermietung der Häuser eingenommen hatte. Die Hälfte davon gab ich ihr zurück; meistens erhielt die Tochter das Geld, weil sie oft die Häuser gereinigt hatte. Das war sozusagen die Vergütung für das Vermieten der Häuser etc. Nach zwei Jahren war Medusa dazu übergegangen, sofort eine Hälfte für sich zu behalten, und den Rest gab sie mir. Ich war zufrieden.

Dann, im fünften Jahr der Freundschaft, behaftet inzwischen mit Zweifeln, gab Medusa mir den höchsten Betrag, den sie je erwirtschaftet hatte. Aber ich wusste bereits, dass Vaters Freund im Vorjahr lange in einem meiner Häuser gewohnt hatte. Und ich stellte fest, dass er, wenn er lange bei mir ansässig gewesen war, der Betrag, den Medusa mir im Vorjahr gegeben hatte, zu niedrig gewesen sein muss. Und ich wollte wissen, wie viel – oder wenig – sie von Vaters Freund kassiert hatte. Ich vermutete, dass sie dem Freund ihres lieben Papas ein ganzes möbliertes Haus inclusive Strom, Wasser, Gas, Kabelfernsehen gratis überlassen hatte. Und besagter Vaterfreund war nicht der Mann, dem ich eines meiner Häuser gratis überlassen hätte. Also bat ich Medusa, mir das Heft mit den Eintragungen der Vermietungen zu übergeben. Sie riss daraufhin eine Seite aus dem Heft und gab sie mir. Zu Hause sah ich mir die Seite an. Es war nicht die Seite mit den Aufzeichnungen des Vorjahres, sondern die Eintragungen des aktuellen Jahres. Ich rechnete nach. Einige Mieter hatten Vorzugspreise erhalten, wie ich ersehen konnte. Und beim Zusammenrechnen stellte ich fest, dass einige Tausend Pesos fehlten.

Dann kam, etwa zwei oder drei Wochen später, der Tag des Geburtstags der Tochter. Nachdem ich mein Geschenk übergeben hatte, fragte ich, etwas später, Medusa nochmals nach den Eintragungen vom Vorjahr. Sie gab sie mir nicht. Und als ich fragte, was sie denn von dem fehlenden Geld gekauft hatten, war der Teufel los. Ansgar hatte schon an der Atmosphäre bemerkt, dass etwas im Argen war. Also lauerte er in der Küche und um die Küche herum. Und nach meiner Frage tauchte er blitzschnell im Wohnzimmer auf und fragte: „Willst du sagen, wir hätten dich bestohlen?". „Nein, ich frage nur, was ihr von dem fehlenden Geld gekauft habt". „Du glaubst an die Lügen von Barbara", bemerkte Medusa. „Welche Lügen?" Keine Antwort. Erneute Frage: „Welche Lügen?" Wieder keine Antwort. Nun mischte auch die Tochter mit. Drei Personen schrien gleichzeitig auf mich ein. Mehrere Male hatte ich mich erhoben und wollte gehen, immer setzte ich mich wieder. Aber die Stimmung war schlecht.

Medusa ging in die Küche und die Tochter kam mit dem fehlenden Geld zurück, das sie mir geben wollte. Ansgar wollte das überhaupt nicht und versuchte, das Geld zu greifen. Tochter hielt den Arm zur Seite, sodass er nicht an das Geld in ihrer Hand herankam, und schließlich steckte sie es in meine Tasche. Da hineinzugreifen, wagte Ansgar denn doch nicht.

Das Geschrei dauerte lange an, und Medusa kam und zeigte mir ein großes Bündel Dollarscheine in ihrer Hand und sagte: „Ich habe genug Geld, ich brauche das Geld von anderen Leuten nicht".

Da gingen alle Pferde mit mir durch und ich antwortete: „Und warum hast du dann im Geschäft von LAM-LAM gestohlen"? „Lüge", schrie Ansgar, Medusa blieb still. „Mama hat Chacra", schrie die Tochter. „Es gibt Leute, die sind schon Millionäre und stehlen trotzdem noch", war meine Antwort.

Ansgar hatte nun meine Hausschlüssel zusammengesammelt und mir übergeben, und das war das Ende der Freundschaft Nummer 2.

Die Freundschaft zu Barbara im Dorf der Heiligen Anständigen wurde besonders intensiv, nachdem die enge Beziehung zu Ansgar und Medusa beendet war. Angefangen hatte sie eigentlich schon von der ersten Woche im Dorf an.

Nachdem ich mir das Grundstück in Punta de los Santos Honorables gekauft und den notariellen Vertrag in Händen hatte, fuhr ich in dieses Dorf und suchte mir eine Unterkunft. Sie war nicht besonders nett, aber preiswert. Und damals gab es auch noch nicht diese Anzahl von Übernachtungsmöglichkeiten, wie es sie heute gibt.

Es war ein alleinstehendes kleines Haus, bestehend aus einem Zimmer mit einem Doppelbett und zwei Einzelbetten und einer Kommode. Nebenan gab es so etwas wie ein Bad. Eine Nasszelle, kann man sagen. Ein winziges Waschbecken mit einem noch winzigeren Spiegelchen darüber, ein Toilettenbecken, einen Eimer mit Schrubber und Feudel, und ein ca. 15 mal 8 Zentimeter großes bzw. kleines elektrisches Ding, durch das das Duschwasser lief. Ein „Durchlauferhitzer" sozusagen. Das Wasser, das durch diesen Erhitzer lief, floss in Tröpfchen. Ich weiß noch heute, wie ich welche Verrenkungen machen musste, damit die Tröpfchen den eingeseiften Rücken etc. abspülen konnten.

Die Küche befand sich außerhalb des Hauses. Es war ein an der Vorderseite offener Raum, in dem ein kleiner einflammiger Gaskocher stand, ein Gartentisch mit Stühlen, eine Art Hocker, auf dem das wenige Geschirr abgestellt war, und – jedenfalls bei Regenwetter – jede Menge Regenwürmer, die über den Boden und den Tisch und das Geschirr krochen. Sehr lecker. Einen Kühlschrank gab es nicht, ein Fernsehgerät auch nicht. Dafür wollte die Eigentümerin, als die kleine Gasflasche nach dem Erwärmen von Wasser für einige Tassen Kaffee leer war, eine neue Gasflasche von mir bezahlt bekommen. Das lehnte ich nun aber entschieden ab. Worauf die Schwiegertochter, die heute dort die Chefin ist, eine neue besorgte und sie mir großzügig überließ. Ich wohnte drei Wochen lang in dem Haus, in dem es natürlich auch keine Heizung etc. gab, und das muss für die Besitzerin die bis dahin größte Einnahme aus Vermietung gewesen sein. Am ersten Tag setzte ich mich auf den Rand des Doppelbettes und wäre fast zu Boden geschleudert worden. Denn auf dem Rost lag eine schmale Matratze und auf der eine breitere, sodass man, warf man sich nicht gleich in die Mitte des Bettes, abrutschte. Oder wie soll ich sagen? Ich frage mich, was passierte wohl mit Paaren, die sich in diesem Bett paarten? Bruchlandungen, vermute ich, oder abrupte Beendigungen der notwendigen Bewegungen. Dabei sollte man sich doch, allein schon wegen der doppelten Matratzen, wie eine Prinzessin auf der Erbse gefühlt haben.

Ich hatte mich nach einem Geschäft erkundigt, in dem ich meine Lebensmittel kaufen konnte. Und so landete ich bei Barbara. Sie war sehr nett, ihr Mann auch. Na klar, damals war alles noch viel preiswerter, ich hatte noch nicht mein ganzes Erspartes in meine Häuser gesteckt und kaufte großzügig ein. Ich war eine sehr gute Kundin, sagte mir Barbaras Mann Geo einmal. Und zu sehr guten Kunden ist man freundlich.

Ich brachte jedes Jahr, wenn ich zurückkam ins Dorf der heiligen Anständigen, auch ihnen ein kleines Geschenk mit. Meistens heimste Barbara es sich ein, obwohl auch Geo es hätte benutzen können. Das fiel mir zwar damals schon auf, aber ich dachte nicht weiter darüber nach. Auch hatte ich mir angewöhnt, jedes Jahr im Dezember ein Asado, also ein kleines Grillfest, zu veranstalten. Die dazu notwendigen Dinge kaufte ich bei Barbara. Fleisch, Kartoffeln, Gemüse, Wein, Bier, Nachtisch etc. Sie machte Bemerkungen darüber, und ich sagte ihr, beim nächsten Grillfest lade ich sie und ihren Mann auch ein.

Gesagt, getan, Wort gehalten. Im Jahr darauf wurden beide eingeladen, und sie kamen auch sehr gerne. Wie Barbara mir erzählte, waren meine Einladungen die einzigen, die Geo je angenommen hatte, mit Ausnahme der Einladungen von Familienmitgliedern.

Nach einiger Zeit hörte Geo auf, im Laden von Barbara mitzuarbeiten. Man wunderte sich darüber, ich auch. Die Ehe funktionierte nicht mehr so richtig, vermutete man. Dann kam das endgültige Aus. Barbara kaufte sich ein altes Haus, das sie instand setzen ließ. Alles wurde sehr schön, sie sparte an nichts. Schöne Möbel ließ sie sich anfertigen von einem talentierten Möbeltischler. Ein kleiner ehemaliger Schuppen wurde ebenfalls um- und ausgebaut, und das sollte das Zimmer für den Sohn werden.

Barbara berichtete von Mobbing, das ihr Mann betrieb. Sie hatte ihr Geschäft im gemeinsamen Haus geführt, das ihr und Geo gehörte. Nachdem sie aus dem Haus ausgezogen war, kam sie nur noch zum Arbeiten ins Geschäft. Die Toilette befand sich in den Wohnräumen, und Geo hatte die Tür zum Geschäft von seiner Wohnseite aus abgeschlossen. Deshalb konnte Barbara nicht ungehindert zum Bad gelangen. Wie sie erzählte, klopfte und bat und bettelte sie, damit Geo ihr die Tür öffnet. Auch soll es unmöglich gewesen sein, mit ihm vernünftig zu reden, weil er immer sofort anfing zu schreien.

Das klang alles sehr logisch und nachvollziehbar. Aber heute habe ich meine Zweifel, dass wirklich alles genau so geschehen ist, wie sie es beschrieb. Mit Geo habe ich ja nie gesprochen, also nie die andere Seite gehört. Und nachdem ich weiß, wie Barbara vorgeht und sich verhalten kann, sehe ich alles mit anderen Augen.

Barbara hatte, weil Geo sich pensionieren lassen wollte, ihr Geschäft aufgegeben. Sie wollte sich nicht den ganzen Tag mit ihm unter einem Dach aufhalten, sagte sie. Aber dann hatte sie eine andere Idee. Ihre Mutter war bei fremden Leuten untergebracht, obwohl sie über ein Haus im Dorf verfügte. Diese Leute kassierten für die Aufnahme und Pflege der Mutter deren ganze Rente, wie sie erzählte. Deshalb wollte sie ihre Mutter zu sich nehmen.

Ich verstand das nicht, denn ich wusste aus ihren Erzählungen, dass ihre Mutter sie allein gelassen hatte, als sie sage und schreibe ganze drei Tage alt war. Barbara soll von ihren Großeltern aufgezogen worden sein.

Ich fragte sie, warum sie die Mutter aufnimmt, die sie, Barbara, so hilflos im Stich gelassen hatte. Die Mutter hatte noch andere Kinder, die sie großgezogen hatte. Die könnten sich um die alte Mutter kümmern. Aber Barbara sagte mir, sie sehe es als ihre Pflicht an, die Mutter aufzunehmen und zu pflegen. Ich empfand Barbaras Denk- und Handlungsweise damals als sehr nobel. In Wahrheit war wohl etwas anderes der Grund.

Für die Mutter ließ sie im Zimmer des separaten kleinen Hauses, das eigentlich für den Sohn gedacht war, eine Toilette mit Dusche einbauen, abgeschirmt vom übrigen kleinen Raum durch einen Vorhang. In diesen Raum zog die Mutter. Barbara brachte ihr morgens das Frühstück und fragte die Mutter, ob sie etwas benötige. Dann blieb die Mutter in ihrem Zimmer allein zurück. In ihrem Haus wollte Barbara die alte Frau nicht haben – außer wenn Gäste kamen, wie zu Barbaras Geburtstag. Dann durfte die Mutter sich dazu setzen.

Allerdings nahm Barbara die gesamte Rente der Mutter an sich, so wie das vorher die anderen Leute getan haben sollen, bei denen die Mutter wohnte. Damals hatte Barbara das Vorgehen der anderen kritisiert, nun tat sie genau das gleiche. Sie hatte ja nun kein Einkommen mehr, da reichte Mutters Rente gut für die monatlichen Ausgaben wie Strom, Wasser, TV-Kabel, Telefon etc.

Wenn es mit den richtigen Worten vorgebracht wird, klingt auch alles sehr logisch und verständlich. Auch dass sie Geo den alten Pick-up gelassen hatte, der eigentlich ihr gehörte, und mit dem er Geld verdiente, verstand ich nicht. Wenn ich sie fragte, weshalb sie das Auto nicht selber nutzt, meinte sie immer, das ist alt und tut es nicht mehr lange.

Geo, inzwischen pensioniert, belud den Pick-up immer mit Waren, die er dann verkaufte. Von dem Geld, das er dadurch verdiente, hätte er einen bestimmten Teil als Unterhalt an die minderjährige Tochter zahlen müssen. Auch dieses Geld forderte Barbara nicht ein. Für mich nicht nachvollziehbar, zumal Barbara ja kein eigenes Einkommen mehr hatte und ihr Erspartes durch den großzügigen Um- und Ausbau ihres Hauses fast verbraucht war.

Man konnte fast den Eindruck gewinnen, dass es sich bei Barbara um eine Heilige handelt. Passend zum Namen des Dorfes, in dem sie lebt. Wie kann man derart nachsichtig sein, wenn der andere Ehepartner alles andere als liebenswürdig ist.

Anfangs sagte sie noch, dass die drei Kinder auch den Vater lieben und den Kontakt zu ihm halten wollen. Das änderte sich aber rasch. Was genau alles geschehen ist, weiß ich nicht, denn alles hat mir meine liebe Freundin nicht erzählt. Jedenfalls wandten sich die Kinder vom Vater ab. Er soll sie nicht und sie ihn nicht einmal mehr gegrüßt haben.

Nun kam bald wieder mein Helfersyndrom zum Einsatz.

Barbara hatte keine Arbeit, konnte auch im Ort keine finden, zumal sie sich um die alte kranke Mutter kümmern musste. Geld hatte sie – angeblich – auch keines mehr. Und die älteste Tochter in Nachbardorf, die mit ihrem Freund zusammenlebte, konnte auch keine Arbeitsstelle lange behalten. Mal machte sie dies, mal das. Immer waren es die anderen, die ihr die Arbeit vermiesten. Deren Freund, der auch nicht sehr gelitten war, verdiente auch nichts oder zu wenig. Also hatte zuvor Vater Geo monatlich dem Schlachter im Dorf, in dem die älteste Tochter mit Freund lebte, einen gewissen Betrag gezahlt, für den die Tochter sich Fleisch aussuchen konnte. Weil nun aber die Kinder sich auf Mamas Seite geschlagen hatten, kündigte Papa den Versorgungszuschuss.

Barbara berichtete mir von dieser Ungeheuerlichkeit. Der Tochter, die damals um die 22 Jahre alt war und eigentlich alt genug, selbst für ihren Lebensunterhalt zu sorgen, die finanzielle Unterstützung zu entziehen, und dem Freund auch, das war ein starkes Stück und verachtenswert. So kam es jedenfalls rüber, wenn Barbara die Geschichte erzählte. Sie kam zu der Zeit häufig am Abend, wenn ihre Mutter im Bett lag, zu mir. Wir tranken Wein und tauschten unsere Erlebnisse aus. Es war eine schöne Zeit, und es schien eine wirklich gute Freundschaft zu werden. Und da ich neben meinem Helfersyndrom noch ein großes Herz habe – was mir übrigens vor vielen Jahren während einer Busfahrt von Buenos Aires nach Montevideo eine Uruguayerin schriftlich bestätigte –, konnte ich die arme, arbeitslose ältere Tochter und ihren nicht minder armen Freund doch Weihnachten nicht ohne Fleischbraten lassen. Also rückte ich 1.000,– Pesos raus, damit das arme mollige Kind nicht hungern musste. Das Kind wunderte sich zwar über das unerwartete Geldgeschenk, zumal die Geldgeberin das Kind noch nicht einmal persönlich kannte. Sie nahm aber das Geld, und es gab einen schönen Weihnachtsbraten – oder etwas anderes. Mutter Barbara hatte der Tochter erklärt, dass die Alemana auch anderen Leuten Geld geschenkt hatte, zum Beispiel der Besitzerin des kleinen Fohlens, um das die Alemana sich gekümmert hatte. Oder der jungen

Frau mit zwei netten Töchtern, die keine Arbeit im Dorf finden kann, weil Arbeitsstellen offenbar nur unter Filzverbindungen oder Vetternwirtschafts-Gesichtspunkten an eingetragene Mitglieder vergeben werden. Ach so, so eine ist die Alemana. Von der kann man ja dann vielleicht öfter mal was annehmen.

Zwar hatte die Tochter ihren Dank ausrichten lassen, aber wirklich gedankt hat sie es mir nie. Im heiligen Buch der Bewohner vom Dorf der Heiligen Anständigen ist nichts erwähnt von Dankbarkeit. So wie ich auch im Koran nichts von Dankbarkeit gelesen habe.

Barbara hatte, wie mir heute bewusst ist, hinsichtlich der Freundschaft zu Medusa und Ansgar zielgerichtet darauf hingearbeitet, dass diese Freundschaft zerbricht. Was dann ja auch geschah. Im Jahr vor dem Ende der Freundschaft mit Medusa und Ansgar hatte sie mir gesagt: „In einem Jahr gibt es diese Freundschaft nicht mehr". Barbara war es ja gewesen, die mir vom Diebstahl Medusas im Geschäft LAMLAM berichtet hatte und dass ein „enger Freund" Barbaras, ein Polizeibeamter, ihr haarklein ausgeführt hatte, wie und was in dem Laden geschehen war. Nur sollte ich bitte schön niemals, egal was auch geschieht, niemals den Namen dieses Mannes nennen. Barbara war es gewesen, die mir von den kleinen Seitensprüngen der Herren im Dorfe berichtete. Von denen, die nur fremdgegangen waren, und auch von denen, die Kinder gezeugt haben mit den Damen der kurzen Romanzen. Alles, alles hatte mir Barbara erzählt.

Und sie sagte mir, welche Frau im Ort weder Stolz noch Anstand hat, weil sie sich nicht von dem untreuen Gatten getrennt hatte. Sie meinte auch, diese Frauen seien keinesfalls intelligent. Worauf ich allerdings auf Hillary Clinton verwies, die ihrem untreuen Mann auch verziehen hatte. Und von der kann nun wirklich keiner sagen, sie sei nicht intelligent. Da war Barbara still. Und was Anstand und Stolz angeht, frage ich mich heute: Wie steht es mit einer ach so anständigen Frau, die sich bewusst mit einem verheirateten Mann einlässt, der auch klar zu erkennen gibt, dass er nicht gewillt ist, seine Frau zu verlassen?

Nun, da Barbaras Vorhersage eingetroffen war und ich keine Freunde mehr hatte, die meine Häuser vermieteten und sich auch sonst um sie kümmerten, wollte Barbara dies unbedingt tun. Heute denke ich, dass das ihr Ziel gewesen war. Denn sie konnte anfangs nicht wissen, dass sie in ihrem neuen Haus ebenfalls einen Laden eröffnen könnte. Die Hälfte der Mieteinnahmen erhalten, für nicht allzu viel Arbeit, das wäre das Richtige für sie. Und erklärte sie mir später wieder und wieder, wie viel Zeit sie mit der Versorgung meiner Häuser gehabt hatte und mit deren Reinigung, so muss sie das zu der Zeit ihrer Arbeit mit diesen Häusern nicht so gesehen haben. Denn sie hatte sogar – allerdings unter einer anderen Telefonnummer, damit nicht jeder Dorfbewohner es sofort mitbekommt – in der Zeitung Anzeigen geschaltet, um Gäste anzulocken. Dann kann es ja nicht zu viel Arbeit gewesen sein. Bezahlen musste allerdings ich die Anzeigen, versteht sich. Und wenn andere für die entstehenden Kosten aufkommen müssen, geht man wohl leichtfertiger mit dem geliebten Geld um. Erst sehr viel später, als die Freundschaft auch wieder beendet war, fiel mir auf, dass Barbara sich von mir auch die neuen Türschlösser und die Kosten für deren Einsetzen hat bezahlen lassen, obwohl sie es war, die aus Nachlässigkeit die Schlüssel von zwei Türen verbummelt hatte. So einfach kann man es sich machen, wenn man eine Freundin hat, die einem blind vertraut.

Um meine Katze Susi kümmerte sich die Familie ja bereits, und zwar schon zu Zeiten, als alle noch im Haus gemeinsam mit Geo lebten. Natürlich nahm ich diese Freundlichkeit gerne an, aber ich bezahlte auch dafür. Die jüngere Tochter, die sich besonders um die Katze bemühte, erhielt jedes Jahr vor meiner Abreise nach Deutschland ihr Geld und wenn ich zurückkam, ebenfalls. Daneben gab es Schmuckgeschenke, Kleidung und kiloweise Schokoladenartikel. Die waren besonders gerne gesehen. Und das Geld, nehme ich an, nur das sagte man nicht so deutlich. Überhaupt sagte man mir nie, was genau besonders gut gefiel. Ein einfaches Danke musste genügen und genügte ja auch. Aber ich hätte schon gerne gewusst, was dem Fräulein denn nun besonders gut gefallen hatte.

Für die Sorge um meine kleine Herzerwärmerin Susi bin ich besonders dankbar und zeige dies auch. Da tut mir auch das Geld nicht leid, dass ich für ihre Pflege bezahle. Und nun kümmerte Mutter Barbara sich auch noch um meine Häuser. Was wollte ich mehr?

Als ich wieder in Deutschland war, hielten wir per Internet Kontakt. So schrieb sie mir dann, dass sie bis in die Nächte hinein an und in meinen Häusern arbeitete. Aha, schlechtes Gewissen einreden. Und dass sie in ihrem neuen Haus einen Raum anbauen lassen will, um erneut als Geschäftsfrau tätig zu sein und ihr Geld zu verdienen. Sehr gut.

Wieder in meinem Dorf der Heiligen Anständigen, bestaunte ich den neuen Verkaufsladen und die Abstellräume und die kleine Ecke am Ende der Abstellfläche, die als Schlafstelle für den Sohn eingerichtet werden sollte. Barbara verkaufte während der Baumaßnahmen ihre Lebensmittel zu sehr niedrigen Preisen. Alles war in Kartons verpackt, und wer was kaufen wollte, erhielt seine Ware aus dem Karton. Dass sie bereits zu jener Zeit plante, ihre Preise später höher anzusetzen als andere Ladeninhaber – wohl um den einst entgangenen Verdienst nachträglich einzuholen –, wusste ja keiner. Auch erzählte sie ihren Kunden, dass ihre liebe deutsche Freundin sich ein Auto kaufen wolle.

Angenommene Voraussetzung: Sie und ihr Sohnemann „kümmern" sich um dieses Auto, wenn die Alemana in Deutschland ist. Und wenn sie wieder im Dorf ist und ihr Auto bei sich hat, hat sie sicher nichts dagegen, dass, wenn es im Nachbarort viele Dinge einzukaufen gibt, wie Fleisch, Hefte, Schulranzen, Billigkleidung und sonstigen Schnickschnack, dass man diese Dinge mit ihrem Auto befördert. Und so wie die Alemana ist, bezahlt sie auch noch das Benzin. Barbara hat übrigens keinen Führerschein, weshalb der Sohnemann den Besitz über das Auto übernommen hätte.

Als Barbaras neuer Laden eingerichtet war, folgte ihr Geburtstag. Im hübschen, kleinen Bad fehlte der Deckel auf der Toilettenschüssel, was ich nicht sehr ansprechend fand. Also schenkte ich ihr als Gag einen Toilettendeckel. Das eigentliche Geschenk aber waren goldene Kreolen. Bereits als sie noch in ihrem alten Haus mit Geo lebte, hatte ich ihr zweimal einen goldenen Ring geschenkt. Den ersten, einen Ring mit einem kleinen Rubin, hatte sie quasi in meiner Gegenwart verloren und ihn nie wiedergefunden. Er war wohl in einer Gemüsekiste gelandet, wo er unauffindbar war. Den zweiten Ring, der aus zwei verwobenen Ringen bestand, hatte sie bei der Arbeit mit ihren Kisten etc. zum Zerbrechen gebracht. Die Ohrstecker mit Perlen trug sie Tag und Nacht, auch beim Duschen und Haare waschen. Und so dauerte es nicht lange, bis einer dieser goldenen Stecker mit einer Perle im Abfluss verschwunden war.

Als ich ihr im letzten Jahr einen weiteren goldenen Ohrstecker mit einer Perle schenkte, damit sie die Preziosen wieder tragen kann, fragte ich sie, ob sie wisse, was ein solches Paar Ohrstecker kostet. Ich fragte nicht, um sie zu beeindrucken, sondern vielmehr – und das sagte ich ihr auch –, um ihr klarzumachen, wie kostbar solche Schmuckstücke sind und dass man entsprechend mit ihnen umgehen sollte. Schmuckstücke, die aus Gold und Perlen und Edelsteine sind und nicht aus Plastik oder Aluminium.

Natürlich hatte sie keine Ahnung, wie teuer heute Gold ist. Und dann dachte sie wohl auch, dass die Alemana ja genug Euros hat, und wie gerne sie Geld und andere Dinge verschenkt. An Medusa und Tochter hatte sie ja auch Goldringe verschenkt. Warum also nicht auch an sie und ihre Töchter.

Allerdings hatte bisher nur die jüngste Tochter Silberschmuck und Silberschmuck mit Perlen geschenkt bekommen, für ihre Pflege um Susi. Nun wäre dann ja auch mal die älteste Tochter Molli an der Reihe gewesen – wie eben auch Sohnemann, für den ein Auto angemessen gewesen wäre. „Sogar Clausi – der Sohn – nimmt Susi in den Arm und drückt und küsst sie und ruft immer:

„Susi Susi". Ja, normalerweise hätte mein Herz gelacht und die Geldbörse geöffnet. Aber bereits in Berlin hatte ich über den Kauf eines Autos nachgedacht und war zu dem Ergebnis gekommen:

Ne, so blöd bin ich dann doch nicht und kaufe für andere ein Auto. Vielleicht ein neues, und wenn ich zurückkomme in das Dorf der Heiligen Anständigen, finde ich es vielleicht verdreckt, verbeult, verschandelt vor und bezahle dann auch noch die Reparaturen etc. Nein, so blöd bin ich dann doch nicht. Und was passiert eigentlich, wenn Clausi einen Unfall mit Personenschaden fabriziert und die verletzte Person gar für den Rest ihres Lebens im Rollstuhl sitzt? Zahle ich dann lebenslang für Clausis Unvorsichtigkeit?

Heute denke ich, Barbara hatte ihren Kunden vorsätzlich erzählt, dass ich mir ein Auto kaufen will, um mich unter Druck zu setzen. Druck, damit ich ihre Worte als wahr erscheinen lasse. Als sie nun erfuhr, dass es kein Auto gibt, muss sie sehr enttäuscht gewesen sein. Sie hatte ihren Kunden auch erzählt, dass die Alemana im kommenden Jahr für lange Zeit nach Australien und Neuseeland reisen würde. Neuseeland stimmte, Australien nicht. Warum sie das erzählt hat, weiß ich nicht. Um anzugeben mit einer reichen Freundin?

Nun machte sie mir auf andere Weise klar, wie wichtig sie für mich war; welche Strapazen sie auf sich genommen hatte, um mein Eigentum zu schützen; wie schlecht die Bezahlung für sie gewesen war; wie unendlich dankbar ich ihr doch sein musste; und ihr diese grenzenlose Dankbarkeit verweigerte. Dass es kein einziges Spinngewebe im und am Haus gegeben habe, dass sie bis in die Nächte hinein in meinen Häusern gearbeitet hatte.

Dass sie nachts mit ihrem Motorrad angefahren kam, weil die Alarmanlage angesprungen war. Und wie gefährlich dies gewesen sei, als sie als Frau mitten in der Nacht ankam, um die Diebe zu verscheuchen. Allerdings waren es wohl meistens nur Nachbars Katzen gewesen, die den Alarm ausgelöst hatten. Dies geschieht auch, wenn ich im Hause wohne. Und komisch, ich bin zwar älter als Barbara, aber meine Häuser habe ich immer selber in Schuss gehalten, und auch der nicht gerade sehr kleine Garten wurde immer nur von mir gepflegt. Arbeite ich etwa viel schneller und zielgerichteter als die liebe Barbara?

Ja, es stimmt, es hätte gefährlich sein können. Aber es waren eben immer nur die Kater von Nachbarn gewesen. Trotzdem ist dieser Gedanke von ihr nicht von der Hand zu weisen, und ich habe das Sicherheitsunternehmen angewiesen, in Zukunft, wenn ich außerhalb des Landes bin, bei Alarm die Polizei anzurufen mit der Bitte, nach dem Rechten zu sehen. Dazu ist die Polizei ja auch da. Nur bin ich mir nicht sicher, dass die bei Anruf auch tatsächlich zu meinem Haus gefahren wäre und nachgeschaut hätte; so wie ich die hiesige Polizei kennengelernt habe, möchte die nicht immer gestört werden. Schon gar nicht in der Nacht. Und dazu noch, um sich um die Häuser der Alemana zu kümmern.

Es ist in Südamerika so, dass die Masse der Menschen schon sehr früh in Rente geht. 50 ist so das normale Alter. Deshalb gibt es hier nur noch „neue" Polizisten, die sind vielleicht anders. Aber, auf der anderen Seite, weiß ich bereits, dass die auch nicht der Arbeit hinterherlaufen. Muss ein Gen der Menschen hier auf dem Lande sein. In den Städten ist es nämlich anders.

Meine Freundin in Solymar hat die 60 bereits überschritten und sie arbeitet immer noch. Und zwar ist ihr Beruf richtig anstrengend: Sie ist Schwester in einem Hospital, in dem geistig Behinderte behandelt werden. Und Renata ist trotz dieser schweren und nervigen Arbeit ein liebenswürdiger, netter, fröhlicher und hilfsbereiter Mensch. So etwas gibt es in Südamerika auch.

Was nun die Schufterei in meinen Häusern angeht, kann es so schlimm nicht gewesen sein. Erstens ist Barbara 20 Jahre jünger, das macht schon eine Menge aus; zweitens halte ich meine Häuser in Schuss, sodass sie leicht zu reinigen sind. Und dann kamen, nach den Aufzeichnungen von Barbara, regelmäßig nur zweimal im Monat Gäste. Das ist nicht sehr viel Arbeit. Für die Reinigung des kleinen Hauses benötige ich gerade mal eine halbe Stunde.

So viel, wie einem Zimmermädchen in einem guten Hotel zugestanden wird, um ein Zimmer mit Bad zu reinigen. Berechnet man noch das Waschen der Wäsche in der Maschine dazu, kommt man auf nicht mehr als eine Stunde.

Dafür ist der Lohn, den man einstecken kann, ziemlich hoch. Eine Putzfrau, so bestätigte mir mein Anwaltsbüro, bekommt pro Stunde, wenn sie nicht ganztägig beschäftigt wird, 62,- Pesos pro Stunde. Für die Reinigung meines kleinen Hauses konnte Barbara für nicht mehr als eine Stunde Arbeit 400,- Pesos einbehalten. Blieben die Gäste gar zwei Tage, betrug ihr Lohn für eine Stunde Arbeit 800,- Pesos. Blieben sie noch länger, kamen für jeden Tag 400,- Pesos dazu. Aber die Reinigung des Hauses erfolgte nur einmal. Für die Reinigung des großen Hauses brauchte man natürlich mehr Zeit. Eine bis zwei Stunden benötigte ich, je nachdem wie sauber die Gäste waren oder wie unsauber. Für eine Stunde gab es dann aber auch 600,– bis 750,– Pesos, je nach Anzahl der Gäste im Haus. Blieben die Gäste zwei oder 3 Tage, erhöhte sich der Lohn auf bis zu 2250,– Pesos. Dafür muss eine Haushaltshilfe dort mehr als vier Tage arbeiten. Und Barbara war es nicht genug.

Hin und wieder klagte sie über körperliche Beschwerden. Wenn ich ihr dann raten wollte, sagte sie mir einmal mit dem entsprechenden Unterton in der Stimme: „DU brauchst dich nicht um mich zu sorgen". O.K., ich hatte verstanden. Nun kam die Strafe für die Absage, ein Auto zu kaufen.

Knapp zwei Monate vor meiner erneuten Abreise nach Deutschland erhielt ich eine SMS von ihr. Sie teilte mir mit, dass sie nicht mehr meine Häuser vermieten könne. Ihre jüngste Tochter muss nun mittags zur Schule fahren und kommt erst abends zurück. Am Vormittag muss das Kind von jetzt nahezu 17 Jahren ihre Schulaufgaben machen. Damit fällt sie als Hilfe für die Mama im Laden aus. Vorher hatte sie, wenn die Mutter für einige Zeit das Haus verließ, im Geschäft ausgeholfen. Inzwischen hat man mir aber berichtet, dass das Kind vormittags arbeitet. Aha, deshalb kann das Kind der Mama nicht im Laden aushelfen.

Hatte ich der Tochter der 2. Freunde noch gesagt: „Barbara hat mich nie angelogen, Mama und Papa aber ja", so kann ich diese Aussage nicht mehr machen. Nun weiß ich genau, dass auch sie mich angelogen hat.

Und Barbara schrieb mir weiter, dass sie festgestellt hatte, dass ihr Körper nicht mehr in der Lage sei, so viel zu arbeiten. Jetzt plötzlich wurde ihr bewusst, was ich ihr seit Jahren riet: dass nämlich auch ein jüngerer Körper hin und wieder eine Erholungspause benötigt und man ihm nicht 16 oder 18 Stunden Arbeit aufhalsen kann. Hatte sie früher mittags den Laden zwei oder drei Stunden geschlossen, war nun ununterbrochen von morgens spätestens acht Uhr bis Mitternacht und später geöffnet. Weil man die Männer, die noch ein Bier trinken wollten, nicht vergraulen wollte. Denn sie kaufen ja manchmal auch noch Nudeln oder etwas anderes ein, woran man dann verdient.

Ich hatte mir einmal vorrechnen lassen, wie viele Pesos sie verdient, wenn sie ein paar Flaschen Bier in der Nacht verkauft. Es kamen nicht viele dabei heraus. Meine Ansicht, dass sich diese paar Pesos nicht lohnen, um die Gesundheit aufs Spiel zu setzen, ließ sie nicht gelten. Weil sie jeden Peso benötige.

In ihrem neuen Laden hatte sie immer ein Fernsehgerät angeschaltet, damit die Herren, die dort ihr Bier trinken wollten, auch Fußball und ähnliches schauen konnten. Nun schreibt das Gesetz dort vor, dass, wer anderen eine Sitzgelegenheit bietet, um ein Getränk zu sich zu nehmen, über eine Toilette für diese Gäste verfügen muss. Und diese Toilette hatte Barbara nicht.

Sie sagte mir häufig, dass sie Angst habe, einer derjenigen, die ihr nicht wohlgesonnen sind, könnten sie deshalb anzeigen. Und sie habe doch kein Geld. Oh weia oh weia, was dann passieren kann. Wo sie doch nun, nach dem Um- und Anbau ihres Ladens, auch noch den letzten Peso verbraucht habe. Und Personen, die ihr nicht gewogen sind, gäbe es viele. Wieso denn das???

Alles kein Problem, wenn man ein Menschenkenner ist. Und noch weniger ein Problem, wenn es Menschen gibt, die so leicht zu durchschauen sind wie eine Glaswand. Oder man so durchschaubar ist wie ich es bin. Und wenn der oder die Durchsichtige dann noch ein Helfersyndrom hat, kann gar nichts mehr passieren.

Ich sagte es schon: Für die Pflege meiner Susi bin ich überaus dankbar und bereit, gut dafür zu bezahlen. So hatte ich schon zu Estela einmal gesagt, dass ich mit dem Gedanken spiele, eine größere Summe Geld an Barbara zu zahlen für den Fall, dass ich einmal nicht nach Südamerika zurückkommen könne. Dann wäre das Geld für Barbara, damit sie sich auch weiterhin um mein Tier kümmern würde und es nicht gratis tun müsse und sich nicht beklagen könne. „Aber gib nicht alles auf einmal", riet mir Estela damals.

Den Rat hörte ich wohl; aber befolgt habe ich ihn nicht. Denn als mir Barbara nun von der zu befürchtenden Anzeige vorjammerte, na man kann es sich denken: Rückte ich das Geld heraus und legte ihr 1.000,– US Dollar in die Hand. „Davon kannst du dann eine Toilette bauen lassen und musst keine Angst vor einer Anzeige haben". Barbara nahm das Geld gerne an und ließ ein sehr einfaches Toilettenkämmerchen bauen, Toilettenbecken ohne Deckel, Restfliesen jeder Art an den Wänden, eine Tür aus Holzresten, ein winziges Plastikwaschbecken, einen Spülkasten, in den man die Hand stecken muss, soll Wasser fließen. Abwasserrohre, die ich noch zu liegen hatte und ihr schenkte. Ein „Freund" hatte ihr die Toilette gebaut, für wenig Geld. Wie es sich für Freunde eben gehört. Ich wollte für die Dinge, die ich übrig hatte und ihr gab, ja auch kein Geld haben. Sie handelt man unter Freunden! Wie ich es verstehe.

Dies alles geschah kurz vor meiner Abreise. Bei der Rückkehr und den dann folgenden Unstimmigkeiten kam ich anlässlich neuer Beschwerden über fehlendes Geld einmal auf das Geld zu sprechen, das ich ihr gegeben hatte. „Dafür habe ich Nudeln gekauft", sagte sie mir. Ich konnte es nicht glauben. „Nudeln für 1.000,– US-Dollar! Na ja, nicht nur Nudeln, auch andere Sachen". Sie hatte Großeinkauf gemacht von dem Geld, dass ich ihr für Susi und den Toilettenbau gegeben hatte. Natürlich ohne Quittung, ja. Ich bin ja ein gutgläubiger Mensch, und sie war meine Freundin. Sie hatte auch geklagt, dass sie kein Geld habe, um sich neue Kleidung zu kaufen. Sie hatte kein Geld, um sich Essen zu kaufen. Sie ernährte sich – und die Tochter? – fast nur von Brot. Und ich, man kann es sich denken, dachte darüber nach, wie ich ihr helfen könnte.

Dann erfuhr ich, dass für Barbara eine weitere Strategie aufgegangen war. Sie hatte Geo deshalb den alten Pick-up gelassen und keinen anteiligen Unterhalt vom Verkauf seiner Waren für die jüngste Tochter verlangt, weil sie etwas anderes im Sinn gehabt hatte: Nämlich dass Geo schriftlich auf seinen Teil des gemeinsamen Hauses zugunsten der beiden älteren Kinder verzichtet. Das war inzwischen geschehen. Und wie sie nun über Geos Dummheit lachte, und über die seiner neuen Freundin. Denn auch deren gemeinsames Kind hätte einen Teil-Anspruch an dem Haus gehabt.

Nachdem ich nun ihre SMS mit der Absage erhalten hatte, war ich bedient. Weniger als ein Jahr nach dem Erhalt dieser jedenfalls für hiesige Verhältnisse großen Summe sagt sie mir, such dir eine andere Person für deine Häuser. Und die ganzen Geschenke, die ich gemacht hatte. Wirklich, vielen Dank. Zumal sie doch jeden Peso benötigte. Und bei mir verdiente sie gute Pesos für wenig Arbeit.

Sie wollte in den nächsten Tagen mit mir sprechen. Aber ich schrieb ihr zurück, dass eine Aussprache nicht nötig sei, weil ich komplett verstehe. Das war von mir zwar ironisch gemeint, aber sie hielt es für echtes Verständnis. Was auch sonst. Ich hatte ja immer alles verstanden. Bei meinem nächsten Auftauchen in ihrem Geschäft kam es dann zum Gespräch. Ich gab meine Enttäuschung bekannt, zumal sie sich nicht einmal die Mühe gegeben hatte, ein „Wartejahr" abzuwarten. „DU denkst NUR ans Geld", fuhr sie mich an. Das war zu viel. Ich, die ich ihr gegenüber großzügiger gewesen bin als jeder andere Mensch in ihrem Leben, ausgerechnet mir hielt sie Geiz vor. Ich wurde sehr zornig und sagte ihr, dass sie das zurücknehmen müsse. „Ich nehme es zurück", sagte sie, nicht mehr.

Diese Vorhaltung aber war zu viel. Ich nahm ein großes Blatt und schrieb alles auf, was ich ihr und ihrer Familie im Laufe der Zeit geschenkt hatte, wobei ich mich mit Sicherheit nicht an alles erinnerte, was ich ihnen geschenkt hatte.

Aber allein für die letzten drei Jahre, in denen sie sich während der fünf Monate im Jahr um Susi gekümmert hatten, kam die stattliche Summe von mindestens 60.000,– Pesos zusammen. Und Futter für Susi hatten sie davon nicht kaufen müssen, weil ich immer für genügend Fleisch und Fisch (in Portionen eingefroren) und kiloweise Trockenfutter gesorgt hatte. Dazu kamen die auch nicht billigen Schmuckstücke aus Gold und Silber und Perlen, Kleidung für Mutter und Töchter, Kosmetikartikel, Taschen, Dinge für das Haus, und kiloweise Schokolade, Marzipan, Ferrero-Küsschen, Nougat und andere Süßigkeiten sowie viele andere Dinge wie eine Armbanduhr,

Schal, Kulturtasche, eine Mouse für den Computer der Tochter, und wer weiß was noch. Aus Neuseeland hatte ich auch Geschenke mitgebracht, die gerne genommen wurden. Die vielen Einladungen zum Essen in Lokalen und bei mir zu Hause kosteten auch einiges. Als sie eine Unterkunft für ihre Schäferstündchen brauchte, stellte ich ihr jeweils eines meiner Häuser zur Verfügung. Und natürlich kassierte ich dafür von ihr keine Miete. Preis normalerweise: 1.500,- Pesos.

Das Blatt Papier war voll; dagegen standen auf der anderen Seite der Liste ihre Geschenke:

ein schnelles Essen bei ihr zu Hause, eine Schachtel Bonbons zum Geburtstag, ein Topf Handcreme zum Geburtstag, ein weiterer Topf Handcreme zum nächsten Geburtstag.

Und diese Frau erdreistete sich mir zu sagen, ich denke nur ans Geld. Sie fragte dann, was aus unserer Freundschaft werde. Welche Freundschaft? Ist es Freundschaft, wenn eine Seite nur gibt, die andere nur nimmt? Nein, danke, das ist keine Freundschaft. Und schon gar nicht nach dem Kommentar über meine Charakterschwäche.

Jetzt gibt es nur noch die Geschäftsbeziehung wegen Susi. Wobei Barbara mir angeboten hat, die 1.000,- US-Dollar zurückzuzahlen: monatlich mit umgerechnet 12,- US-Dollar. Mehr könne sie nicht zahlen.

Ich weiß aber, dass sie sehr wohl mehr zurückzahlen könnte. Warum? Sie hat, wie es von Anfang an ihre Strategie gewesen sein muss, die Preise erheblich erhöht. Viele ihrer Artikel sind teurer als in anderen Geschäften, nicht nur um einen Peso. Bei manchen zahlt man bei ihr einen US-Dollar mehr als in anderen Läden. Ein US-Dollar sind rund 25 Pesos. Wenn jemand viel bei ihr einkauft, kommen im Monat etliche hundert Pesos zusammen, die man woanders sparen könnte. Deshalb gehe ich nicht mehr mehrere Kilometer, um bei ihr teuer einzukaufen. Und sie hat mein Geld auch nicht mehr nötig. Wie sie mir sagte, kommen mehr und mehr Leute bei ihr einkaufen. Wohl, weil sie dort mehr bezahlen wollen als anderswo. Ja, genau so sind die Menschen hier: Sie wollen gerne mehr bezahlen. Nur von mir erwartet man immer Rabatt bei der Vermietung der Häuser.

Als ich das letzte Mal bei ihr einkaufte, hatte sie zwei Artikel nicht und zwei andere wollte ich nicht. Es blieben zehn Artikel übrig, und sie zählte sie nach. Ich vermute, in Zukunft soll ich an anderer Stelle einkaufen, weil ich als Kundin nicht mehr lohne.

Nun bleibt mir nur zu hoffen, dass sie Susi nicht schlecht behandeln und dass sie das von mir gekaufte Fleisch und den Fisch meiner Katze zu essen gibt und nicht etwa der Tochter, die nie Geld hat. Denn ich habe alles Vertrauen verloren. Wieder einmal.

Ich bin im Zeichen des Stiers geboren, und ich bin treu, wie man Stieren nachsagt. Ich halte meinen Freunden die Treue. Ich vergesse nie, wer mir Gutes getan hat – und wer mir Schlechtes getan hat. Ich habe unendlich viel Geduld. Ich bin großzügig, wenn ich es mir leisten kann. Aber, wenn das Maß voll ist und ich bemerke, dass man mich ausnutzt, ist es vorbei. Dann gibt es keinen roten Heller mehr. Basta.

Ich hatte ihr im Vorjahr die 1.000,– US-Dollar gegeben, ohne eine Quittung zu erhalten. Nachdem Barbara mir nun erklärt hatte, sich nicht mehr um meine Häuser zu kümmern – ganze 10 Monate nach dem Erhalt der

1.000,- Dollar –, bat ich sie mir zu unterschreiben, dass sie dieses Geld erhalten hatte. Das gefiel ihr zwar nicht, aber sie unterschrieb.

Wie wütend sie darüber war, erfuhr ich noch. Dass Susi auch weiterhin während meiner Abwesenheit in ihrem Haus überwintern konnte, war klar gewesen. Aber ich konnte nicht in den Kopf dieser Frau sehen, die sich zur Strafe für mein Verhalten – keinen Autokauf für sie und den Sohn; einige Bemerkungen von mir, zum Beispiel für meine Empörung über ihre Vorhaltung, ich würde nur nach Geld sehen – etwas ausgedacht hatte, das mir wirklich weh tun würde. Und vielleicht hatte sie ja auch gedacht, nun würde ich zusammenbrechen und ihr auf Knien alles versprechen, nur damit sie meine Katze nimmt, wenn ich in Deutschland bin.

Eine Woche vor meiner Abreise klingelte es an meinem Gartentor. Ich schaute nach. Da stand ein Polizist am Tor. Ich ging zu ihm und fragte, was los sei. Der junge Mann hielt einen Zettel in der Hand und sagte mir, ich solle mich beim Gericht einfinden. Auf meine Frage, worum es gehe, konnte er mir keine Antwort geben. Er wisse es nicht. Aber ich müsse das Papier unterschreiben, als Beweis dafür, dass man mich informiert habe. „Ich unterschreibe gar nichts, wenn ich nicht weiß, worum es geht", sagte ich ihm. Dann rief der im Polizeifahrzeug verbliebene zweite Polizist jemanden an und kam ebenfalls zum Tor. Er hatte die Friedensrichterin im Dorf der Heiligen Anständigen angerufen. Dieser zweite Polizist sagte dann, dass ich auch zu ihr gehen könne und dass es sich wohl um eine Anzeige handele. „Ich habe nichts getan, weshalb mich jemand anzeigen könnte", sagte ich und dass ich nicht zu Maria und auch nicht zum Gericht gehen werde. Da könne mich ja jeder, dem meine Nase nicht gefällt, mich anzeigen, und ich bin jeden Tag unterwegs. Auch diesem Polizisten verweigerte ich die Unterschrift.

Sie zogen ab. Den ersten der beiden Polizisten hatte ich erkannt und fragte ihn, ob er der und der sei. Ja, war er. Ich war einigermaßen beunruhigt und dachte nach, wer der Denunziant gewesen sein könnte. Es fiel mir nur Barbara ein, was ich aber als unmöglich abtat. Schließlich ging ich doch zur Friedensrichterin. Sie war freundlich wie immer – auch wenn ihre Freundlichkeit auch nicht ehrlich ist. Und wie Recht ich hatte! Auf meine Frage, was los sei, sagte sie mir, dass vor einer Woche, am 24. April, Barbara bei ihr gewesen sei und kundgetan habe, dass sie mir die 1.000,- US-Dollar für die Aufnahme von Susi in der Zukunft zurückgeben wolle, weil sie die Katze nicht aufnehmen werde. Auch die 1.000,- Pesos, die ich ihrer Tochter geschenkt hatte, damit diese sich zu Weihnachten Fleisch kaufen könne, wolle sie zurückgeben. Und dass es mir verboten sei, Barbaras Laden zu betreten.

Wow. Jedes Jahr in den letzten drei Jahren hatte ich Geld, Juwelen in Gold, Silber und Perlen, Kleidung für alle drei Damen, Dinge für das Haus (inclusive Toilettendeckel für Barbaras Bad), kiloweise Schokoladen, Einladungen und Bewirtungen usw. für inzwischen rund 3.000,- Euro sowie die kostenfreie Benutzung meiner Häuser für Barbara und ihren verheirateten Lover – weil ich meiner vermeintlichen Freundin zu ein paar glücklichen Stunden verhelfen wollte – Barbara und ihren Töchtern geschenkt, und als Dank gab es Hausverbot.

Ich scherte mich aber keinen Deut um das Hausverbot und eilte zum Krempelladen von Barbara. Dort gab sie mir dann die 1.000,- US-Dollar und die 1.000,- Pesos für die dicke älteste Tochter.

Der Tonfall, in dem sie mit mir sprach, und die Worte, die sie wählte, zeigten mir ihre ganze „Abscheu". Und nur ein Jahr zuvor schrieb sie mir auf Facebook: „Und du bist meine einzige Freundin auf der Welt." Noch selbst am 25. April, meinem Geburtstag, der einen Tag nach ihrem Besuch bei der Friedensrichterin war, schrieb sie mir noch einmal per Facebook, dass ich ihre einzige Freundin auf der ganzen Welt sei. Sie hatte nicht einmal die Courage, mir selbst zu berichten, dass sie keinen Kontakt mehr mit mir wünscht. Und eine Woche später erscheint bei mir die Polizei. So ändern sich die Zeiten. Allerdings konnte ich mir nicht verkneifen, ihr zu sagen, dass sie zwar als hochanständige Frau angesehen werden wolle, dass es aber niemanden gebe, der sie wolle, sodass sie sich nur an einem verheirateten Mann festkrallen könne. Und ob dieses Verhalten für eine anständige Frau angemessen sei, vor allem für eine, die bei anderen so hohe Maßstäbe anlegt, sei eine andere Frage. Darauf blieb sie mir eine Antwort schuldig.

Wenige Tage später erzählte mir eine Bekannte, dass Barbara allen ihren Kunden erzählte, dass die Alemana, also ich, eine böse Person sei. Dass diese böse Person ihr in den letzten drei Jahren Dinge im Wert von über 3.000,- Euro geschenkt hatte, erzählte sie wohlweislich nicht. So manch einer hätte womöglich gedacht, dass eine böse Person niemals so viel Geld verschenken würde.

Barbara braucht all dies auch nicht zu erzählen; wenn ich eine böse Person bin, dann will ich nun auch beweisen, dass ich wirklich auch böse sein kann. Ja. Und deshalb rede jetzt ich.

Für Susi konnte ich innerhalb des Dorfes keine geeignete Unterkunft finden. Entweder hatte jeder, der Susi genommen hätte, zu viele Hunde, oder ein Haus ohne Zaun, sodass viele fremde Hunde bis ans Haus kamen und Susi somit niemals ins Freie hätte gehen können.

Dann brachte ich sie in ein Tierheim. Darin lebten 150 Hunde und eine Katze. Diese Katze befand sich in einem kleinen Drahtverschlag, in dem viele kleine Hunde verweilten. Alles war voller Kot, total verschmutzt. In etwa 1 ½ Meter Höhe war ein breites Brett angebracht, und auf dem befand sich eine Kiste. In dieser Kiste hockte die total verstörte Katze, und offenbar verließ sie diese Kiste nie.

Neben diesem Verschlag befand sich ein ca. 6 mal 3 Meter großer Raum. An der einen Seite standen aneinandergereiht mehrere große Käfige, auf denen Kartons und Metallreste lagen. An der anderen Seite standen 5-Liter-Plastikflaschen, gefüllt mit Kronkorken. Daneben ausrangierte große Kühlschränke, alte Stühle, sonstiges Gerümpel, Zementsäcke, große Plastiksäcke mit altem Brot, und sonstiger Müll. An der Seite hinter den Käfigen stand eine Art Gipsmauer, oben an der Wand angelehnt, unten ca. 10 Zentimeter von der Wand entfernt. Und in diesem Raum sollte Susi fünf Monate allein verbringen. Nachdem sie aus ihrem Handkäfig herausgelassen worden war, verschwand sie sofort hinter dieser aufgestellten Gipswand.

Es gab ganze zwei Personen, die sich um die 151 Tiere kümmerten. Das hätte bedeutet, dass Susi vielleicht morgens und abends „Besuch" bekommen hätte, der ihr ihr Futter hingestellt hätte. Und basta.

Die Adresse dieses Tierasyls hatte ich von einer Freundin bekommen, Dora. Sie war mitgekommen zum Tierheim und sah meine Bestürzung. Auch ihr gefiel der Raum, in dem Susi 5 Monate lang alleine leben sollte, nicht. Ich war ziemlich verzweifelt bei dem Gedanken, wie sich meine Katze hier fühlen würde. Nach fünf Monaten wäre sie nicht mehr die alte, sie hätte mit Sicherheit eine irreparable Psychose, genauso wie die einzige Katze, die es bisher dort gab. Dora war ratlos wegen meiner Bestürzung und sagte, dass sie mit einer Freundin sprechen wolle. Am Abend wolle sie mich anrufen und mir sagen, was diese Freundin gesagt hat.

An dem letzten Wochenende hatte ich 14 Herren in den drei Häusern als Gäste zu Besuch. Sie waren tagsüber angeln, und abends wurde viel Wein, Bier und Whisky getrunken. Und riesige Mengen von Fleisch gegrillt. Entsprechend sahen die Häuser aus. Zum Glück hatte ich schon am Sonntagabend das erste Haus gesäubert und am Montag die beiden anderen. Ursprünglich hatte ich vorgehabt, das letzte Haus am Dienstag zu säubern. Für Mittwoch um 10.00 Uhr war das Taxi bestellt, um mich zum Bus zu bringen.

Wenn ich nicht doch am Montag alle Arbeiten erledigt hätte, hätte ich nicht alle Aufgaben bewältigen können. Nun war es Montag, nachmittags um 18.00 Uhr, und ich hatte nur noch einen einzigen Tag Zeit. Ich war wirklich verzweifelt. Ich konnte den Gedanken nicht ertragen, mein Tier in dieser Rumpelkammer zurücklassen zu müssen. Und Dora rief nicht wie versprochen am Abend an, um mir mitzuteilen, was ihre Freundin ihr gesagt hatte.

Nach einer durchweinten Nacht rief ich am Dienstag gegen 8.00 Uhr morgens bei Dora an. Ja, sagte sie mir, Nora erwartet dich um 11.00 Uhr, um mit dir persönlich zu sprechen. Schnell noch ein bisschen Hausarbeit, Taxi bestellt und ab zu Dora. Mit Doras Tochter zu Nora. Kurzes Gespräch, Haus und Garten angesehen, zusammen mit dem Taxi zum Tierheim und Susi abgeholt. Die hatte sich verängstigt hinter der mobilen Gipswand verkrochen – wo sie sich wohl die nächsten fünf Monate verkrochen hätte –, sodass der Helfer des Tierheims die Wand wegnehmen musste, um Susi zu ergreifen. Susi rein in ihre tragbare Box und nichts wie raus aus der Rumpelkammer. Ich hatte am Vortag ein Kilo bestes Rinderhack, in Portionen eingefroren, ein Kilo Fisch, in Portionen eingefroren, und einige Kilo Trockenfutter abgegeben, und bat nun, dieses Futter für Susi wieder mitnehmen zu können. Ja, klar, natürlich. Der junge Helfer holte das Futter und übergab es mir. Was nach rund 12 Stunden fehlte, war das Kilo Rindfleisch. Das hatte der Helfer wohl am vergangenen Abend sogleich seiner Familie gebracht. Verdient wohl nicht so viel. Und die Katze Susi hockt ja eh nur hinter der Gipswand ...

Mit Nora per Taxi zu ihrem Haus, Susi und das Futter ausgeladen. Im Haus freigelassen, unternahm Susi sofort eine Inspektion und befand das Haus für gut. Sie ließ sich auch sofort von Nora streicheln. Nur Noras Kater, ein Jahr jünger als sie selbst, mochte sie nicht so: sie wich ihm aus. Er Susi auch, hatte anscheinend noch mehr Angst vor ihr als sie vor ihm.

Nora hatte also zugestimmt, Susi die fünf Monate zu übernehmen. Wir nahmen an, dass die Katzen sich aneinander gewöhnen würden. Und da Nora es nicht mag, wenn eine Katze sich auf dem Sofa oder Sessel breit macht, erhielt sie die Erlaubnis, Susi zu verscheuchen, sollte sie es wagen, auf dem Sofa Platz zu nehmen.

Wir verabredeten, dass ich am nächsten Morgen, kurz vor meiner Abreise, Susis Toilette plus Steine, ihr Geschirr und das restliche Trocken- und Frischfutter – tiefgefrorene Fischportionen und Rindfleisch-Portionen – zu Nora bringen würde. Außerdem übergab ich ihr dann 3.000,- Pesos und ein Medikament gegen Flöhe, das Susi Anfang August bekommen müsse. Susi erschien auf der Bildfläche, ließ sich von mir streicheln, und als sie ihr Katzenklo sah, sprang sie mir vom Arm und eilte auf den ihr so vertrauten Ort. Anschließend setzte sie sich in die Mitte des Zimmers und sah mir nach, als ich fort musste.

Der Riesenstein, der mir auf der Seele gelegen hatte, war heruntergefallen, und mein Herz war wieder froh. Ich hatte Susi buchstäblich in letzter Minute gut unterbringen können. Nicht auszudenken, was ich hätte tun können, wenn ich diese hilfsbereite und tierliebende Nora nicht gefunden hätte.

Sie hatte mir berichtet, dass Susi in der Nacht auf dem Teppich vor ihrem Bett geschlafen hatte. Als ich von Buenos Aires aus noch einmal anrief, sagte sie mir lachend, dass Susi die Nacht an Fußende ihres Bettes gelegen habe. So hat Susi auch immer in meinem Bett geschlafen. Ganz offensichtlich fühlt Susi sich im Hause von Nora wohl. Nur mit dem Kater wollte sie auch nach einem Monat noch nichts zu tun haben, und Kater mit Susi auch nicht. Ich frage mich, wie lange die beiden noch brauchen, um sich nicht immer aus dem Wege zu gehen.

Für mich war und ist Nora mein rettender Engel, der rettende Engel in einer furchtbaren Situation, in die mich Barbara bewusst und vorsätzlich gebracht hatte. Und das vergesse ich ihr nie. Nicht meinetwegen, aber wegen Susi. Barbara redete schlecht über jeden in dem Ort. Sie hetzte mich voller Absicht gegen andere auf. Besonders dann, wenn ich jemanden eigentlich sympathisch fand. Mit dieser hinterhältigen Aktion wollte sie mich wohl in die Knie zwingen, mich dazu bringen, ihr alles zu versprechen, wenn sie nur auf Susi achten würde. Aber das habe ich nicht getan. Noch nie hat mich jemand erpressen können. Im Gegenteil: Mit Erpressung erreichte derjenige immer genau das Gegenteil bei mir.

Aber auf eines kann sich die anständige, gute, vorbildliche Barbara verlassen: Dieses Handeln vergesse ich ihr nie. Nie, nie, nie. Und aus meiner großen Sympathie zu ihr ist das Gegenteil geworden, und ich denke, es kommt der Tag, an dem sie ihr Tun bereuen wird. Nicht nur, wie sie mit mir umgegangen ist, auch der Umgang mit anderen. Und sie erhielt die Quittung. Nicht von mir, aber von Gott.

Niemand im Ort scheint Neuzugänge aufzuklären über besonders bösartige Personen. Erst wenn eine Freundschaft verbrochen ist, kommt der eine und der andere und erzählt Begebenheiten über die ehemaligen Freunde. So war es auch dieses Mal. Nachdem sich herumgesprochen hatte, dass es keine Freundschaft mehr zwischen der Alemana und Barbara gibt, erzählte man mir, dass Barbara ihre Mutter gequält haben soll. Ach so, dachte ich, deshalb ist die Mutter schon seit Monaten bei ihrem Sohn, obwohl Barbara noch immer die Rente der Mutter kassiert. Und deshalb hatte Barbara mir erzählt, dass die Mutter dummes Zeug erzählt. Ach so, damit ich der Mutter ja nicht glauben würde, falls sie mir von Barbaras Misshandlungen erzählen würde. Und man erzählte mir, dass die älteste Tochter drogenabhängig sein soll. Ach so, dachte ich, deshalb hat sie es nie lange auf einer Stelle ausgehalten. Und nicht die anderen waren die Bösen, sondern sie hat sich danebenbenommen, weil im Drogenrausch.

Ja, es fiel mir wie Schuppen von den Augen, und alles, was Barbara mir zuvor erzählt hatte, erschien in einem anderen Licht. Sie ist eine Person, die alles vorher genau auskalkuliert und berechnet. Sie ist eine Intrigantin, wie man sie aus Soap – Operas kennt. Und ich habe es neun Jahre lang nicht bemerkt.

Aber, über eines bin ich sehr zufrieden: Barbara wollte gerne, dass ich im Alter im Dorf bleibe. „Ich habe meine Großeltern gepflegt, ich pflege meine Mutter, und ich würde auch dich pflegen, wenn du mal alt und gebrechlich bist", hatte sie mir einmal gesagt. Was für ein guter Mensch, hatte ich gedacht. Heute denke ich: Ja, du warst scharf auf meine Rente, die mehr als doppelt so hoch ist wie die deiner Mutter. Und wenn ich nicht mehr krauchen könnte, würdest du mich behandeln, wie du deine Mutter behandelt hast. Das war es, worauf du aus warst: Auf meine üppige Rente. Aber damit wird es nun nichts mehr.

Mein Dorf der Heiligen Anständigen zählt rund 1000 Einwohner. Nett und freundlich sind sie alle, bis auf eine Ausnahme: Ein Mann schaut mich nicht an und grüßt mich nie. Vielleicht hat er Angst. Vielleicht vor seiner

Frau. Sie ist ordentlich gut genährt, und möglicherweise hat sie Kraft in den Armen und Händen. Wer weiß ...

Alle anderen sind nett, freundlich. Wenn man sie nach dem Weg fragt, nach der Uhrzeit. Wie das Wetter wird. Einmal fragte ich eine nette junge Frau, ob sie mir eine oder einige ihrer Blumen, die mir gut gefielen, verkaufen könne. „Nein", sagte sie, „dann kommen noch andere und wollen auch welche". Heute schenke ich ihrer Mutter, die ich nett finde und die immer freundlich zu mir war, und der ich mitunter zu klein gewordene Kleidung mitbringe, eine guterhaltene Bluse oder Hose oder einen Rock von mir. Kleidung, die teuer war und die mir nicht mehr passt. Sie nimmt sie gerne, weil sie meine Kleidung hübsch findet. Und wenn ihr etwas nicht passt, gibt sie das Teil an ihre Tochter weiter. An die Frau, die mir keine Blume verkaufen wollte.

Ich fragte eine andere, fremde Frau, die weiter entfernt wohnt und viele Blumen in ihrem Garten hat. Diese Frau schenkte mir einige Blumen, und sie wollte kein Geld dafür.

Bei den 1. Freunden habe ich auch essen können, und bei Ansgar und Medusa war ich sowieso fast jeden Sonntag zum Essen. Erst zum Salate zubereiten, dann zum Essen. Und ein freundlicher Mann veranstaltete einmal ein Essen, zu dem er mehrere Alleinstehende eingeladen hatte. Jeder musste etwas mitbringen. Ich brachte eine Schüssel Kartoffelsalat mit, der wie immer gut ankam. Ein Bauarbeiter, der nicht aus diesem Ort stammt, ist immer bereit zu helfen, und er hat auch einige Male Kleinigkeiten erledigt und wollte auf keinen Fall dafür bezahlt werden. Ich vergütete ihm seine Freundlichkeit mit Süßigkeiten für seinen kleinen Sohn, und die nahm er gerne an.

Ansonsten habe ich nichts erhalten, aber viel gegeben. Tatkräftige Hilfe gab mir niemand. In Deutschland wurde ich oft gefragt: Ja hat dir denn keiner geholfen? Nein, man hat mir nur von Weitem zugeschaut und sich gefragt, ob die Deutsche, die Alemana, blöd sei. Blöd, weil ich körperlich hart gearbeitet habe. Geschuftet wie kaum ein Mann hier schuftet. Und heute weiß ich: Nicht einmal ein junger Mann könnte mit mir mithalten, was das Arbeiten angeht. Jedenfalls keiner, der für Geld arbeitet. Arbeitet er für sein eigenes Haus, mag das anders sein.

Ich habe einmal von der Terrasse aus zugeschaut, wie drei Männer, die bei der Verwaltung angestellt sind, an der Straße arbeiteten. Morgens um 8.30 Uhr. Sie gruben das Unkraut am Rande der Straße aus. Ungefähr 10 bis 15 Minuten hielten sie einen Baum oder einen Laternenmast fest, damit der nicht umfiel. Dann machten sie zwei bis drei Minuten, höchstens, Bewegungen, um sich erneut am Baum festzuhalten oder diesen zu stützen.

Ich habe damals jede Bewegung fotografiert. In den eineinhalb Stunden, die ich sie beobachtete, haben sie, wenn überhaupt, ganze 10 Minuten „gearbeitet". Wie sollte also einer dieser starken Männer mit mir mithalten können?

Das Grundstück, das ich kaufte, war Überschwemmungsgebiet. Was ich natürlich nicht wusste. Ich habe nie in der Nähe von Wasser gelebt, also hatte ich keine Ahnung, wie eine Überschwemmung zustande kommen kann. Und wie schnell. Mein Grundstück liegt nur etwa 80 Meter vom Fluss entfernt. Und dann, vor einigen Jahren, gab es hier innerhalb von zwei Monaten drei Überschwemmungen. Ich sah damals das Wasser auf mich zukommen. Es kam über den Platz vor meinem Haus, dann sickerte es durch den Zaun in meinen Garten. Dann stand der Garten unter Wasser. Dann das erste Haus. Mehrere Wochen stand das Wasser stellenweise 20 bis 30 Zentimeter hoch. Fast alle Blumen sind mir damals eingegangen. Nur der Hibiskus, der Oleander und die Rose nicht. Aber die hübschen, sich bei Sonne öffnenden Blumen, die es in Deutschland nicht gibt, und die Margeriten waren alle hin. Ich musste erneut freundliche Blumenbesitzer am anderen Ende des Dorfes um Ableger bitten. Heute sagen mir Gäste und Nachbarn: Du hast einen schönen Garten.

Das ganze Gebiet entlang meiner Straße war überschwemmt, und die dortigen Hausbewohner hatten ihre Häuser verlassen müssen. Mein Nachbar war über zwei Monate anderweitig untergebracht; inklusive Hunde, Hühner, Katze.

Ich war die einzige Bewohnerin in diesem Teil der Straße, die nicht evakuiert worden war. Das lag daran, dass ich für mein zweites Haus eine Erhöhung von etwa 60 Zentimeter angelegt hatte, auf der dann das Haus errichtet wurde. So kann es bei „normaler" Überschwemmung nicht überflutet werden. Das 1., kleine Haus, stand dagegen lange Zeit unter Wasser.

Nachdem das Wasser zurückgegangen war, lud die Junta, also die hiesige Landesregierung, bei jedem der geschädigten Häuser einen Kubikmeter Erde ab. Da mein Grundstück sehr tief liegt, brachte das gar nichts. Während der Überschwemmung war keine Straße mehr zu sehen; wo einst Autos fuhren, schipperten jetzt Boote. Und die Jugend badete in den Straßengräben. Was sollte ich also mit einem Kubikmeter Erde?

Ich beantragte bei der Junta, auf meine Kosten die Anlieferung von 10 Kubikmeter Sand zu genehmigen. Die

Genehmigung kam und kam nicht. Weil nie der Chef zu sprechen war. Das war schon zwei Jahre vorher so gewesen, als ich gebeten hatte, Sand für den Bau des zweiten Hauses abtragen lassen zu können. Auch damals bekam ich diese Erlaubnis nicht. Ich war gezwungen, in die Hauptstadt zu fahren und bei dem Intendenten, so etwas wie dem Ministerpräsidenten, vorstellig zu werden. Ein junger Mann, vergleichbar einem Bürgerreferenten, hatte für mich damals in einem Vorzimmer des Ministerpräsidenten auf dem Computer meinen Antrag geschrieben. Der Intendente hatte meinen Antrag bewilligt und am selben Tag war ein Fax hier in Ort eingegangen. Nun konnte leider niemand mehr die Lieferung von öffentlichem Sand verweigern.

Nach der Überschwemmung war es ähnlich. Da kam mir der Zufall zu Hilfe.

Ich befand mich in dem neu eingerichteten Computer-Raum, wo ein jeder kostenfrei einige Zeit einen Computer benutzen durfte. Da betrat ein Mann den Raum. Ein Mann, den ich aus dem Fernsehen kannte. Es war der Intendente. Ich sprach ihn an, sagte etwas wie: „Sie sind doch der zuständige Verantwortliche". Was ihn sehr verwirrte. Er fragte nach meinem Anliegen. Eine Sekretärin in dem Büro sagte ihm, wer ich sei. „Ja", meinte er, „ich habe schon von der Alemana gehört". Was ich denn wolle. „Die Genehmigung, Sand abtragen und liefern zu dürfen, weil mein Grundstück so tief liegt und mein Haus überschwemmt wurde." „Wie viel Sand?" „Mindestens 6 Kubikmeter." „Also 10". „Ja, das wäre nicht schlecht." „Aber zwei Kubikmeter hat sie schon bekommen", erinnerte die Sekretärin ihn. „Na dann noch acht Kubikmeter. Und den Sand liefern unsere Männer mit dem LKW bei ihr an, kostenlos", bestimmte der Intendente. Wie ich diesen Mann mag. Er ist sehr nett. Und er trägt immer eine Baskenmütze, die schief auf seinem Kopf sitzt, was ihm sehr gut steht.

„Der Mann ist in Ordnung, nur die Leute in seiner Umgebung nicht", sagte mir einmal ein anderer Mann aus der Hauptstadt, der es wissen muss. Nun, der Intendente hatte bestimmt, aber das Fußvolk wollte ihm nicht gehorchen. Diese Person, diese Alemana, was sie sich einbildet. Soll die doch tatsächlich gratis Sand geliefert bekommen. Frei Haus. Na der werden wir mal … zumindest lange Wartezeiten aufbürden. Und so war es. Ich wartete und wartete und wartete. Nie hatten der LKW und sein Fahrer und die übrigen Männer Zeit, mir den zugesagten Sand zu liefern.

Also musste ich wieder in die Hauptstadt. Ich hatte kurz zuvor die Bekanntschaft von Wolfgang und Elisa gemacht. Die beiden Regensburger lagen einige Zeit mit ihrem Schiff hier vor Anker. Und wie meistens kamen deutsche Segler, die hier anlegten, zu mir. Diese beiden waren sehr nett, und abends spielten wir immer Karten. Mal kochte ich, mal kochte Elisa, und mal luden sie mich auf ihr Schiff ein, und Elisa kochte dort.

Also fuhren wir eines Tages morgens gemeinsam los. Sie begleiteten mich zum Büro des Intendenten. Ein neuer junger Bürgerreferent, auch sehr nett, sprach mit mir. Ich sagte ihm, dass ich es nicht glauben wolle, aber wohl glauben müsse: dass man mir den Sand wieder nicht liefert, weil ich Ausländerin bin. Und dass ich mich diskriminiert fühle. „Nein, nein", sagte er, „das kann es nicht sein." Er versprach, sich um die Sache zu kümmern. Was er ebenso tat wie sein Vorgänger wenige Jahre zuvor.

Wolfgang und Elisa und ich blieben in der Stadt, anstatt in mein Dorf zurückzukehren. Wir schauten uns die Stadt an. Wolfgang brachte mit seinen schönen braunen Augen – und seinen Sprüchen – eine junge Eisverkäuferin derart durcheinander, dass wir die dreifache Menge an Eis bekamen. Dann gingen wir zu der schönen Insel, die über einen Zufahrtsweg zu erreichen ist. In einem Lokal bewirtete uns ein netter Wirt. Er zeigte uns Fotos, die während der Überschwemmung gemacht worden waren. Er zeigte uns, wie nur die höchste Stelle des Daches aus dem Wasser herausgeragt hatte. Wie er das Lokal nach dem Zurückgehen des Wassers – das acht Meter über normal gestanden hatte – renoviert hatte. Und wie es bei der nächsten Überschwemmung nur vier Wochen später wieder bis zur Dachspitze unter Wasser gestanden hatte. Er schien sehr dankbar zu sein, dass drei Gäste gekommen waren, die er bedienen konnte. Wir waren zufrieden. Und suchten uns ein Plätzchen im Schatten eines Baumes, wo wir uns niederließen, um ein Nickerchen zu halten.

Später fuhren wir in mein Dorf. Wolfgang und Elisa wollten noch mit mir Karten spielen, also kamen sie direkt mit zu meinem Haus. Als wir um die letzte Ecke kamen, was sahen wir da: Einen großen Haufen Sand.

Sieh mal einer an, es geht doch: Am Vormittag hatte ich mich beschwert. Am Abend lagen die acht Kubikmeter Sand vor meinem Haus. Alle Männer der Junta, die draußen arbeiten, haben ihre Arbeit anscheinend Arbeit sein lassen müssen und waren davongeeilt, um den LKW, der zufällig an dem Tag auch nicht anderweitig benötigt worden war, mit Sand für die streitbare Alemana zu beladen.

Ich hatte mir schon vorher oft Sand liefern lassen von Privatleuten, die die Lizenz dafür besitzen. Und immer hatte ich die Eimer gezählt, die ich von der Straße mit Sand gefüllt auf das Grundstück getragen hatte. Nach spätestens 50 Eimern, also einem halben Kubikmeter, hatte ich immer eine Pause gemacht. Also zählte ich die Eimer mit dem Sand, den ich auf dem Grundstück verteilte. An der Grundstücksseite zur Straße hin erhöhte ich es um rund 50 Zentimeter, am Ende des Grundstücks, 41 Meter weiter hinten, waren es rund 15 bis 20 Zentimeter. Als ich bei sechs Kubikmetern Sand angekommen war, war der Sandhaufen abgetragen.

Zuerst dachte ich: Es fehlen zwar zwei Kubikmeter, aber ich bin ja dankbar für diese Menge Sand, die man mir gebracht hat. Dann dachte ich: Wer hat hier eigentlich zu entscheiden? Wenn der Intendente mir acht Kubikmeter versprochen hat, soll ich dann hinnehmen, dass eine unwichtige, aber sich wichtig und mächtig fühlende Person entscheidet, dass ich nur sechs bekomme? Nö, das nehme ich nicht hin. Also ging ich zur Junta, wo ich mich bei der Sekretärin bedankte, dass man mir den Sand geliefert habe. Aber, sagte ich, der Intendente hat mir acht Kubikmeter versprochen, und daher möchte ich die fehlenden zwei auch noch haben. Und bitte nicht erst in mehreren Wochen.

„Wann reisen Sie denn wieder ab", wurde ich gefragt. „In vier Wochen", sagte ich, „aber wie Sie wissen, trage ich den Sand mit einem Eimer auf das Grundstück, und ich kann den fehlenden Sand nicht innerhalb kürzester Zeit alleine verteilen. Oder stellen Sie mir Männer zur Verfügung, die mir den Sand auf das Grundstück tragen?"

Klar, dass sie das nicht wollte. Und dass ich schon wieder zum Intendenten eile, um zu petzen, das wollte sie wohl auch nicht riskieren. Denn inzwischen wusste auch sie genau, dass mit der Alemana nicht zu spaßen ist. Also hatte ich nur ein paar Tage später auch noch die fehlenden zwei Kubikmeter Erdreich. Sie waren komplett, bis auf fünf Eimer. Ha, geht doch ...

Jahre später hat diese nette, immer lächelnde und freundlich erscheinende Dame folgendes getan, um zu verhindern, dass ich Touristen bekomme: Ein deutscher Mann und seine Frau aus Guatemala begaben sich zur Touristeninformation im Nachbarort, um nach einer Unterkunft für einen längeren Zeitraum in dem Dorf der heiligen Anständigen zu fragen. In der Touristeninformation hatte man den beiden gesagt, dass es in dem Dorf der heiligen Anständigen auch eine Deutsche gibt, die Häuser an Touristen vermietet. Ja, dort wollte man gerne hin. Da die Mitarbeiterin im Nachbarort nicht über die Telefonnummer der Alemana verfügte, rief sie bei der Junta im Dorf der heiligen Anständigen an, um sich nach der Telefonnummer der Alemana zu erkundigen. Nein, berichtete ihr die Immernette, die Alemana ist komplett ausgebucht, die hat für lange Zeit nichts frei. Dumm nur, dass die beiden aus Deutschland, als sie im Dorf der Anständigen an- und untergekommen waren, sich auf die Suche machten und das Haus der Deutschen fanden. Hier wurde ihnen gesagt, dass die Alemana zur Zeit überhaupt keine Gäste hat und auch nicht in der Folgezeit. Von einer totalen Belegung über einen langen Zeitraum konnte also überhaupt keine Rede sein.

Dass es sich bei der Frau, die der Mitarbeiterin im Nachbarort gegenüber diese Behauptung aufgestellt hatte, um die Immernette handelte, ist unbestritten. Denn als ich anschließend in den Nachbarort fuhr, begab ich mich zur Touristeninformation und erfuhr dort die Telefonnummer der Dame, die diese Auskunft erteilt hatte. Es handelte sich eindeutig um die Telefonnummer der Immernetten. Dies wurde mir nochmals bestätigt, als ich im Dorf bei der Junta vorbeischaute und nach dem Inhaber dieser Telefonnummer fragte. Also scheint auch sie krank vor Neid zu sein, und deshalb log sie und versuchte alles, um zu verhindern, dass diese Alemana Gäste für einen langen Zeitraum bekommt.

Es bleibt zu vermuten, dass sie – oder aber eine andere sehr neidische Person sich eine – oder mehrere – falsche E-Mail-Adressen ausdachte, um zu verhindern, dass ich über Booking.com-Gäste erhalte. Es buchten nämlich zum Beispiel diverse Personen alle Häuser in der Hochsaison für jeweils 10 Tage. Diese Personen, aus AFRIKA, erschienen aber nicht, so dass meine Häuser, die ich eben nicht anderweitig vermieten konnte, leer standen. Booking.com hat mir dann geschrieben, dass man deren E-Mail-Adressen nicht erreichen konnte, weil sie falsch waren. Es hatte sich also – nicht nur einmal – jemand die Mühe gemacht, sich eine falsche Adresse zuzulegen, um meine Häuser lahmzulegen. Da ich selbst nicht auf eine solche Idee gekommen wäre, hatte ich bis zu diesem Zeitpunkt auch keine Vorauszahlung verlangt. Als ich das dann später tat, wollten nette Personen nur noch Last-Minute-Buchungen tätigen – für die man dann aus Zeitgründen keine Vorleistungen zu erbringen brauchte. Clever, die heiligen Anständigen. Und so ehrlich ...

Als ich das erste Mal vor dem Bau des großen Hauses den Sand geliefert bekam, bezahlte ich natürlich den Bagger, der den Sand auf einen LKW schüttete, und den LKW, der den Sand auf mein Grundstück brachte. Nachdem der LKW 14 mal Sand geliefert hatte, kam ein älterer Mitarbeiter der Junta aufgeregt mit einem Fahrrad angefahren und rief mir zu: „Mehr nicht, mehr nicht." Ich bezahlte zwar für die Lieferung des Sandes, aber man wollte nicht, dass ich noch mehr Sand bekam. Als seine Tochter ihr Haus baute, benötigte sie mit Sicherheit die doppelte Menge wie ich, aber da hat er bestimmt nicht „Mehr nicht, mehr nicht" gerufen. Heute übrigens grüßt er mich immer, als wäre ich seine allerbeste Freundin. Ich grüße zwar zurück, aber vergessen habe ich nicht, wie er angeradelt kam, um mir Einhalt zu gebieten.

Er ist übrigens der Vater der Frau, die mir keine Blume verkaufen wollte. Und der Ehemann der Frau, der ich verschiedene Kleidungsstücke schenkte. Und dessen Sohn eine unglaublich wichtige Persönlichkeit im Ort ist. Einer, der, wenn er nicht auf seiner Arbeitsstelle ist – die er vor wenigen Jahren erst ergatterte und wo er sich nicht annähernd totarbeitet –, bei Bekannten, Kollegen etc. auftaucht, um diese von der Arbeit abzuhalten. Er soll Professor sein. Aber, Professor für was? Das frage nicht nur ich mich. Professor.

Sein Schwager ist auch eine der wichtigsten Persönlichkeiten im Ort. Mitglied hier und Mitglied dort. Damit man immer über alles Bescheid weiß und mitbeschließen und mitentscheiden kann. Kommt der Intendente in das Dorf, um bei einer Veranstaltung dabei zu sein, schleicht man um ihn herum und hat ihm vor aller Augen etwas Wichtiges ins Ohr zu flüstern. Das wird dann natürlich fotografiert, damit die ganze Welt es sehen kann, wie wichtig Senor Wichtig ist. Der macht auch Fotos, auf denen Professor den Intendanten mit Wichtigkeiten versorgt. Zu gerne würde ich einmal den Intendanten fragen, was er wirklich von den Herren, die sich für so wichtig halten, hält.

Professors Schwager arbeitet seit vielen Jahren im öffentlichen Dienst. Nebenbei vermittelt er Touristen Unterkünfte. Dazu hat er eine Seite im Internet eingerichtet. Rufen nun eine Unterkunft Suchende seine Handynummer an, fragt er bei den Vermietern nach, ob sie etwas frei haben. So befand ich mich einmal im Büro der Junta, als er einen Anruf erhielt. Er fragte mich, ob ich etwas frei habe – ich hatte nicht. Aber mir wurde sehr deutlich vor Augen geführt, was Korruption ist. Er erledigt seine Nebentätigkeit unverblümt während seiner Arbeitszeit und unter den Augen seiner Vorgesetzten und Kollegen. Mit anderen Worten: In diesem Ort ist Korruption erlaubt, wenn nicht gar erwünscht.

Zufällig sah ich im Internet eine Seite dieses Herrn Korrupti alias Senor Wichtig. Zwei Häuser meiner früheren Freunde waren dort abgebildet. Besonders das ältere Haus ist innen alles andere als schön, und die Möblierung lässt auch zu wünschen übrig. Dass es bei Regen durchregnet und man einen Eimer an die Tropfstelle stellen muss – wie mir einer meiner Stammgäste einmal erzählte –, ist eine andere Geschichte. Aber ich staunte doch nicht schlecht, als ich mir ein Foto des Schlafzimmers anschaute. Es kam mir sehr bekannt vor. Es hatte nämlich das Bett, das ich auch im Schlafzimmer meines „großen" Hauses habe. Die Kommode daneben steht auch in meinem Zimmer, und das Fernsehgerät darüber ebenfalls. Auch die Vase mit den künstlichen Blumen steht ebenfalls auf meiner Kommode, und der Dekorationsvorhang über dem Bett, den habe ich ebenfalls. Und den habe ich mir also aus Deutschland mitgebracht. Wie kommt ein solcher in das Haus der Freunde in Südamerika?, dachte ich. Den gibt es hier doch gar nicht zu kaufen. Die machen Propaganda für ihr verkommenes Haus mit Fotos aus meinem schönen großen Haus. Nicht zu glauben.

Ich schaltete meinen Anwalt ein. Der musste lächeln, als ich ihm das Propagandafoto zeigte und das Foto von meinem Schlafzimmer auf meiner Internetseite. Mein Anwalt ist der Sohn meiner lieben verstorbenen Anwältin, und er kümmert sich, wie seine Mutter sich einst um ihre Klienten kümmerte. Er fuhr in mein Dorf und begab sich zur Junta, wo Herr Korrupti gerade arbeitete. Was genau er ihm gesagt hat, weiß ich nicht. Aber wenige Tage später war das Foto meines Schlafzimmers aus der Propagandaseite verschwunden.

Als ich in einem Oktober aus Deutschland wieder in meinem Dorf ankam, erzählte man mir, dass mein Name auf der offiziellen Broschüre des Touristenministeriums erscheint. Man gab mir eine solche Broschüre. Ich sah meinen Namen, doch die dahinter angegebene Telefonnummer war nicht meine. Es war die Telefonnummer des Herrn Korrupti.

Mithersteller der – man bedenke – offiziellen Broschüre war Herr Professor, der Schwager des Herrn Korrupti. Offensichtlich hatten beide beschlossen, mich und eine weitere Frau, die Häuser vermietet, von einer direkten Kontaktaufnahme durch Touristen auszuschließen. Warum man mich ausschließen wollte, kann ich ja nachempfinden. Aber die andere Frau? Das ist keine Ausländerin, sondern eine Einheimische. Da muss ja wohl auch mal etwas vorgefallen sein ...

Im Internet-Café fand ich eine weitere Broschüre: Der erste Entwurf. Darauf befanden sich bei den jeweiligen anderen Vermietern neben dem Namen auch die Telefonnummer und der Straßenname. Bei mir: Kein Straßenname, nur Korruptis Telefonnummer. Und bei der anderen Frau: Kein Straßenname, nur Korruptis Telefonnummer.

Ich eilte böse zum Touristenbüro, um mit Professor Klartext zu reden. Er hatte frei. Also sagte ich zu seiner Kollegin, dass ich erwarte, eine berichtigte Broschüre vorzufinden, wenn ich aus Neuseeland zurückkomme. Allein schon diese Mitteilung: „Die Alemana reist nach Neuseeland", muss ihn gereizt haben. Nach Neuseeland. Er war bestimmt noch nicht einmal im Nachbarland gewesen.

Und als ich aus Neuseeland zurückkam und wiederum in sein Büro eilte, war er wieder nicht anwesend, weil er schon wieder frei hatte. Seine Kollegin berichtete mir, dass es die „alte" Broschüre nicht mehr gebe, weil man sie aus dem Verkehr gezogen habe. Und zwar deshalb, weil die andere Frau, die auch ihr Haus vermietet, ein Riesenspektakel gemacht hat.

Vor meiner Neuseelandreise sah ich ein großes Schild an der Mauerwand des Hauses dieser Frau, auf dem Senor Korrupti die Vermietung dieses Hauses anbot. Nach meiner Neuseelandreise war das Schild verschwunden. Stattdessen gab es ein neues Schild mit einer neuen Telefonnummer.

Eines Tages rief ich diese Nummer an. Eine Frau meldete sich und war zunächst reserviert. Als ich ihr erklärte, wer ich sei und weshalb ich anrief, wurde sie freundlich und sagte mir, dass sie am Nachmittag zu mir käme. Sie kam mit ihrem Mann. Und sie erzählte mir die unglaubliche Geschichte:

Sie wollte nach Miami in den Urlaub fahren. Und deshalb hatte sie mit Senor Korrupti vereinbart, dass er ihre Häuser vermietet, sofern sich Interessenten melden. Pro Tag wollte sie 1.500,- Pesos für ihr Haus haben. Inclusive Strom, Wasser, Kabel-TV, Gas. Die Provision für Senor Korrupti exclusive – wie es alle anderen auch handhaben, ich ebenso. Er erhielt damals 100,- Pesos pro Tag und Haus, heute es ist viel mehr. Sie übergab ihm die Hausschlüssel und fuhr in den Urlaub.

Als sie nach Hause zurückkam, sagte ihr Senor Korrupti nichts von einer Vermietung. So wie mir früher die 1. Freunde nicht erzählt hatten, dass sie mein Haus vermietet hatten. Na gut, kann ja sein, um diese Zeit. Und 1.500,- Pesos sind auch ein Preis, den nicht jeder zu zahlen bereit war.

Aber diese Frau kennt viele Menschen, die nicht gerade arm sind. Und so meldeten sich direkt bei ihr Touristen, um ihr Haus zu mieten. Sie kamen zu ihr, und sie fuhr die Gäste mit ihrem Auto zum Gästehaus. Dort angekommen, stellte man fest, dass das Haus besetzt war. Senor Korrupti hatte es vermietet, für 14 Tage, und das Geld sofort kassiert – und in seine Tasche gesteckt. Rund 1.000,- US-Dollar.

Kurzum: Die Gäste konnten nicht in dem gewünschten Haus unterkommen, also brachte die Betrogene ihre Gäste in das Haus, das dem ihren standardmäßig am nächsten kommt: zu dem Haus der Alemana. Auch das noch ...

Senor Korrupti hatte sich geweigert, der Besitzerin des Gästehauses die Einnahme auszuhändigen. Dafür durfte diese dann auch noch den Strom, das Wasser und das Gas bezahlen. Und da es zu der Zeit sehr heiß war, wurde die Klimaanlage benutzt. Und die verbraucht sehr viel Strom. Die Eigentümerin des Hauses durfte also außer den entgangenen Mieteinnahmen für ihr schönes Haus, die hübsche Einrichtung etc. auch noch den hohen Stromverbrauch bezahlen und die Endreinigung.

Jedenfalls gibt es heute eine neue Broschüre mit den Namen und Telefonnummern der Leute, die Gästehäuser vermieten. Diese Broschüre gab mir ein Nachbar, nicht etwa jemand von der Touristeninformation. Nein, von der nicht. Und dieser Nachbar fragte mich, warum ich nicht an der Besprechung teilgenommen habe, zu der alle Vermieter telefonisch eingeladen worden waren. Nun, ICH war nicht eingeladen worden. Dazu hätte Professor dem Büro des Chefs der Touristeninformation in der Hauptstadt meine Telefonnummer mitteilen müssen. Und das hat er nicht getan. Warum wohl? Er ist beleidigt! Und er will mich ausschließen. Was letztendlich auch geschah.

Senor Professor arbeitet schon lange nicht mehr auf diesem wichtigen Posten. Vielleicht hat der Chef der Touristeninformation dafür gesorgt. Professors Schwager ist angeblich auch schon lange arbeitsunfähig krank. Die nette junge Frau mit den zwei Töchtern, der ich hin und wieder Geld gab, damit sie ihren Töchtern Geschenke kaufen kann, hatte sich einmal die sechs Monate meiner Abwesenheit lang um meine Häuser gekümmert. Auch sie dachte wohl, dass sie mit ihrer Intelligenz die meine übertrifft. So hatte sie im Internet eine Anzeige geschaltet, über die sie Häuser vermietete. Nun hat mir leider wieder einmal der Zufall geholfen, dem Betrug auf die Schliche zu kommen. Ich entdeckte ihren Namen, ihre Telefonnummer und ihre Anzeige. Also fragte ich sie, welche Häuser sie denn vermietet, wo sie doch in einer alten Ruine wohne mit ihren Kindern. Die nette Frau hat sich wohl gedacht, wenn sie meine Häuser unter ihrem Namen vermietet, erfahre ich es nicht, und sie kann sich ein schönes Zubrot verdienen. Tatsächlich erschienen in der Zeit ihrer Hauskümmerung immer nur die Abrechnungen, die ein Ingenieur benötigte, der in einem meiner Häuser wohnte und der die Quittungen für seine Firma brauchte und die die nette Frau ihm nicht verweigern konnte. Alle anderen möglichen Vermietungen blieben mir verborgen. Es gab also zu der Zeit sechs Monate lang nur einen einzigen Gast, der immer wieder kam. Sonst hat niemand eines meiner Häuser in der Zeit gemietet. Sehr ungewöhnlich.

Nach dieser netten Frau kümmerte sich ein noch netteres Ehepaar mit zwei Kindern um meine Häuser. Bei denen war es ähnlich wie bei ihrer Vorgängerin. Auch sie hatten sehr wenige Vermietungen, dafür verbrauchte jeder Mieter anscheinend in ein oder zwei Tagen eine große Flasche Gas, deren Kosten mir von den lieben Leuten abgezogen wurden von den Einnahmen. Bei diesen beiden gab es auch keine einzige Quittung, sondern das eingenommene Geld wurde auf einen Zettel geschrieben, ebenso wie die Preise für das Gas. Für die hatte man auch keinen Beleg bekommen. Ich befand mich im Garten ihres Hauses, ebenfalls eine abbruchreife Ruine ohne richtige Möbel. Als ich es wagte zu fragen, für welches Haus denn welche Gasflasche benötigt worden sei, wurde ich sogleich des Gartens verwiesen. Als ich seinerzeit bei Ansgar und Medusa gefragt hatte, was sie denn von dem fehlenden Geld gekauft hatten, war ich auch sofort des Hauses verwiesen worden. Das scheint hier in diesem Ort so üblich zu sein. Wer fragt, was mit seinem Geld geschehen sei, wird hinausgeworfen. Warum sich mit Argumenten verteidigen, wenn man sich gar nicht verteidigen kann, sondern nur lügen. Und dabei geht dann mitunter auch was schief.

Und nach diesem netten Ehepaar – eine alte ehemalige Lehrerin hatte mir vor Kurzem erzählt, dass ebendieser nette Herr aus der Ruine sich vor einiger Zeit 20.000,- Pesos von ihr geliehen hatte. Zurückgezahlt hat der ehrenwerte Mann ihr das Geld nie – sorgte sich eine sehr nette Frau mit auch zwei Kindern um meine Häuser. Ich hatte sie zu Beginn unserer Geschäftsbeziehung gebeten, mich bitte nicht auch wie alle anderen zu betrügen, und sie hatte mir gesagt: „Nein, das tue ich nicht." Sie hatte auch in den ersten beiden Jahren immer alles sehr gut und übersichtlich abgerechnet, ich war sehr froh darüber. Endlich habe ich eine anständige Person in diesem Dorf gefunden. Leider stellte ich nach dem dritten Jahr fest, dass auch sie der Versuchung offensichtlich nicht widerstehen konnte, wenn man selbst so einiges benötigt und nicht das nötige Kleingeld dafür hat, Gasflaschen und Geld zum Beispiel. Und auch sie dachte wohl, die alte Alemana hat doch gar keinen Überblick über das, was es hier so gibt und was sich hier so tut. Vielleicht hat ihr auch ein guter Freund, Nachbar oder was auch immer geraten, doch nicht so dumm zu sein und die Alemana nicht zu bestehlen. Die hat doch außerdem Geld wie Heu, da kann die doch mal für eine arme Frau mit Kindern, aber ohne Einkommen deren Leben mitfinanzieren. Und außerdem kann man der Alemana ja Märchen erzählen, das haben schon andere getan und die hat es alles geglaubt. Aber ich Alemana lebe normalerweise sehr bescheiden, und ich habe überhaupt keine Lust, mich zu bescheiden, damit es arbeitslosen, geldgeilen oder skrupellosen Menschen besser geht.

Diese nette Frau hat es nicht so arg getrieben wie ihre Vorgänger. Sie hatte finanzielle Probleme. Ich kann mir sehr gut vorstellen, wie das ist. Ich hatte auch ein kleines Kind und absolut kein Geld, als ich jung war. Ich hätte also vollstes Verständnis gehabt, wenn sie mir erklärt hätte, dass sie Gas brauchte, kein Geld hatte und deshalb die nicht benötigte Gasflasche genommen hat. Als ich ihr sagte, dass ich sehr genau wisse, wie es ist, wenn man kein Geld hat, lachte sie höhnisch auf. Sie kann sich wohl nicht vorstellen, dass es mir einmal auch so ergangen haben könnte.

Nach dem großen Gasverbrauch des netten Paares, das zuvor meine Häuser versorgt hatte, hatte mir ein Bekannter aus dem Ort geraten, alle meine Gasflaschen zu markieren. Was ich auch getan habe. In den beiden ersten Jahren war alles in Ordnung, das dritte Mal allerdings befanden sich nur die markierten Flaschen im Haus, also keine neu gekaufte. Und die angeblich ausgetauschte und neu gekaufte Gasflasche hatte das unübersehbare Mal und war zudem nach nur einmaligem Gebrauch auch schon wieder fast leer. Leider konnte diese nette Frau mir nicht erklären, wie das geschehen konnte. Außerdem wurde ganz offensichtlich eine oder zwei Seiten aus dem Quittungsblock herausgerissen. Bei früherer Gelegenheit, als sie sich verschrieben hatte, wurde die Seite durch Durchstreichen ungültig gemacht. Dieses Mal wurde die Seite herausgerissen. Leider sehe ich noch zu gut, um auch dieses Kainsmal nicht zu bemerken.

Die liebe nette Frau, die ich wirklich sehr sympathisch finde und für die und deren Kinder ich immer Geschenke mitbrachte und ihr auch Geld für die Geburtstage ihrer Kinder geschenkt hatte, hatte allerdings überhaupt kein Verständnis dafür, dass ich nach einer lumpigen Gasflasche fragte. Nach einer Gasflasche für 20,– EURO. Wie kann man sich nur wegen einer Gasflasche so haben. Meinte sie. Wäre das auch so, wenn man ihr etwas stehlen würde? Und was sagen die Geschäftsleute, wenn man denen etwas stiehlt? Nada? Macht nichts …

Das Merkwürdige aber ist, was all diesen Menschen passiert, mit denen ich einmal befreundet war und die mich betrogen haben: Die ersten Freunde mussten sehr viel Geld an eine Angestellte bezahlen, was ihnen sicher unglaublich wehgetan haben muss, da sie so sehr am Geld hängen.

Der zweite Freund soll, wie man mir erzählte, für eine Frau gegen eine andere vor Gericht eine falsche Zeugenaussage getätigt haben. Sollte sich dies vor Gericht bestätigen, geht er ins Gefängnis.

Die nette Frau mit den zwei Töchtern, die mich belogen und betrogen hat, hat ihre gut dotierte und leichte Arbeit verloren.

Barbaras Sohn ist verstorben.

Nun warte ich darauf zu hören, was mit dem ach so netten Ehepaar mit dem großen Gasverbrauch wohl passiert. Mitleid habe ich bisher mit keinem von ihnen gehabt.

Aber: Natürlich habe ich auch sehr nette, hilfsbereite, hochanständige Menschen in diesem Teil der Welt und anderswo kennengelernt. So zum Beispiel Renata, ihre liebe Mutter und ihren Bruder. Den Bruder kenne ich nicht so gut, Renata und ihre Mama dafür umso besser und länger. Mit ihr verbindet mich eine über 15-jährige Freundschaft. Stets waren sie und ihre Mutter sehr lieb zu mir und ich fühlte mich in ihrem Haus, in dem ich mich damals vier Wochen lang aufhielt, und in ihrer Gesellschaft sehr wohl. Jeden Morgen begrüßte die Mutter den neuen Tag mit ausgebreiteten Armen und den Worten: „Bienvenida al nuevo dia". Sie liebte ihre Blumen und Pflanzen über alles und natürlich ihre beiden Kinder. Renata verabschiedete sich von ihrer Mutter immer so, als würde sie für eine lange Zeit verreisen, und kehrte sie heim, fiel die Begrüßung ebenso aus. Am Tage, wenn Renata arbeiten musste, spielte ich mit der Mutter Karten. Und wenn Renata abends nach Hause kam, wurde zunächst deutsch gegessen und dann wurden wieder Karten gespielt. Wenn ich mich recht erinnere, gewann meistens Renata. Sie hatte immer die meisten Joker ... Wie Veronika ...

Im Nachbarort gibt es auch einige besonders freundliche und ehrenwerte Menschen. Zunächst denke ich da an Nora. Mein lieber Engel, der damals meine Susi vor der totalen Verkümmerung gerettet hat und mir eine sorgenfreie Zeit in Berlin bescherte. Immer wenn Nora in unser Haus kam, kam Susi zu ihr und sprach mit ihr. Sicher hat sie immer gesagt: Hallo meine liebe Nora, wie schön dass du hier bist. Und Nora sprach ihrerseits immer lieb mit Susi. Dann sind da Dora und ihre Familie. Ihr Ehemann ist leider schon vor einigen Jahren verstorben. Er liebte ganz besonders mein kleines Haus, in dem die Familie oft wohnte. Wenn Frau und Tochter noch schliefen, zog er sich an und ging ins Dorf. „Me encanta me encanta" hat er oft gesagt und meinte damit, dass ihm das kleine Haus hier so nahe am Fluss so gefällt.

Estela war eine liebe gute Freundin für mich, und sie fehlt mir noch immer. Nie werde ich vergessen, dass sie mir immer glaubte. Weil sie allein schon aus den Erzählungen ihres Vaters, der einst hier in diesem Dorf der Heiligen Anständigen wohnte und von diesen auch schändlich behandelt wurde, sodass er es vorzog fortzuziehen, wusste, dass ich die Wahrheit sagte. Sie hat sich geschämt dafür, wie ich als Ausländerin von den Hiesigen behandelt wurde.

Mein Notar hat mir am Beginn meines Daseins in diesem Ort damals ebenfalls schnell und unbürokratisch geholfen. Ich vertraue ihm und seiner Erfahrung sehr und werde immer gerne seine Hilfe annehmen und darauf vertrauen können, dass er mich bestens berät.

Evita und ihr Mann sowie die Tochter und Enkelin waren auch immer freundlich zu mir. „Unsere Tür steht dir immer offen", hat Evita mir vor Jahren gesagt. Und daran haben sie sich gehalten.

Nicht zuletzt gibt es da den Architekten, der mir mit seiner Art sehr nahe kommt. Es ist kein Unterschied festzustellen zwischen seiner Mentalität und der meiner besten Freunde in Deutschland. Ehrlich, anständig, hilfsbereit, freundlich, stets sofort antwortend, sich an seine Versprechen haltend. Man kann sich auf ihn verlassen, was hier absolut nicht normal ist. Und als Architekt hatte er immer die beste Lösung gefunden für das jeweilige Problem bei der Regularizacion meiner einst illegal erbauten Häuser, die heute dank seiner Hilfe den amtlichen Stempel der Legalität tragen.

Außerdem möchte ich noch Freddy und seinen Vater erwähnen, die sicher auch ehrenwerte Personen sind. Und es gibt eine Familie, die ganz bestimmt auch zu den aufrechten Menschen in diesem Ort gehört.

Ich bin dankbar dafür, dass ich diese wunderbaren Menschen kennenlernen durfte. Sie sind die wenigen Gerechten unter den vielen bösen Menschen, so wie es schon in der Bibel geschrieben steht.
Nur eine kleine Handvoll Gerechter, und die Welt ist gerettet.

Seit geraumer Zeit sage ich, in meinem südamerikanischen Ort leben 98 % – mindestens – Menschen, die krank vor Neid sind. Und ein wieder einmal treffendes Sprichwort in Deutschland sagt: Es kann der beste Mensch nicht in Frieden leben, wenn es dem bösen Nachbarn nicht gefällt. Wie wahr!

Die Autorin

Gisela Müller wurde 1944 in Pommern geboren und wuchs in der Lüneburger Heide auf. Sie arbeitete nach ihrer Scheidung als Verwaltungsangestellte in Berlin. Als Rentnerin kaufte sie sich in Südamerika ein Stück Land, baute sich ein kleines Haus und lebt seitdem dort und in Berlin.

novum VERLAG FÜR NEUAUTOREN

Der Verlag

„ *Wer aufhört
besser zu werden,
hat aufgehört
gut zu sein!*

Basierend auf diesem Motto ist es dem novum Verlag ein Anliegen, neue Manuskripte aufzuspüren, zu veröffentlichen und deren Autoren langfristig zu fördern. Mittlerweile gilt der 1997 gegründete und mehrfach prämierte Verlag als Spezialist für Neuautoren in Deutschland, Österreich und der Schweiz.

Für jedes neue Manuskript wird innerhalb weniger Wochen eine kostenfreie, unverbindliche Lektorats-Prüfung erstellt.

Weitere Informationen zum Verlag und
seinen Büchern finden Sie im Internet unter:

w w w . n o v u m v e r l a g . c o m